潘振元文集

The Collected Works of Pan Zhenyuan

（上）

苏州大学出版社
Soochow University Press

图书在版编目(CIP)数据

潘振元文集：全2册/潘振元著.—苏州：苏州大学出版社，2013.10
ISBN 978-7-5672-0698-4

Ⅰ.①潘… Ⅱ.①潘 … Ⅲ.①潘振元--文集Ⅳ.①C53

中国版本图书馆CIP 数据核字（2013）第 244940号

书　　名：潘振元文集
著　　者：潘振元
责任编辑：倪浩文
装帧设计：周　晨
出版发行：苏州大学出版社(Soochow University Press)
出 版 人：张建初
社　　址：苏州市十梓街1号　邮编：215006
印　　刷：苏州工业园区美柯乐制版印务有限责任公司(电话：0512-67606001)
网　　址：www.sudapress.com
E-mail：Yidoushan@163.com　QQ：121792283
邮购热线：0512-67480030
销售热线：0512-65225020
开　　本：787mm×1092mm　1/16　印　张：36.75　字　数：588千
版　　次：2013年10月第1版
印　　次：2013年10月第1次印刷
书　　号：ISBN 978-7-5672-0698-4
定　　价：90.00元(共两册)

《潘振元文集》序

柯继承

六年前，我为《潘振元诗文手迹集》作序，序末有言："我真诚地期待着，期待着这样一位'玉树临风'的朋友，不断有奇迹发生。"果不其然，奇迹发生了：六年来，或者说近十年来，振元身上迸发的力量、抒发的才华，不仅令人瞩目，而且让人惊讶、让人艳羡，甚至让人有那么一点嫉妒，暗暗与他较劲的那些大师级人物，可能还会有一点瑜亮情结。

其实在十年前——我这里是说振元退休前，他就已经很了不起了，只是人在单位里，按当时的体制，是身不由己的，虽然多数时候，他还是属于被重用之列，可是人性之扭曲，才华之糟蹋，动辄荆棘，亦属难免。但他处之淡然，儒雅之中，清明在躬，从而赢得了时间、空间与健康。于是，退休后，站在世人面前，还是那么精神饱满、那么谦虚谨慎、那么阳光灿烂。

振元是以书法成名的，或汉官威仪，或汪洋恣肆，世人多有赞誉，无须我多置喙。而我要说的是这十年来，除了书法上业绩云汉、登峰造极之外，因为甩脱了一切羁绊，所以其他的艺术天赋与各种才华，都尽情释放，加之朝乾夕惕的修为，已俨然一大家。人们常叹"失路偏多绝代人"，体制外的卧龙伏凤，就是这样。

老话说：上知天文，下知地理，中知鸡毛蒜皮。这话有些俏皮，但说得一点不错。人世间的学问，浩瀚得不可方物，但振元玩得起，玩得灵，任其性情，"取之无禁，用之不竭"。谓予不信，试看这部文集即可。

文集写的是文化，共分四章，首为文心，次为题跋，再为博古，末为翰墨。文心与题跋，共一百二十余篇，多为文言，是振元力作。承蒙振元不弃，邀我为每篇作评于其下，既然是幸而附骥，当不再多言。只是想起多年前，我与施仁先生议论诗文，说到苏州的书画家时，施老认真地说道："写文章，以我看，书画界中也就只有振元了。"这里讲的自是文言文，我们当然不必像施老那样苛求时人，但振元的诗文，能入施老法眼，实属不易。以我看，振元文言小品，放诸明清，毫无愧怍，有的已直逼唐宋了。我这些话，在体制内的名家看来，或许要让他们心惊肉跳，那就让他们惊之跳之吧。侈言国学者，爱拿三、百、千，即《三字经》《百家姓》《千字文》来吓人，诚为"古已有之，于今为烈"。有意思的是，现在多有连三、百、千都未读完，居然也要装模作样写文言文吓人的，这实在让人哭笑不得。而振元每作一文，必示人请教，且多所改动，遵循"文章不嫌百回改"的古训，乃有今日。现代人写文章，要以现代文为主，在特定背景下(如传统书画文本上的题跋或传统建筑旁的碑刻之类)，文言文也确有其特殊魅力。原则是现代文要写得文采雅训，文言文要写得简明通达。特别是文言文，要用寻常字句写出异常境界，若是还用"曰若稽古"的上古文辞，满篇难字、怪字，非让人们多翻字典才理解不可，那也就"玩完"，不写也罢。振元这方面是花了大功夫的，知其甘苦的或许不多，那也无妨，读一读苏东坡或袁中郎的文章吧，有几多难字？又有几多怪字？而振元近之。

博古二十五篇是振元这几年"玩物不丧志"的结晶。振元把玩的、供设的、经眼的物件可谓多矣。有真有假，有古有仿，考古者或营利者多从真伪上纠结。而我的看法是欢喜就好，欢喜它的造型，爱惜它的材质，震撼于它的魅力，惊悚于它的遭遇，于是，从它的造型、材质、魅力、遭遇上探求而审美，得以享受精神上的愉悦，得以一窥历史迷雾、人文内涵，这就够了。如果能进而学到寻常不易涉及的种种，亦属喜出望外，夫复何求？而振元近之。

翰墨共十一篇，是振元的"本足货"。特别近几年，振元在市文联组织的书法高研班上的讲稿，蕴涵的真知灼见，多为前人之未逮，今人更难以企及。振元呕心沥血，且遣字调语，也用力甚勤，实事求是，好的讲好，差的谈差。我曾私下接触过书法高研班的学员，论职位，早是高干；论经历，错综复杂；论心志，也多眼高八方、心雄万丈，但谈及于此，均表受益匪浅，且多赞美。兰风梅骨，不将精力做人情，乃前代正人君子作为，而振元近之。

总之，振元以书法成名，但岂止是书法名人，而是一位学富五车的文化学者。文化者，以文化己，以文化人，“细考虫鱼笺《尔雅》，广收草木续《离骚》”，甚至批风抹月，皆是妙谛，是振元文集之所以文而集也。

记得林语堂先生说过：“人生永远有两方面，工作与消遣，事业与游戏，应酬与燕居，守礼与陶情，拘泥与放逸，谨慎与潇洒。其原因在于人之心灵总是一张一弛，若海之有潮汐，音之有节奏，天之有晴雨，时之有寒暑，日之有晦明。宇宙之生律无不基于此循环起伏之理，所以生活是富有曲线的……”是的，生活是富有曲线的。振元以往的六七十年生活，极富曲线的弹力，极富曲线的美丽，也就极富曲线的恒大。

当下的世风，有“只识皮相不识骨相，只识金面不识佛面”之谓。话已至此，似乎无所谓春秋笔法，只能浩叹而已。但我与振元都到了“归隐”的年纪，也不必为了什么功名利禄，互相援手，互为吹捧。作为诤友，我们争论起来，尽管多的是云淡风轻，偶尔也面红耳赤，也有的时候，甚至是相当激烈，乃至互相挖苦揶揄。当然，这都谈不上是为了真理，但肯定是为了真实，做个真实的人，做像真实的事，做活真实的文章。我们也深知，世事无涯而人生有涯，快快乐乐才是生活，开开心心才是真谛。金无足赤，人无完人。提高、修正与发展的空间始终存在，因而也始终相约共勉，相期共励。

是为序。

2012 年 5 月 20 日于忘形读书斋。时，窗外夏雨飘忽。

目 录

文心篇

题跋篇

博古篇

翰墨篇

文心篇

《纪念张辛稼先生一百周年诞辰书法作品选》序

适逢著名书画家张辛稼先生一百周年诞辰之际，张锺女史将父亲留下的书法作品结集出版，这无疑是一件非常有价值、特别有意义的事。辛稼先生不仅是全国一流的花鸟画家，同时也是一位个性鲜明、掩映古今的书法家。然而，由于从小接受的是老式教育和传统道德的熏陶，他虚怀若谷，行事低调，甘于淡泊，不求闻达。他能诗，从不称自己是诗人；他是书画家，也不称自己是书家，只说自己是画家。他不主动发表作品，不作自我宣传，只求不断超越自我，在犁书锄画、熔古铸今中，将花鸟画的造诣推向高峰，成为“大江南北鲜有可与抗衡者”（吴敦木语）。由于低调处世风格与所处地域的局限，尽管在艺林中已影响颇大，但他始终未能在全国范围内得到更高的评价。他的画如此，他的书法亦是如此，这不能不使人感到遗憾和惋惜。这本书法作品集的出版，虽只是冰山一角，但也集中地展示了他的书艺风貌，使人们可以充分认识他的那种劲健的气格、求变的精神、尚美的意趣和天纵的风骨，领略他在书法领域所做出的贡献。

张辛稼（1909—1991），讳国枢，又名枢，字星阶，改字辛稼，别署撷薇馆主、霜屋老人，苏州人。他出身在一个清寒的知识分子家庭。父紫霞公，雅好书画，终身不仕，以“荐行”为业；平生喜结交多才之英、笃艺之彦，与当时苏州书画家交往甚密，更与陆廉夫是近邻，收藏了他很多作品，与黄裳也有密切的笔墨往来。辛稼先生在这样的家庭熏陶下，从小就热衷于书画。他七岁进私立纱缎小学，老师即紫霞公好友、前清秀才陈冬生先生。陈先生好学问，亦喜书法。每天放学，他都要带着辛稼先生从祥符寺巷穿过护龙

◆ 张辛稼题韩天衡藏陆俨少《烟江叠嶂图》

街，送他到开甲巷的家里，并辅导他背书、练字，直到紫霞公还家才离开。陈先生就这样成了辛稼先生的书法启蒙者。辛稼先生真正的书法引路人，则是时任校长的蒋企范先生。蒋先生是一位在苏州有名望的书画家，当时“开明剧场”和“静园书场”匾额上的榜书，就出自他的手笔。当他看到辛稼先生写的字，吐其秀、发其奇，感到非常惊喜，于是主动教辛稼先生临帖，从柳公权入手，启发如何理解涵融其间的锺、王笔意，吸收其骨力挺朗的风骨，如何绝去依傍、自立真我。在这段时间里，辛稼先生的书法得以大进，也为后来刚峻劲健的书风奠定了坚实的基础。

辛稼先生十五岁考入苏州工业专科学校预科班，与吴作人同学。同时，结识了郑逸梅、朱梁任、陈迦庵、余觉等前辈，辛稼先生从他们那里得到了诗文、书画、训诂等方面的指点。他把家藏陆廉夫的许多画反复临摹，浸淫其间，含英咀华，可谓焚膏油以继晷，恒兀兀以穷年。时任该校美术教师的陈迦庵见他如此用功，对他特别喜欢，在紫霞公面前倍加称赞。后在紫霞公授意下，由陆廉夫弟子王筑岩出面做介绍人，辛稼先生正式拜陈迦庵为师，那年刚好二十岁。应该说，辛稼先生年轻时期的画风，虽受陈迦庵的影响，但更多的是承继了师祖陆廉夫的衣钵。笔者曾收藏过辛稼先生早年的一把扇子，一面是小写意的紫薇燕子，面目与陆廉夫接近，但已自有个性化的绘画语言：朶笔细腻而有质感，色彩亮丽而透明，对“水”的运用已有独到的发挥，并融入了书法用笔的抒情性，于传统中显新意，在用笔中求变化，充分显露了他的天分、功力与审美取向。扇子的另一面，则是用行书抄的一段古人书论，同样也别具一格，其结构规整严谨，呈长方形，字与字之间没有牵丝，用笔方峻，竖笔正直，笔势取纵带斜，转折劲折，示人以瘦硬劲健的风格特征；在柳体的基础上，融入了王《圣教》的劲健，董字的清瘦，以及赵之谦、陆廉夫魏体拙厚的笔意。他这时的书法与绘画一样，已才气横溢，异彩夺目。难怪他在二十一岁时即被吴子深延为西席，二十五岁时被聘为苏州美专国画系花鸟组的教授了。

◆ 黄永玉为张辛稼六十六岁造像

这本书法作品集，主要收入辛稼先生晚年之作，其中最早的作于五十六岁，署款“星阶”；最晚的作于八十二岁，乃在听枫园拍摄录像时写的杜牧《秋夕》诗，用笔如斧，奋斫扬波，显得特别苍劲烂漫，其凌厉的斜势，气势磅礴，令人洞心骇目。我想，这种震撼之力，正是辛稼先生书法魅力之所在。

1973 年，他改字“辛稼”，表明他对书画变法的决心。1975 年后，他的书画风格便出现了大的变化，成就了他晚年书画的亮点，也是他人生的重要转折点。他的书法，大量临摹了宋代苏轼、黄庭坚、米芾，明代张瑞图、倪元璐、董其昌，清代杨守敬等人的作品，撷蕊掇英，取精用宏，在积累、吸收与探索中，实现了他行草书的历史性跨越。

首先，他完成了由行楷向行草的转变，在字与字之间出现了较多的连笔和牵丝，增强了点划的动感和力势，加上部分的折笔改成使转，巧拙互参，显得峻厉高蹈。同时又把作诗和绘画时的那种情起思荡，运用到书写状态中。他的行书出现了跌宕的书势和奥妙的奇趣，这是近人很难与之媲美的。钱仲联先生在题跋他的《杜子美秋兴八首咏怀古迹五首》中赞道：“绝艺入神，左右互通，书耶？画耶？”称他的书法有画意，“超其象外，得其环中”，“付与张颠添墨妙，绵绵神理两无穷”，甚至将他比为“飘然思不群”的现代张旭。

其次，他在书法中倾注了对生命精神的追求，每次创作都发其气势，扬其风骨，把自身完全融入其中。他六十八岁时在陆俨少《烟江叠嶂图》上的题诗，就是一幅变法初期的代表作，结构多了横势，用笔开张，曲直互用，灵转取致，尽形得势。他在作品中显示的力感和动感，含有苏轼的浑劲、米芾的超动、张瑞图的灵变和杨守敬的气骨，传达了他的性灵和情趣。作品完全超越了现代人的习气，是书者精神的映射和对生命之本的追求。

黄永玉给他画过一幅像，他在画下写了一段感悟人生的韵语：“问我所习，一枝画笔。问我所好，三升米汁。雕虫小技，磨人短墨。观河识面，止酒疗疾。难得糊涂，胸怀坦率。老有童心，天宽地阔。”这寥寥几句，如大音希声，大礼无拘，用浅白的心语表白了他献身书画的执着、师法造化的心态和对名利的淡泊，而从其豁达的人生态度，又可感受到他平凡而又高尚的情操。

辛稼先生的许多精品之作，由于生前已流散社会，我们未能藉此而窥其全豹，但这部作品集已为当代书苑展示了一道旖旎的风光。辛稼先生不愧是一位造诣杰出、风格鲜明的行书大家，他的行书风格在书法艺术的长河中是别开生面的，是经得起历史检验的。他所展现的艺术精神，包括作品中丰富的笔墨和深厚的功力，乃是一份极其珍贵的艺术遗产，将被越来越多的人所赏识，并为人所景仰。我相信，辛稼先生为我国书法事业做出的贡献，必然会得到应有的彰显！

继承评曰（下简作“评曰”）：辛稼先生百年诞辰，有作品选一部，有立斋序一篇，至为幸运。何哉？作品与万物共存，序言叙其生平而著在简册，从容有序，左右相铺，而汪洋数千言，曲尽其生、其艺，申其意志，扬其风骨，辛稼当含笑于九泉焉。

蒋吟秋《书法研究》序

日前，陈艺兄持蒋吟秋《书法研究》一书的复印件要我写序，翻开一看，是蒋老的手稿，其中有20世纪60年代初书法讲座的提纲，不禁使我想起当年的情景。那是一个“斗私批修”的年代，传统的书画活动刚允许恢复，蒋老要在北局苏州书场举办书法讲座的消息一传出，顿时引起了苏城的轰动。可能是新中国成立以后第一次面向公众的书法讲座，整个书场席无虚座，连两边及后面都挤满了人。我有幸亲聆了蒋老的讲话，他那和蔼可亲的形象、铿锵有力的语气、条理清晰的讲析，凸现了他对书法普及的热忱。传薪之德正是一种大家风范，至今令我不能忘怀。尤其他强调学书要有决心，有信心，勤学苦练，学古而不泥古等教导，我一直铭刻在心，且终身受益。在以后的学书过程中，当受到挫折或经历多年巨大的工作压力时，唯独书法，我始终没有放弃，这要归功于蒋老的教诲。可以说，这次讲座与他同时组织的三期书法篆刻讲习班，犹如滋兰九畹，树蕙百亩，为苏州书坛培养人才播下了一批新的种子，为吴门书法的重新崛起做出了不可磨灭的贡献。

蒋老的这本《书法研究》，由“书法艺术与碑帖研究”“书法讲座提纲”“书法研究”“苏州书法碑帖漫话”和“学书漫谈”五个独立的篇章组成。其中，“书法艺术与碑帖研究”是他对传统书法进行全面概括的一篇综论，通过浅显的语言扼要地介绍了学书的关键和相关的常识，对历代的碑和帖、南北书派、帖学和碑学等一系列理论和实践方面的问题，从概念、发生、发展到演变，精心梳理，作了深入而令人信服的阐述，并表达了自己的一些真知灼见，有相当的学术高度。“书法讲座提纲”则是他为讲座所写的纲目，共分六个部分。他参照自己书法实践的经验，重点谈了为什么要学书法、怎样学、要注意哪些方面，其中凝聚了他对书法艺术的心得体会，也是他书法实践的经验总结。这在刚刚恢复书法活动的初期，对书法普及的指导和推动起了很大作用。而“书法研究”是他从书学的高度，多角度、多层面地对书法艺术的发展、特点、妙喻、精义、要素、品评、要诀等十二个方面进行的系统阐述。其中他认为，八法之妙如同人体，眉目要清爽，躯干要端正，手足要匀称，关节要健全，动作要灵活，因而学书的要素即是“神、气、骨、肉、血”，唯有提升书法作品的精神、气息、骨力、笔调和墨彩，才能达到健旺、充足、坚强、丰满、滋润的艺术效果。且学书“要有二观，曰观物，曰观我”，“即所谓外师造化，中得心源”等等，可见这些观点是建立在“以人为本”的基础上，来思考表述书法艺术的存在原理、技法运用以及艺术效果构成。他虽没有对其观点作进一步详细的展开，但有些观点是发前人之未发，已形成了他的理论框架和书学思想体系。“苏州书法碑帖漫话”是他首次对苏州存世的书法经典和碑刻作品所作的系统介绍，弥足珍贵。虽说是漫话，其实反映了蒋老从书法角度对苏州文化遗产的关注与思考。最后一篇“学书漫谈”，乃他自身书法实践经验的又一次补充与总结，言简意赅，对后学也很有指导价值。

◆ 蒋吟秋书《毛主席诗词》

对蒋老的《书法研究》，我感触最深的还有关于他的创作思想。他认为，书法创作不仅需要丰富的精神修养和高尚的艺术情怀，同时必须受制于社会意识和民族心理所孕育的思想和情感。因此，他提出“书法随文字而变革”，“书法因时代而发展”，“是表达思想语言之工具”，“务使既有民族风格，又有时代精神”，以及“繁体与简体相结合”等主张。他不仅倡言之，而且力行之，积极参与实践，带头在书法作品中写简体字、写现代内容。我曾见到他不少这样的作品，包括篆书与隶书也写简体字，可见他是以切身的实践来倡导发扬书法的社会功能和时代精神。尽管有些主张最终没有完全实现，但他的识见、勇气和社会责任感，至今令人钦服。

当然，《书法研究》手稿本的出版，除了填补研究蒋老书学资料的空白之外，同时也为我们了解并欣赏他的行书提供了范本。蒋老的书法最初得到汤定之的传授和指导。汤定之名涤，字定之，清代名画家汤贻汾的曾孙，乃民国时期著名书画家，善花卉山水，工北碑汉隶，以隶、行名世。蒋老在书法和绘画上都深受他的影响。蒋老篆书从《泰山》《石鼓》入手，后掺合杨沂孙笔意，独树一帜；隶书初学《华山》《张迁》，后取法伊秉绶、何绍基，而自具风貌。客观地说，新中国成立以来真正具有鲜明个性风格的篆隶书法，蒋老是第一人。尤其篆书，其圆浑而具中和之美的书风，可谓无出其右。而行书亦甚有特点，裹结明快，欹侧生姿，笔法爽利，内含筋骨。稿本随手写来，无一懈笔，无一弱笔，无一俗笔，是那么自在、儒雅、拙厚、苍劲、老到，非真能笔挥珠玉者，不能及此。

读完稿本，展现在我眼前的景象是“神姿出尘自潇洒，笔底闲远皆绝伦”，恍若晤对一堂，挹其清芬，读其文，观其书，敬其人，感其沾溉。因而，情不自禁地将感想倾吐而后快，以寄景仰之情，是为序。辛卯年立冬潘振元于立斋。

评曰：序者，叙也。本序既叙生平简历，复予赞词者，则为序赞。蒋公一代大家，立斋尝聆謦欬，故摭拾风仪，愈显亲切。贾阆仙诗云：“海底有明月，圆于天上轮。得之一寸光，可买千里春。”且不论一生襟抱张否，即如蒋公五章，立斋一序，大块文章，明月也，春光也。饮云吐雾，潄玉飞花，人间至境乎！

《冷建国书法作品集》序

新时期以来，中国的书法艺术在观念、审美以及形式等方面都发生了巨大的变化，书法创作的自觉比任何时期都强烈，书法事功的追求比任何时期都迫切，书法艺术进入到了一个气象万千、充满活力、高扬主体精神的新时期。然而，也不得不看到同时存在千纸一面、鱼龙混杂、重形轻质、急功近利的现象，对每个书法人都面临一种选择，是尾随于流行书风，还是脚踏实地走自己的路。建国学弟在这一点上非常明智地选择了后者，自“从我游”以来，他不慕名利，一直沉潜于书艺的探索。从这次即将结集出版的作品来看，他继承了传统的人文精神，保持了“游于艺”那种人生的境界；通过富有个性的笔墨语言，塑造了蕴涵生命意义和时代审美价值的独特书风。

首先，他坚持“笔墨为根本”，锤炼用笔，积累功力，丰富其有个性特征的笔墨语言。他通过持笔驭气，运笔荡气，成构鼓气，腾纵出痛快、凌厉的笔势与异于常态的多变形构，如骏马奔腾，一跃千里，充分发挥其情性，做到神姿卓然，蕴藉深厚。对一般人来讲，当用笔速度一快，极易出现飘薄、浮滑、浅露等草率之病。而建国的中锋用笔属于黄宾虹所说的“杵书”，有金刚杵般浑圆带峻意的笔致，笔力在反向逆势中实现，锋藏时质厚而有筋节，锋露时紧敛而具骨相，纵肆时拓变形构而笔无败形，始终呈现出坚如屈铁的力感形态；另外，他把撇捺写得夸张而又波折起伏，不仅体现每书“十曲五直”的传统法则，又极其强化了节奏、韵律与笔势，让人感受到强烈的视觉冲击，引发审美愉悦。同时，他非常注意对笔法、笔势、笔意三者的把握与变异，营构一些特殊的笔墨姿态，使点画展现出新意奇致。如他的“点”画，始终不断变换入纸角度，尽一身之力送之，给人以险绝多变之感；捺画又几乎采用隶书的奋笔出锋，令人顿觉“长风忽起，蓬勃一家”，气势勃发，特征鲜明；有一些横画写得最具特色，如“有”字，在横画收笔时改为纵势下垂，包括“木”旁的捺笔与“雨”字旁的钩笔，变斜势为纵势，这种大胆收笔下垂的变异，溯其来历，是吸取了汉篆《袁安碑》《袁敞碑》《祀三公山碑》中相类似的写法，用“意外生体，令有异势”（颜真卿述《张长史笔法十二意》），来改变点画结构，避正求奇，跌宕生姿，以取得不同凡响的笔势、天真率意的笔意。擒纵多姿的点画，使他的行草书别开新境。

其次，他的作品还有一个明显的特色是气旺势盛，神采夺目。这种感觉主要体现在布字谋篇中的节奏韵律上。他的每一幅作品，如同一个完整的乐章，其笔势在粗细曲直的线条中变换，点画于枯润浓淡的墨色中交替，幅幅作品如心游象外，形随势变，层层展开，自然伸延，形成一组组由浓到淡、由润至燥的节奏韵律，形成音乐演奏般的结构旋律，给人留下深刻的印象；同样，那些字与字之间疾徐、轻重、连断、聚散有序地跳荡、呼应、起伏、变化，以及得心应手的“应接”与“相管领”，营构出一种独特的时空美，使人看到他作品中倾注的精神追求与情感投入，体验到“书法是生命的音乐”的那种审美联想。

一句话，建国书法艺术的成功，是在他深厚的艺术功力与丰富的人文内涵基础上取得的成果。“气韵本乎游心，神采生于用笔”，他以笔为骨，以墨成韵，使他的作品既有视觉冲击力，又耐人品味；既有形式美，又有质感美。笔巧而不轻佻，拙厚而不浑浊，奇特而有新意。正如苏轼所言：“自出新意，不践古人，是一快也。”我想，他一定有这种“快”的体验，得到“不践古人”的愉悦。

一分耕耘，自有一分收获。建国在书法艺术上，已经坚实地走出了一条自己的路，形成了个性鲜明的书法风格，取得了丰硕成果。他不仅已在全国各大展览中屡屡得奖，多次被各大专业报刊专题介绍，同时发表了多篇书法论文，而且得到了专家们的肯定和赞扬。前几年，我遇到已当了全国书协副主席的言恭达，他就拉住我说：“在省里评选时看到了冷建国的作品。建国近来确实写得不错，用笔很有特点，韵律感强，气息不俗，也有个性。”恭达兄很少这样主动表扬一个人，我看得出当时他确实是有感而发，是发于内心的赞赏。像这样表扬他的还有全国著名的美术评论家薛永年教授,《美术观察》主编、书法美术评论家李一先生,他们来苏时看到建国陈列的作品,都大为惊奇,驻足观赏,赞美有加。

我与建国一起游于艺已近三十个春秋,他也过了不惑之年,其书法已进入创作的丰收期。然而,艺无止境,艺术需要不断超越自我。因此,希望他在冗务与创作之间,做到“两不误”,继续保持精神所之、游心无际、离法法存、工拙两忘的心态,不断有所突破,不断给人惊奇,不断创作出具有震撼力的佳作。这是我所期待的。

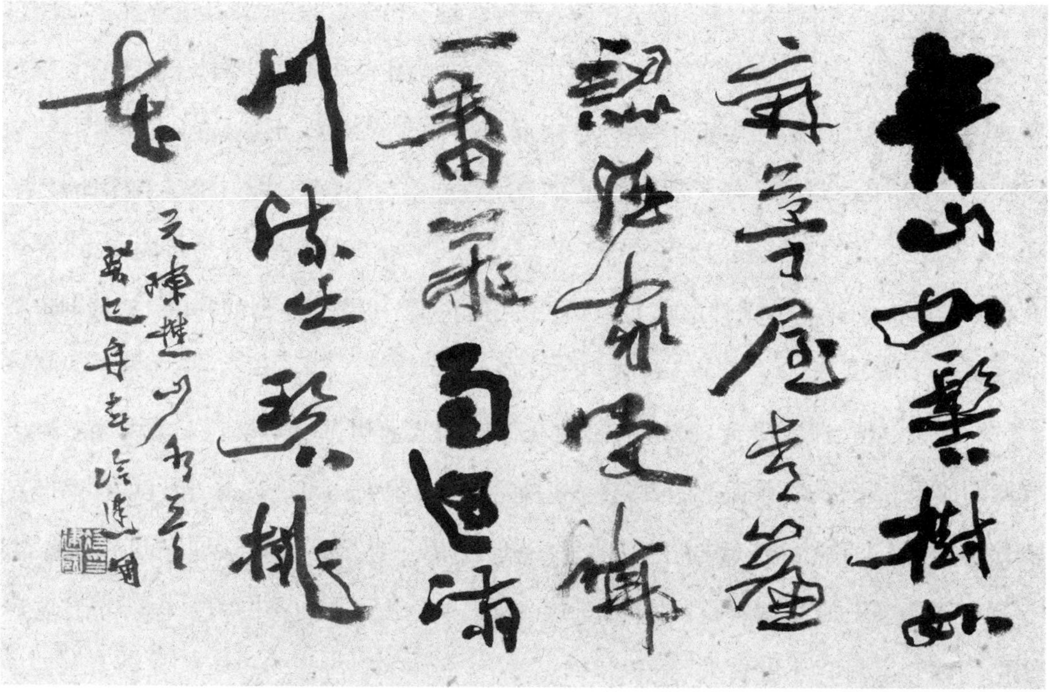

◆ 冷建国书《元陈樵〈山水〉》

评曰:读冷建国书法,悠然有留园“活泼泼地”之感。“活泼泼地”者,留园西部水榭也,古色古香。下有泉水,汩汩而出,于是鱼逗草欢,风拂花开,万物皆醒、皆清、皆活。忽思西哲名言“艺术不是进化,而是变化”,恍然有悟。然悟诚悟矣,言之笔下,流光碎影,终觉滞涩。道其三昧,有振元之文在,淋漓酣畅,毋庸置疑焉。

《程质清纪念文集》序

程质清先生是一位诗文、书画、篆刻、考证、陶瓷兼修，文史通淹，才艺杰出的艺术家，是一个重艺忘利、修德忘名的正人端士，是我敬重的前辈之一。他的一生，虽然经历了太多的坎坷和磨难，但他始终对生活充满希望，对艺术充满热爱，对朋友充满热情，保持了阳光的一生。他从小在家乡婺源只读了五年私塾，因生活所迫辍学务农，后为躲避强征壮丁，逃离故乡，来到苏州木渎，以木材业谋生。由于他自幼喜爱书画，到苏州后从萧退庵、赵云壑先生游，并与王能父、沙曼翁结为艺术交，在20世纪40年代举办了他第一个书画展，获得了社会的高度评价。新中国成立后，他摆旧书摊维持生计，1958年转入文化美术工艺厂，又受到压制与歧视，在改革开放前相当长的时间里，因政治原因，他被排挤出各种社会活动，甚至连他在日用瓷厂独创的“青玉堆雕瓷”的署名权，也一度被无情地剥夺了。然而，程老凭着对艺术的执着，潜心探索，骊珠独抱，浸淫在自己的艺术天地里。

我与他相交是在1980年，当时组建苏州市职工书法篆刻研究组，我们慕其名，抛开外界看法，请他出了山。当时他还未退休，但不管风雨寒暑，逢会必到，对后进仰答知遇，而且肯直面指出其不足，还循循善诱地教人从规矩中下苦功。他说：“书法，书法，‘法’就是规矩，规矩尽而后才能变化生。”他的识见、他的人品以及他在艺术上的造诣，得到大家的肯定和赞赏，在“组”改“会”时，一致推举他为第一任会长。在与他频繁交往的十多年时间里，与我相仿的一辈人都深受其沾溉。

程老的一生，是成果卓著的一生，尤其在陶瓷创制、书法艺术和学术研究上最为突出。他所创制的“青金宝石”瓷胎以及熔诗、书、画、印于一炉的“青玉堆雕瓷”，旷古未有，是我国几千年来最具特色的陶瓷新品种，在陶瓷史上展现了崭新的一页。

他的书法，尤其是小楷最为精绝。从晋唐入，参以章草笔意，高古峻洁，力送笔端，雅韵天成。因此，市书协在推荐他为中国书协会员时，特地将他手书的小行楷《石鼓文试读》影印本一起送到省里，省书协领导看了不由惊呼：“不荐此公，还能荐谁？”他晚年的篆书也达到了新的高峰，参合了汉篆结构，圆中见方，再加上水墨变化，给人以正而不拘、庄而不险、天趣流洽、雅逸传神的审美效果，受到同道们极高的评价。

最令人感动的，是他对学术研究的态度。我记得当时职工书法篆刻研究会在书法史分段探讨阶段，把石鼓文的重点发言落实给程老，本来只是探讨会上的中心发言而已，程老却把它作为一项学术任务来对待，不计任何得失，前后花了两年时间，从六个方面逐鼓作了史料核实、释文考证等系统研究。其中，最具创意的是对每鼓都作了诗译，使难以卒读的石鼓文，以通俗而又诗化的语言，清晰地展现给大家。这看似简单的一举，实在非常艰难，因为石鼓文缺字太多，文意都难贯通，况且石鼓文的背景、释文、体裁等都需要作全面的考订。这是专家们都不大敢做的事，程老却奇迹般地完成了。在这个过程中，程老在释字等方面发前人所未发，取得了突破性的成果，如《吾车鼓》中“亦次”两字，经他考证后，纠正了近千年来的误释，类似的有五六处之多。他的研究成果得到了专家与同行的一致肯定。《书法》杂志得知后，要他浓缩一下，文章很快就发表了。

至于程老在学术、艺术上的其他成果和普及教育方面的功业，吴正贵先生已辑成《程质清先生纪念文集》，珠玉在册，毋庸赘言。但程老的德行和事功，我始终赫然在心，感到不吐不快。因此，借纪念文集出版的机会，写上一二，以表我的缅怀之情和敬仰之心。

评曰：予尝读质清老《石鼓文试读》，惊诧良久，苏台书苑竟有宿老如此，而其名不彰。立斋之序，释之究竟，言之凿凿，令人扼腕、叹息而彷徨。虽然，幸其序出，如同昭雪，宜其不化为朽壤，而为金玉之精矣。

《涵虚斋墨痕》序

我与正贵兄平时交往不多，然久闻其润身之德，尤其他对质清老师的感恩之真，给我留下深刻的印象。我与他可谓年相若而心相应，交虽淡而情弥深。2009 年春，正贵兄在平江书画院向同人暂行告别，说他要回安徽的老家去看望病中的老母，一别就是三年多。不久前，他尽孝还苏，专程到寒舍给我看了一大叠书写的《祀三公山碑》集字联。这一看，着实让人一惊，因为这些都是他自己集《祀三公山碑》碑铭书写的联句，一共六十六副，都是在安徽老家完成的，其酝酿之积、采撷之劳，非一朝一夕，由此可知他所付出的艰辛与努力。

古碑铭文既深奥，又冷僻，字数又少，且多残泐。学碑者想按其风格创作作品，往往苦于没有合适的内容；即使有古文基础，要用碑铭撰成文句或对联，也非易事。因此，随着碑学的兴起，清代、民国的一些饱学之士便将名碑上的铭文集成联句，并以碑拓的形式，形成集联拓本。这样，既可作临摹习字的范本，又可作书法创作内容的联句选本。这一形式在民国初期非常流行，曾出版过石印的集联拓本近百种，如《毛公鼎集联拓本》《散氏盘集联拓本》《周盂鼎集联拓本》《绎山碑集联拓本》《曹全碑集联拓本》《石鼓文集联拓本》等，几乎囊括了所有的秦汉金石。这不仅对初学书法的人带来了极大的方便，而且对碑学书法的应用与推广也起到了积极的推动作用。

当然，集这些联句难度很大，一要有深厚的古文根底，二要有撰联的技巧与功力，三要有熟练驾驭古文字、冷僻字的能力。因为古碑有不少已是不能通用的古文字与很少用到的冷僻字，尚有一些辨识不清的残缺字，每块碑可采用的字极少，给撰联用字与内容的选择带来很大的局限，在协律上造成对仗与平仄方面很大的难度，这种难度是常人所难以理解的。如这块《祀三公山碑》，总字数只有一百九十六个，去掉其中三十四个重复字，可用字只有一百六十二个，其中还有三十多个冷僻字和几个辨认不清有争议的字，要在这些字中集出几副联句已属不易，若要集几十副联句，那就不是一般人能做到的。因为，用不多的字集很多的联句，忌的是重复，怕的是粗率，担心的是缺乏新意。若要再讲究对联艺术，不仅要句式长短不同、内容丰富、贴近生活、符合格律，还要具有语境美与音节美，这对楹联专家来说也是一件极难的事，更何况是一位曾经戎马倥偬的退休干部，如果没有对传统文化承继的一份心志，焉敢向自我提出挑战？非有志者，不能为也！然而，他不但做了别人不敢做也不愿做的事，而且做得特别出色。他执着地几易其稿，反复推敲，不断修改，不做到“无遗憾”绝不罢休。因此，我们在他撰写的这些有益于世、有裨于时的联句中，可强烈感受到那“槎枒于肺腑，激荡于胸臆”的情结，即对现实的关注以及爱国的情怀、忧民的意识和对社会和谐的向往，同时还可以体察出他向上的价值取向与高雅的学问道德精神。

当然，这本书的另一精彩之处，还在于用自书集字联的形式出现，不仅异于过去的集联拓本，同时别具新意，又有时代感。自古以来，《祀三公山碑》以高古雄深的意象，被誉为汉碑卓绝者而称名于世。非具苍雄笔力者，不敢率尔学此，正因为如此，历来无人将此碑集成联句自书出版。而正贵兄以其个人的胆识与才具，走笔龙蛇，将撰联与书法集于一身，补历史的缺憾，可谓书、联合璧，给人以双重的艺术享受。

《祀三公山碑》，全称《常山相冯君祀三公山碑》，俗称《大三公山碑》，是东汉初期最早的一块带隶意的汉碑，可惜发现得比较晚，至清乾隆三十九年（1774年），才由元氏县令王治岐在县城西北三十里的封龙山下访得。杨守敬《平碑记》认为这块碑：“非篆非隶，盖兼两体而为之。至其纯古遒厚，更不待言。”也就是说，这块碑的文字大都篆隶杂糅，兼有两者特征：既有秦篆的圆转，又有汉隶的方折，书风朴厚蕴藉。还与汉印文字极为相似，有人称之为“缪篆”。其实不难看出，《祀三公山碑》较多承继了同时代汉篆的一些写法，如用笔已摆脱秦篆的机械匀称，出现了一些提按顿挫带来的起伏变化，在结体上“三”字的横画收笔下垂等，在《袁安碑》《袁敞碑》《开母庙石阙》都有出现，可溯其来历。同时还可看到简帛书对它的影响，如行笔已开隶势以及方折与波势的出现。另外，如“处”“神”等字开张的波磔，“户”“宁”最后一笔作刻意的恣纵，等等，这些结体运笔中的异构奇趣，使人们感受到篆隶演化过程中的奇异形态与高浑骀荡。自清中期后，因其具有篆隶形意而备受后世称颂，书家竞相仿效，印家频取入印，如邓石如、齐白石等皆习篆其文，广泛取法。

这次正贵兄书写的《祀三公山碑》集字联，墨光所射，生气盎然，可以看出他对此碑书写是颇有心得的。首先，他能寄意于篆籀的线条。由于此碑的点画承接了篆籀笔法，气息古浑雄深，因而，在他笔下亦有篆籀旨趣和浑拙脱俗的气象，笔笔中锋，如古篆，如枯藤，显得平中有奇，形方笔圆，简静生动，清远劲拔。其次，他能倾心于形构之多姿。此碑在结构上，因其亦篆亦隶，亦显得形构奇特，活泼多变，既方正，又多折曲，曲直相间，峥嵘其格，高古其神。《临池摭录》认为此碑：“每字只以一二笔异样便成全字姿态，每行只以一二字错落便成全篇变化。”而正贵兄恰恰能抓住这些特征，骀荡其形，氤氲其象，写出了风雅涌动、意蕴烈出的境界。如“敬坛神喜；和气福臻”这一联的“神”字，用高扬的“折”与夸张的“曲”，使全字因一折而得势，一曲而神畅，既能保持磅礴雄深之意，又能彰显气脉流动的生命之态。通过意趣内蕴与情采外溢，凸显形构的形奇神凝。

综观全书给我的印象是，正贵兄始终追随质清老师的高古书风，长期浸淫于秦汉碑版之中。因此，书写《祀三公山碑》集联，亦是其情之所近、心之所好，游刃有余，如写胸中光景一般。可谓“酣适之方，甘旨之尝，以徜以徉，是为醉乡”，完全是恣情笔墨，自抒胸臆，乐在其中，于有意无意间采撷到了丰硕的成果。我相信：根柢既固，枝叶自茂，且任其性情，兼其执着，藉其心志，自有其广阔无垠的艺术空间，任其精谨驰骋，并结出一个又一个属于自己的艺术成果，这是我们所有同人所企望的。是以为序。

评曰：正贵先生字联，别有怀抱，然缘吝，未尝一见。今观振元之文，仿佛其中，依稀左右。

天下逸士，或采菊东篱，或垂钓桑波，或浮槎大海，或纂言钩玄。粗茶淡饭，布衣度日。然谈慕魏晋，至念道臻，其旨一也。振元之序，用白话文娓娓道来，龙子犹所谓“话须通俗方传远，事必关风始动人”也，洵为至言。

《张士东书法作品选》序

士东兄与我同年，我和他的书法之谊与君子之交，已近四十个年头了。他憨厚、朴实，对生活简之又简，衣着外貌又不作什么修饰，还长了一副娃娃脸，外表看似平常，却掩盖不住他非凡的人格魅力。这魅力，就显示在他对书法艺术的执着与痴迷。记得20世纪70年代时，他在摄影艺术上已崭露头角，开过展览，加入了省摄影家协会。虽然像他那样水平的，当时在苏州还不是很多，但他毅然放弃摄影，一头扎进了书法。到了20世纪80年代末，正当他书法创作处于最旺盛的时候，令所有人意想不到的是，他突然将全部精力投入到汉字演变规律的探索之中，当时包括我在内的好多朋友，都劝他不要在这方面陷得太深，因为这涉及文字学等诸多学科，会耗费大量时间和精力，影响到书法的创作。然而，他对社会上一些陈旧的错误观点仍在不断沿用而担忧，于是孜孜不倦地在浩如烟海的文字和图片资料中，钩沉剔抉，进行了大量反复的梳理、对比、分析和研究，最终以无可辩驳的研究成果，纠正了前人的错误说法，证实了他自己的观点，结出了丰硕的学术成果。这真是“长风破浪会有时，直挂云帆济沧海”，他的论文《隶书源头辨析》获得1998年全国隶书学术讨论会一等奖，并在2005年出版了他的专著《隶书探源》。多种书法专业报连载或选登了他的文章，他也得到了各方面的好评。同样再次使我们惊奇的是，从20世纪90年代中期开始，他又变作一只不知疲倦的工蜂，疯狂地采撷于书法艺术的百花丛中，潜心为书法酿造其怡情的心蜜。他几乎临遍了所有能收集到的碑版和墨迹，全面而有系统地吸收了传统书法的精华，并将其创作成果一个接

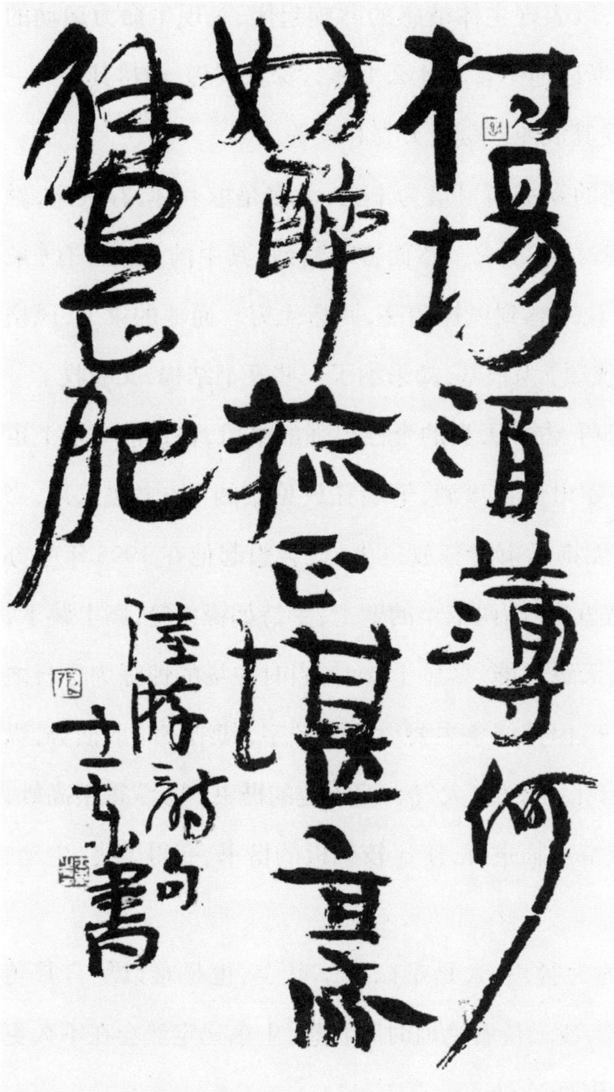

◆ 张士东书《陆游诗句》

一个地奉献给了社会，先后举办了个人的“行草书展”“隶书作品展”“甲骨文书法展”“古文字体系书法展”“楷书作品展”……成为全国第一个对各种书体分别举办个展的书法家。他的识见和自信，聪颖和天赋，勤奋和执着，为同道所折服。

如今，他的书法作品集又要付梓出版了，嘱我为之序。作为第一个读者，对展现在眼前的作品，我感到赏心，感到叹服，而感触最深的有两点：一是他在书法作品中显露出来的那种“离经叛道”的精神，即“有法到无法，无法即我法”的创作理念，如同姚孟起《字学臆参》中说的，“不可无我在，无我便杂”，还有作品集中的一副对联“独持偏见；一意孤行”，正反映了这一特点。因此，看了他精骛八极、不拘一格的作品，就看到了他的个性，真可谓“书如其人”。二是他写的各种书体，无论真、草、篆、隶、行，都始终贯穿了一条主线，就是采用了雄壮浑厚、灵动朴质、筋骨遒劲的颜体线条，带有篆籀用笔蜕化而来的浓重气息，充盈了汉字的每一点、每一画。在我想来，这就是士东兄的“一画之法”，体现了他对书法艺术的理解和审美取向。如同石涛“一画”论的美学本质一样，将“一画之法”视为通贯宇宙—人生—艺术的根本法则，以表现主体情感的回旋起伏，表现生命力运动的节奏韵律，表现对艺术化境的追求。所以他不管写什么书体，“深入其理，曲尽其态”，一画中含多样，简单中含无限，让人感受其混沌、率意、天真和大美。

在这本绚丽多彩的作品集里，他的篆书面目最为丰富，大多是取其体，存其意，融合自己的心得，用笔拙厚而屈曲多姿，结字不求工整而皆有奇致，其中的几幅带有《散氏盘》那种古朴生动情趣的作品，更让人感到风神骀荡，回味无穷。而他的隶书，风格特征比之更鲜明，虽然看得出以《西狭颂》为根基，却采纳了一些篆书结构，又吸收了一点简帛书的用笔，其所形成的拙中寓巧、古朴天真的个性很强的书风，在目前书坛上也是显得非常突出的。当然，若论“神姿出尘自潇洒，笔底狂放见雄阔”的书法风采，当数他的大草书了。谈到他在创作时无拘无束的狂放自由，就会想起他在1995年举办“行草书展”时当众壁书的情景，在宽五米、高两米半的壁上，手持如椽大笔，腾上跳下，运笔如飞，如急雨旋风，如鸾惊鹰峙，天纵之能，尽显于壁上，当时在场的惊呼为今日之“颠张狂素”。士东兄的草书取法很广，但其线条主要得力于颜字，其结字时取横势，纵横豪宕，百态横生，使人感到既率意有张力，又显大气。至于他的楷书，“玩”得很高妙，有帛入楷，有隶入楷，有行入楷，还有楷意临隶碑，使比较刻板的楷书，变得丰富、生动、活泼，饶有趣味。

士东兄的书法，可比之为丰盛的大餐，一人是难以独享其美，也是难以尽言其美的，有待大家分享。“知君犹有连城璧，凌云待看鸣珂时”，我想，士东兄定然会在不久更上层楼，由“自我”进入“忘我”的境界，再次让人惊喜不已。

评曰：为前辈作品序，有景仰意；为同辈作品序，有相勉义。同为序言，生发不同，但含英阳秋一也。

《张士东书法作品集》序
——兼谈创作思想与创作方法

士东兄在书法艺术个性化方面不断追求与大胆探索，一直在做一些别人意想不到的事，经常给大家带来出其不意的惊喜。记得 1995 年他举办首次个展时，在开幕式现场当众作整片墙的巨幅壁书，当他举起如椽大笔，腾纵出雄奇的笔墨，展现出博大的气势，写出与平面书写完全不同的精彩效果，引发了现场“今日之颠素醉张”的惊叹。当他以特色鲜明的作品分别举办五种不同书体的单体书法个展时，也给书法界引发前所未见的惊奇。当他用十年时间探索文字与书法的流变，以《隶书源头辨析》获全国隶书学术一等奖、《隶书探源》获中国书法兰亭奖理论三等奖时，他在文字学与书法理论方面取得的优异成绩也让同道赞叹不已。当他刚步入七秩稀龄时，又给了我们一个更大的惊喜，那就是他为自己五十多年来书法艺术探索作了一个全面的总结，推出了一本最具特色、最有含金量的书法作品集。内容分为“古文字体系”“隶书体系”“行草体系”和“楷书体系”，全面展示他多年来书法艺术的创作成果，并在每件作品旁分别写下了自己的创作思想和创作方法，包括心得体会与理性总结等方面的真知灼见，涉及文字学、书法史以及书体演变、审美追求、风格取向、书写技巧、探索实践等方面。这种以理论与实践相融合、涵盖各种书体创作成果的作品集，就目前而言，全国仅此一见。这对书法艺术的创作无疑是一次极有价值的探索，对书法艺术的普及与交流是一次极大的推动，具有积极和深远的意义。

日前，士东来寒舍要我为其作品集写序，使我有幸先睹为快，借此对他这本集子谈一点自己的认识。

首先，谈谈他的书法风格问题。

早在二十多年前，我们沧浪书社就有同人与士东探讨他的书法风格取向问题，针对他热衷于创作风貌各异的作品，真诚地指出“缺乏明确的追求”，认为这样不容易确立自己明确的风格特征。这个观点代表了大多数人的价值取向，也是当今书法界主要的创新思维模式。而士东兄的想法是：“艺术不是进化，而是变化。”（毕加索语）书法风格不是革命，不能脱离传统；书法风格不是商品，风格是通过吸收传统、道法自然而变化出新。他认为：“艺术欣赏之所以高度重视艺术品的个性，无非就是希望看到千差万别、形神各异的作品。”一贯终身的风格不利于创造精神的开发，认为艺术不应该作为追求功利的手段。

其实，反思一下不难发现，当今的创新思维模式来源于西风东渐的西方价值观，其创新含义就是革命、革新与破旧立新。只要“新”，它就可以与传统割裂，可以断祖绝宗，认为这样才能创造新世界。这种唯“新”是求的创新观，对我国书法艺术的影响是显而易见的。当今不少创新作品只讲创新，不讲传统；只重形式，不重笔墨；只要视觉冲击，不要文化品位；只求变异，不顾雅正，便是这种观念的产物。格调日渐低下，意蕴不断匮乏，使一些作品沦为粗劣、浅俗、浮滑、狂怪，其后果是民族文化的断代与人文内涵的缺失。

事实上，在中国传统文化术语中没有“创新”这个词，只讲“变”“变化”与“通变”。中华民族传统的艺术只强调变，因为它必须有一个母体，有了母体才能谈得上变，这个母体就是传统。好有一比，树要有根，水要有源，否则就是无根之木、无源之水。没有了本体与生命之源，又谈何创新？所以，“通变”就是对传统的融会贯通，以古通今，在完美掌握书法艺术的内在规律和传承丰富的民族文化基础上，以出新体现其书法的价值取向，形成自家的面目。

士东兄正是以这种“通变”确立了自己的风格，展示他书法的审美意义及其价值。我们可以从以下两个方面来观察。

先从单幅作品来观察，他的每一幅作品都构成了一个小宇宙，通达变化，形有新态，意有异致，又浑然一体。譬如他在这本集子的《古文字体系》中几幅甲骨文书法，每幅的创作方法都“取法上古，融会己意”，或取意金文，或改用软笔，或重在意趣，或巧融象形，或妙用墨韵，或入帖求象，或借用笔意，等等。他通过运用自身的情性修养、精神气格和审美境界，对甲骨书法进行了多层次的深度开挖，用金文丰富的线形与内涵赋予每幅甲骨书法以不同的意象和多样的形态，使之高古而时新，产生“不是具象，俨如具象；没有声音，却有乐感；不是生命，却有生命”的审美效果。这种通变，使他的甲骨书法变得神态各异，珠玉纷呈，独树风貌。

当如今的书法日趋被那些浮躁、表浅、雷同的作品所湮没，使之越来越留不住观赏者时，士东这些独具深致又丰富多彩的作品无疑令人面目一新。因为他赋予了每件作品以新的形式，他所投入的情性修养和精神内涵的深度已充分显示了“人的本质力量的丰富性”。他那种充实的内在修养、通变的精神气象、常写常新的探索精神，是当今书法最缺失的，也是书法审美最需要的。

下面再从各体书法作品的整体来观察。他最突出的是采用西周金文丰富的线形线质，通变为各体书写的用笔。也就是说，他用一种认为最能体现自己审美追求的线条把不同书体整合成一个完整的审美主体，形成一个在视觉上能鲜明地代表他书写风格的意象符号。他的这种做法，不仅大大地丰富了书法艺术的内涵，挖掘了传统艺术中最能体现民族精神的一面，同时也以此形成了他“在厚重中保持灵动的生机和活力”的书写风格。

他的这种通变之路，在当前起的作用显得尤为突出。因为，当书法逐渐退出实用性，成为纯艺术时，艺术的多样性便要求更多的书家能兼擅各体，通过对不同书体的补充、吸收、整合，在通变中超越，在融合中出新。然而，目前大多数书家在书写不同书体时，仅仅是为了多增一种书体品种，而没有着力于各体之间融合生成统一的个性化笔墨语言。这就造成书家在整体上没有形成统一的书写风格。当举办个人书展时，各体书法作品之间缺乏统一性的现象暴露无遗，无形中割裂了个人书风的完整统一，消解了个人书法风格的鲜明特征。应该说，士东兄通过统摄各体的金文用笔方法，对改变目前书家们各体各写的弊端，起到了导夫先路的作用。

而且，士东在通变西周金文以形成自己书法风格的过程中，实际上也同时继承吸收了高古、朴茂、苍雄、坚峻的书写传统，使他的书风中凸显出一种金石气，从中展现出深层的人文内涵，包括民族精神气骨和哲学精神的张扬。

其次，谈谈他的书外功夫。

大家可以看到这本作品集的副标题是“兼谈创作思想和创作方法”，即可见其书外功夫之一斑。其中，最突出的是贯穿在他作品中的哲学思考和审美追求。大家知道，石涛和尚创立了“一画”论，他把“一画”作为绘画的根本法则贯通一切，才构成了自身的整个艺术世界。士东兄把他的书法用笔统摄为西周金文的线条，也许正是从石涛“一画”论中获得的启示。他把书法也看作是一个一气相连而又生生不息的大生命，用西周金文的“一画”来管领，贯通古今，从而获得书法创作与哲学精神的融合。例如，甲骨文原本是契刻文字，当它与金文相融合，顿使其变得生动、流畅、丰富、有变化，更有意味。正如他自己讲的：“熟悉和掌握圆笔篆法就是掌握了古文字的核心笔法。”“写熟西周金文，再书写其他古文字就会得心应手。”他的这两句话，既是对书法艺术的思考，又是实践心得的总结。可见书外功夫对书法艺术实践所起的作用。

当然，他的字外功夫在文字演变方面的研究成果中，显得更为突出。由于他在书法创作实践中经常遇到文字与书体演变方面的问题，涉及文字学、哲学等诸多方面，这些问题经常困扰着他，于是他发奋十年，去验证汉字字体到底是怎样演变的。他面对众说纷纭的十多种隶变的不同结论，一头沉下去进行深入、系统的验证。功夫不负有心人，他最终取得了显著的学术成果，获得了全国性的两个大奖，同时对书法艺术的探索也上升到更高的层次。

他在学术方面的建树，主要集中在文字演变与书体研究两个方面。现简单归纳，作一介绍。

一是他确立了“文字是在继承中演变，继承是文字传承的主流和依据”这一观点。

许慎的《说文解字》中有五百二十个部首，现代汉字也有两百个左右的部首，其中百分之九十以上部首可以在甲骨文和西周金文中找到，说明了文字的传承性。如果不是以传承为主体，中国文字经过三千多年的演变不可能保留如此大量上古文的形迹。

士东兄针对这种传承性，专门在《隶书探源》一书中罗列了七张表格，进行了细节的对比研究，发现了传承、书写过程细微的变异又造成了“差异性”，这种差异性通过量变到质变，引发了汉字字体的演变，从而得出了推动汉字字体演变的真正原因：是相似性（传承）与差异性（渐变）辩证发展的结果。士东兄这一新观点及其验证结果，是对古文字如何向今文字演变的一个最有说服力的科学解释。

二是隶书源头可追溯到西周。

截至20世纪终，战国及秦代竹简已出土总计不下五千片，三万五千字左右。2006年6月湘西里耶古城竟然一次性出土秦简三万七千四百余枚，二十余万字！大量的第一手实物资料使我们有可能将断代明晰的早期隶书与西周金文相比较，并从对比中发现两者之间具有十分普遍的相似性，并可以全方位衔接。而且，凡是隶书和小篆无法吻合的文字、部首，几乎都能在甲骨、金文中找出它们的源头和依据。通过大面积的验证工作，士东兄以充分的依据证实了隶书的源头在西周，从而推翻了历来关于“程邈创隶书说”“隶书是草篆变成的”“隶书是由小篆省简而成的”“隶书是楚简中来”等似是而非的说法。当然，随着战国简牍的大量出土，也有一些学者开始认识到隶变的源头问题，但只停留在一些感觉上，没有具体的实证。因此，士东最大的贡献是通过大量实物的对比分析，以无可辩驳的科学验证，证实了隶变的源头和过程。这些验证依据都发表在他的《隶书探源》一书中。

三是他在大量的验证过程中，形成了对文字演变一系列独到的见解和新的观点。

首先，他认为整个汉字字体最早的分流可上溯到西周，汉字字体的演变史，不是按篆、隶、草、正的顺序单线的传承。这一见解明确了字体分流的上限，也彻底改变了传统书体演变的排列次序。其次，他认为汉字字体自始至终遵循着由无序向有序、由不规则向规则、由繁复向简化、由多字形向单字形的规律渐进，体现了一个不断规整、规范化和方块化的渐变过程，是汉字演变的总趋势、总规律。再次，他验证了所谓“正草二体”不断互变的依据是不存在的，“草体”也不存在介入篆、隶、楷的演变过程。仅用一个“草”或一个“简”字是无法概括整个汉字演变过程的，而且验证表明每一个汉字的演变过程、演变形式，都是各不相同的。第四，他认为汉字字体的演变是一个缓慢的过程，甚至完全是在不知不觉中潜移默化的。第五，他通过验证证实：秦汉之间不存在篆、隶急剧变化的依据，局限在秦汉时空内研究“隶变”是无法得到真实答案的。

他的这些观点，是发前人未发之论，其价值不仅是验证了字形、字体演变的过程，同时对今后重写中国文字史的演变与中国书法史书体演变，具有正本清源的学术价值。

四是对《散盘》铭文厘正纠错的研究取得明显成效。

士东兄在文字、字体验证过程中，发现《散盘》铭文自古以来因多种原因造成点画缺损、增益、误改、误释、讹写等情况非常严重，使研究者难以识读，临摹者无从下手，书写者错误百出，甚至名家大匠写的《散盘》作品同样差错频出。对此，士东兄从文字演变的角度着手，对铭文中的三十五个字，分别进行分析、梳理、解析、廓清、纠错，并以他的研究成果与张晞一起合作完成了《散盘铭文歧疑字形探讨》一书。他还对照研究成果书写了《散氏盘铭文临本》。正如言恭达在该书序言中所说：“作者的《散氏盘铭文临本》是目前能见到的临本中正确性较高的本子，这个临本对于爱好《散盘》书法的同道应该有很好的参考价值，对初学者来说可以因此而少走弯路……作者通过对《散盘》书法的研究，不仅欣赏其古朴的美感，更重要的是由此而了解并熟悉了上古文字的结构特征和书写方法。”

正是士东对《散盘》大量实物微观的深入判析、考察和研究，使他完成了一件前人未曾做过，却很有现实意义的事。同时，也让他最终选择了西周金文的“一画”来通变他书写各体的线条，实现他书法艺术向更高审美层次的蜕变。这是他字外功夫体现在书法艺术中最为明显的一个实例。

最后，谈谈他的书法艺术。

从篆、隶、草、楷、行各体综合的情况看，他的作品厚重、朴浑、劲拙、灵动、气势旺盛、富有金石气，是趋于壮美的一路书风，具有凌厉之美、古拙之美。我在这里仅从他擅长的几种书体中选择其隶书和草书，谈点个人的感受。

他的隶书由于博采众长，其笔法甚至部分结构与西周金文相承接，给人以篆隶之间、亦古亦新的感觉。在他书写的艺术处理过程中，或大开大合，纵横错落；或变中取形。欹中托意；或字势风发，凌厉壮重；或藏巧于拙，蕴美于朴；或顺乎自然，抒发己意；

或取金文之趣，味楚简之形。其变化之丰富，浑然而天成。在他的作品中已看不出人为的机心和刻意的痕迹。完全“发乎自性，源于积累”，成为作者契合自我的表现形式，成为作者审美理想的物化形态。任其用笔与结构的变化，蓦然回首，一看便是士东的隶书。

至于他的草书，取金文之古浑，在风格与内质上，已迥异古今。他的一幅白居易《登阊门闲望》诗最具典型性。这幅作品博大苍雄，气势豪放，格调高古，意趣横逸。可以体会到他的书法越趋高迈，愈与人格相辉映，字形上的大开大合，使结构更宽绰，体势更勃张，笔力更雄健。其中最为精彩的是其排宕纵横的用笔，看似粗头乱服，实质上走笔恣意，随字造势，欹侧生姿，流露出一种骨鲠自立、无意可人的人格气局，迥异俗格。这种新意时出、笔具化工的具有超拔之致的大草，在当今已是凤毛麟角了。

所以，读了这本作品集，我对士东兄游艺于此，能尽其道而卓卓若此，倍感欣喜，赞叹之心非言语所能表达。在此写上我十分粗浅的一得之见，聊表祝贺之意。

评曰：奇者奇者，潘兄此文也。七彩玲珑，夫复何言！余常曰：时来天地皆同力，运

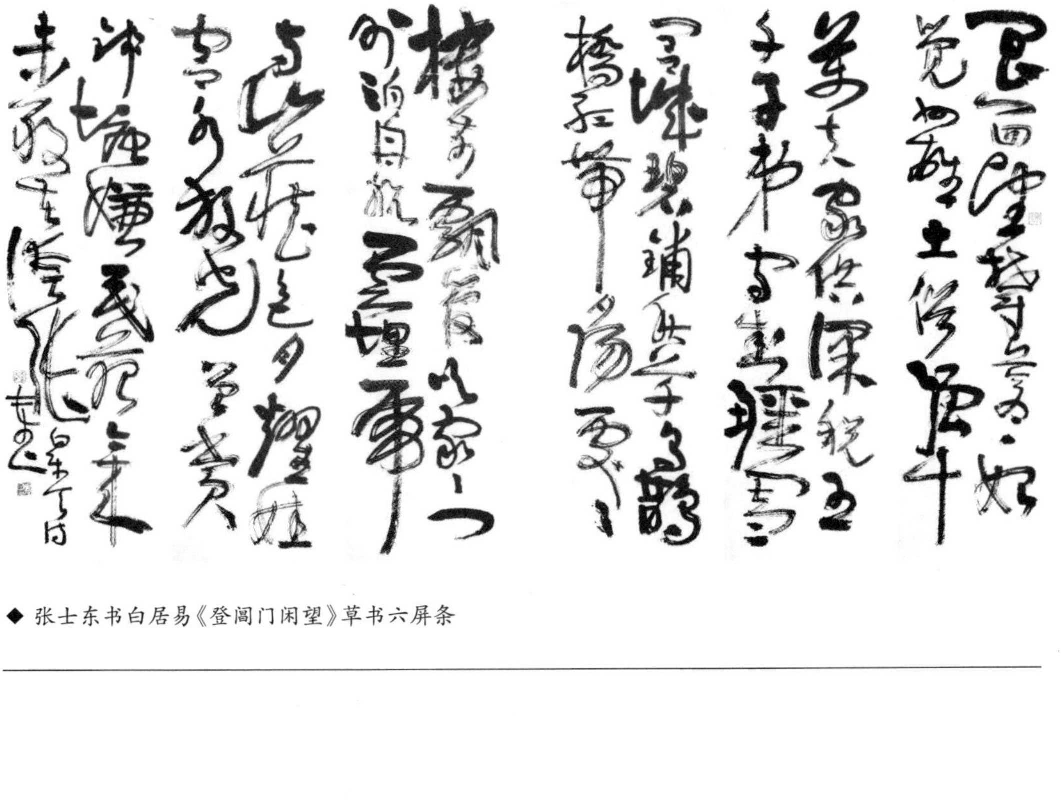

◆ 张士东书白居易《登阊门闲望》草书六屏条

至英雄更自由。士东之谓也,振元之谓也。余日前又曰:万物皆变,经典永成。士东之谓乎?振元之谓乎?勉哉两兄,勉哉吾辈,勉哉所有天下有志者。

《王谷安书法作品集》序

书法为什么具有吸引力，原因是书写而依附在点画上的“势”，赋予了文字以生命的律动，使人感到书法的一点一画，都在显示、运动和变化，在抒发人的情感和审美追求。这种具有书法本体美的“势”，使原本只是点画生硬的文字，生成为具有“神、气、骨、肉、血”的书法艺术。因此，确切地说，书法就是“势”的艺术。然而，现在不少人对书法的表述不尽相同，认为是线条艺术、造型艺术、空间艺术、表现艺术、抒情艺术、再现性艺术、意象艺术，等等，可以说，都有点隔靴搔痒，或失之偏颇，未能抓到书法的根本。在中国书法史上，早在东汉，作为书法艺术自觉标志之一的崔瑗《草书势》，就第一个引入“势”这一命题来论述书法。在汉魏六朝相当长的一段时间里，“势”几乎就是书法艺术的代名词，从中可以看出古人对书法的理解。

最近，谷安兄要将他的作品结集出版，嘱我为序。看到他近期的作品如此精彩，感到欣喜不已，也有所感触。因此，借写序先谈一点对“势”的认识。其实，谷安兄对“势”也有很深的悟解。早在20世纪八九十年代，他就是书法得奖专业户了。然而，他深知“随事从宜，靡有常制”，必须因时而变。因此，他不像有些书家出了名，不再临帖，也不求变化了。书法的僵化，等于艺术生命的终结。而他坚持求变，耕耘不辍，广采博取，不断否定自我。他学古不泥，变化不居，于蓄蕴万千中深入佳境。他在《石门颂》基础上，不仅取法于《好大王碑》《礼器碑》等碑，同时将简帛书融入，因此隶书写得最为出彩，古拙中有简帛之意，浑劲中露清刚之骨，平正中带欹侧之势，静穆中藏灵动之笔。这种由静生动，由动生势，与古不同，与今相异，使其自成一体而趣味横生。谷安兄在隶书中既合规律性与目的性的追求，又能“临时从宜”的自由发挥，形成富有包孕性的书势，是他“由技入道”的结果。

同样，他的行书也具有自然浑成之势，尤其注重线条刚韧的提炼与虚实的变化，注意“势”的发挥和“气”的充盈，使势足神全成为他展现书法生命力的重要手段。同时，他还不断吸收古人之长为己所用，既有颜字的浑朴，又有米字的潇洒；既吸收良宽的简约，又融合谢无量的雅逸，加上有“二王”厚实的功底和碑的拙厚，使每幅作品都能显露出他行书内涵的丰富性，以及“奇宕潇洒，时出新致，以奇为正，不主常故”，“同自然之妙有，非力运之所成”的特点。这种进入自由王国的“无一定法”的“极势”，使笔墨化为心迹，化为灵性，化为神韵，化为情趣。袁枚云：“世人难得者惟趣。”在他的作品中，这种难得之趣随处可见，也使他的行书更具个性色彩。

“芳林新叶催陈叶，流水前波让后波”，谷安兄这本作品集，是他书艺硕果的一次集中展示，是值得庆贺的。我相信，谷安兄还将更上层楼，“乘骐骥以驰骋兮，来吾道夫先路”，我们都期待着。

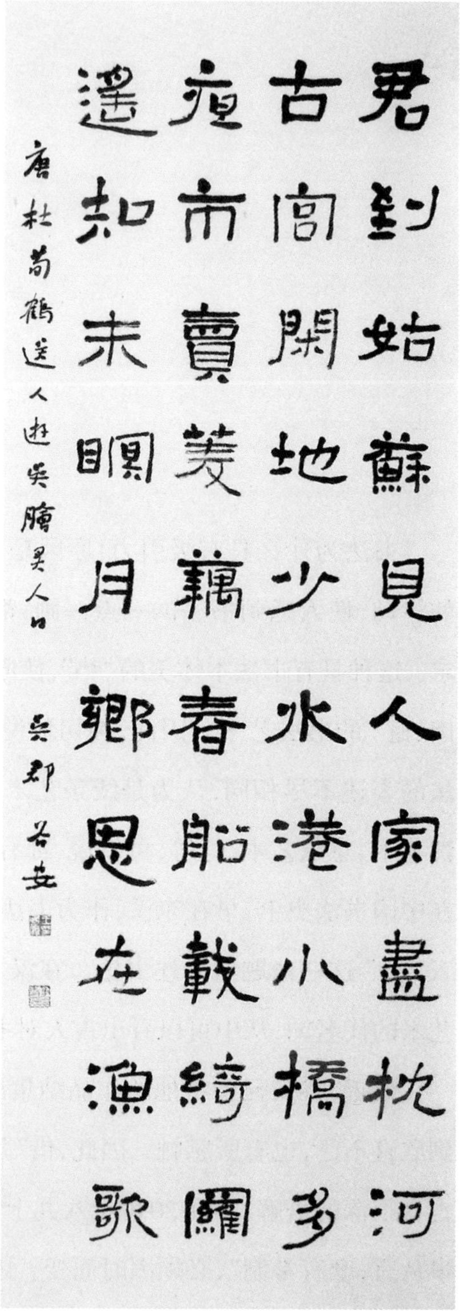

◆ 王谷安书《杜荀鹤诗》

评曰：立斋感悟书法，多立论于“势”，上下求索，左右逢源，鸣高而踏实，立异而不失持平。本序亦铺陈于“势”，可谓别开生面。

《“玉轴连云”手卷作品集》序

手卷，顾名思义以可在手中舒卷而得名，即只能舒卷而不能悬挂的书画横幅卷轴。在横向幅式中，手卷是我国出现最早的一种书画装裱形制，其次是册页，最晚是横幅。手卷因其尺幅较小，易于收藏与携带，便于案头展阅与临摹，自古至今一直是人们最为青睐的一种书画形式。现在能见到的晋、唐、五代流传下来的书画作品，基本上都是手卷，说明手卷这一形制的出现受古代低矮的长方形几案的局限，使早期书画趋于横向幅式是其必然的选择。

那么，手卷这种形制源出何时呢？由于未见文献的明确记载，一般都认为其源头要追溯到春秋迄汉所盛行的简策。因为书写的简策要用绳带编缀、收卷起来，便形成了相似于手卷的雏形。随着东汉以后纸绢的普遍使用，在装裱工艺形成过程中便从简策形式中得到启发，演化为手卷的形制。由此我们可以理解手卷为什么要采用从右至左的展开方式，因为它根植于简策的书写格式，继承了传统的视觉习惯与阅读方式。

在现存的文献中，最早记录手卷装裱情况的是南朝梁的中书侍郎虞龢的《论书表》，记述了宋孝武帝时期书画装裱处于初始阶段的状态，存在把长短不等几十张好的与差的、正书与草书混杂裱在一个手卷中的情况，带来观赏的不便。到了宋明帝年间，便有了明显改进。诏由虞龢等人对书画装裱进行了整理，制定了当时装裱的字画编次、内容选择、装饰配制、手卷尺寸等标准，使手卷的装饰趋于规范和考究。按手卷质地好坏与内容优劣，分别配置金轴、玳瑁轴、旃檀轴等不同的轴头与不同的织带。从考古的实物看，现藏甘肃省博物馆的北周《入楞伽经》，由十九张纸拼接而成长达八百零八厘米五毫米的长卷，已具备手卷装裱的基本特征。

手卷，有人也称之为长卷。它的最大特点是突破了绘画的静止性以及瞬间性的框框。因为，在手卷的书画创作过程中，作者构思与挥洒是自右而左地逐步展开，展卷观赏也是随着逐步展开使认知不断深入的过程。这时人的视点在移动的空间与流动的时间中形成时空合一，从而增强了舒卷时的空间感、动态感与神秘感，这种以画面空间的连续推移来表现时间流动性的手卷形式，在世界绘画史上堪称别开生面。

正因为手卷的可延展性与不受长度的限制，它可以根据画家的需要不断延伸，使它更适宜于故事性的题材、连续性的场景、系列性的情节、长景式的山水、重大事件的记述、纷繁复杂的社会生活的描绘以及写意性的墨戏，等等，使之可尽情地铺叙与舒展。如传为顾恺之的《洛神赋图卷》，即是根据汉魏大文豪曹植的名篇《洛神赋》，用连续图画形式画成长卷，将故事情节逐一展现出来；描绘了溯水追寻、长夜静候、怅恨东归等片断，在片断之间点缀山峦、树木和河滩作间隔，彼此之间既相互区别又相互联系，使之形成一个有机整体，犹如一条连绵不断的彩带，更像是一幅具有故事性的古代连环画。还有南唐顾闳中的《韩熙载夜宴图》，全卷分五段，以屏风作间隔，连续展开了听乐、观舞、休息、清吹、宾客酬应等场景，精致、细腻地刻画了官僚贵族奢靡的生活，形成时间为纽带、前后贯通的整体，绝妙地展现了“韩熙载夜宴”的整个过程，匠心独具，构思巧妙，成为人物画中的杰作。

手卷的这种可延展性与可塑性，使其幅式之大者，可超过百米，而小者也可成为袖中雅物，匣中宝玩。1993 年春节前后，我曾到台湾探亲访友，顺便参观了台湾“故宫博物院”。当时最令人感兴趣的是正在展出的明清两朝皇帝使用过的三十四件多宝格。这种多宝格实际上是精巧无比的盒、匣、箱、柜的组合体，每个多宝格庋藏的珍玩多达数十，乃至百件。凡铜、瓷、玉、象牙、珐琅器、玻璃、书画等皆体现具体而微、小中见大。而且，对每件放置的位置都有独特的设计，赏玩时常要寻寻觅觅，有扑朔迷离的趣味。其中，每个多宝格都少不了有一件宫廷画师绘制的袖珍手卷，高度不过五六厘米，极为精致，可谓最小的手卷了。这种以把玩为主的手卷在民间也有流传，我的老师崔护在

《稗珠集》中也曾提到一件高不过三四寸，长不过二尺的小手卷，是“文革”前经由徐绍青先生转托题跋的“吴湖帆与潘静淑合作的花卉草虫卷”。这件手卷不仅寄寓了吴湖帆夫妇高洁脱俗的情趣，同时也是其夫妻情深的见证。应该说，这件手卷是属于闺中的雅玩了。

手卷的装裱一般规范而考究，以利玩赏与收藏。张彦远在《论鉴识收藏购求阅玩》中讲，他二十岁时对鉴玩书画达到“忘言”“忘情”的程度，痴心于“鸠集遗失，鉴玩装理，昼夜精勤，每获一卷、遇一幅，必孜孜葺缀，竟日宝玩”，而且，每卷要“装之珍毕，裹以藻绣，缄縢蕴藉，方为宜称”。观赏时“近火烛，不可观书画；向风、日正、飧饮、唾涕、不洗手，并不可观书画”。由于手卷经常会出现在文人雅士私人交谊时的案头上，成为书画阅玩与交流的主要载体，故历来对其殊为爱重。正因为此，古时的手卷都是书画家的精心之作。如传世的《姑苏繁华图》长卷，就是以其严谨精细的笔法展现了灵岩山至姑苏城，又北出阊门至虎丘山一带的风貌，作者运用了通俗写实的手法，艺术地再现了清代苏州城市西北角的各种风貌。其中人物数不胜数，据说有一万两千多人，船近四百只，商店二百三十余家，无一懈笔，可谓精细绝伦。全卷通过诸多戏剧性情节和引人入胜的细节描写，运用笔墨精致的刻画，充分展现了内容的丰富性、社会历史的真实性和艺术表现的生动性，使它与《清明上河图》一样成为我国古代绘画史上最具历史意义的杰出作品。

另外，手卷还有其他书画形式无法比拟的文化含量。就拿手卷装裱的各个组成部分来说，隋唐时期的手卷由天杆、包首、签条、天头、隔水、画芯、跋尾、玉轴头组成（见米芾《书史》载）。到了元代以后，才开始在画芯前增加了引首。引首多题写卷名或赞辞。跋尾又称拖尾，是留待怀文抱质的名士、师友、同道题跋的，内容由题跋者自定，或叙其事，或题诗词，或作散句，或写赞语，或鉴其真、或论其美，各抒其长，任意发挥。这些题跋汇集了不同层面的名人、各个时期的鉴赏文字、各种饶有画意的诗词与意味隽永的文辞以及风格纷呈的书法，还有题跋者留下的相关印章，可谓琳琅满目、丰富多彩，不仅展示了手卷这种形制所独有的文化现象；同时，也留下的大量人文交往、评论鉴赏与流传过程中的各种信息，这对后人是非常有价值的文史资料与考证依据。如明代大收藏家韩世能在《文姬归汉图》卷中的题跋："余每携至公署，教习督学之余，带披玩之，同时观者门人陶望龄、焦竑、王肯登，刘曰宁为余和墨，作字者黄辉，焚香从事者董其昌，执笔者世能也。"跋文中所提到的这些人，皆一时名流，绝对提高了该手卷的可信度、权威性及其收藏价值。所以，手卷的持有者在茶余饭后，一卷在手，循由察变，细赏画内之笔、画外之意，是多么的惬意！若再玩迹探情，联想与之关联的事宜，所谓"此中大有逍遥乐，难说与君画与君"，岂不乐在其中？

这次由"香洲扇坊"发起的手卷作品征集与出版，是有卓识远见的，因而得到了各方的支持和配合。共征集到手卷作品七十五件，其中苏州一地就有六十六件，其形式之独特、内容之丰富、规模之宏大、笔墨之精美，成为展示中国画传统幅式中最具特色的一项艺术活动，也使手卷这一古老的形式突破书斋樊篱，面向大众，走向社会，实属首创；而且是一项看似平常而意义非凡的世纪盛举，有力地推动了手卷的创作、普及与收藏。这些参与者都倾注了极大的热情，无不抱着力作意识与精品意识，认真投入到创作中，去寻求新的超越。从整体上看，应征的作品都堪称精品，以其新的面目、新的亮点，使人心赏，使人陶醉。这其中给我印象最深的有以下三点：

其一，参与者队伍庞大，近百个应征的作者（包括题跋、写引首者）来自苏杭两地各个书画团体与美术院校，都是颇有影响的佼佼者，都有很强的创作实力与艺术修养，使这次征集的作品题材丰富，立意新颖，个性鲜明，风格多样，确保了一个很高的整体质量水平。特别是引首的题词，都是苏州最著名的几位书画家，赋予了手卷不同的人文内涵，可谓锦上添花、增色不少。

其二，地域特色明显。从总体上看，特别大多数画家所选择的题材与审美趋向，有鲜明的地域特色。作品中江南的山温水软、林园的灵秀、水乡的甜美以及花鸟的淡雅之色、清逸之笔，都隐含着"一方水土养一方人"，都本着对自己生活与熟悉的家乡那份情感，不再是简单的如实描写，而是用心立意，用心造境，缘物寄情，借笔达意，以动人的绘画语言，抒发了心中对时代对家乡环境的赞美，给人以真实、秀美、新颖的审美享受。

其三，富有创新精神。这次的手卷作品让人有耳目一新的感觉，那就是作品都很精致，很有品质，富有新意。画家们确实在笔墨、构成、色彩、立意等方面花了功夫。可以看出，他们有的在自然造化中寻找灵感，有的在题材内蕴上有所开拓，有的在构建笔墨语言上有所突破，有的在立意措景上做了努力，有的在现代构成上进行了探索，有的在色调运用上寻觅了新的途径。总之，通过努力所达到的这种极佳效果，让人有“如匠石之斫轮”“如庖丁之解牛”之感，让人感叹画家用笔是那么的得心应手，那么的游刃有余，画作既有传统笔墨，又具现代意识，在异彩纷呈中显得魅力无穷。

当然，为了征集这些作品，相关人员都做了大量的前期工作，耗时已近一年。最近，沈劼兄带来了部分手卷给我看，谈及筹备出版事宜，要我写序。我对沈劼兄的为人处世向有好感，特别在这次筹备工作中，其勤劬不倦的精神，使我深为钦服。故也乐于为序，聊当心香一瓣，对这次主其事者，表示我的敬佩之意。因限于本人学识，如有不到的地方，尚希读者有以是正！

评曰：世人目折扇为怀中雅物，予更视手卷为怀中雅物。何哉？包孕书画，可大可小，或长或短，盈缩随意，舒则过于丈八，卷则隐于角落，直如乾坤变化，岂非大雅神物乎？从容论之，非胸中有成竹者难矣，而振元洋洋洒洒，极有可观。

《刘诚书画收藏作品集》序

俗话说："乱世黄金，盛世收藏。"收藏对当今相当一部分人来说，可能是一种投资，只期盼着经济上的回报，但对更多的人来说，应该是一种兴趣，一份闲情，更是一种文化，甚至是一种生活方式。人们通过收藏在不断地求索、求知、耽溺和陶醉，从中获得了乐趣，享受着快乐的光阴。尤其是书画的收藏，源于中国文人的闲中求乐，通过馈赠和购求，藉以交友，谈玄论道，品评鉴赏，成为一种高雅的社会风尚。风尚所至，书画作品不仅得以流传，并产生了大量的收藏家和鉴赏家。

刘诚兄是当今书画藏家中的一员，虽然不能说是大收藏家，但他对收藏的执着，他对书画的癖好，他与馈赠者之间的经历，在如今已属罕见，值得称道。在他收藏的九十四幅书画中，已故的老一辈书画家，张辛稼多达十二幅，次为沈子丞十一幅，崔护十幅，费新我九幅，吴羖木六幅，另外还有谢孝思、祝嘉、瓦翁、钱太初、沈彬如、徐绍青、程质清诸作。健在的苏州名家，有沙曼翁、施仁、张继馨、孙君良、马伯乐、谭以文等。其中不乏精品力作，如费新我的《杜牧句》、张辛稼的《樱花燕子图》、崔护的《真娘图》、徐绍青的山水、徐源绍的《牡丹》、王锡麒的《寿者相》等都属妙品，能有如此收藏，实属不易。对于一个当时经济条件并不太宽裕的他，是怎样收集到这么多名家作品的呢？后来我才弄清楚他与众不同的收藏经历，就是四个字，"精诚所至"。

在刘诚三十岁左右时，由于欢喜书画，他开始三天两头到张老那里玩，看他画，帮他打杂差、做杂事，陪他说笑，天长日久，赢得张老及姚好婆对他的好感，关系如同家人一般。后经张老介绍，还认识了其他的书画家。他热情、诙谐，勤快而又乐于付出，每每给那些书画家带来了快乐，沈子丞甚至说："只要一起打麻将、说笑话，不管什么事来求我，都肯。"刘诚就是这样与书画家们建立了深厚的友谊，书画家也不时主动地馈赠给他一些书画，数年下来，积沙成滩。敦木先生知道他的这些藏品的来历后，对他说："你也是一点点积累起来的，与众不同，我给你写一句成语。"于是当即书写了"集腋成裘"四个字，确切而形象地写出了他不同寻常的收藏过程。可以说，刘诚兄的收藏是善心和诚心得来的结果，也是当时一个热血青年和老一辈书画家之间真情厚谊的见证。每当刘诚兄谈起收藏过程，那激动的神情，足以令人感受到这段经历对他来说，是多么重要也是多么可贵。为了表达对这些书画家的感激之情，他一直有一个心愿，那就是把这些书画结集出版，以留下人间最美的纪念。

◆ 崔护绘《真娘图》

我与刘诚相识已久，见面都是在崔护老师的家里。刘诚嘱我写序，真是"徒有知音赏，惭非皋鹤鸣"。余拙于文辞，谨缀数言，请方家指正。

评曰：一段逸事，一曲藏歌，一番品评，一纸赞美，一腔情意，幸也刘诚，奇哉振元。

潘辉《东篱诗词习作》序

在平江书画院的第十六届年会上，范廷枢、张澄国两位老领导找到我，希望我能为潘辉老人的诗词集写一篇序。其实，我与潘辉老人认识，是在崔护老师的病榻前，曾碰到她来探视，她说话时还留有的干部语气，给我的印象非常之深刻。这次见面，也使我想起了崔老师曾谈起过与她的交往。在一次“十老”祝寿会上，崔老师拿到潘辉老人送的一本书画集，看到她的书画简静明丽，饶有会心，于是就表示要送张画给她。几天后，寄去了一幅菊花图，并题《采桑子》一阕，有云：“秋容清素晚来香……叶已新装，花已精装，百态千姿艳丽装。”以称颂菊花，表达了对潘辉老人书画的肯定和赞赏。也就是这首词，开始了耄耋老人之间的通信往来和酬唱，留下了一段以诗代言、以诗代柬的翰墨情缘。我从崔老师讲述时的表情，知其相知之乐是根之于心的。

潘辉老人从小受过很好的传统文化教育，背诵《古文观止》，通读唐诗宋词，尤其喜欢李白诗的浪漫和辛弃疾词的豪放，应该说，诗词在她心底有着很深的情结。因此，当她离休以后，便深深扎入其中，不仅写诗填词，耕书耘画，出版了《东篱书画集》，且垂老恋琴，丝竹陶写，亦自得其中，并日渐显露出她在文学艺术方面的天赋，多才多艺，德成艺成。

清人叶燮《原诗》说：“大凡人无天才则心思不出，无胆则笔墨畏缩，无识则不能取舍，无力则不能自成一家。”我在通读潘辉老人的诗稿以后，很有感触。诗的风骨，确实决定于人的精神。这一点，在潘辉老人诗中体现得十分突出。她对革命的选择是有胆识的，她的诗是真率的。因此，第一辑“岁月留痕”里那些贴近时代、贴近社会、贴近自我的诗，可以无愧地称她是现实主义的诗人。她真实地记述了一个女性的觉醒和对革命理想的求索，流露了她对革命岁月的眷眷不忘和她的爱国情怀。这不仅记载了她的历史、她的人生轨迹和心路历程，同时也有记录史实的可贵价值。

当然，更能体现她诗的特色的，是白描般的语境，这主要是社会环境影响了诗人。当她的心灵完全融合到当今社会，必然不会无病呻吟，不会故作高深。因此，她的诗词无雕琢之痕、晦涩之病，词简意深，流畅自如。如“芸窗记草”一辑中，一首“时光流逝曲”，通过自身的感慨，透出了她老而好学、秉烛之明的心态。全诗用的都是寻常浅语，却能点石成金，深深地打动读者，为这位望九老人的情怀而感动。诗为心声，耿耿丹忱，真是百读常新。

另外值得一提的是，她在诗词创作取材上，具有浓厚的生活气息。她丰富的经历和广泛的人脉，使其对忆旧、吊古、游历、时令、物候、交友、咏物、时事等都能激发出创作的灵感，都能写出好的诗词来。即使在她这样

◆ 崔护作品

朴实的诗风中，也不失女性吟咏中的细腻和缠绵。如《天地书》怀念丈夫石朋的古风后四句："汝怀端人情难觅，酒洒《离骚》屈子文。泣诉无声肠欲断，幽灵可否见亲樽。"以及对瓦翁、谢孝思、崔护的三首吊唁词，都是发自心底，写得余味曲包、十分婉委。读后，如司空图所说"犹之蕙风，荏苒在衣"，令人久久不能释怀。再如《庭园赏梅》后两句"庭院横斜千万朵，清香冉冉锁风烟"，虽是写景，然一个"锁"字，便由静入动，由景生情，情景暗转，意境自现，可见潘辉老人炼字的用心了。

这本诗词集，本来崔老师已答应给潘辉老人写序的，现嘱我来写，自觉才疏学浅，务请识者教正！

评曰：崔公尝言，苏州艺坛藏龙卧虎，非只男儿而已。读立斋序而恍然悟也。只待高风便，非无云汉心。待到红树醉秋色，陶怡自我，亦人杰也。

《吴门中国画研究院作品集》序

吴门中国画研究院创建于2004年,汇聚了以苏州为主的书画精英五十多人,人数虽不多,却胜流如云,百岁以上厚德彭寿、名震艺坛的耆宿就有四位,还有十多位老顾问,都是锵鸣四座、蜚声艺坛的前辈,而许多有成就、有实力、有创意、有影响的中青年书画家,声追前彦,腾芳飞誉,备受世人瞩目。

这本书画集,是研究院顾问和书画家作品的第一次集中展示,综合反映了建院四年来的创作成果,其亮点可归纳为以下四点。

一是整体水平足以代表今日吴门书画。收入本集中的谢孝思、吴石渔、吴青霞、凌虚、尢玉淇、崔护、瓦翁等先生的作品,依然保持艺术常青,真力弥满的感觉,给人以明媚春光和一派生气,尤其是吴敩木先生病前所作的一幅富有意境的墨竹,其浑劲朴厚和用笔的变化取姿,出奇无穷,令人敛襟叹服。其他书画家则竞相活跃在国内外各项艺术活动中,有的在全国书画大展中屡获大奖,已成为书坛画苑的中坚和领军人物。因此,本集所展示的作品灿然超群,充分显示了创作者的实力和崭新的风貌。

二是展示出许多不同的画风、画法和画意。这次虽然采用统一的扇面形式,但作品却是以不同的面貌出现,不仅注重对传统的继承发扬,而且也重视对现代意识的表达,同时在笔墨、构图、色彩、意趣、地域特色等方面进行了不懈的探索与努力,一个多元化的趋势已经形成:传统的、前卫的、学院的、另类的、中西融合的、运奇饰巧的……可谓异彩纷呈、新意迭出。这是一个非常可喜的现象,说明苏州画坛的开放和包容,书画创作的多样性、形式的丰富性、创新的自觉性以及人格魅力下的自由创新和熔铸自我已形成气候，预示着吴门书画大繁荣的到来。

三是充分展现了吴地优雅的人文精神和地域风格。不少作品从笔墨、形式、内容到审美追求，蕴含着清、新、秀、逸的地方特色，尤其是以江南水乡、民俗风情、花卉林园为题材的作品，有着许多新的视角、独特的水墨技巧，如用水印般的笔触，把梦中的江南、水乡的灵秀、空明的意境、秀逸的风情，即事写心，因时写意，描绘得淋漓尽致。这是一种生命的情结，表达了对家乡沃土的热爱。

四是作品浓厚的生活气息和时代精神使人入目一新。有人说，艺术是一种修养和用情感去搏击的事业，作品是个性、气质的反光镜。我认为，此话不错，但要补充一点，那就是画家对生活对自然深入的观察和体验更重要。研究院的一些画家长期餐风饮露于山水之间，这次拿出来的新疆、太行山等地采风的作品，就显得民族特性鲜明，形象以情感人，充满生命活力，给人以深刻的印象。那些在写生中触于心、有所感而创作的山水画，融合了画家的印象与感觉，展现了一种原生态的清新、质朴的自然美，让人感奋，让人沉醉，让人深深地再次感悟到：生活是艺术的源泉。

这次振人兄要我写序，使我有机会先睹为快，当看到这些作品犹如“云霞满空，回翔万状”，由衷地感到高兴，乐意谈一点个人观感。但限于本人水平，意犹难尽，也言不尽意，不当之处，敬请方家指正。

评曰：予未及见纪念集，然于吴门丹青，涉猎有年。立斋有序，词翰佳妙，所谓“林下相逢只谈因果，山中作伴莫负烟霞”者也。

《徐荫庭书法艺术》序

自古医家多善书，陶弘景就是南朝齐梁时大名鼎鼎的书画家，另如南朝刘宋的王微、南宋的智融、元代的赵衷、明代的傅山等都兼善书画。苏州历史上能诗、善画、工书的杏林高手，也不胜枚举，如明初的王宾、韩奕、王履，就被钱谦益《列朝诗集小传》誉为“吴中三高士”；在吴中十大名医中，以治湿热病闻名于世的薛雪，诗书画盛称一时；温病学奠基人叶桂，“精琴棋书画、诗词歌赋”，其书法也“法度严谨，笔力遒劲，雅静洒脱，蕴藉多姿”，因此饮誉天下；而“三钱萝卜子，换个红顶子”的清末御医曹沧洲，传下一件医案，见者无不为其遒劲潇洒的书体所惊叹。这种现象，不仅因为传统中医需要用毛笔书写医案，而且关键在于传统文化对传统医学的影响。中医的原始思维特征、哲学基础和临床证候都深受儒、释、道的影响。因此古代文人无不读医书，医家无不是文化人，兼收并蓄的传统文人特质，在医家身上反映得尤为典型。日前，当徐永年兄出示其父江苏著名老中医荫庭公的书法和诗稿时，其儒医形象使我顿生感慨：正是医学世家、杏林中人，才会优游于诗书画之间，摘其英华，佩其香萝，继往开来，让人们看到什么是传统。

荫庭公出身儒医世家，赡学渊闻，博雅宏达，既是医家，是诗人，又是书画家。他的诗虽不多，但读了他的《晚晴楼诗钞》后，知道他是一位现实主义诗人，雅爱吟咏，只是感于境物而发乎性情，没有丝毫功利目的，也不与人角胜争妍。他的诗，都围绕志向、事业和生活，他的境遇和情感，一一流露其间。因此，人品和诗骨，如空中一鹤，令人尘虑一清。抗战期间，他有诗云“江村三月寒犹重，未许桃花放满枝”，“灵鹊休劳耳畔啼，天公总有放晴时”，以“寒犹重”喻抗战之艰难，以“总有放晴”表明终将胜利。这种比兴手法，寥寥数语，使真实的情感和坚定的信念洋溢于字里行间。又如“满地落花都起舞，争飞犹想逐春曲”，意象新奇，不落畦径，完全摆脱落花伤春的俗套，一个“起舞”，一个“争飞”，使词意一转，风神摇曳，兴象乐观，展现出新的意境，从中也可看出诗人阳光的人生。他晚年入党后，在《忆江南》词中一抒心中块垒：“莫道桑榆虽近晚，晴辉犹作半天霞。美景乐无涯。”这种积极的心态、磊落的气概、高亢的辞气，使人感到激情喷涌，犹在眼前。作家李进赠他一联曰：“为学无老态；交游有童心。”正是他人生的写照。至于他的书法，自古以来被认为“书如其人”，书品即人品。因此，林散之的弟子认为其可以“同大书法家林散之媲美”。著名医学科学家吴阶平也说：“你是医家也是书家。”这些评价很高，乃是对荫庭公书法艺术的充分肯定。

读他的书法如饮醇醪，耐人寻味，我读后有两点很深的感受。一是他确属性情型书家，他的书法如同他的诗，随性情追求自己的旨趣。他写的赵禹圭元曲《拨不断闲乐调》一幅，对比强烈，笔势夸张，个性鲜明，充分显示了他独辟町畦、随意挥洒的书法风格。他在创作时，我行我素，不迎合时尚，既不受传统束缚，又尽在规矩之中，洋溢着几分浪漫的情调，也传达出一种卓立不群的气概，令人钦服。二是他高昂的创作激情和旺盛的生命力，将自己完全融入书法。他对书法艺术的本质有很深的理解，怎么想就怎么写，写出自己的胸襟，写出自己的傲骨，写出自己的意象，可谓得其三昧。特别是在书法表现的多元化方面，他不仅将自己融入笔气墨韵之间，用软笔展现瘦硬劲健的个人风采，同时采用“指书”“左笔”探索富有创造性的笔墨旨趣。《清溪深不测》是指书作品，只见他抑扬顿挫的笔势和强烈的节奏，线条犹如走笔龙蛇，各极其变，各穷其趣，形成一道妙境天成的风景线，可谓“发豪情于笔端，舒逸兴于胸中”，灵机独诣，而别开生面，令人叹为观止。而他用左笔书写的《温馨》，随着执笔方法和笔势的改变，点画顾盼，欹侧生姿，极富神韵，别有一种风貌。尽管他只写行书，但在其不懈的努力下，作品形式不单调，笔墨更丰富，在纵情放笔之间，酣畅腾宕，字势开张，瘦硬有骨，让人想起太湖石瘦、漏、皱、透的美。这种“天然去雕饰”，正是他人品在书法艺术中的折射。

荫庭公人品高迈，学养深厚，医道超卓，书法在独立门户中显露的风神品格，早已得到社会的赞誉，我不多赘述。在付梓前，作此小文以志对前辈的景仰。是为序。

评曰：医家善书，是医界之幸，亦书坛之幸。古来立事戒轻发，恭敬侍书，悬壶必能，大功原属小心人也。

《周思梅书画作品集》序

在中国的书画史上，女性书画家占有特殊的地位。

据《历代名画记》云：三国时吴王孙权之妻赵夫人“善书画，巧妙无双……又善织绣图画，时人号为三绝”。这是我国画史上记载最早的女画家；而最早的女书家见诸刘向的《列女传》，一位春秋鲁国的秋胡妻，据说她创出了“雕虫篆”，又称为“虫书”“战国笔”字体。由于古代女性能涉及书画的寥若晨星，使相关画史采录的女性画家仅有两百一十五人，而女性书家入载早期文献的更少。到了汉代，当书法艺术进入“有意为书”的自觉发展阶段后，汉宫后妃中才初现学书风气，出现了少量的女性书家，在《汉书》中首次载入了西汉后妃的两位善书者。与此同时，女性书家也开始慢慢进入士族阶层，至东汉出现了第一位以书法才艺而闻名于世的才女蔡文姬。她继承了蔡邕的笔法，所书《胡笳十八拍》流传到宋代时，黄山谷对之激赏不已。在魏晋时期，最负盛名的女书家莫过于书圣王羲之的启蒙老师卫夫人，名卫铄，她是中国书法史上最为著名的女书法家。在她那个时期让我们看到一个非常特殊的现象，即著名书家的家族中都出现了见诸史乘的女书家，如王羲之、王凝之、郗愔、王洽之、王珉、庾亮等人的夫人，以及王羲之的儿媳谢道韫、王献之的女儿安僖王皇后及其保姆李意如等，她们或善行草、或善正隶、或精隶篆，秀外慧中，才气横溢，在书法领域中充分展示出一个时代女性的审美取向与聪明才华，这大概与晋代名门望族崇尚书翰有关。至唐代，由于帝王的推崇，书画得以空前繁荣。女性书家涌现，如高祖皇后窦氏、武则天、上官婉儿、杨贵妃、房高氏、崔瑗、薛涛、吴彩媛、黄崇嘏等；女性画家中也出现了太宗孙女东光公主、肃宗女和政公主、薛媛、崔徽、王美人、姚月华、张夫人等杰出女性。据史料记载：武则天不仅精通琴棋画，而且写一手梅花篆书，令同时代的书法家无不称绝。上官婉儿则因书法秀媚，号为“上官体”，被武则天称为“此女绝非凡”，将皇家的制诰交由她来书写。到宋代，由于南宋高宗赵构精书法，他经常将经卷、诗扇、临古法帖等赐给后妃。上行下效，书法在后妃中成为必修课，使后妃经常能为帝王代笔。据王祎《跋宋太宗御书》：“‘内批’又谓之‘御笔’，其词多词臣所拟进，而皆内夫人所代书。”在《书史会要》与《玉台书史》中记载了宋代后妃中六位善书者，其中吴皇后与杨皇后（时称杨妹子）成就最高，堪称后妃中的代表，其作品有多件流传至今。

从总体上看，在封建社会“男尊女卑”的影响下，参与书画的女性较少，大多又集中在帝王之家与名门之室。自明清以降，民间的女书画家才争相纷呈。以苏州为例，明清两朝为画史采录的女书画家就达九十七人，她们在我国的书画史上留下了浓重的一笔。如明代文徵明的玄孙女被称为“吴中闺秀工丹青者，三百年内推文淑为独绝云”。包括王宠之女王采、文柏仁侄女文英、仇英之女仇氏等，都在吴门画坛绽出绚丽的奇葩；清代被称为“应推本朝闺阁第一”的曹贞秀，气静神闲，秀娟在骨，书风直逼晋人；还有那些闺阁名媛如叶小鸾、汤尹娴、易睐娘、吴绡、翁孺安、徐灿、顾含英、吴规臣、吴琼仙、蔡含、马荃、吴应贞、顾含英、金玥、曹秀贞、蒋季锡、王倩等或工书法，或善绘画，可谓巾帼奇才，蜚声南北；另外，一些生活在不同层面的女性如薛素素、马守真、陈圆圆、柳如是、董小宛、李香君、赛金花等，凭着她们的兰心蕙质，在吴地各自演绎了跌宕风雅的人生，在书画艺术上“落笔生姿”，各展风采，繁花争艳，而名重一时。

苏州一地在历史上有如此多的女性以书画名世，这在中国书画史上是绝无仅有的。它不仅为苏州的过去增添了绚丽篇章，也为今日苏州女性书画的辉煌奠定了坚实的基础。艺脉不绝就是传统，就是历史的积淀，它无形中也孕育了大批苏州的现代女性从家务中摆脱出来，投身于书画艺术，孜孜不倦地笔耕墨耘，不断地超越自我，活跃于艺坛，周思梅女史便是其中的一员。

我与周女史曾有两面之缘，一次是在我恩师崔护家中，另一次在朋友的聚餐时。后一次的相遇促成为其《孙子兵法十三篇行书卷》作了题跋，得以目睹其书法的“二王”风韵。这次黄涛兄来寒舍，顺便带来了周女史书画作品集的部分打印稿，委托我作序。披展之间，使我感叹不已。周女史不仅工书，亦善山水、花鸟、人物，可谓才艺超卓，光彩透纸背，精神夺人目。其书秀骨典丽，清气纬之；其画旷然香澹，异彩纷郁。不枉是钱定一、徐绍青、邵文华先生的入室弟子。虽未睹作品集全貌，但已印象深刻。

对于她的书法，我的总体印象是，她历练了近三十年，只是为了爱好与愉悦，因此在她身上没有时风那种浮躁，而是用志不分，用意不俗，自适其适，显露出女性自身特征的秀美书风。由于在很长一段历史时期内，古人将书法视为男人的世界，使书法审美长期偏于大男子主义，崇尚阳刚，讲究点画的刚、雄与力。即便是卫夫人在《笔阵图》中也以斩斫论书，将写字比拟成打仗。这就使书评一直以“无女儿态”“有丈夫气”“巾帼不让须眉”来赞美女性书家，造成女性书法审美只能与男子竞雄的现象，从而长期缺失女性书法审美追求的独立性。这是历史的局限。而从周女史的书风来看，我们至少可以看到她已突破这种局限，用女性特有的审美视角在书法中寻求属于自己的一方天地，专致以柔中带刚来展现女性的柔美，以此更好地显示书法的生命意义与书法审美的多样性。如她的行书《萧退庵先生论书》《临王羲之丧乱帖》等都以外柔内刚、以曲为美、清丽芊绵而自成一格，达到了“流美参造化，清心出尘表”的境界，令人钦服。

而她的画，同样给人以俊逸清丽之美。特别是十二帧《幽谷闻香》册页，崔护老师在每一帧上都题了诗，其中一首云：“腕底生春笔意浓，香凝涧壑境空濛。心师造化神来笔，都在思梅画图中。”另一首云：“思梅心折白蕉翁，一样吮毫画亦工。算为传世所见少，姑苏台畔仰高风。”这两首都是写给周女史的，既有对画的评价，亦有对人的赞赏。崔老师一生写了三百多首咏兰诗，如此赞美晚辈画兰之诗，亦属不多。为此，我认真读了这些兰花册页，确是周女史花鸟画中的精品。其画风属明代文氏一脉，“求其洒脱，学其清逸”。看似随意，然以笔取劲，以情取势，以墨取韵，使笔、墨、气、韵浑然一体，洒脱中不失法度，俊逸中更显严谨，简洁中有清绝之趣。

她的另外一幅《风雨归舟》泼墨山水图也深深吸引了我，其大泼墨、大气势，格外显得淋漓酣畅。整个画面用破墨技法完成，山体矗立在右上方，在肆虐的风雨波涛中，似有一人巍然傲立于船头。作者通过水墨的冲融、渗化、晕和等手法，将风雨波涛的虚境与浓墨山体的实境构成反衬，形成融和虚幻的画面结构与深邃的意境。正如瓦翁所题："古贤泼墨，全不求似。自谓独参造化之，权使真宰欲泣，宇宙之内岂可无此境界！"大泼墨所带来的不似之似，使我们更加强烈地感到水墨流动、墨象变化所产生的韵律、节奏与情感涌动，使静止的画面透出了无限生机。这幅画应是作者在山水表现形式上，以丰富的想象力追求意象之美的代表作。

还有一组作品，可能是作者因为家乡情结，而以现代题材创作的水乡组画，按照艺术的真实，经过她在生活基础上的提炼概括，从而再现了新的水乡风貌，以古树、旧宅、小桥为静，以渔舟、游凫、浣衣女、船人为动。这种静动对比、虚实相生构成的一幅幅清新恬淡的水乡情境，营造了现代农村超逸闲静的境界，使作品充满了时代气息。从这组画可以看出，周女史的绘画创作在题材内容、语言技巧方面都有了富有成效的开拓与突破。

这次，周女史书画作品集的出版，无疑是苏州当代女性书画苑中的奇葩。为此，在这篇序文结束之前，我借用崔老师在《三娘教子》这幅画中的一首题诗，表示对周女史的由衷祝贺：

思梅拂写妙传神，着笔不多情意真。

墨戏丹青生动具，赏心乐事玉台人。

评曰：意无去留，以何适莫，不羡江湖，看云晴阁。此古人无隐庵题壁意也，亦可视作弄巧丹青者也。吾吴"巾帼不让须眉"，多在"落笔生姿"，时也，势也，命也，运也。

《金克昌山水画作品集》序

金克昌是我的老同事、老朋友,这次出画册邀我作序,我非常高兴,因为我与他订交有四十多年了,留下的记忆都是美好的。我一直都很佩服他的为人,佩服他对艺术的执着。他为人真诚、正直、勤奋、谦和,在同事间和书画界有口皆碑。我每次读他的画,都能感受他承载的人生历练和正直之气,如见其人,如观其心。与时下流行的画风相比,克昌兄更注重传统的继承。他创作的每幅作品,既讲究写实的形,又摆脱形似而追求不似之似,在立意上下功夫,形随意变,力求形神兼备。同时,他还非常注重线条和物象变化的表达,注重意象和趣味神韵的传递,使自己的绘画技能和主观精神得到最充分的表现。这本画册的十二幅山水册页,是他追求笔墨情趣和抽象美感的代表作品,用笔简淡干净,燥湿层次分明,墨色变化丰富,点线节律明显,皴法老成出新,结构自然天成。从这组作品中,我们可以窥见他的笔墨气韵,看到他那份坚持传统艺术之根的情结。

需要特别一提的是他的创新意识。克昌兄不但重视传统,同时也十分注重写生的积累。他的写生能力很强,对物象有深入细致的观察。我看到过他不少现实题材的作品,都很有现代审美价值,尽管这本画册没有编入,但其中的太湖风光、水乡园林等,都能看出是从写生中来,而且有他的艺术思考、艺术表现和艺术风貌。他的画,空间结构新奇,绘画语言独特,在画中所营造的空灵,有一种清逸幽远的生生之气回荡其间。他这种清新秀逸的画风,生气勃发,有时代感,有自我体格。可以说,是江南山水滋养了他的心灵,孕育了他那如诗的画境。在他的笔墨世界里,水乡的秀美、园林的清逸、山水的空灵，充满了作者对自然流露的真情，对生命的理解，对现实中自然山水的向往。同时，留下了时代气息、地域风貌和他的创新精神。

克昌兄的画之所以有深厚的笔墨功底和创新能力，除了他刻苦努力和不懈耕耘外，还得力于20世纪60年代宋文治、魏紫熙两位著名画家的启蒙，以及80年代吴敦木等先生的悉心指导，才有他今日的画艺佳妙，为同行所瞩目。

“梅花香自苦寒来”，克昌兄已品味到那历经苦寒而来的梅香。我相信，这枝梅花似的山水之花，一定会开得更芳华、更浓郁。

◆ 金克昌绘《艺圃春色图》

评曰：克昌予友也，谦谦君子，清明在躬。立斋其言丹青注重传统，又有创新，呈艺术三昧矣。于今“真风告逝，大伪斯兴”之际，有克昌之新，有立斋之诚，艺坛幸甚，苏台幸甚。

《顾振亚山水画集》序

改革开放以来，绘画界的卓尔之才，层出不穷，濯旧竞新，群相争辉，谱写了辉煌的艺术篇章，使绘画艺术得到了空前的繁荣和发展，出现了历史上从未有过的盛况。然而，在时代洪涛中更有多元化的趋势，难免会有一些审美和认知上的差异，于是形成了一批“弄潮儿”，人们称之为“市场画家”“潮流画家”“照片画家”，他们浮躁地追逐利益，追赶潮流，图解现实。另外，也有人标榜“观念艺术”“前卫艺术”，画了一些自己看不懂、别人也看不懂的东西。这种现象从一个侧面反映了现实中存在的审美缺失和审美扭曲。但是，绝大多数的画家仍在坚持“真善美”的审美理想，本着人格精神和历史使命，不断弘扬民族传统，重视客观事物自然属性的呈现和意象造型，倡导高雅和脱俗，追求个性和风格的多样性。他们辉映艺苑，锵鸣四方，当是时代的主旋律。

我之所以有这番感慨，主要是看到振亚兄坚持主流方向的创作而引发的。当时，他拿来了一些近期的新作，要我写篇小序，同时提到他的几位老师。他最早的启蒙老师徐春元，我未曾谋面，其他三位都是我契谊很深又十分敬重的朋友。纯原兄是高二适的入室弟子，书画家、鉴赏家、诗人；晓飞兄是中国工艺美术大师，山水人物画家；荣元兄则是吴敦木大弟子，山水画家。可以说，他们都是拔新领异、成果卓著的大家。名师出高徒，自古而然。振亚兄之所以根底厚、渊源深，这是一个主要因素。正因为此，在他的画里没有丝毫浮躁的时病，能把握好主流方向，加上他幼而力学，壮益刻苦，屏弃其他的诱惑，一心钻研绘事二十多年，所谓“用志不分，乃凝于神”（庄子语），终于修

◆ 顾振亚绘《旭日东升图》

成今天的正果。

对于他的画，纯原兄已有评论：“于山水、水乡、景物画皆精熟，且自具生面，甚可喜也。”这段话对他积学已深，自成面目，可谓赞美有加。事实确也如此，他既有天分，又有蕴抱，力追古法，融会腕下。他用北宗斧劈皴皴出的黄山峰壑，矻然万仞，雄强峭拔，给人以笔胜于象、骨气自高的感觉；他用南宗披麻皴皴出的层峦烟嶂，看似逸笔草草，皴纹不多，在平淡天真的笔致中，流露出高深的气韵。由此可见他技法的熟娴和显现的新意。

近年来，他特别热衷于江南水乡题材，淋漓畅快的笔致、敷色淡雅的色调以及充溢情感的画面，深深打动了每个人。这不仅是因为优美的图面和精致的笔墨，更重要的是，强烈的家乡情结和真挚情感打动了我们。正是这一点，我对他寄予更大的期待，希望不久就能凤鸣高冈，不同凡响。

评曰：春明读书，胜日寻芳，是闲作文章好题材，然未若振元序跋之逍遥也。而序跋山水画者，更有买尽烟波之妙，不可不读。虽非色授魂与，皮里阳秋，有气格，有感怀，幽心忆旧，春心融物，流光碎影，序为画留。

《现代书法碑刻》序

苏州是一座历史悠久的文化古城，自古至今孕育了极其丰富的吴地文化。尤其是书法，为我们留下了无数光耀古今的艺术瑰宝，涌现了大批在中国书法史上彪炳千秋的杰出书家。如西晋的陆机为我们留下了中国存世最早的书家墨迹——《平复帖》，是帖被誉为“天下法帖之祖”“天下第一帖”。唐代陆柬之以“书文双绝”的《文赋》，“扬声腾气”，变妍美为典雅，变方硬为遒劲，“如偃盖之松，节节加劲”，达到了“韵法双绝”的高度。孙过庭的《书谱》，被称为“书论合璧，艺文双绝”，不仅其草书是珍品，他的这篇书法理论也堪称经典杰作，在中国书法理论史上树立了一座无人超越的不朽丰碑。最值得苏州人骄傲者还有被称为“草圣”的张旭，他开创了中国狂草书风，确立了唐草典范，创造性地发展了草书艺术。他在狂草中显现的“心藏风云”（李白赞语）、落纸云烟、奇态纷呈、风情万种，突显了他的草书天才。他的这种浪漫主义书风，为中国的书法做出了杰出贡献。另一位唐代天宝年间被誉为“书名独步江表”的张从申，以“老硬奇谲”“近古所少”，在中唐书坛独树一帜，曾与李邕被并称为唐代行书两大家。唐玄宗时期的史惟则是唐隶的代表，据《苏州府志》记，唐天宝十载，立过一块史惟则书写的《春申君庙记》，他的隶书沉雄深厚，苍劲庄严，孙承泽称之为“开元第一”。晚唐的沈传师也是独开一面的创新书家，以“书贵瘦硬方通神”，影响了整个晚唐书风。北宋的范仲淹留下的一幅《道服赞》法书墨迹，被国人视为“希世之宝”，用笔清劲，沉着痛快，寄巧于拙，“颜筋柳骨”，凛严之气溢于纸外，受到人们的普遍爱重。书法理论家与史论家朱长

◆ 刘海粟书法作品

文编撰的一部二十卷的书法专著——《墨池编》，是继唐代张彦远《法书要录》后最重要的一部书法论著汇编，在我国古代书法理论和书法史领域里，起到承前启后、继往开来的作用，奠定了他在中国古代书法史上不可动摇的地位。南宋的著名诗人范成大也是一位成就卓著的大书家，他与陆游、朱熹、张即之合称为“南宋四大书家”。陈槱在《负暄野录》称：“于湖(张孝祥)、石湖(范成大)悉心《宝晋》，而各自变体。”不仅指出了他们的师承，也点明了他们的个性化特征。范成大流传下来的行书《田园杂兴卷》，被称作“诗绝、书绝，集‘二绝’于一身”的经典作品，在清新恬淡、劲挺飘逸的书风中，极其难能可贵地彰显出一种浪漫的大雅气象。宋克是元末明初的一位名满天下的创新书家，在章草消沉之际，他作为中流砥柱，采用“古今草书之混合体”(于右任语)，形成了一种草书新流派。所谓“体法一变，脱尽元人风气”(《墨缘汇观》)，为章草的继承、发展与振兴做出了贡献。其古朴典雅,有魏晋神韵的小楷,也被杨慎推为“国朝”第一,成为明初的“三宋”之首。随着明代经济、文化的繁荣,首先在苏州出现了资本主义萌芽,极大地推动了吴门书画艺术的蓬勃发展。于是“吴门画派”崛起,“吴门书派”也脱颖而出,涌现了以徐有贞、李应祯、沈周、吴宽、王鏊、祝允明、文徵明、唐寅、王宠、陈道复、文彭等为代表的一批雄视古今的名家群体。他们超卓不凡,竞相辉映,成为我国形成最早、规模最大、成就最著、影响最广、延续最久的区域性书法流派。正如王世贞所称:“天下法书归吾吴。”苏州一跃成为明代书法的中心与书法艺术发展的主流。延至清代,顾炎武、龚贤、汪士鋐、吴大澂、杨沂孙、翁同龢、姚孟起、叶昌炽及近世的王同愈、章炳麟、赵古泥、萧退庵、吴湖帆、汪东铉、蒋吟秋、蒋企范、陈墨簃等,他们都为吴门书坛写下了辉煌篇章。

正因为苏州的书法艺术根深叶茂:有悠久的历史积淀,有深厚的文化底蕴,有广泛的人才资源,有连续的艺术传承,当改革开放初期,各地书法人才出现严重断层,周边地区出现书法耆宿仅存一二的窘况时,苏州却依然名流成群,翘才如林,继往开来,蔚然可观。当时六十岁以上的知名书家粗略统计超过三十人,显示出极其明显而强劲的优势。祝嘉、汪星伯、钱太初、韩秋岩、吴进贤、王能父、费新我、张辛稼、沈子丞、宋季丁、吴羖木、瓦翁、沙曼翁、崔护、程质清等前辈,蓄蕴万千,流馨传芳,游戏笔墨,生机无限,他们用自己的余生有力地带动了书法的创作、学术研究和教育的全面发展,使苏州的书法艺术得以形成多元融合的繁荣景象,并以鲜明的“历史人文性、审美高端性、超前创意性、综合平衡性和可持续发展性”走在了全国的前列,成为全国书法艺术的重镇。2008 年 4 月,苏州首个被中国书法家协会授牌命名为“中国书法名城”。

而早在 1986 年,苏州博物馆为纪念苏州建城两千五百周年已经将书法列入了纪念活动的重要内容之一,面向全国书画家征集了两百多幅书画作品。记得当时的展览盛况空前,其水平之高、风貌之广、影响之大,在苏州历史上还是第一次,而且还出版了纪念册。嗣后,又挑选了其中的二十三幅书法作品刻成石碑,在苏州碑刻博物馆西北侧建成一条“现代书法廊”。

在“现代书法廊”中,从全国征集来的作品有十四件。其中,时任中国书法家协会主席启功先生的作品,以其强烈的书卷气代表了一个时代卓尔不群的人文个性。同样,担任过中国书法家协会主席的舒同,他那圆浑、宽博、端庄而带有颜体风格的行书,深藏顿挫起伏,显得庄美、大气。与舒同一样被称作“将军书家”的武中奇,书风刚健质朴,峻宕雄伟,笔下流露出的军人气象,令人生威。李铎与我20世纪80年代初在北京一起交流过书法,他当时还带有郭沫若那种书卷气,而这幅作品已变得古拙沉雄,体高气逸,令人想象无尽。陆抑非是位著名的书画家,他“以画入书”,用笔纵横欹侧,大开大阖,其强烈的速度感、节奏感,给人以惊心动魄之感。刘海粟是中国新美术的奠基人,他的书法显得特别老辣凝重,敦厚古拙,在阳刚之中充溢着一股豪气。吴作人是著名的中国画与油画大师,虽不以书名,但其书法功力深厚,力能扛鼎。宋日昌原是上海市的副市长,他的书法带有颜真卿与黄山谷的气息,凝重质朴,丰润有骨。魏传统也是一位将军,他的书法有汉魏之骨,拙朴纯厚,用笔深藏丘壑,爽利中带有涩味,别有一种风貌。王一亭、潘天寿、诸乐三的入室弟子冯建吴,其书法熔铸北碑,自成一体,雄强、朴茂、宽博、奇崛是他的风格。林散之的草书特点是:碑帖兼融,柔中带刚,润中见燥,疏朗清新,别开生面,被誉为当代的“草圣”。范曾的书法出自家学,也得益于魏汉碑版,其行书写得灵动潇洒,跌宕多姿,自评为“清新庾开府,俊逸鲍参军”。赵朴初的书法,取苏字之形,得颜字之韵,墨韵丰腴,苍劲洒脱,显露出一种平和的书卷气息。萧娴是康有为的女弟子,笔力雄浑,结体险奇。康有为称其“雄深苍浑此才难”,章太炎惊叹其用笔“真如万岁枯藤”,萧娴可说是当时最负盛名的女书法家。

碑廊中有苏州的书家作品九件,他们的作品同样精彩。张辛稼精于画,也善于书。他运笔如斧,时用侧锋,巧拙互参,间出奇趣,使他的行书点画有独特的质感,成为具有鲜明个性的书家。吴进贤师从李根源、张一麐,他的隶书师法《张迁碑》,取其形方,得其笔圆,增其波势,发为高古,其书风示人以耳目一新。可惜的是,由于他的谦逊低调,不事宣传,其影响只能“秀出江南第一枝”,我认为,他应是现代隶书艺术家中的翘首。瓦翁是“全国最具影响力的十大著名书法家之一”,他的书风清雅洒脱,俊逸萧疏,正如他坚持“神接古人,情出于己”而独标一帜,在1989年全国第四届书法篆刻展览中一举夺魁。钱太初是金松岑的高足,精书法篆刻,尤擅小篆。用笔婉通,结构精密,奇崛生于平淡，深厚发于清雅，其人品与神韵跃然纸上。沙曼翁师承萧退庵，精勤敏妙，自成一家。他率先将帛书糅入隶书，形成隶帛相融、篆隶通变的新书风，先后荣获“兰亭奖”“终身成就奖”两项中国书法家协会颁发的最高奖，成为当代声望最高、影响最大、艺术成就最突出的书法巨匠。此次入廊的这幅行书是以率真拙朴的笔意，写出秀劲苍浑之境，令人百看不厌。吴敉木是书画世家，其书画都有家学渊源，此幅行书欹侧纵横，笔势飞动，竖笔摇曳，捺脚夸张，显得天真烂漫，风格独特，可惜书名为画名所掩。谢孝思是吕凤子、汪采白、徐悲鸿的学生，精草篆。此次入廊的这幅行草，酣纵淋漓，点画遒劲，笔势连绵，爽利飞动，显得神采秀发。他的作品特别受到贵州和苏州两地民众的喜爱。祝嘉老先生是全国知名的现代书学先驱，他的一本《书学史》，被称为“填补了中国近代书学史的空白”。其著述达七十种，三百多万字，是近代一位

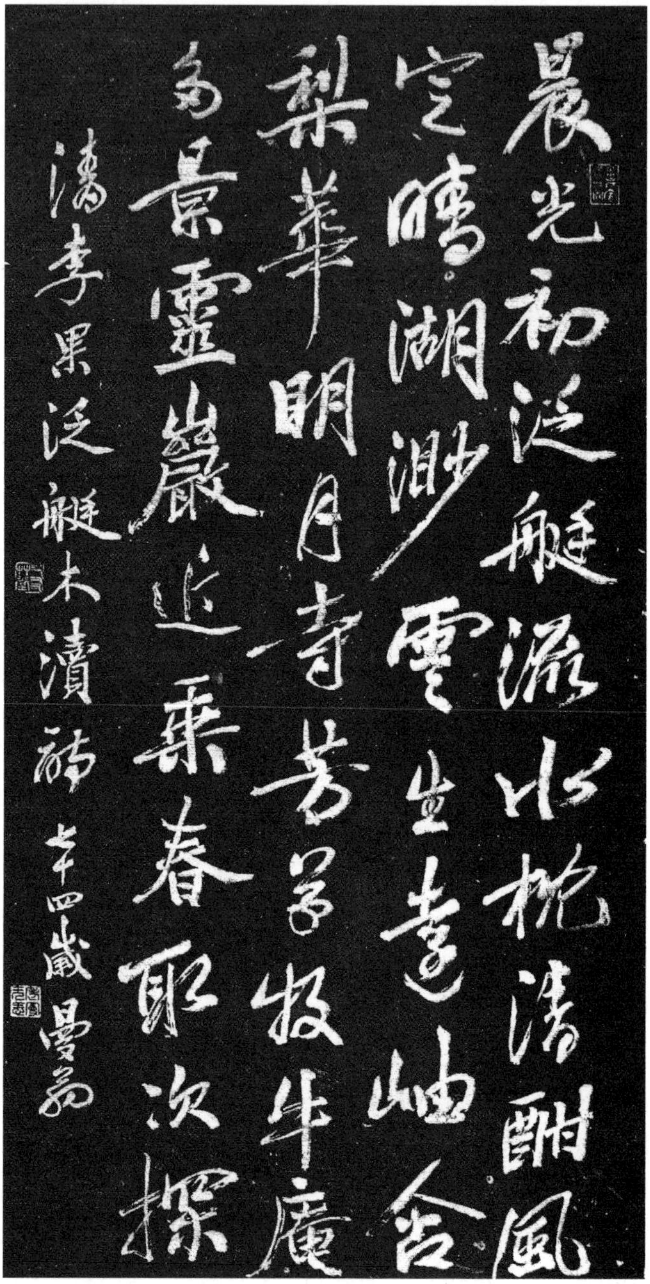

◆ 沙曼翁书法作品

重要的碑学大家。他的碑派书法提倡“全身力到说”,追求高古拙厚。书风雄浑、苍润、拙朴、老辣,以只求内质为审美追求的独特风貌,可谓前无古人,成为碑派书法中的一面旗帜。费新我是名闻遐迩的大书家,他远师李北海,近法沈曾植,以魏碑强其骨,章草厚其质,左笔书扬其“拙”与“涩”,创出了前所未有的一种新的行书风格。他用笔遒劲,点画圆浑,竖多摇曳,捺带隶意,粗细对比强烈,结构向右下方取势,布局缜密,其大章法都十分完美,且能时出新意。他创新的行书形态构成了当代书法一道独特的风景线。林散之赞其“貌从故我独翻新”,启功称其“继元代左笔书家郑遂昌、清代高风翰之后一位别开生面的左笔书家”。

上述简单的介绍,不仅展示了苏州书法艺术深厚的历史底蕴与辉煌历程,同时也展开了当代书法名城一幅崭新的画卷,这使我们深刻认识到苏州碑刻博物馆“现代书法碑廊”存在的深远意义与文化价值。碑廊里收录的书法名家在当代的影响与代表性,从一个侧面反映了全国乃至苏州在20世纪80年代书法艺术的整体风貌,反映了当时书法重碑、审美倾向雄强的特点,成为书法艺术一个时代的缩影。

当《现代书法碑刻》即将结集出版之际,丛书编委会嘱余作序,希望从书法角度对苏州的书法以及《现代书法碑刻》中的书家作些介绍。限于本人水平,有些可能还写得不够全面,有些观点也仅能作为参考,请读者给予批评指正!

评曰:书法之论,兴于魏晋,而汪洋于盛唐,吾吴与以为荣宜也,于是书论亦多矣。然每读之恍然若失,盖衮衮诸公,下笔千言,或张大其辞,或孤傲其势,更有甚者,拾人牙慧而不知就里,迷其根据,乱点鸳鸯,以为拈来古贤文采,便可凑成华章,遂稍失公允道理,多为方家嗤也笑也。振元《现代书法碑刻》一序,重起炉灶,独抒己意,只眼观火,一锤定音,不阿不谀,亦公亦正,每多的评,不稍借假,皮里阳秋,文外鞭云。侃侃然,施施然,令人心悦诚服。书论至此,可谓大块文章。何哉?知其然而知其所以然也。

崔护《太仓杂事诗》序

镇洋古县，太仓新市，北傍长江，东临沧海，左挹吴都之秀，右沐海上之风，集东南之形胜，乃人文之渊薮。师尊，太仓人，久居吴门，心系故里。每于耕书耘画之余，溯洄往籍，枕文葄史，茹古含今，逖稽旁搜。凡历代人文，轶闻遗事、风土习俗、艺林掌故，涉弇山文献之所未及，皆因物托讽，发之于诗，且备注原由，曲陈其状，裒然成《太仓杂事诗》之集。盖躬逢盛世，感沧桑巨变，忧文献无徵、风雅放失，故心头舌端，有不能自已之言；枕畔砚边，有无法自抑之感，由是钩沉索隐，鼓腹而歌。钱牧斋曰："《春秋》未作之前之诗，皆国史也。"盖诗三百，记史事、颂功绩之篇，补正史之缺文，留文献之徵信，谓之诗史。兹集采录旧事，网罗散逸，且其一诗一注，累数十百言于下，如经解之有疏，史书之有志，参稽群籍，敦复详悉，征文考献，补史乘之缺，讵非诗史乎？夫诗，可以观，《汉书・艺文志》谓"古有采诗之官，王者所以观风俗，知得失，自考正也"。是以古者至是邦，必先观其诗，以观民风也。师尊之诗，每感于物，辄积于胸，兴怀抒情，以微尘见世界，以尺水兴长波，可观土物习俗，观世道民风，观古今得失。吾信也哉，其诗流泽方长也。师尊天姿高亮，倜傥多奇，襟度飘逸，记诵精博。丱角时，即与毛三江、陆莘农、毕秋帆诸家后裔交，刻苦自励，经史骚选之书，唐诗宋词之学，莫不涉猎其精要；鼎革初，又与周瘦鹃、萧退庵、顾颉刚、范烟桥、汤国梨诸民国耆宿、海内英杰游，漱尽六艺之芳润，汲取诸家之精华；退食后，益肆力于学，包络群籍，融洽古人，未尝或废吟哦也。其诗，发乎性灵，情溢乎中，清新华婉，风流蕴藉。令人读之，如逢佳月，如遇奇花，此予所

◆ 作者与尊师崔护在西山包山寺

以深嗟累叹,爱不能已也。思予追随师尊四十余年,学无所成,能不愧欤!乙酉年正月元宵,受业潘振元沐手敬序。

评曰:世人有可惜者,有可怜者,有可怕者,有可恨者,惟于崔公,可敬且可爱也,而立斋,不阿时附热,追随师尊四十余年而无悔无歇,亦烂漫可敬可爱也。

《慧通法师书画摄影作品集》序

铜观音寺，又名光福讲寺，创于梁天监二年，垂千五百余载，吴地名刹之最古者也。寺踞龟山，南邻邓尉，北睦虎山，东临上崦，西滨下崦。前肱峰峦，吐吸烟霞；后挹平湖，喷歙波浪，佛门圣地是也。宋康定元年，天赐铜观音于庙旁金地，移置庙中，灵异通神，旱干祷雨，求子祐福，有祈辄应，其造化犹如天地同流者也。自是名噪江南，香火不绝，有碑记其迹焉。其后，庙貌中衰，移为庠屋，空殿数楹而已。慧通入寺，悯其荒圮，锐意兴复，以化缘兴修为己任，立山门，葺大殿，复藏经阁，建观音殿，创钟鼓之楼，治僧寮斋室，历十数年，百废俱举。殿崇像伟，宏杰壮丽；丹雘翚飞，俯仰交辉。虎溪远带，连乎

◆ 慧通大和尚绘《溪山无尽意图》

具区之浩渺；慧日重辉，炳乎佛土之庄严。寺之鼎新，慧通之功德也。慧通法师，俗姓李，寺之主持，聪慧该洽，结艺精通。余始识于癸酉秋，结为方外友。甲申春，慧通邀余与玛和、士东、大霖兄赏梅。憩息间，观其近作十数幅，皆水墨，笔意恣纵，出入于苦瓜、宾虹之间，游心于烟云变幻之外。简淡疏旷，不求似山似水，但得性至情至。灵根若现，烟墨如飞，如清笳之夜奏，似竹竿之敲风，得清空之禅境也。览之，飘飘乎悠悠神往。盖慧通智慧，明佛证禅，禅道日深，书画日进，造诣未可限量也。噫！奋厉耕耘，又得江山之助。寺院改观，溪山增色；艺事精进，誉溢吴中。岂非释门之精英，法中之象龙哉！兹值钟鼓两楼开光，慧通拟将书画摄影结集付梓，嘱余作序，不获辞，略述一二，以为序。

评曰：慧通上人兴复古寺，缘也；托志书画，缘也；邀友品茗赏梅，亦缘也。众缘汇合，是我佛如来；而作品成集，是三界般若，阿弥陀佛。

《铜观音寺首届名家邀请展作品集》序

鹊报频传，龟山喜临千五之诞；瑞音双至，慧通荣列方丈之尊。左右相闻，上下欢腾，缁侣禅友，瞻礼盈门。铜观音寺由来久矣，梁天监二年，九真太守顾氏舍家山为寺，垂今千五百年。初名光福寺，武周改光福讲寺，唐会昌末毁，咸通间重建。宋康定元年，得铜观音而更今名。宣德、万历、道光几经修葺，有祷皆验，祈求辄应，信众如织，香火如窑，成吴中之胜地、江南之名刹也。惜乎！遭浩劫而废为庠屋，经幢陵替，法轮辍运。洎夫慧通和尚卓锡至此，发广大心，作普济愿，铢积寸累，营复旧观，鼎新殿宇，起废续绝，使之巍然大备。菩提之树，枯而复荣，法雷得于大振，诸方相与称美，其功德耀于丛林，声名夸于闾里，湖山为之增色。千五百年寺诞之庆，可谓盛哉！于是有邀名家书画之展，垂古刹碑廊之刻。吴门书画之菁英，奋相秉笔，揽月裁云，共襄盛举。或题联，或写颂，或吟咏，或丹青，或造像，穷书画之妙。百卉斗妍，纷呈奇葩之芳芬；至宝并列，同显昌明之景象。且夫掇英撷粹，或展之华屋，或藏之名山，或勒入碑廊，或付梓出版，数举灿同日月，昭佛土而垂久远也。慧通和尚天机颖异，禅慧攸托，与古为徒，善于书画。余与慧通交游已久，相淡如水，情融于心。其朴质之姿，温温如春，澄澄而秋，恒结契心间。故往来香阜，不知几度。去岁，为其画册作序，见其山水精进，以其彼岸之智慧，化此岸之情境，楮落空翠，情随境澹。清润之笔，启冷隽之致；幽敻之境，涵意远之韵。览之赏之，天地浑融，禅悦堪味，不觉讶其曰："此大夫之麟角，释门之伟器耶！抑或今日之苦瓜乎！"语似溢美，实爱其画，复敬其人也。愿其升座丈室，更上凤岗，盘礴睥睨，再辟新

◆ 慧通大和尚出访日本留影

境，使余前所之言不虚也。丁亥杏月春分序于立斋。

评曰：梨花带雨不如拈花微笑，瑶台琼浆不如砚台泼墨。天地之音多矣，有松声，有涧声，有琴声，有鹤声，乃至煎茶声、棋子声、夜蛩声、读书声、雨滴声、雪洒声，然不能忘者，和南声也。何者，立斋言曰：启冷隽之致，涵意远之韵。

《栖心居诗草》序

甲申岁杪，予携内子与玛和、大霖、士东访慧通法师于铜观音寺。寒暄之余，言及寺僧幻真亦喜韵语，得以见，微聆所语，辞气淡雅，讶其与俗僧殊。翌年春，应慧通法师邀，再往赏梅，又遇幻真，晤玄之余，颇饶兴会，且出示诗稿，颜曰《栖心居诗草》。予披览一二，顿觉磬声盈耳，清冷可悦。虽格律未娴，藏蓄未深。然其诗，莹莹如冬冰，卓卓如秋霞，湛湛如井泉，泠泠如松风。若非遇于目，感于心，率于意，成于兴，趣于机，悟于空，何能得此自然高澹、禅意横溢之诗耶？如“白云耻为浮艳句，流水低吟化外诗”，乃尘外之笔也；“静听花坠地，闲观云在天”，境何其幽也；“眠起闲无事，对月理残篇”，情何其闲也；“登塔寄啸傲，招云伴幽闲”，心何其旷也；尤以“银河倒泻青天外，玉树孤悬碧嶂间”之句，写庐山瀑布之奇，惊为绝唱。予有感宋子虚评善往和尚之诗“妙句唐风在，心空汉月明”，幻真有此境，且具僧之相也。幻真法师心正直，性狷介，善思辨。每与论及世事，其意气坌涌，若不可遏。近读其剃度前所作《“士为知己者死”的悲哀》诸文，纵论古今人物，俯仰上下，慷慨激昂，其卓论精识，迥非浅近之士所能窥，非茹古涵今，乌能思之超超，言之凿凿？然其锋芒呈露，俾其人事多违，逃之于禅，犹难觅一方净土。“文多骂俗遭天谴，才高致忌招命来”，凭其空幻依托，“任他苦海波翻，自信肝胆铁铸”。且夫幻真法师之“直心”，悟之于观，证之于禅，发之于诗。《维摩经》云“直心是道场”，“直心是净土”。于今世情浮躁、物欲横流时，微斯直心者，佛道何在？佛性何存也！予乐而为之序。

◆ 崔护、潘振元、冷建国师生三代合影

评曰：我佛常在，且去坐花醉月。心迷则此岸，心悟则彼岸，善哉，善哉。

《平江书画院扇面集》序

扇面施以书画，始于魏晋，右军题箑，恺之画扇，传为士人美谈。周昉仕女、孙位逸士之扇绘，转为盛唐风习。两宋之交，吾吴已有“团扇家家画放翁”之诗。明清以降，书画更盛“别体之作”，名家名扇，代不乏人，流风所及，指不胜屈。吾院同人受先贤之启迪，沐前人之余薰，徜徉于笔墨之间，忽忽已逾十一春秋。今辑扇页八十八幅，荟萃一册，是继《平江书画院作品集》《平江诗词》后，又一盛事也。近言画者，动辄轻传统而贱笔墨，其不知树无根柢，花叶果实焉敷于枝干？笔墨为零，国画何其为国画，且夫绘画之民族性，亦无从见也。故笔墨乃国画之本，画者将胸中造化，吐露笔端，启人以高致，发人以浩气，怡情性，快人意，成写意、写韵、写性之载体，心灵之迹化也。此辑诸作，承吴门画派之坠绪，展清、新、秀、雅之风貌，极一时之选，汇笔墨之英，岂率意操觚者所能及哉？予览之而心喜，感天地之真灵，全收于笔下，李东阳所谓“谁将意象入寥廓，坐觉天涯来咫尺”，庶几近矣。猗欤盛哉！洵足传赏艺林也。是为序。

评曰：东坡先生有言：须知酣放本精微，平江书画酣放乎？吾不知也，然立斋云“猗欤盛哉”，此何言也，孔宏莫及，若有憾焉，其实喜之。

《沈柳春画鹰集》序

沈君柳春，为陈摩入室弟子，常与其师兄辛稼游，得其指意，遂专以画鹰而名家。鹰者，猛禽也，以猛气、雄姿而称美。其状之于画者，始见于西汉之漆器、北朝之壁画、李唐之缣素。赵宋以降，画鹰者代有其人，及今以白石、天寿、苦禅为著。而沈君之画鹰，亦已屡获大奖，声华灿然，四方歆羡也。沈君虽及耄年，仍游心于画，耕耘不辍，业益精，技益神。今以《沈柳春画鹰集》见示索序，予快读一过，惊绝不已。第觉阳刚之气，充溢其间，且高寄新意，振时代之强音，扬中华之正气，凛凛然，可敬也。其濡毫满志，笔力雄苍，姿态横生，韵致高远。如繁花粲粲，累累其实，焉非“人自老，春长好”哉！而细品其画，更见咳唾生珠之妙。以高鬐秃颅，扬其雄；以劲翮腾踊，展其势；以刚爪如铁，显其锐；以觜利吴戟，状其猛；以目颖星明，传其神；以涛云风松，邈其世，可谓雄姿英发之概，尽在笔底也。自古曲尽画之妙者为神品，又以自然为旨归者称逸品。予谓沈君画鹰，流自肺腑，尽其意匠，开古人未解之境，写他人未抒之情，近乎神逸也。雄鹰之高翔，与夫鸡虫之得失，辽乎邈哉！

评曰：吾尝闻之，天下动态，猫窜、狗闪、兔躲、鹰翻，是则迅若雷电，可方物者有是也，而于鹰尤然。语曰：时有所进，日有所为，年有所获，生有所成，柳春之谓乎？振元之谓乎？才华时可遇，温粹世难求也。

朱大霖书画作品展序

“芝光玉屑仰兄贤，抱月襟怀正气坚。更有凌云垂露笔，一挥天下放春妍。”戊寅年秋月，大霖兄持扇索诗，余欣然题之，此景犹在目前，须臾间，琴剑楼书画艺术有声互联网，恢恢乎，煌煌乎，含英吐芳，蕴秀流香，业已大成矣。盖其书画印章，泽古功深，积中发外，荧光所射，精彩夺目，所谓“根深而叶茂，膏沃而光晔”者也。大霖兄以庋藏一琴一剑榜其楼，琴韵剑气毓其胸，书画冶情展其志，孰不慕之敬之？日前，大霖兄邀余与玛和、士东、继承诸兄品茗。席间，示其近作五十幅，皆框装新裱，夺人心目，令人惊叹。惊其书艺已臻佳境，质美而趋雅淡，更叹其画艺，烟驱云染，树石秀润，精思妙蕴，皆流自心底，溢于笔端。何哉？盖大霖传承家法，又得倩庵熏陶，以元人笔墨，运宋人丘壑，心手相发，自立真我，焉不神与古会，宿慧顿开耶？细读《鸣玉满春水》《松顶飞泉》浅绛诸作，下笔逡爽高逸，忽粗忽细，忽实忽虚，用墨酣畅有致，或干或湿，或浓或淡，苍劲秀润，冶豪放、婉约于一炉；《水乡山居》《天顶大岭》《空潭碣石》《玉翠松云》诸作，湿笔立骨，干笔皴擦，水墨渲晕，气古而味厚，有子久“清真秀拔，繁简得中”之神韵。大霖山水宜乎鸣于世，卓立于吴门画坛，此亦实至而名归也。大霖书画拟闰月于文联展出，嘱余为序。予何人哉，岂敢雌黄？挚友器重，分外惶惶，恭然而退，书此以应之。辛巳年余月，吴郡潘振元于立斋。

评曰：为文有凤头、猪肚、豹尾之说，难矣者凤头与豹尾也。立斋此序，自大霖索诗

◆ 朱大霖绘《天顶大岭图》

开篇，别致新颖，冠绝妙曼，先声夺人，施施然有凤头之艳。而序末点睛，显现心声，卓然自若，豹尾之挺拔也。中段海容，纵横文史，论其实至名归，洋洋洒洒，曲尽其妙。

《朱大霖作品选》序

朱大霖，号多磨居士，幼承家学，四岁临池，即由其祖父发蒙，后又得舅祖吴湖帆指点，悟性早开。故书艺廓然而高，渊然而深，骨鲠高爽，不随常流。其对书、碑、简、帛，靡所不学，厚积日久，别张一军，卓然成家。吾素仰大霖为人率真，能肝胆相照，往来结成莫逆之交，几近三十年矣。故知其人，亦深知其笔墨，今观其展出之新作，皆以性情为本，此乃大霖成功之所途，风格之所由，意境之所出。因其有诚正之心，故胸中块垒，形诸笔墨，笔到意到，一丝不苟，是以浩然之志，溢于字表。因其秉性豪放，所作擘窠大字，

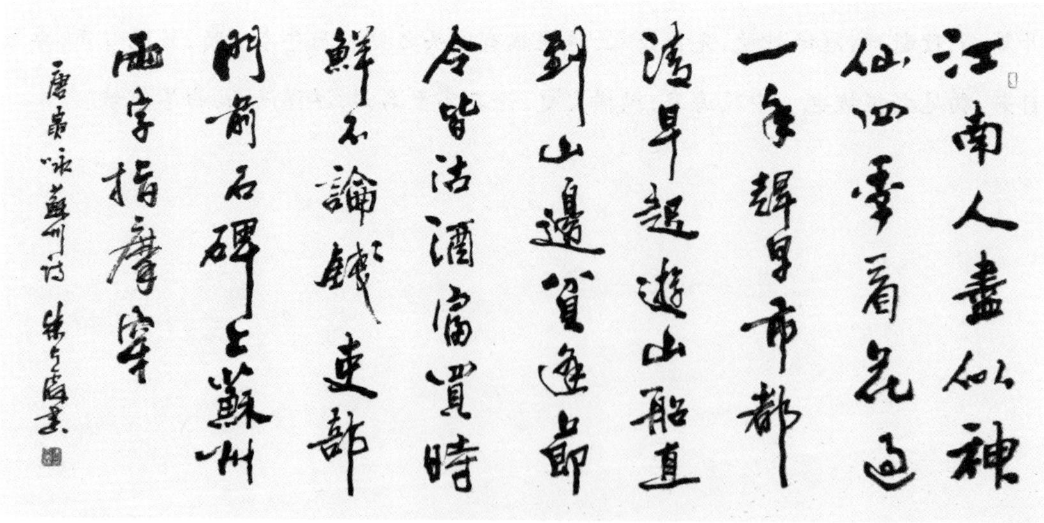

◆ 朱大霖书法

雄健峻厚,凝重如山,是以气势宏阔,如戈戟列张;因其细心沉密,所作蝇头小楷,胸无纤尘,如对至尊,是以小中见大,平和简静,遒丽天成;因其道法自然,书宗秦汉魏晋,既雕既琢,复归于璞,是以书格高古,碑味朴约。观大霖书,可直感其人品与审美心胸,所谓书如其人,信为至理。大霖书艺大成,可概之谓"高韵、拙美、简静、大气",若无非常之功,曷能臻此?同道观之,吾深信亦将有斯同感也。

评曰:大霖家学渊源,且于世物有侠义。每思其人,即有"才之多少,将与风云而并驱矣"句涌上心头。云水襟怀,卓识高行,立斋共之焉。

张士东篆书体系作品展序

张君士东，余之挚友，数年前应招相聚，出示其大草，落款“士东除夕大醉，初一未醒”，仿佛颠张醉素，惊鸾又见。余知其非真酒醉也，实是心醉于书，假彼神手，物我化一，臻于佳境，故办草书展即一作醉态，当众壁书，大块翰墨，魄力沉雄，天骨开张，令观者惊绝。其后隶书展，又小露醉风，追汉蹑秦，汲绠寻古，流宕而不乖准绳，质朴而自具雄健，颇得好评。去岁办甲骨书展，则是大醉模样矣，探学者畏惮之区，书常人难成之作，深入堂奥，雍容自若，焉不令人佩服？今其醉状一发不可收，旬月累年，穷研所见之甲金刻石文字，别出机杼，又办篆书体系展览，以法书形式探究篆籀体系，寻绎嬗变源流，堪谓难之又难也。非厚积难以薄发，非勤学难以补拙，非知源难以尽变，非大醉特醉者孰敢为也？所展法书六十余件，同好览之，能知其用心之苦、用力之艰而有所得，则展旨庶几近矣。天道酬勤也，是浑金璞玉，神采必显。庚辰初夏，潘振元于立斋。

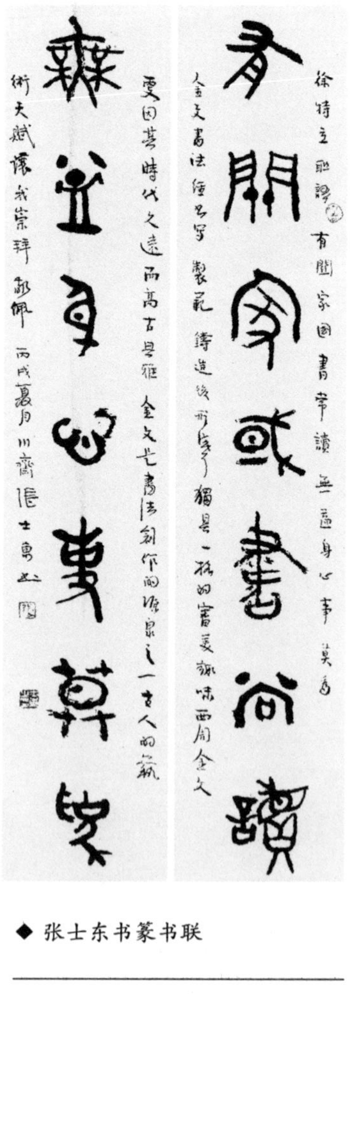

◆ 张士东书篆书联

评曰：醉，小醉，大醉，醉状一发不可收，此立斋绘士东臻于佳境之法书；乐，小乐，大乐，乐状一发不可收，此吾侪读立斋臻于佳境之文章也。文章生色，有正、活两喻，元稹所谓“竹枝待凤千茎直，柳树迎风一向斜”是也，笔弄万花，韵传八方，而主题自在。

潘振元书法作品展自序

余浸淫六书，倏忽四十春秋，艺无涯而游无极，每于耕耘中寻觅恍惚，欲求一方天地以自安。

“书，肇于自然。”书之本质与宇宙同体，其点画之奥妙，亦源于天地万物之变幻。

◆ 作者与夫人在展览开幕式上合影

故书家目之所察，心之所悟，收之毫端，形诸意趣。或任情恣性，脱尽机巧；或扫尽人间伪态，释放自由灵魂，以直抒性灵、道合自然为真，此书家之快事也。余学书，以朴养目，以拙滋心，重守真，反矫造，随意即兴，聚以含蓄，发为天真，运以飞动，属意空灵，寥然自适而已，不知其近之欤？今展示六十幅近作，祈正于同道！壬午年中秋于立斋。

评曰：自展作品，每有请得大方之家，鼓吹不已。立斋卓然自为序，而语真意恳。中段抒其胸臆："扫尽人间伪态，释放自由灵魂"，掬诚相向，尤觉可亲可敬。至"属意空灵，寥然自适而已"，尽得南华真传矣。

胡中元、金克昌、邢振维、方永庆、沈蓓蓓书画联展序

平江画院之风雅，艺苑称善。每当风日清美，同人相聚，道相合而意相得。或金针巧度，游心乎诗词之室；或铁砚轻敲，切磋于书画之林。每有佳构，相与同赏，是复有天放楼之联展也。今观中元兄之飞鹤，笔墨兼妙，神采秀发；克昌兄之林园，意境萧疏，横逸飘飞；振维兄之苍鹰，雄浑古厚，势傲烟云；永庆兄之山水，开阖分披，气韵冲融；沈女史之法书，兰芳玉洁，遒丽洒脱。秋菊春兰，妙相纷呈也，慨画者之固难，识画者之亦不易，诚盼知音见赏，来兹共享。硕彦移尊，一倾陆离。甲申年蒲月于立斋。

评曰：东风俏步，玉润珠圆，天高地宽，山高水长。

张锺、张青涛、廖宇、朱建平、吴溱书画联展序

《艺概》云："艺者，道之形也。"其旨，道合自然，道艺合一，道技两进焉。平江书画同仁择其精微，求其神会，游弋翰墨，容与鸥波。既切既磋，既琢既磨，发灵机于丹青，萃众美于笔下。或以花鸟胜，山水鸣，人物显，书法闻，皆怀珍蓄奇，待时兴发。张锺、青涛诸彦，适有天放楼之邀，积玉同陈，清芬共与，飨之同好，求彼知音，此亦艺林之盛事也。

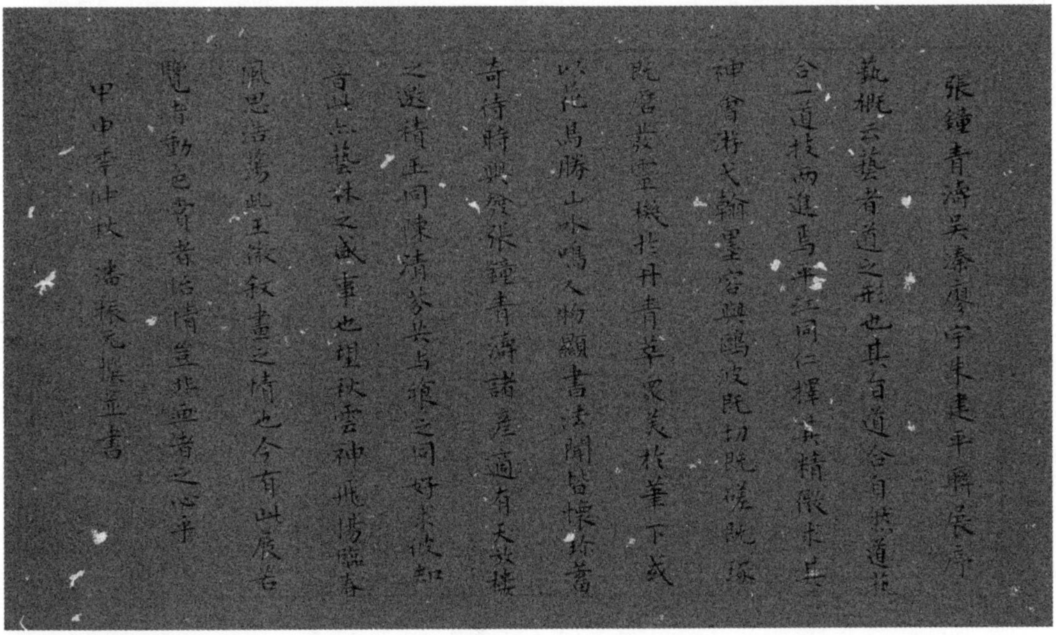

◆ 胡中元等书画联展序

“望秋云，神飞扬；临春风，思浩荡。”此王微《叙画》言画之情也。今有此展，若览者动色，赏者怡情，岂非画者之心乎？

评曰：翰墨丹青，爱之者多，能之者罕，优之者尤寡也；而求彼知音，则亦“我不求异，他人自远”也。

崔护、潘振元、冷建国及弟子四代师生书法作品展前言

举办“翰墨传承，桃李满园”书法展，将四代人的作品同堂展出，这是一次非常有意义、有创意的活动。四代人一起切磋书艺，同堂展出，过去没有，现在也不多见。这种形式的出现，是书法繁荣的结果、时代的产物，显示了书法的传统，反映了文脉的传承。

书法作为艺术，它植根于传统，既是技能性的，又是文化和审美的，体现了民族人文精神的延续和发展。以崔老师为代表的四代师生在这方面作出的努力，呈现弄翰

◆ 崔护四世同堂展开幕现场

◆ 崔护老师在现场签名

飞素、薪火相传的现象，乃是一个文化传统的缩影，因为它坚持的是中华精神的传承形式。这次展示的作品中，冷建国从培养的数千学生中，遴选出一百多名学生一起展出，毓秀含华，奇采纷呈，不仅在作品的创作水平上给人带来惊喜，在弟子的规模上同样也给人带来惊奇，不能不说是这次展览的一个亮点。

这次展览，既是汇报，也是交流，更是一种企盼。希望传统的师承形式能得到进一步发展，书法的文化内涵也能得以推动和深化。

评曰：飞墨弄翰，薪火不灭，此崔公、振元、建国及弟子一堂四代，之所以震撼吴门书坛也，放之中华，亦罕见矣。达人有言：艺术的传统需要继承，艺术的灵魂需要延续。于崔公、振元、建国字里行间，可略大端，所谓振叶以寻根，观澜而索源。而建国弟子，百名佳作，则又喜赋汪洋恣肆态，杏坛之乐，莫过于此哉！

"四三五三"六人摄影联展序

我们不是摄影家,不是发烧友,也不是玩家,而是普通的爱好者。我们没有昂贵的器材,也没有专业的知识,只有兴趣和热情。每当遨游大千世界,偶尔拿起相机留下心动的一瞬,这仅是生活的足迹、过眼的烟云。随着时间流逝,或已化为记忆,或已弃置笥箧,摄影只是为了畅心自得而已。

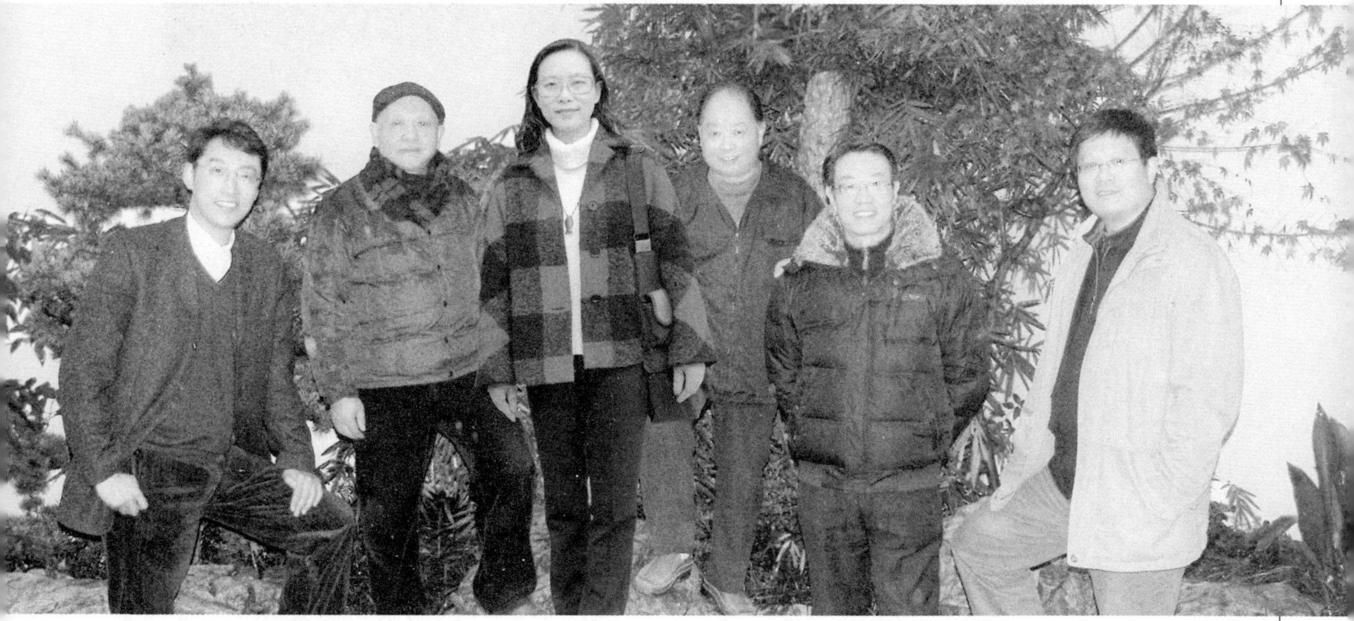

◆ 联展作者合影

世上有太多意想不到的事。一次偶然的聚会，谈及曾见之趣、三言之乐，于是就相约各取二十幅小品，居然心想事成，客串而误入了摄影殿堂。回过头来看这些作品，不拘成法，游戏人生，如借庄生之寓言，不谋功利；心态平常，似得释氏之空性。这种意外，归结为平常人的视角、平常人的参与，或许也为大家带来平常人的一惊、一喜、一笑、一乐，这正是我们所期盼的。

这次走到一起的六个人，按年序排列，居然“四〇后”三个，“五〇后”三个，于是萌生老来学步，以数字“四三五三”名其展。这显示我们这群不太安分的中老年人，还想露一点年轻态。你信不信，就来看我们的展览吧！

评曰：轻松平实，所谓寄至味于淡泊，发纤秾于简古。

◆ 作者摄《独钓寒江雪》

《吴门雅集》改版辞

“结交淡若水，履道直如弦。”吴门雅集同人情系书画，甘于淡泊，不骛旁术，志气相投，尔来十余载矣。或谈艺论道，似朗月之映轻云；或率尔操觚，如清泉之泻明珠。以小院寒斋为胜境，以品题赠答为乐事，书能香我，茶亦醉人，浸淫其间者，皆称心自乐，俯仰自得。偶有点染，辄将可观者辑之，刊印相赠，俾相品赏，积《吴门雅集》于今三十余期矣。虽不敢崖岸自高，书画同道赏之、藏之，亦足以窥雅集之气象。今番春光烂漫，桃李争荣，鸥盟鱼乐，“故人赏我趣，挈壶相与至”，则艺苑天地，自此愈炽，为顺应发展，《吴门雅集》自本三十二期起，决然改版扩张，全用胶印。涂鸦不必有阐幽发微之功，执管却多赖爬罗剔抉之心，学在民间，道在山林，海天和平，鼓腹讴歌。潇洒人生，岂在六朝金粉；清嘉风物，从容庭园芝兰。“国计已推肝胆许，家财不为子孙谋。”先贤明鉴，于艺亦然；“历尽天华成此景，人间万事出艰辛。”今圣珠玑，备觉感怀。愿吴门雅集展大翅而振雄风，而吾辈当自鞭策，更上层楼。

评曰：书画之能，包含四时，生化万物。然庄子方可诙谐，东坡方可幽默，石湖方可田园，板桥方可糊涂。《吴门雅集》改版，十有余年矣，不知月口星心尚在否？所谓侠士勿轻结，美人勿轻盟，樵夫勿轻诺，渔父勿轻钓者也。

“新吴门画派”的现代转型
——兼谈苏州国画院四任院长的旗帜作用

“新吴门画派”是当代苏州画家群体崛起的一个新的标志，也是传统“吴门画派”延伸、拓进与发展的崭新成果。对于“画派”的含义，历来学者有不同的解读，但从传统的绘画史看，画派的命名主要是以地区为标志，而以画风或人名命名的画派，在中国不占主流地位。从广义的角度讲，一个画派代表了一个地区有广泛社会影响的画家群体与绘画风格。“新吴门画派”也就代表了苏州美术界开创现代新风中最具实力和影响力的画家群体。“新吴门画派”形成的启机，可追溯到20世纪60年代初，当时中国画在极左与崇洋思潮的双重冲击下，刚刚得到复苏，苏州国画馆（国画院前身）便应运而生，于1960年6月在怡园的湛露堂成立。它的成立使苏州国画界那些最具实力和影响的画坛代表，得以满怀信心地来到画院重续心仪的民族绘画事业。他们为了能适应传统国画赖以生存的社会土壤所发生的变化，在绘画的形式内容、艺术观念、审美意识上努力与现代接轨。他们积极、热情地去表现现实生活，并赋予了中国画新鲜而旺盛的创作活力，使传统的吴门画派向现代形态的转换获得了新的生命，同时也引发了对“新吴门画派”的思考与实践。在这过程中，作为主体的苏州国画院及其四任院长不负众望，在波澜壮阔的社会进程中，超拔世俗，引领潮流，带领苏州国画界谱写了现代的灿烂华章，开创了“新吴门画派”的崭新一页，他们以“改变现状，开创新风”的实践精神，在苏州树起了一面旗帜。

张辛稼，是苏州最为著名的花鸟画家，他的老师是陈迦庵，迦庵师从陆廉夫，三代师生在苏州画坛叱咤风云了一百多年，是近现代苏州写意花鸟画中最具影响的一支传承。张辛稼从担任第一任院长开始，面对新的视觉环境的改变，对传统国画进行了全面反思，提出了“自我而创，自我而变”的主张。这种自我意识的觉醒，独立自主绘画思想的确立，是文人画优秀传统的延续，也是“新吴门画派”的可贵品格。他为此经常深入生活，师法造化，积极探索符合现代审美的绘画语言。他的一幅《洞庭秋高》，即是实地采风、观察体悟后的激情之作。画作描绘了洞庭东山的银杏林与展翅的雄鹰，主体是银杏树经霜后在阳光下一片金光陆离的景象。他先用淡墨纵横开阖、若断似连地勾勒成片的银杏叶，又用藤黄加粉丢出色块，以色破墨，既参差交融又隐约可辨，既亮白透明又层次分明，使缤纷辉映的黄叶透出一种动态中的朦胧美和诗化的节奏与韵律。这种丢写相合的写意画法，摆脱了花卉画的传统程式，展现了他“借古融今”的笔墨形式，形成了自己的图式语言与新的视觉效果。加上画的上方，用水墨的雄鹰相衬托，上下呼应的动态感与冷暖明暗的对比度，使整幅画显示出强烈的生机与时代气息，表达了他内心富于浪漫、富于意味、富于生命状态的追求。

在用笔上，他按照“以书入画，以画入书”的审美追求，也成功地将书法的侧锋入画，八面出锋，落笔灵动，以笔行气，以笔取形，粗笔取势，细笔求精，在奔放、酣畅、适度夸张的用笔中显示出力度、气势、块面感、甚至带几何棱面的线条形态，使其笔墨语境为之一变。从这种具有骨力、张力与韵律的线形语言中，可以看出他是在传统笔墨的基础上，对笔墨风格进行的个性化创造，形成他花鸟画旺盛的生命力与鲜明的个性特征。

在赋色上，他从 20 世纪 70 年代开始，打破过去花鸟画主要使用固有色的传统，引入西画的明暗处理与背景烘染，兼用环境色和对比色，强化了色域、墨趣、造型的功能，同时也吸收了任伯年水彩入画之法，对“水”与“粉”的运用有独到的发挥。在《春酣》这幅作品中被晕染了背景的莺花，大大增强了立体感、层次感与新颖感，使画面亮丽而富有时代特色。

在造境上，他提倡“骨气形似皆本于立意”，追求主观情感的释放，以意造境，看似随心所欲，实则是意兴所至的天机呈露，营造了清新活泼又耐人寻味的画境，使他的花鸟画既有传统的格调、趣味，又有新的精神内涵与艺术魅力。他创作的《饲养场的早晨》《一

◆ 张辛稼绘《洞庭秋高》

天花雨万家红》《幽谷春深》《浴日扬波》等乡土气息浓郁的作品，形式新颖，个性鲜明，笔致精美，充满时代感与生命力，使他卓烁今古，走在了时代的前列，厕身于全国一流花鸟画家之列。

我曾见过一些他早中期的小写意花鸟册页精品，尺幅虽然不是很大，但笔墨之精微、没骨之冲融、布局之尽变，意象之高妙，令人叫绝，使人惊诧不已，至今难以忘怀。恕我孤陋寡闻，综观近现代的传统小写意花鸟画，少有人能出其右者，难怪吴敩木称其："大江南北鲜有可与之抗衡者。"

吴敩木，出生于绘画世家，师承家学，熔铸百家，广撷精华，曾深入研究总结各家各派的技法。他凭着自身汪洋纵恣的才具、勤奋不辍的艺术探索，融会成笔精墨妙、深厚华滋、得势达情、设色妍雅、意境清丽的自家面目。他秉承了文徵明笔法与吴待秋笔意，并能借古开今，增其蕴藉，伸其渊雅，得其自然。他的渲染与皴擦往往交织在一起，显得灵动松活，自然浑成；他笔笔弯曲的线条，如腕走龙蛇，盘弩曲铁，柔韧蓄刚，被日本友人称为"当代南画第一人"。有人也称他是技法型传统山水大家，从一个侧面反映出吴敩木在传统山水画领域所达到的高度，几可与黄宾虹、陆俨少相伯仲。

然而，值得一提是他的"第三类画"。他把山水画分为三类：第一类是传统山水画，第二类是现代山水画，第三类是探索性山水画。吴敩木的第三类画犹如一块璞玉，深藏不露，不为世人所知，然而在国画界却有不小的影响。陆俨少曾专程登门求观这些画，观后称"得饱眼福，不虚此行"，非常感叹地对人说：他是"吴门传承第一人"。

那么，这第三类画究竟是怎样的一种画呢？

从目前能看到的画来说，它应仍属文人画，但不同于传统的文人画，也不同于流行的所谓新文人画，而是在传统文人画基础上超乎常规的蜕变，用他自己的话来说：“反其道而行之”、“比传统还传统”、“视传统而古之”。我们可以这样来解读，它源于古人而全不似古人。既有地道的传统，又有对传统的背叛；既有对传统的继承，又不受传统的束缚，是一种既超越传统的古典山水又不同于流行的现代山水，介于两者之间的探索性山水。如他的一幅《俯听流水声》，画中的笔墨构成采用了鸟瞰的方式，将波涛画成三四条折曲的线，大小丘陵犹如相叠的山石，每块山石周边留白、中间勾勒一小块峰峦，形成一组组大小不等、相互堆砌、外白内黑、外虚内实的特殊形构，产生出平面中浮雕般的艺术效果。而且树木与山石相重叠，远大近小，上浓下淡，完全违背了传统山水的散点透

◆ 吴敩木绘《俯听流水声》

视。这种垂直视角的山水在传统国画中绝无仅有。而且，布局上他也吸收了西画的构成，对画面的结构不遵循传统的规则，而是重新组织，作超常规的移动、置换，甚至在有的画中将船画到山的“上面”，房子画在树根的中间。这些出人意料的构成，奇在并没有让人感到不舒服，依然符合了一定的审美法则。他的另一幅《峨嵋五色图》，对红、绿相间的彩色线条用以皴法，这在传统的山水画中见所未见，是绝对的犯忌，他却称其为“返忌为宜法”。正如他在画上题写的理由：“峨嵋有五色云，余写五色山殆非过也。”他用人们画峨嵋的五色云霞，来比喻自己画在山峦林麓上的云霞、秋色，同样都是“师法造化”，有何不可呢？仅是改变了传统国画固有的程式与表现的方式不同而已。由此可知，他种

种让人一时很难看懂的画法，实际是他在国画的长期实践中，对审美主体的体验与想象所引发的个性解放，改变了他的传统心理定势与价值取向，使他产生一种超世俗、超时空、甚至超常态的审美追求，在神往情移中获得一种超然的心态、积极求变的精神、高奇脱俗的境界。因此，第三类画只是他睥睨古今的一种释放，也是他为了构建一个新的国画理想王国而作出的探求。用他的话来说“是画给后人看的”，不求现在的人都能理解，也不带任何功利目的，只是标新帜于艺苑。因而有人赞美他为“画坛先锋吴敦木”。

◆ 吴敦木绘《峨嵋五色图》

由于笔者见到的第三类画不足其存量的十分之一二，因此上述对第三类画的认识还是初步的，也是

粗浅的,有待看到更多的第三类画。据了解,当初陆俨少看到过全部的第三类画,他很受启发,也由此引发了不少新的想法,也曾按这些想法再次向前跨出了一大步,创作了一批观念超前的作品。但后来因迫于画商的压力而终止,重新又回到原点,这至少说明吴敦木的第三类画遇到了知音,仅仅是曲高和寡,一时难以为大众所接受。第三类画或许是观念先行?或许是审美超前?或许是中国式的"毕加索变体"?可惜我们都未能窥其全豹,但至少已为我们开启了一扇神秘的窗。我相信,这种观念先行以及对传统国画再造的某种启导,将会随着时间而逐渐显现。

第三任院长孙君良,是自具胆识,"师心纵横,不傍门户"的园林山水画家。他个性化的审美视角、新颖的绘画语言、清新典雅的风格,在园林山水画中显现出特殊的效果,释放出独特的光芒。中国文化长期对园林的认知与观照下,决定了它的文化意义、民族特征与地域特点。孙君良抓住苏州古典园林这个原型,将其陶冶在性情中,融化在血液里,不拘成法,遗貌取神,构建了他的园林样式与形态美,画出了粗看是苏州的园林,细看又不像哪一家园林,实际画出了他自己心目中的"孙家园林",既有传统的典型性,又有构成的现代性。这是现代思维对传统思维的超越,也是他对园林山水图式语言的更新与重塑。

那么,他更新、重塑了哪些东西呢?

首先,是他笔墨、色彩的运用非常有特点,可概括为:"以线造型,以色造面。"即用带有程式特点与节律变化的圆劲点线,将成片的山、水、树、石与点缀的亭台楼阁勾勒造型,同时也用色块烘染一些分散的构成,将其各部分连缀一起,成为一个完全的整体,一个浑融和谐、气韵生动的新图式。在这过程中,他大胆地运用一些载体,或梅枝,或竹叶,或松树,或假山,通过写意样式扩展成大块面的主体,有些要占到画面的三分之二。这种超乎寻常的布局,画面形态也随之发生变化,自然主义成分的后退,抽象化视觉感受的凸出,营造出一种大气势、大格局,超越了园林相对狭小的有限空间,使园林山水展现出"小中见大"、融涵万有的无限境界。

他那圆锥般的散点组成的远处山林、近处树叶,用折曲的短线构成的山石或梅枝,用竖起来的弧线画出的水纹,成片的小圈鱼子纹描绘的水面,构成了不同视觉感受的块面形态，有的还呈现出“不齐三角”之美，显露他独到的构成与略带写意性、抽象性的倾向。如《春讯》中画的梅花，成片纵横交叉，相背异态，犹如曲折灵变的“冰裂纹”；在《澄澄寒碧映冰条》中画的梅枝，形成的缠绕自然、姿态纵横、似乱不乱、无秩有序的大块“蟠螭纹”，引发了人们的意象联想，具有现代的审美意义。他这种戛戛独造与丰富的笔墨语言，是他富于想象力的奇特思想与辛勤艺术实践的必然成果。

其次，他的用色也有非常独特的表现，他不同于传统山水仅用淡色来衬托墨线形态的设色，而是直接敷色晕化为色块形态。在《秋树斜辉》这幅画中，他将纯用颜色渲染成的树与线条勾勒的树，分层穿插，并留出大块虚白，使有限之景引出无限之韵，构成了疏可走马、密不容针、虚实相生、气韵生动、整体感强的画面。这种运用模糊性思维对线条与颜色的转换与交相融合的画法，突破了只强调线条独立性的传统，使色块成为画面中不可或缺的一部分，显露出他在艺术实践中非凡的创造力，同时完美地体现了他的艺术主张：“只要坚持外师造化、中得心源，就可以吸收任何营养而不被同化，创作出具有地域特色、时代风貌和个人风格的作品来。”

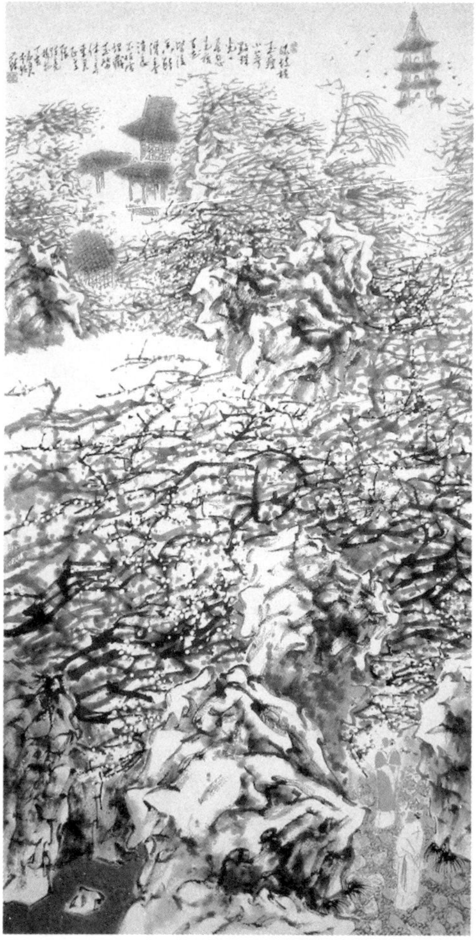

◆ 孙君良绘《秋树斜辉》

周矩敏是现任院长，是当今画坛的翘楚。他受过高等艺术教育，又师从著名画家沈子丞。他既有现代的因子，又有传统的情结；既有现代的绘画语言，又有传统的笔墨根底；既能承载时代精神，又能体现个人价值。他所表现出来与现代审美趣味相合的艺术构成与人物图式以及他对现代绘画发展的使命感，使他敢于正视现实，直面人生，跳出前人窠臼，坚持绘画的现代转型，并把“新吴门画派”推向社会，走向世界。他不仅是个实践者，同时是个推动者、组织者和领导者，成为“新吴门画派”最主要的领军人物。

他擅长山水、花鸟，而真正使其大放异彩的是人物画。从20世纪八九十年代开始，他以独具风格的笔墨与造型，作了一系列新的探索，创作了一批以民国人物为主体，以园林、庭院为背景的写意人物画，成为他再造传统的重要切入点。由此拉开了他写意与写实相结合的，与传统和现代人物画保持距离的，模糊山水画与人物画之间界线的，有自己图式语言和独特风格的人物画，引发了画坛的广泛关注。特别最近的十多年，他在民国人物画的基础上，先后又创作出版了《散淡人生》《印度印象》《西藏》《苏园寄闲》《浮世新语》《绘记1929——奉安大典》等系列作品。这些鸿篇大作进一步消解了传统规范的束缚，改变了传统人物画图式，以新的题材、新的视角、新的技巧和新的画境，满腔热忱地表现现实生活，承载现代人的情感。同时，将其构成语言与艺术观念作了深度的开挖和显著的改变，开创了整合绘画的线条、韵律、色调、造型等因素的现代人物画新样式，被陈孝生先生称之为“新周氏样式”。这一命名，不仅肯定了他新的笔墨、色彩与构成图式，同时也将其视为新写意人物画的杰出代表。对此我是这样理解的，周昉是唐代人物画的典范，世称“周家样”。将“新周氏样式”与“周家样”并重，足见“新周氏样式”在其心目中的

◆ 周矩敏绘《飙车族图》

地位及其划时代的意义。

对于“新周氏样式”的“新”字,我从以下三个方面谈一点自己初步的认识。

第一是创作题材新。

从传统的国画看,确实长期存在较少反映现实生活的缺憾,虽然明代的吴门画派已有关注现实生活的创作情怀,不乏记游、雅集、茶会、送别、读书等纪实作品,但题材偏于狭窄,局限于地域文人的小范围,束缚了中国画社会功能的扩大与精神内涵的拓展。再从当代人物画的现状看,新时期以来虽有几年现实主义的回归,但这股创作热情很快淡化下来,一些人转向了“纯艺术”的方向。因此,关注现实,实现国画的现代转型,在于确立新的价值取向,寻求新的图式语言,在创作深刻的社会题材上寻求新的突破。周矩敏是一个很有使命感的院长,他坚持把创作的触角伸延到社会每一个角落,走南闯北,从国内到国外,从江南水乡到西藏高原,寻觅有代表性和人文价值的现代题材,努力捕捉时代精神与文化信息,用新的视角、图式、画境,创作了一大批系列作品。其中,他的《浮世新语》系列,就是选择了一些与众不同的生活侧面,刻画了现实中的人和事,表达了自身的感受,这应是他对现实的关注,对当今经济转型下的市场经济所带来的困惑、激动、欲望等不同生存状态所作的思考与文化解答。正如陈孝生对他作品的评述:“充满了鲜活的生活气息和时代征候的日常现象,人世间的众生态,活脱脱地跃然于尺幅之上,且平添了一种讽喻意味,真乃是别开生面。几多辛辣,几分幽默,有的更是达到了入木三分的深刻性。读后不免令人忍俊不禁,暗自叹服画家的识见和洞察力。”正是他这种独特的艺术视角与带有批判性的人文精神,使个人的强烈情感跃然于纸上,展现出画家的人文关怀与人格的“骨相”。同时打开了现代人物画全新的画境,把那些贴近这个时代大众化、世俗化的境象与一些不被人注意的“小人物”生活搬上了画面,在他的笔下发掘出生机勃勃的新内涵,平添了许多鲜活的“新”的情趣,展现了人物画领域一片崭新的天地,给人们留下深刻而难忘的印象。可以说,他所选择的题材,已充分显露出他的睿智、才情、社会责任感和创造力。

第二是笔墨语言新。

展读他创作的现代人物画时,我发现他对人体结构有深刻的理解,使他的造型获得最大的自由发挥空间，有利于他的写意情境的抒发、夸张笔墨的变化和图式语言的表达。他的那些写意笔触在纵横回环中，都紧紧扣住形体结构的本质，使写意性与写实性熔于一炉，以便得心应手地进行富有创意的形象塑造。既浪漫夸张，又不离形似；既生动展现出人体复杂的内部结构特征，又简洁刻画出丰富的脸部表情与神态变化，完全摆脱了传统“十八描”单一的线描样式，一改传统人物只重外露部分的线描陈规，形成了风格独具的线面结合，以线塑面，写意与形体、情趣相契合的绘画语言。在这种独特的笔墨语言背后，显示出他的意象观察能力、线条应变能力与取舍状物的造型能力。他“写意漫画”式的线条，将千差万别的人物细节特点，转化为生动的笔墨造型语言，刻画出每个人的典型特征，做到生动别致，韵味十足，百人百态，千人千面，几无类同，凸现出“新周氏样式”玄妙高迈的境界。

第三是色彩图式新。

他为了在画面能展现出艺术形象的鲜明特色与强烈个性，在色彩表现手法上参照了秦汉绘画、敦煌壁画的重彩平涂法，借鉴了西方概括色的运用与“色彩分割法”，使他的色彩运用不再受时空、光线的束缚，不再依赖形体固有的颜色，只凭主观的意象与经验对主体赋予设定性与观念性，进行自由独到的发挥和创造。所以，他画内的人物、道具、背景往往施以一样的组合色彩，使用一样的程式，带有强烈的主观意识。他只用几种原色的重彩进行平面化的色彩构成，我姑且称这种方法为“重彩图式”，在“新周氏样式”中展现出富有创造性的独特的光彩。

如果讲得具体一点，那么他的《西藏》《印度印象》等系列里，都给人以别具一格的浓烈的色彩感受，犹如缤纷的彩霞、飞舞的彩带扑面而来，使人沉醉在酣畅淋漓、激扬蹈厉又美妙明丽的色彩世界里；犹如一首首节奏鲜明、旋律优美的乐章，使人陶冶在丰富、多变、连续、愉悦、和谐的韵律中。所以产生这种审美感受，是他的重彩图式巧妙地运用了平衡式的色彩结构，只用三四种重彩的原色或对比色，同时等量分组出现，强度相近，保持了色彩的纯度、明度、对比度与美的色相，增强了色彩的装饰性功能，突出了色彩的愉悦性与和谐性，使整个画面显得生气勃勃；同时在不同形态、不同冷暖的对比色中，辅以中间色，层叠交叉平涂，不仅丰富了色彩关系，获得了视觉的平衡，同时形成趋于绚丽夸张的暖色色调，给人以力量、活力的强烈暗示，透出了作者从骨子里想要表达的人生强健的精神、鲜活的生命力与时代气息。这种重彩图式，既有古代重彩画的基因，也借鉴了西方的色彩观念，通过中西交融的充满韵律感的图式，在画面上抒发一种虚拟的意境，创造了情绪气氛，实现了自我的超越。这种图式在中国绘画史上见所未见，也是其他绘画所无法比拟的。

从上述对苏州国画院四任院长的简单介绍中，可以看出他们身上的文化使命、开拓精神、求变意识和社会责任感，他们是用现代观念来审视传统，并通过自身的实践与现代接轨，使“新吴门画派”得以华丽的现代转型。在这个过程中，他们采取的方法一是借鉴了传统的某些元素开掘中国文化的现代基因，张辛稼与吴敦木为我们树立了“借古开今”的榜样；二是广泛吸纳西画的现代构成、色彩运用与传统国画精髓相融合，以开创现代中国画的新风，孙君良与周矩敏为我们树立了“化西融中”的典范。他们在探索实践中形成的“第三类画”“孙家园林”和“新周氏样式”，为“新吴门画派”的现代转型做出了重大贡献。他们改变现状，开创新风，不断寻求新的文化超越的精神以及他们所发挥的旗帜作用，将日益显现出它的人文价值与深远影响。

“新吴门画派”是自然形成的历史产物。它文脉清晰，传承有序，不但继承了“吴门画派”的传统，崇尚文雅、注重人品、讲究笔墨的文化内涵，追求清新雅逸的审美情趣，同时也深深打上了时代的烙印，体现了时代的艺术观念与审美追求，为积极反映现实，追求艺术的真善美，开创时代的新风，跨出了坚实的历史性的一步，并在“新吴门画派”的旗帜下，以宽广的胸怀、开放的姿态，不断地将苏州的美术创作和美术人才推向全国，推向世界，先后举办了北京、上海、南京展和欧洲、美国、日本等大型巡展，组织了多起学术研讨和专题介绍。我们有理由期待，苏州的中国画事业将与地方经济的发展一样，谱写出更为辉煌的新的篇章。“新吴门画派”也将成为当代的美术品牌和苏州这座城市最为耀眼的文化名片。

评曰：匡庐之外观匡庐，目不为云蔽，心不为泉动，意不为氛扰，此高人之聪也、明也。许浑千首湿，杜甫一生愁，寸山起雾，尺水兴波，浅近精到，大法不繁，独立苍穹，静观流年，臧否人物，优游千载。“记得绿罗裙，处处怜芳草”，我亦爱之。

丈夫自有冲天气　不向他人行处行
——周文祥竹笔书法艺术赏读

多年来，每当收到周文祥先生竹笔书写的贺卡，我就会被那竹笔书法的立体感、块面感和节律感所打动，被他的竹笔书法的创造力所感动。过去认为，“惟笔软则奇怪生焉”（蔡邕《九势》），只有传统的毛笔，才具有最佳的书写表现力，才能表达出复杂而内涵丰富的艺术效果。然而，当看到周文祥先生的竹笔书法，才知道竹笔也有“奇怪生焉”的功效，也能呈现动静、刚柔、浓淡、虚实的变化，也可取得与毛笔相似的神韵，而且还有毛笔所没有的特色。

周文祥酷爱书法艺术，尤擅行书、草书。他在担任苏州市文化局局长期间，政务之余，偶以竹片为笔，开始研习竹笔书法，历十余年揣摩锤炼，取得了令人瞩目的成果。中国书法家协会副主席言恭达为其题词：“竹笔一绝，别有情趣。”我想，正是竹笔有其独特的魅力，才使他沉浸在传统书法的同时，仍孜孜不倦地钟情于竹笔的原因。

今年，我又收到他用竹笔书写的兔年贺卡，一看，着实一惊。发现他改进了竹笔，变革了用笔技巧，以独特的风貌将竹笔书法推向了一个全新的境地。特别是贺卡上那个主体的“兔”字，强烈的节奏、夸张的轻重变化、巧妙的使转、全新的点画形态，摆脱了原先竹笔模仿传统书法用笔的那种状态，以恢宏的气势，将崭新的风貌展现出来。可以说，这是一次非常成功的尝试，对竹笔今后的创新起到了很好的示范作用。

特别要指出的是，他的技巧变革充分发挥了竹笔可塑性强的特点，逼真地写出了“竹节”般的点画形态，使原本抽象的线条，变成具象的审美样式，挖掘出了竹笔潜在的

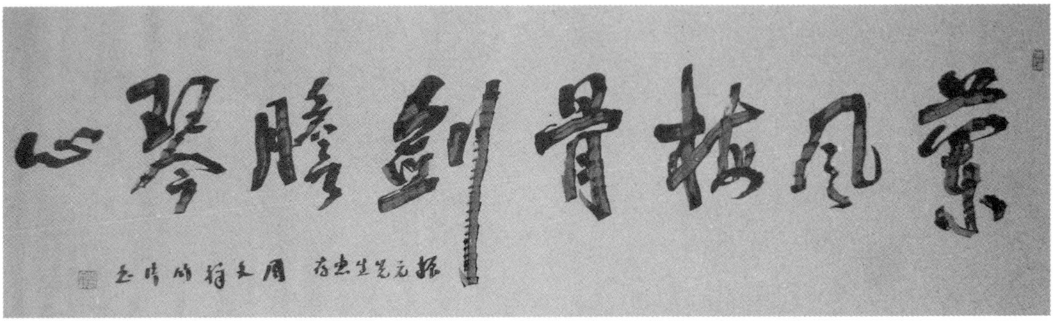

◆ 周文祥竹笔书法

功能，拓展了竹笔书法的审美视野，使读者可联想到“凌霜傲雪”“虚心有节”的形象，领悟“节节高”“竹报平安”的美好祝愿。这种带有具象性的竹笔书，是竹笔技巧的一次突破，实际上开创出了一种竹笔新体。

我把这种竹笔新体称为“竹节书”，不仅是其外形，而且因其有细节美和丰富的内涵，通过线与面的对比、形与质的结合，凸显了黑白的立体感，组成了层层相连的竹节块面。其用笔重处，墨浓如漆：用笔轻处，色淡如素。可见其运笔技巧何其神奇，一笔之中的过渡又何其自然。不但如此，这些富于节奏、旋律的块面，在时空的不断变换中，形成了活泼、微妙、多变的笔墨效果。这种难以想象的运笔技巧，令人不得不折服，堪称一种绝技。当然，值得称奇的还有笔墨的趣味性。它的点画厚若块竹，薄如蝉翼，刚如坚铁，柔若轻罗，质感的厚薄刚柔，发挥得淋漓尽致，令人叹为观止。再如块面中飞白的机理纹丝，变幻莫测，诡谲无穷，可谓精美绝伦、微妙至极了。

周文祥先生的竹笔书法能取得如此成功，与他传统书法的成就分不开。只要看贺卡右下角的题款，神采秀发，天骨挺出，就知其深厚的传统书法功力。竹笔书法对他来说，游刃有余，也易于出新。因此，在周文祥先生竹笔书法的奇葩里，闪烁着一位真正艺术家的人格和品质，那就是“丈夫自有冲天气，不向他人行处行”。

评曰：扬子云《太玄》谓：童牛角马，不今不古，是贬耶褒乎，予不敢定。然周老之竹书，非今非古，牛已童，马生角，何者不奇？却被东风暗折看，是立斋大展芭蕉者也。

看似平常最奇崛
——介绍周玛和的篆刻艺术

我对周玛和的篆刻作品特别偏爱，不只因为他是我多年的朋友，更是他的作品有着一种独特的构思和逼人的气势，使我每每感受到他的艺术才华和坚实功力。

以谦和为本

周玛和，又字摩和，苏州人。他生长在苏州，受到得天独厚的滋养。苏州历史上曾经哺育了文彭、文嘉、王穀祥、周亮工、顾岭、徐坚、顾听、沈祚昌、杨澥、王云、吴大澂、石韫玉、吴云等一大批卓有成就的篆刻艺术家，在有丰厚传统艺术积淀的环境中，养其根则根茂，加其膏则膏沃，也就成就了周玛和。20 世纪 60 年代初，周玛和师从篆刻家张寒月先生。寒月先生是吴中印坛名宿，1927 年十八岁时经鲍南平介绍拜吴昌硕为师，学习篆刻，后经吴昌硕引荐结识了赵古泥、王秋湄、张大千、张丹斧、叶公绰诸名家。从寒月先生印作冲切并用的刀法和平稳求变的结构，可见赵古泥对他的影响。同样，周玛和在艺术探索过程中，得到许多前辈的指导和传授，如吴中名家严沛仁、吴似兰、顾仲华、吴敩木、费新我、张继馨等都是他的老师，他是在深厚的传统熏陶下成长起来的，加上自己辛勤的耕耘和从不辍断的磨砺，在艺术上获得了令人瞩目的成就。他的作品先后在全国和国际性大赛、大展中数十次获奖，1992 年 4 月在美国耶鲁大学美术馆举办的中国篆刻艺术

学到知羞处
方知艺不精

无声诗(附边款)

◆ 周玛和作品

展览中，一尺见方的巨印“陶冶性灵”，以浑拙厚重、气势恢宏而蜚声海外。

周玛和在篆刻创作中取得这些成绩，可以说是数十年严谨治印、甘于寂寞、刻苦钻研的结果。他每日都操刀不息，这种奋发的意气和顽强的毅力，使他攀登一个又一个艺术阶梯。我看他创作，一印在手，反复揣摩，篆样别纸不下十数张，必出自胸臆，别有会心，才书篆执刀。即便是应酬之作，也从不马虎，首先要使自己满意。他对艺术的这种执着，倾注到了每一方印章，在自信与不自信的矛盾交织中，不断地寻找自我、否定自我和超越自我。因此，他的印从不对某家某派作简单的模仿，而是借鉴、熔铸、提炼，然后喷发。他把每一方印作为出自心灵的产物，作为一种艺术观的实践和探索，并倾注了自我的审美取向和个性表现。应该说，他的审美取向既是传统的，又不是传统的，其间有他自己的开挖和创新。周玛和对历代各家各派的风格都有过接触和研究，对秦玺汉印有极深的感悟，对传统有自己独特的理解，因而在印中，无论在形式或内容上都有很深的传统底蕴，不会轻易去追逐时尚，不以狂怪、杜造和巧饰来哗众取宠。他每次刻印前，都烂熟于思，这实际上是一个挖掘传统和寻求出新的过程。一旦灵感上来，就没有任何束缚和好坏得失的干扰，乘兴操刀，无拘无束，全凭自己的感觉和才气，全凭自己的艺术潜能，游刃于方寸之间。玛和刻印时，走刀快疾如飞，纵横捭阖，下刀稳准，而又随意成趣，显示了他刻印的写意风格和用刀功力。从他的艺术气质和创作状态来看，他已经进入治印的自由王国。

从周玛和的气质来讲，他属于外在清雅、内心热烈、思维敏慧、联想丰富的艺术类型。如果说，他的早期作品偏重于借鉴秦汉，致力于追摹吴昌硕浑朴自然和邓石如圆劲流畅，着意于传统的继承和技法的锤炼，那么，他在三十岁左右，已开始力图超越传统，以独特的运刀节律在作品中构成异于他人的审美情趣，追求用刀的苍劲老辣，追求布局的险绝和装饰效果。在这个时期，印刻好后尚要做些修饰，俗语讲要“做”一番，或挖挖补补，或碰碰凿凿，使之斑驳浑成，以补刀法功力之不足。他在四十岁以后，个人风格逐渐形成，作品日臻成熟，特色也更突出鲜明。他的风格趋向平正，表现在形式上的“平淡”和内涵上的“精深”，并从总体上把握了作品在疏密、开合、伸缩、揖仰等矛盾冲撞之间的协调平衡。作品看似平淡，一经品味，则在安详平和的境界中蕴含着生命律动和勃勃生机，给人一种更高层次的艺术审美享受。

他最近几年来的印，不再斤斤于细节局部的刻画和修饰，没有“谨毛而失貌”的缺憾，而从宏观上把握艺术真实和印章整体的精神。如果对他的印进行具体判析，可以清楚地看出以下鲜明特点。

自强

桑园老屋

和合吉祥

◆ 周玛和篆刻作品

一是追求神韵。他的印作常常有夺人心魄的态势、韵律和骨力，使不同的心象在作品中凸显出来。如单刀刻的“和合吉祥”一印，是用没有开刃的白钢刀方角冲切而成的，没有作任何修饰，线条浑成自然又朴实生动，一股强烈的拙意充溢其间，显现了感人的力量和金石气息；另一方“自强”，则运用具有个性特征的艺术语言、“生辣”的用刀，加重右侧竖画而省边的结构，通过向右下方倾泻的斜势、和谐的边线，构成轻重、疏密、曲直、刚柔的对立，产生了交响乐般的艺术效果，节奏强烈，神采焕然，气势逼人。周玛和认为：“刻印不单单是刻几个字，而是刻感觉、刻心象、刻自我，必有一种追求，才能刻出精神、刻出大气势。”这正是他的成功之处。

二是讲究用意。他全凭自己敏锐的感觉和特殊的感受刻印，发挥创作时的潜意识作用，以丰富作品的内涵和意境。如“以谦合为本”一印，用刀方折挺硬，在清晰的刀触中有意透露一丝朦胧感；又如“水天一色”一印，借鉴了中国画“留白”的处理手法，以大块空白引发人们水天交融的联想；再如“长留子孙”一印，乃传统和创新完美结合的作品，以简约的线条勾勒双鱼图案，弧线交错，拙趣横生，铜刻铭文一般的“长留子孙”四字居其中，使印中有画，画中有印，印画巧妙地交织在一起，寓巧于拙，浑然天成。这种内容与形式相结合的成功探索，美化了结构，深化了寓意，加强了作品的感染力。

三是善于借鉴。他搞创作，首先考虑立意，用什么方式去打动别人。这种创作前的反复琢磨，包括寻找借鉴，寻找最理想的布局结构，以决定作品的基本形式。因此，他的作品展现了统一风格下的多样性和借鉴的丰富性。如“神清则全”一印,借鉴了汉魏碑意;“无声诗”一印,汲取了汉封泥的韵趣;“草篆”一印,用篆文草体,字与意合,令人耳目一新;“以谦合为本”一印,掺入了《张迁碑》的方正拙厚,在粗头乱服中透露出了汉文化气息;“长留子孙”一印,则像是变化了的铜铭鉴文,古意盎然;“桑园老屋”一印,虽用鸟虫篆,但没有作鱼鸟状的精细刻画,仅取其大略,反而别具一种情趣。

四是刀笔兼善。周玛和认为:“刀笔是衡量篆刻作品优劣的重要内容,印文的处理要自然,夸张要适度,疏密增损要合理。一笔有一笔之势,一字有一字之态,笔断意连,气脉相通,字字相关,浑然一体才是佳构。”用刀“要避免因刀害笔,或因笔损刀,侧重刀意或笔情往往可以构成截然不同的印貌,要善于把握”。他正是把握了篆与刻的关系、有法与无法关系,用刀爽利而不单薄,线条浑厚而不臃肿,每一刀都有坚实的内在力度而又有种种变化,或方或圆,或拙或巧,或浑或拙,或动或静,表达了不同的情趣。如“独步早春”一印,边线与印文融为一体,条线空灵浑朴。更突出的是他的运刀,运刀如写字,一刀之中有轻重、疾徐、斜正、曲直,显示他那种丰富的表意能力。因此,他的印“看似平常最奇崛”,随意用刀,犹如解牛之庖丁,运斤成风,准确利落,刻得气畅势足,骨力强

神清则全

万事亨通

长留子孙

草篆

◆ 周玛和篆刻作品

劲，线形丰富，又浑成自然。他在刀笔形式美上所做的努力和追求，亦可标志他在篆刻艺术上达到的高度。

当然，艺无止境，纵观周玛和的作品，他在边款处理上未引起足够的重视，立意还不够深，形式上亦无新的突破，似还可以多做一些探索。

周玛和在篆刻方面取得的显著成绩，应同时归功于多方面的艺术修养。吴门书画家最讲究学养，周玛和亦好读书，我见到他的不少诗文印跋，词采斐然，有很深的古典文学基础。他还善画，拜过名师，闲暇时偶然着笔，落墨不凡，每多佳构。最值得一提的是他的书法，成就亦极高。他以颜字为基础，参以汉魏碑版，尤钟情于《散氏盘》《石门铭》和《姚伯多造像记》。他的书法，碑帖相融，朴实生动，重劲气，尚天真，精笔墨，似有“金石之声”，在生涩率真中流露一种“字外之韵”。

周玛和很注重人品的修炼，他具有超脱的胸怀，平时以诚待人，淡泊名利，甘于清贫。可以说，伴随他三十多年艺术生涯的是三间破屋、两杯杜康、一支刀笔。但他也很富有，他拥有一批知友良师，每隔十天半月相聚一堂，仍保持了吴门固有的雅集传统，经常一起评点印作，品赏书画，挥毫助兴，平章诗文，或漫步林园，纵迹山水，“登山则情满于山，观海则意溢于海”，与自然界融为一体，汲取营养，寻找启迪，触发创作之灵感。每天他都忙碌到子夜时分，又要做另一番功夫，绝虑凝神，进入气功态，得须臾之静，养一日之神。在他的生活和艺术中，虽多艰辛，然而也其乐融融。

水天一色（附边款）

玛和之钵（附边款）

◆ 周玛和篆刻作品

评曰：玛和、振元、大霖、士东，当今书坛姑苏四贤也。虽然，其书道早已越乎江南，沛乎中华矣。玛和为四贤中年最长者，冲和自律，学养深厚，尤贵超然，宜乎其主于治玉也。振元文引举繁富而议论闳肆，竟题曰看似平常最奇崛，予则续曰：每从气韵见文章。

适性自在　雅韵飘发
——读《流沙写字集》

在沈民义兄的工作室，我碰到刘红江先生，他给了一本最近出版的《流沙写字集》，一看书名，与时尚的张扬截然不同，再看“流沙”这个笔名，语出《离骚》，意思是沙粒虽小，但沙流如水，却可纵横千里。这种以小见大、以动知变的寓意，可知作者之不凡。我与他平时接触不多，只知道他是山水画家黄钟的学生，文章写得很好，但没有见过他的书法。因此，当看到这本作品集时且惊且喜，真切地感到苏州真是藏龙卧虎之地，冷不丁地就冒出了一个高手。

新时期以来，书法这门古老艺术进入了多元化的时代，参与人数之多，作品形式之新，时尚变化之快，以及新的视野、新的观念、新的探索层出不穷，真可谓前所未有。应该说，这些变化极大地推动了书法艺术的繁荣和发展。但是，当人们面对时尚书风的千纸一面、粗俗书风的急功近利、高雅书风的严重缺失时，不能不有一种深深的遗憾。人们期待着传统书法的精华，也能在这个书法盛世得到更好的弘扬，以满足各个层次审美、欣赏、借鉴的需要。眼前的这本《流沙写字集》，正好引发了我对“古不乖时，今不同弊”的感慨，故也如遇赏音，赞叹不已。

首先，刘红江作品中充盈着“变”的意识，特别是他对书法理解上的细腻和敏感，使他能在细节上求“变”，体现了他的悟性和功力。譬如他用笔基本采用中锋，沉着而有厚度，但在落笔逆锋以及运笔弧度和折笔处，稍作创变，便有一种新的风神气度，充乎其中，溢乎其形；挥洒中见劲健，使转中有变化，笔致中流露出的浑拙、恢奇、从容、天真，不得不叹服他的创变能力。

其次，刘红江的作品，可以说是用“心”来书写的，所有作品都流露出一种闲适的心态。这本作品集收了不少临摹之作，包括《张猛龙》、“二王”、颜、柳、苏、黄、王铎等，临摹的作品，既忠于原作，又不露痕迹地有自己的笔法，看上去浑然一体。他是想通过自己的理解和审美，广采博取，从传统中寻觅、吸收、探索属于自己的书法语言，表达自己的意象与情感。因此，他的书风中没有以丑为美的变形，没有“任笔为书”的夸张，没有离经炫怪的欺世。他神与古会，悬解在心，独抒清旷。他用不太多的变化、简静空灵的章法、圆润和谐的笔致和稍纵即逝的灵感，表达了内心丰富的审美活动。显得不急不慢，朴素无华，虚静而动，又耐人寻味。正如《庄子 · 天道》所说：“虚则静，静则动，动则得矣……朴素而天下莫能与之争美。”当作者处于“虚静之极，自生明妙”之时，也就进入“想到空灵笔有神，每从游戏得天真”的审美状态和创作状态。正是这种状态，使他的作品没了功利性，留给人们的是一种纯净的审美情趣。

另外，从刘红江的作品中，可以看出他很有思想，很有学问修养。从他的代序《流沙书语》中读到一条条思致新颖、得言外味、精辟入理、阐发奥窔的书法心得，就不难理解他作品那种洞心骇目的原因了。他自撰的楹联和评论，同样反映了他传统文化深厚的积累，有一副写给苏州奥运冠军张军和陈艳青的楹联：“银羽逐高浪；铁担啸远风。”对仗工稳，词意雄阔，字也写得遒逸劲健，神采陆离。这是一件感时即兴、挥毫寄情的作品，凸现了书法的时代功能，赋予了书法在艺术层面之外的意义和价值，反映了书法家应有的社会责任和艺术品格。

《流沙写字集》是刘红江第一本书法作品结集，但已别孕肺腑，独胚形面。我坚信，他的书法艺术不久必将“浩乎其无涯，烨乎其有辉”，不妨拭目以待。

评曰：汤显祖尝言：不乱财，手香；不淫色，体香；不诳讼，口香；不嫉害，心香。其心香最难，最罕，吾于立斋悟之也。流沙人与书，吾均未识，有立斋为之说项，吾信其尔雅也夫。

清雅与浑朴的交融
——穆棣印象

我与穆棣兄相识是在1987年冬天，中国沧浪书社成立之时，第一批到会的十九位社员，聚集在沧浪亭东侧当年颜文樑创建苏州美专的罗马式建筑内。当时书社成员都非常年轻，最大的四十六岁，最轻的二十八岁。我与穆棣要算是稍长的，穆棣四十岁，我四十三岁，因为年龄相仿，方言相近，显得格外亲近，话也特别多。穆棣初次留给我的印象是敦厚、儒雅、热情、健谈，以后接触多了，觉得他的执着和耐得住寂寞，才是他最大的特点。他对于书法和书法史的研究，几近到了痴迷的程度。他远离娱乐，谢绝应酬和所有的社会活动，如同闭关修炼，埋头于故纸堆里，与古人打交道，可谓"夙兴夜寐，无一日之懈"。然而，当遇到相知的朋友，或开会时碰到同人，谈起他的学术观点，滔滔不绝，一谈就是半天。他几次打来长途电话，往往也是这样，谈起他正在写的论文，如数家珍，少则半小时，根本不算话费。因我负责《沧浪书社通讯》的编辑工作，有幸先读到穆棣兄的多篇论文，其审辨、考鉴和精识卓论，理据清晰，考核精博，思之超超，言之凿凿，不袭陈言，多有发见，并且不迷信权威，不拘泥成说，以史料为据，以实物为证，敢于发表自己的观点，敢于质疑辨析，"务进者趋前而不顾后"。对自己的学术见解和成熟的思考，无不是一竿子到底。他所以能在学术上取得丰收，功在"不舍"两字。我可以这样来形容他的执着，那就简直是"目不能二视，耳不能二听，手不能二事"，只有一个心思，就是钩玄发微，直到证之于实而后已。例如《王珣〈伯远帖〉考》，以确凿的内证、旁证及其文献资料汇考，揭示其真迹确据，排除了"钩摹""拓摹"之说，确实可圈可点；又

◆ 沧浪书社社员首次在颜文樑纪念馆前合影

如《怀素〈自序帖〉墨迹疑案辨析——与启功先生商榷》,直与学术泰斗叫板,对启功先生称《自序帖》是摹本、伪本一说,以其深厚的版本学、考据学方面的功力,作“层层深入,如笋解箨”的考证,推翻了启功之说,考定其为北宋苏舜钦藏本。此论一出,引起海内外书法界、鉴赏界、博物界的很大反响。

对穆棣兄的书法,我总的感觉是书如其人,如濯濯秋月,蕴蕴玉山,清雅而浑朴。清雅,应该得之于“二王”,加上他学养既厚,阅历又深,故字里行间总有一种清雅脱俗的书卷气;浑厚,主要得之于锺繇和碑版,虽然作品仍以“帖体”面貌出现,但其点画之间有着深厚的篆隶基础和碑学功底,故于清雅中带有浑厚和拙朴。穆棣兄这种帖与碑的结合,在小楷中显得尤为特出,既逸韵风生,又静穆蕴藉,且用笔精到,结构空灵,风格鲜明。他的行草书,也是既有古意,又饶天趣;既见情性,又极浑融,使人感到一种天纵之能溢于笔端。诚如苏轼所说:“端庄杂流丽,刚劲含婀娜。”这种清雅与浑厚的交融,是穆棣书法神韵独特、气息高古的地方,也是悦目赏心之所在。

评曰:古语云“成如容易却艰辛”,数十载磨砺,于穆棣,于立斋,感同身受也。然水深鱼极乐,林茂鸟知归,日月其除,与木同春,飞花点翠,正其时也。

腾芳飞誉　逸响艺林
——追忆崔护老师的一生

一

崔护老师原名光祖，祖籍博陵，曾用笔名“笑风”，1924年1月生于太仓。中国共产党党员，中国民主促进会会员，第七、第八届苏州市政协常委，高级工艺美术师，中华诗词学会创始人之一，中国书法家协会会员，江苏省美术家协会会员，中国工艺美术学会高级会员，中国楹联学会江苏分会常务理事，江苏省考古学会会员，苏州市书法家协会副理事长，苏州书画研究会副会长，寒山艺术会社副社长，鹤园书画院副院长，苏州市文联艺术指导委员会委员，苏州国画院画师，苏州市园林局艺术顾问，平江书画院顾问等。崔老师因胰腺癌医治无效，于2008年12月4日逝世，享年八十四岁。

二

崔老师的一生，经历过太多的曲折、磨难和屈辱，但也是他不断自强、自立、自我奋斗的一生。他在住院期间，对我详细回忆了他的过去，听了让人心酸。

崔老师的祖父崔逸峰，家有十几亩田地，主要是种田，为了生计也做过道士。太平天国战乱时，从湖州逃到太仓，开一家肉铺以谋生。崔老师的父亲崔昌麟，继承父业，也以种田读书为务，不幸的是在崔老师七岁时，得病谢世。无奈之下，母亲黄秀英携年幼的崔老师寄居外公家。外公家是当地的大族,为耕读世家,单是宅中的一个木樨园,就占地十多亩,其中有一株大树,荫覆几间屋。黄家祖上做过官,到外公黄云甫这一代,家道还殷实,外公以堪舆为业,还有不少做官的亲戚,如崔老师的姑夫就曾任上海道工局局长,修过海塘。崔老师的母亲是黄家最小也是最得宠的女儿,从小受过很好的教育。崔老师失怙后,全由母亲承担启蒙教育,亲自传授《三字经》《千字文》,从读识一千两百个方块字开始,接受系统的传统文化教育。崔老师后来读太仓师范时,正值沦陷时期,实施奴化政策,学校改教日语,母亲仍令他研读中国经典古籍。崔老师的传统文化根底,主要是靠母亲给打下的基础。

崔老师从小热衷写字、绘画。每天拿了一张长凳,坐在门口练字,学的是赵孟頫,写就了一手好字。乡亲邻里的婚丧寿庆、庙里的匾额联语等,都请他来写,也写出了名。后来,有人提醒他赵字写大了,不容易立直,于是在做过前清秀才的姑父指导下,改学赵佶的瘦金体。崔老师的绘画,主要得力于表兄张星域。张星域当时在苏州美专担任教师,教西洋画,不但学问好,画也画得好。崔老师因亲戚关系,与他经常有接触,受他的影响很大。同时,崔老师在当地有一群朋友,都出自太仓的名门望族,如毛三江、陆莘农等,尤其与毕秋帆的后裔交往很密切,经常一起玩,一起切磋,不仅使他在艺术上,包括在文学诗词各方面都有得益。崔老师十七岁那年,与陆福臻、毕樊年在太仓民众教育馆举办了三人书画联展,在当地有很大反响。

崔老师自太仓师范毕业后,为了谋生,拜太仓博古堂郑也函为师,学中医外科,但一年不到,老师就病逝了。于是就跟老师的长子郑咸泽继续学医,帮着写脉案、开方子,这样又学了一年多。到二十岁左右时,正巧有个朋友是上海人,就跟了他去上海闯荡,报考了上海武陵书局,虽然几次考的内容都是绘画,但因为字写得好,被录取做了编辑,同时考入武陵书局的还有华三川、梅云等。新中国成立之初,苏州房价便宜,闲房也少人租赁,武陵书局在苏州买的房子总空关着,于是就将编辑部迁到苏州。崔老师是第一批到苏州的,书局让他负责并代管书局在苏州的另外两个小企业,就这样崔老师在苏州定居了。在编辑部迁苏后,崔老师创作了《大地重光》《翠岗红旗》(合作)、《小毛森王越》等连环画,并接触了苏州一些书画家。其中有位金魁年,乃金拱北之弟,住在

◆ 崔护老师与师母在家中合影

乔司空巷，经他介绍，崔老师参加了新国画研究会。研究会有一百多人，分七八个组，因此而熟识了朱博原、朱犀园、朱竹云、柳君然、陈涓隐等。嗣后又担任苏州市政协金石书法研究会秘书长，更结识了周瘦鹃、程小青、顾颉刚、顾公硕等一批遗老耆宿。

然而，好景不长，碰到“三反五反打老虎”，因书局老板在上海，崔老师就作为资方代理人被揪斗。随即，上海武陵书局也被撤销。当人生处在最困难的时候，顾公硕和恒孚老板程叔履在经济上都向他伸出援手。陈叔履以帮他写文稿、处理房地产方面的契约为由，让崔老师住在他家。1954 年，苏州土特产公司下属的檀香扇厂要招画工，经考试，崔老师被录用。但到了檀香扇厂，崔老师受到了更大的迫害，厂内原有一些人，看到崔老师设计的产品好，画得好，能力强，参加全国手工业展览又获全国奖，在政协金石书法研究会方面又经常见报，可能出于妒忌，也可能出于政治上的需要，借 1957 年

“整风鸣放”之机加以陷害，因为崔老师说过“在《人民日报》上看到日本生产的檀香扇，已在国际上成为我们的竞争劲敌”，他们竟然把这句话颠倒黑白，说成是助敌人威风的“右派”反动言论，不仅将其开除，还将其押送到派出所，这使崔老师再次跌入人生的深渊。可谁也想不到，在他最绝望、最困难、最屈辱的时候，也就是崔老师回到家的第三天，就被沧浪民间工艺美术厂的好心人请去，担任该厂的设计工作，第二年还被评上先进生产者。虽然极具讽刺性和戏剧性，却可以看到当时环境的险恶与人性的善恶。1959 年该厂并入民间工艺厂，1962 年成立吴门画苑，后又并入民间工艺厂。崔老师的第三次噩梦是“文革”，他在新中国成立前曾用过一个笔名“笑风”，在“文革”中被人拿出来批判，说是“毛主席讲‘东风压倒西风’，你起笔名‘笑风’，分明不怀好意”，于是他又被作为反动知识分子的典型给揪出来，贴大字报、挂牌、戴高帽子、批斗，受到极度的迫害和摧残。所幸的是，三次大的人生灾难，没把崔老师的意志摧垮，也没能动摇他献身艺术的信念。因此，随着改革开放的到来，他调入工艺美术研究所，担任设计室主任，终于迎来了他艺术创作的春天。

三

事物总有它的两面性，磨难对人生也是一种锤炼，往往更是一种激励。虽然“文革”中烧掉了汇聚半生心血的两本《碧凤吟稿》和全部书画作品，但浩劫一过，他把所有的寄托、希望和精力，全部投入到书画和诗文的创作中，成果丰硕，先后完成《湖山风月楼纪游诗草》《丹青吟》《砚边谈砚》《唐寅年谱》《苏州百咏》《崔护诗词集》《畹华集》《太仓杂事诗》《稗珠集》《历代七夕诗词钞》《崔护诗书画集》等。人称其“诗书画印四绝”，钱仲联先生称赞他“以画鸣，其题画诗及书法并佳妙”。

崔老师的画，坚持自己的想法，画自己的画，走清逸一路的画风，体现性灵之妙、潇洒之韵、清逸之情、自得之趣。对于他的追求和成就，能认识的人还不多。他用小斧劈皴的山水画，风貌独具；他的墨竹，人称“崔竹”；他为全国民进画的墨牡丹，曾惊誉北京；他的人物画，吴带当风，柔中带刚，清丽洒脱，别具一格。他的绘画，显示了鲜明个性、强烈的时代感和创作实力。早在20世纪50年代,他的作品就入选全国第二届国画展并获银奖,并连续参加了江苏省第一、第二、第三届书画展览,全国各民主党派美术联展,全国青年画展,获得全国文联颁发的一等奖。80年代频繁的文化交流,使崔老师在大陆、祖国的台湾以及香港和邻国日本声名鹊起,名重江浙沪。1985年“十一”,他荣幸地登上天安门观礼台,观看了邓小平的阅兵仪式。1986年又参加苏州市友好访问及文化交流团访问了日本。

他的瘦金体书法,虽然也吸收了吴湖帆的一些特点,但有他个人的风格,刚柔相济,尤其柔中见骨,使转灵动,潇洒飘逸,带有很强的抒情性,令人喜爱。他还创作了不少篆刻作品,尤其是20世纪50年代合作刻的《“党”字印谱》《苏州风光印谱》《百花齐放印谱》《雨花台烈士姓名印谱》等。他的篆刻作品大都已经散失,但有两方印,被收入日本编印的《中国现代印人集》。他先后为苏州及新加坡等地书写了二十多方碑石以及无可计数的匾额和牌坊楹联,他精湛的书法获得了社会广泛赞誉,作品被竞相收藏。

崔老师创作的大量诗词,突出表现在才气和性情上。他以诗人的才情气质创作了大量优秀作品,这在当今画家中无出其右。且他精于古风,最善长歌,一曲《船娘曲》,数十家诗刊转载,风靡全国。他有三百六十多首兰花诗词,也震惊了诗词界和兰花界,得“一代写兰宗师”之誉。

崔老师学识渊博。他常说,一个人一世中能留下一点文字,是人生的大福分。崔老师为此治学不息,耕耘不止,在美学、博古、鉴赏、工艺、文史、园艺等方面都有很深的造诣。他曾复制瑞光塔出土的珍珠舍利宝幢,几与真品无异。他跟昆曲传字辈郑传鉴唱小生,跟王传淞也学过,他在《牡丹亭》中唱小生,在《郑州放粮》中扮老师,《林冲夜奔》的折子戏他能一唱到底,几次在拙政园、狮子林里公开唱过,声情并茂,博得好评。他的文章,也是行云流水,博古通今,识见精辟,不袭陈言,积三四十万言,灿若云锦,美如珠玉。

崔老师德高望重,大家把他比喻为“人中龙凤”,见到他的人都说“相见恨晚”。他的谦和、真诚、正直、淡于名利、不求闻达、与人为善、乐于助人的美德,为人所称美。他热爱我们这个社会，他的作品中饱含激情，始终尽情地歌颂，淋漓地赞美。他关心家乡，热心收集太仓史料；他热爱苏州，写了一百多首《苏州好》，成为苏州历史上少有的颂辞鸿篇。他在临终前几天，还在不停地叨念，要是再给他时日，还可以做不少别人不愿做或不肯做的事，特别是说到那些未做完的事，他老泪盈眶，看了让人心碎。他这种优秀的品质、高尚的人格和治学探艺老而弥勤的精神，为我们树立了学习的榜样。

残月冷风，寒云低空，崔老师虽已离我们而去，但他的人品美德，将永远地铭刻在我们的心间；他的艺术精神，将深深地播种在苏州这片沃土上。崔老师的一生，是献身于艺术的一生，是为苏州书画事业做出了贡献的一生。

评曰：崔公玉楼赴召之时，榻旁惟立斋及予在。呜呼，名士才情，圣贤学问，英雄肝胆，仙佛心肠，一旦已也，夫复何言？立斋为崔师立传，中心自哀，一语三叹，无边往事，光明岁月，慷也慨乎。

磊落之气尽归笔墨
——有感于陈艺的书法

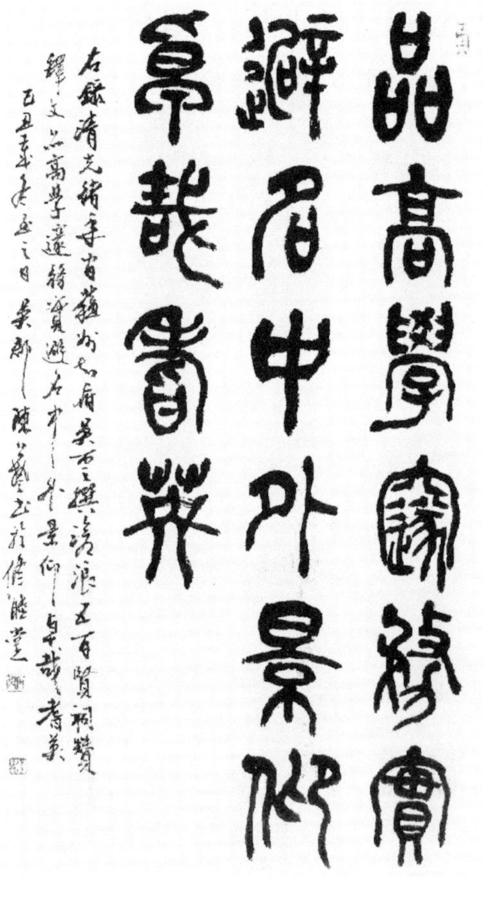

◆ 陈艺篆书

陈艺兄的又一本书法集，将与大家见面了，他要我写一两百字的观感，我既愧拙腕无能，又禁不住慨然而喜，觉得应为老朋友击节称快而写上几句。让我慨然的是，他能在冗务缠身的情况下，孜孜矻矻，未尝稍懈艺事。人之所以能以翰墨行名于当时的，无不成于勤艰，所谓得之于勤，而发之于精，才会成果迭见。让我称喜的是，他不仅写意花鸟能承继渊源，不减家传，运笔空灵，设色古艳，使人有异彩夺目之感外，他的书法更觉精进，在行云流水般的笔致中，自有一种磊落之气，透出一种渐入佳境的感觉。在他各种书体中，当以篆书和行草书为最。

他篆书的特点是意致古逸，参以《散氏》笔意，用笔圆浑朴拙，随势屈曲，显得疏放豪迈，结构宽博错落，其左舒右促，忽欹忽正，变化十分生动，至于他的笔势，于流畅与潇洒中露有粗犷恣肆的气概。值得一提的是，篆书用墨的干湿浓淡，不见于古人，而他运用得恰到好处，使古朴的线条显得膏润无穷，大大增强了篆书的审美内涵。因此，总的感觉，他的篆书功深力到，在金石气中还蕴含着一种野性的美。

他的行草书，特色是内盈外虚，字的中心部位写得非常充实，而周边虚和萧散，这种虚实结合加大了结构之间的对比和夸张，充满了张力，也富有变化，构成了书法作品的直观性与想象性。因此，他的行草书不但有视觉冲击力，更具感染力与时代感。

陈艺兄的作品，不仅显露出他的传统功力，同时，可看出他在现代审美方面所作的努力，值得我们好好学习和借鉴。

评曰：从来名士能评水，自古高僧爱斗茶。立斋谈书，高蹈凌虚，亲炙者之快乐，无以言状矣。陈艺兄，立斋兄，高雅也，典雅也，隽雅也，和雅也，大雅也。

尤与风月最相宜
——倪振人先生人物花鸟画赏析

倪振人是我非常熟悉的一位画家。他性格率真，热情四溢，为人正直，有正义感，有社会责任感。为此，他花大量时间参与了各种社会活动，包括公益事业与参政议政。他对于自己的绘画事业，也“坚持雅操，抱道自高”，坚持深入社会，深入生活，从中激发自己的创作灵感，去发现创意，塑造典型形象，创自我之境，赋予现代题材作品以艺术的真实，也给传统题材作品以新的生命、新的风貌。

倪振人擅长花卉、人物，更擅工笔。他的工笔追求“植根传统，求新变异”的创作理念，努力在题材内蕴、笔墨、构图、技巧等方面进行拓展与突破，使工笔中见写意，程式中显灵变，构图中出新意，具象中有神韵，努力以全新的审美样式展现在大家面前。如他的花鸟画中一幅《佳期如梦》带有象征意味，描绘的是一对白天鹅相依在莲塘中嬉戏的场景，采用满构图，以黄褐色调渲染为主，在错落的莲叶上点染了翠绿色，在天鹅与莲花边缘用粉色衬染出高光，使整个画面新颖，赋色妍净，姿态夭矫，生意盎然，既有传统的神韵，又有现代图式的理念，整体的色调感、节奏感和立体感十分鲜明，浓艳富丽中不失雅洁，色彩调和中亦多变化，构图新奇中愈见精致，使观者无不感到一种愉悦和兴奋。

同样，他的人物画，不论是仕女画还是佛像画，在选材与取意上，都表达出浓厚的情趣与审美追求。他为了重塑传统杨贵妃的形象，做了大量的前期准备，不但购买了有关的书籍，专程赴西安采风，还观看了相关的电视剧。当他看到《唐明皇》一剧中古典

◆ 倪振人绘《蕉荫倩影图》

与现代美相结合的“杨贵妃”形象时，顿时触动了灵感，激发了创作的欲望，经过心灵过滤后的“心象”呈现，脑中闪现出杨贵妃对月盟誓的场景。为了突出贵妃形象，构图中隐去唐明皇，重点抓住贵妃媚目微闭，双手半合，半跪于月下祈愿的瞬间。作者在这一典型环境中的典型人物刻画，将贵妃内心的情感世界进行了提炼、概括和宣泄，重塑了一个楚楚动人的新的贵妃形象，渲染了“在天愿作比翼鸟，在地愿为连理枝”的意境，让人浮想联翩，让人怦然心动。当然，这幅作品所以能感动人，除了题材的巧妙构思外，采用新的绘画语言也是一个重要因素。其简洁明快的笔墨，将杨贵妃刻画得体态婀娜，裙裾飘拂，情态逼真，宛肖传神；而且技法上，工笔的仕女画配上写意的背景，通过渲染与点洒相结合的背景烘托，使画面在朦胧之中显得意境深远，既富新意，又空灵含蓄，极大地强化了绘画表意的功能与感染力，使该画获得了在品格上的提升与精神上的升华。正因为此，这幅画在广州“中国首届艺术博览会”上，立即受到了一些收藏家和画商的关注，不仅收藏了该画，还订购了倪振人的十多幅作品。于是《贵妃祈愿》之后，《出浴》《理妆》《弄弦》《消夏》等“贵妃系列”相继面世。这种以讲究色调与意境为特色的“新传统仕女画”，在画坛与收藏家中引起了强烈反响。

同样，他画的一些现代仕女画，也侧重于审美层面的把握来表现当代女性的美，既不似南朝人物的“秀骨清像”，也不似唐代仕女的浓丽肥美，更没有宋以后的纤纤细腰，而是专注于传神的描绘与意境的营造。如《蕉荫倩影》,芭蕉前驻足的倩女,悠然自若,表现出女性的高洁、恬静与优雅;《红莲飘香》这幅作品,线条流畅而富有弹性,设色柔丽雅致,工而不滞,细而不腻。特别是凝视于红莲旁的这位佳丽,花前触景生情而流露出的无名愁绪与肢体语言,被真切细腻地表现出来,令人见了,不禁击掌叹赏。可见他对现代仕女画的创作,作为自己审美理想的追求与"真、善、美"的向往,倾注了全部的创作热情与心力。正如车尔尼雪夫斯基所说的:"只有当艺术家在他的作品里传达了他所要传达的一切时,他的艺术作品才是真正美的。"

倪振人出身于艺术世家,在美专接受过严格的专业训练,又得到谢孝思、张辛稼、刘振夏、杜重划等前辈的指点,使他能承前继后,变化出新,情感与意趣在作品中得以自然流露,达到艺术形式与内容的和谐统一。他的恩师吴敦木先生对其作品也给予充分肯定,赞其为"两似俱臻"。"两似",应是借用了齐白石的"作画妙在似与不似之间"以及石涛"不似之似似之"的话,原意是两位大师对艺术与生活关系的理论概括。我个人对赞语的理解是:说倪振人的画,既达到了神气与情感的"似",又达到了形的"不似",这个所谓的不似,实际已上升到更高层次的具有神韵的形"似"。因此,敦木先生所说的"两似俱臻",实质上还是白石所说的"似与不似之间",所不同的是更加点清一个问题,那就是:"不似"也要以"似"为基础。可见,敦木先生的"两似俱臻"是对倪振人绘画水准的一个极高的评价。

评曰:与风月相宜,振人乎?振元乎?天地有大美,漫芳菲而独赏,觅欢何极?吾侪勉之。

读陈生甫书法感言

与生甫兄相识已近半个世纪，平日虽然接触不多，可能因为他是蒋吟秋先生的高足，每次见到他都甚感亲切。这除了他人品好，又很随和之外，还有一个原因，就是我与蒋老有过一段故事。

那是在20世纪60年代初，当时我还不满二十岁，非常心仪蒋老的书法，每次看到他的篆隶作品往往会驻立良久，心慕之，手追之，曾模仿他的篆书写了一幅作品，寄去求他指点。隔了不久，在北局小公园青年宫（今人民商场东北角）举办的书法展里，我的这幅作品赫然在列，使我惊诧不已。原来，时任苏州书法印章研究会会长的蒋老，主持这一展览时专辟了“青年作品”一室，以奖掖后进。我的“处女作”就这样被意外地展出了。这种激励和鞭策难以形容，一直铭刻在心。应该说，这次展出把我推上了书法之路，不管是“文革”的冲击，还是遇到巨大的工作压力，我都没有放弃书法，这要感谢蒋老对我的激励。

因此，当我看到生甫兄的七十多幅近作时，就想到了蒋老，在生甫的作品中看到了蒋老的影子及其创新精神。蒋老一生追求蕴含哲学传统的圆满与中和之美的书法风格，他的作品展现了平实、均称、优美、和谐的境界，求正不求奇，求浑圆而不求险峻，特别是篆隶的圆弧曲线，婉通流畅，柔中带刚，意境深远，可谓是传神象外，得其环中，达到了艺术性和哲理性的高度统一，形成了他独特的线条质感和个性风貌。同样，生甫兄的作品不但继承了蒋老的特点，并且又有新的发扬。以前在展览会上看到他的作品大都以隶书为主，这本作品集却林林总总，各体俱全，都非常精彩，使人赏俊不已。

古人道，书如其人，意思是书法综合反映了书写者的学养、气质、情趣和个性追求，故一如其人。生甫兄的书法，确实很像他的为人，平实、恬淡而又细腻。他的一幅“天意怜幽草，人间重晚晴”的隶书，不但继承了蒋老方正的结构和平实的点画，也透出了他深厚的根底和审美追求。他在结构上没有“大开大合”的求变，而是在粗细、燥润、提按、曲直中作细微的变化，稳健中见灵动，厚重中显苍劲，严整中求跌宕，平淡中生趣味，通过细小处的变化，改变点画形态，增强情趣意味，显露其审美追求。他遵循的是“道法自然”，积小变为大变，让细节展现风格。因此，他作品的细微变化远比“大变”的作品耐人寻味，蕴含着一种深层次的人文内涵。孔老夫子说，学者当“志于道，据以德，依于仁，游于艺”，生甫兄在“游于艺”的过程中，流淌着他的情志，倾泻着他的追求，也将他的仁者之心溢于笔端。书如其人，人如其书，在他身上得到了很好的体现。

当然，生甫兄近几年在书法上取得的成就，与他自身的努力是分不开的。他在博取众长、熔铸古今方面，伤神伐性地大量临写了各种碑帖，包括甲骨、金文、秦篆、汉隶、竹帛以及魏晋唐宋的碑帖，临写越多，领悟越深，愈能尽变，使他的作品更加丰富多彩，妙相纷呈。如他的甲骨书法，当以丁辅之诗四首为最，以方劲、挺拔、宽博的书写风格，洋洋洒洒三百余字，浑然一体，别开新面；其金文“微雨杂花”联，写得方整、匀圆而典雅；其小篆集宋人词，写得流畅而开张，似颗颗明珠，行行朗玉，骎骎然已得蒋老的气骨；而竹帛书白居易《赋得古原草送别》四屏条，波磔雄飞，时带草意，给人以恣意又庄重、活泼又朴实、飘逸又饰厚之美；他的隶书可推《白居易诗》与“试茶采药”联为代表作，前者较多地保留了蒋老的遗风，并参入《衡方碑》的碑意，遒劲古逸，得肃括浑穆之美，后者则带有《石门颂》的笔意，雄健恣肆，其波挑俯仰的韵律，使点画有强烈的动感，显露出一种雄奇飞动之美；而难得一见的楷书白居易《琵琶行》，透露出来的褚字风格，刚健峻峭，具有北碑的骨相，这与他写魏碑有较深的功力有关；当然令人惊奇的是他的行草书，取法王羲之、苏轼、黄庭坚，磨砺涵濡，书益超群，其中行书苏轼《新城道中》和草书《王维诗》都是佳构，不装巧趣，皆得天真。就我个人来说，应该更喜欢集陶靖节句这幅行书，用笔沉着爽利，凝重中带有拙意，别有一种清劲舒散的韵味，虽然在粗细、大小方面略平了点，但瑕不掩瑜。

综观生甫兄的作品集，确实使我有感而发，略言一二，以吐心中之快。俗语说，种什么瓜，结什么果，作出多少努力，也就得到多少成果。生甫兄经过多年努力，能在书法艺术上入得堂奥，成为一个全能型的书家，足以使人叹服。而且，他要付出超越常人更多的精力和时间，付出比常人多出数倍的努力。我相信，不要很久，生甫兄还会将新的成果展现给大家。

评曰：由高足到先生，又由先生到著者本人，转而又谈先生高足之才艺，所谓秋水春山，摇曳生姿。序至于此，叙也，颂也，期也，企也，励也，诸意毕备，倜傥风流。

松陵奇韫　巾帼异才
——钱惠芬的书法篆刻

寄心翰墨，浑灏孤行，不争奇字，不傍户牖，不惑名利，不逐时风，藏焉修焉，息焉游焉，干霄而翘秀者，吴江钱惠芬之气象也。钱惠芬，字心兰，号清韵。师从金开诚、徐穆如、沙曼翁、黄惇先生，沐春风而化雨，德进而业修焉。予获交惠芬多年，每见其孟晋不已，才艺精进，则欷歔称叹！盖根于人品，发乎性灵，征于事业，卓然高迈。奏才则云蔚，操觚则雷惊，可谓“松陵奇韫、巾帼异才”也。有奇禀者，必有奇功。惠芬书刻皆精，染翰近二十载，遍及晋唐名迹、北魏碑版、秦汉篆隶，熔铸古今，得其真髓。其行书，南北兼收，碑帖互参，不泥于古，不囿于法，格调清逸，不露筋骨，如绝世之兰，登香于缣帛也；其隶书，得《石门》之雄逸，所书联句，骨劲势逸，格高气浑，呈天机之韵，得恣放之趣；其草书，当数大幅之狂草，出入“二王”，冲融醉素，本自性情，参乎自然，狂而不霸，浑而不浊，于恣意高骞中，洗却柔弱之态，于吞吐出没中，尽露雄阔之气，势如惊鸾之斜飞，体似落霞之多奇，犹若海涛天风，喷薄激荡。噫嘻！美哉，泱泱乎大风也哉！观其铁笔，亦灿然夺目，比之名家，未遑多让也。盖其入秦出汉，遵矩守矱，采隐探奇，纵豪有度，运斤劲畅，雄直古厚，造境蓄韵，朴茂清空，寻绎之余，阳刚之气涨溢于目也。书如其人也，书道犹人之小宇宙也。惠芬由此感悟：“笔法如个人之品格，结构如邻里之融和，章法如环境之协调。心迹之书，一字一太极，一幅一世界，作品犹若异同相生之小宇宙，斯乃为美。”其有此悟性，自有此襟怀，有此高人一等之识见，自有高人一等之佳作。且翰墨鸣于时者，皆奋发而成于勤，惠芬亦然，孜孜兀兀，攀跻不已，故获奖频频，蜚声艺林也。今

◆ 作者在北大图书馆钱惠芬书法篆刻展览开幕式上

付梓在即，前来索文，聊书数语以贺之。

评曰：文章且须放荡，立斋本序，庶几近之。天有三宝日月星，人有三宝精气神，为文亦然，心兰女史其勉哉。

神奇刀下出　精能意中生
——潘裕果的微刻艺术

“君有绝奇终身宝，方寸巧心通万造。”这是唐人施肩吾的一句诗，用它来形容裕果兄的微刻艺术，我觉得最为恰当，因为他现在的创作状态，已到了落刀皆惊的地步。有一次，我看他操刀，只见其神凝片刻，似微闭双目，忽已运刀如飞，给人一种刀未下犹气已吞、神若闲而意自出的感觉，只在须臾之间，洋洋洒洒，数百个形同纤尘般的微字，灿然密刻于方寸之中，比《核舟记》那“纳须弥于芥子”显得更为神奇。微刻这种小中见大、异境天开的艺术效果，不禁使我联想到庖丁解牛目无全牛的情境，他是不是也达到了心手相应、意与神会的境界，或是方寸巧心与造化万物相通，因此而神动天随，或是身怀绝技有超人的天赋。我想，这些因素在裕果兄身上可能应该都有，唯因如此，造化得以淘泳，意象得入心胸，丘壑出自刀下，他才不再借助显微镜和眼力来盯着操刀，进入到微刻艺术创作的自由王国。

我对这一绝技怀有好奇心，曾请教过裕果兄。他说，微刻臻于化境关键有三：一是勤刻，二是精神高度集中，三是要有一个写意的心态。勤刻就是勤实践、多积累、深涵养，业精于勤，熟能生巧。孟子曰：“苟得其养，无物不长。”这是搞好任何艺术的必由之路。所谓精神集中，就是操刀时要排除杂念，精神摄聚，气息自敛，与微刻融为一体，才能真正地把握自我。至于写意心态，在于避免刻意，心同游戏，自然舒放，无拘无束，在率情中释放自由天性，流露本色的追求和真趣，才会出现如石涛所说的，在“混沌里放出光明”。我听了他这一席话，对其真性情、真识力颇多感触，由此领悟到他由技入道的真谛所在。于是我给他题了一个斋名“精一斋”,并跋了两句:“庄子云‘一之精通’。精者,小而神也,所谓‘精能皆自意中生’,以虚静之心,与物相冥,与我为一,裕果兄之操刀勾画与其相若也,因取其意,名其斋室。”

裕果兄是篆刻家张寒月先生的高足,出生于苏州望族,乃嘉庆“状元宰相”潘世恩的第六世孙。在他的血统里,天生流淌着家族那种对事业追求的执着。当然,他在微观世界里奋励开拓一片崭新的天地,也是来之不易的。当初为了琢磨、锤炼微雕技艺,他购买了大量的象牙边料,每日练刻三千字,积累手感刀功,又苦练书法篆刻,前后所刻的微刻印章与其他微刻作品超过了一万多方。根柢既固,枝叶自茂,他不仅练就了一手绝技,同时将单一的微刻形式向多样化延伸,使新的形式在他的作品中不断出现,新的领域不断得到开拓,卓绝的成果不断赢得各方的赞誉。他刻的微型章,被陈述、白杨、孙道临、吴贻弓、赵忠祥、牛群等众多的文艺家竞相收藏,程之盛赞他的微型章是“微雕篆刻,神奇艺术”,并写成条幅赠送给他。这几年来,他创作的大手笔——三部微刻巨制,更展现了他微刻艺术的新面貌。他的《孙子兵法十三篇》,在火柴盒大小的象牙片上刻了七千多字的十三篇全文,在十倍显微镜下观看,刻写的行楷精醇粹美,韵致洒然,在苏州召开的第五届孙子兵法国际研讨会上,得到与会者的好评;经过八个多月精雕细

◆ 潘裕果微雕作品

刻的《寒山子诗集》,在两百一十六方寿山石章上刻上了三百八十八首诗,并配上人物画像,可谓精工绝伦,通体粹美,在寒山古钟博物馆展出时,斯人被观者叹称“奇才”;还有一部已刻制过半的全本《红楼梦》,有十万多字,分别刻在十五厘米宽、九厘米长的象牙片上,将近百片组成系列的挂屏,堪称“天下第一刻”,也是一部汇聚微刻艺术精华的传世之作,我盼其早日面世。

最后,以古人的两句诗相赠:“奇外无奇更出奇,一波才动万波随。”愿裕果兄的这朵微刻奇葩,开得更鲜艳,不断地结出新的硕果。

评曰:裕果兄之微刻,吾尝见之,惊为天工;而立斋之文,娓娓道来,亦自精美。阐幽发微,微斯人,吾谁与归?

朱犀园与他的《兰竹图》

朱犀园(1890—1969),名桂,字锡桂,一字犀园、西园,号犀禅,自署兰石小主人、万松居士。他原籍安徽泾县,家族谱系不详,一说祖父是朱琦(兰坡),以藏书著名,家有小万卷斋;一说是青浦朱家角的大族,有待查考。他十八岁就读上海育才中学,后经人介绍,师从曾熙(农髯)学书画,以墨松鸣于时,擅长兰竹松,还精于治印,善于园林建筑和制作盆景。早在20世纪30年代,他就与周瘦鹃、叶菁先生结含英社,相与切磋盆栽技艺,多次参加上海中西莳花会比赛。当时苏州盆栽界有"二朱一叶"之说,"二朱"指朱犀园、朱子安,"一叶" 指叶菁。抗战前,他举家迁居苏州,在锦帆路卜筑 "兰石小筑",50 年代后一直居住在苏公弄 3 号,与张侯庵为邻。

朱老的性格开朗、随和,且好交游。1920 年三十岁生日,亲朋好友送的礼品很多是书画,其中包括曾农髯的《犀园读书图》、吴待秋的《无量佛寿图》、王竹人的《天香满庭院》以及吴罗硕、陈教园、潘兰史、冯超然等三十余人的作品。他汇编一册,用珂罗版印刷,广为赠送,由此可见他的交游之广。新中国成立后,他曾协助当时苏南文管会主任陈谷岑修葺拙政园,其治园之精,受到识者的称赞。

然而,这样一位多才多艺的艺术家,如今在苏州已很少有人提及,几乎湮没无闻,人往风微,令人悲哀。我与朱老相识在 60 年代初,我家离他家不到百步,我母亲又与他家很熟,所以我也偶然去玩。当时我二十岁左右,刚开始学画,在他那里得到不少绘画方面的知识,特别是他教我如何自制印泥,至今记忆犹新。60 年代初,他给我画过两幅

◆ 朱犀园《兰竹图》

画，一幅墨松图，在“文革”中遗失了；另一幅就是《兰竹图》，因为当时是困难时期，绘画用纸也很节俭，这幅《兰竹图》就是用毛边纸画的，但依然水墨淋漓，挥洒如意，层次分明，很有透明感，并且发纤秾于简古，寄至情于淡泊，可见深受王绂和夏昶的影响。他的用笔洒脱劲利，笔势修长，气脉连贯，强调“写”的笔意，而且非常讲究墨色的浓淡和枝叶的疏密变化。整个画面纵横大气，姿态俊逸，堪称兰竹的精品。

值得一提的是，盖在画上的印章，印泥凸起纸面很厚的一层，丝毫没有一点渗油，其砾礤的质感细腻、厚重、沉着，且泛出珠光宝气。如此上品的印泥，当时已极罕见，可见他的讲究和品位。

评曰：西园先生，予未之识也，然振元笔下，寥寥数言，可想其为人。予曾闻西园细考虫鱼，广览草木，此亦贤者之事、贤者之责、贤者之乐，惜乎今人疏矣。熏陶、积淀、品味，均教学之途，大法不繁，振元其勉乎，吾侪其勉乎，即使草草文章，亦胜匆匆仕宦，何哉？千古与十年之别也。

崔护《稗珠集》编后记

在苏州，八十四岁高龄的崔护老师是一位无人不知的书画家和诗人，但很少有人知道他的散文，因为崔老师写了近二十万字的散文，却很少拿出去发表，犹如兰生幽谷，不求人知而自孕芳华、自含馨香。这正与他爱兰花一样，写了近四百首兰花诗词，直到《畹华集》出版后，人们才知道他不仅爱兰、品兰、莳兰、画兰、咏兰，同时还是一位兰花方面的专家。崔老师在散文方面的造诣，同样蕴含了他兰花般的人格特征，散发着兰花般的淡淡幽香，带给大家的是一个意外的惊喜。因此，当崔老师将其散文《稗珠集》交我来编校时，我既感到荣幸，又自度难当此任，但忝为弟子，只能尽自己最大的努力，以不负师望。

崔老师的一生，可以说是与诗画为伍的一生，亦是与书本相伴的一生，即使人生坎坷，甚至处境险恶之时，始终与书不离不弃。他于吟诗作画外，不务他事，不趋荣达，孜孜矻矻，融经史百家之言，览古今中外之书。因此，他在考古、鉴赏、园冶、工艺、金石、书画及文史等方面识见渊博，能静中见慧，探其精微，悟其奥秘，发其心得。我通过编校这本《稗珠集》，对崔老师的人品和散文也有了更深入更全面的认识。

其一，他的散文有诗一般的笔调和意境，其丰富、细腻的情感世界和年轻般的浪漫心态，随其文辞跃然而出，出人意想。读他的散文，如听他娓娓道来，没有一点八股味和老人味，文笔雅练，感觉不出刻意的修饰和雕琢，给人以一种淡然、怡然、自然且富有诗意的美好享受。

◆ 崔护在杏林春晖展览留影

其二，在他大量涉及艺术方面的文章里，处处可见其独特的见解，这与他的“我有我法”的行文风格相一致，不袭陈言，务抒心得。因此，很多篇章中的评议、判析，以及精于文史的论述，不仅由于有其知识性和学术性，更主要还在于独到的见识和超人的睿智，使人饱受其沾溉。

当然，崔老师散文的优点还有很多，为了不与序文说到的重复，我只谈以上两点，其他不作赘述。

《稗珠集》只选了崔老师散文的大部分，有一部分没有能及时整理出来，另有一部分散落在各种书画墨迹和书刊中，遗留尚多。由于编印局促，仅就整理好的书稿，按其内容大略分为六辑。其中“墨痕梦影”一辑，原是崔老师独立成编的《墨痕梦影录》，诸篇都是“文革”前后不少博物馆、文物商店送藏品来苏州装裱时，崔老师的所见所记，由于体例不同，不宜混编，因此除个别作调整外，以“墨痕梦影”单列一辑，谨此说明。

鉴于编者水平有限，缺漏和谬误难免，我特请潘君明兄再通读了一遍清样，承蒙提出了不少宝贵意见，附此致谢。

评曰：崔公晚年，不仅机心淡，而且世欲消，诗文或有嬉笑怒骂，大抵鄙夷“见鬼作揖，见人磨牙”之反常事。而于艺事，则孜孜，亦非期功，畅玩人生而已。立斋之记，乃是善承前贤，“一树木犀供夜雨，清香移在菊花枝”也。

《历代七夕诗钞》后记

七夕，又称乞巧节、双七节，一般认为形成于西汉。在班固的《西都赋》和张衡的《西京赋》里，就已描写汉武帝穿昆明池时，立牵牛织女像于池之东西，以象天河。在西汉墓壁上，也发现了以牵牛织女为主题的神话故事。这说明，七夕的故事在西汉已广为流传。追溯七夕的形成，始于牵牛织女二星的传说，其源头可推到西周。到东汉时，牛郎织女七夕鹊桥相会的故事，已见诸文学作品和画像砖，如李善注引曹植《九咏注》称"牵牛为夫，织女为妇，织女、牵牛之星各处河鼓之旁，七月七日乃得一会"。四川东汉画像石中有一幅《七夕图》，形象地展示了牛郎、织女隔河相思的场面。这些由神话演变而成的民俗传统，在历史长河中整整延续了两千多年。可以说，七夕是我国起源最早、流传最久的民俗节日之一，也是我国历史上唯一的一个属于妇女的传统节日。

正是七夕民俗具有的神秘性、浪漫性以及历史的延续性，当崔护老师在太仓朝阳门外半泾湾渡口发现"女土地"（俗称织女庙）时，旷怀古今，感慨不已，即兴一诗："盈盈一水黄姑渡，十八都头祀土神。惠泽四方民爱戴，当方土地女儿身。"关于牛郎织女降于黄姑村的传说以及在宋咸淳年间为织女立祠之事，其背景可能与太仓主产棉花且纺织业发达有关，也反映了太仓民众与织女之间那解不开的情结。正是本着对家乡的热爱，对织女美丽凄婉故事的同情，崔老师在《七夕图》题词中说："自怜不属无情物，醉梦且寻。"我想，他要寻的梦，就是要为家乡圆一个梦，一个前人从未做过的辑录历代七夕诗词的梦。十多年来，崔老师挤出很多时间来做这件事，足足记满了厚厚的三本笔记。

◆ 崔护在休息室

然而,2008年初的一场大病,肆虐的病魔,使崔老师体日以瘦,神日以瘁,一直未能痊愈。他重病在床时,别无他恋,仍不停地在吟咏,在改稿,在想他那尚未完成的《百卉百咏图卷》,在念念不忘这本尚未完成的书。在他身上,我看到了一位学者型书画家、诗人的胸怀志向和孜孜以求的精神。当病情稍为稳定后,他出院的第一件事,就是把三本笔记本交给我。我知道这是对我的期望,也知道自己的责任,更知道这本书的分量。虽然本人学养不足,水平有限,但老师的精神在激励我,不敢一丝懈怠,不敢愧对老师。经过近半年认真的整理、增辑、补写作者小传等工作,终于看到老师的心血结出了硕果。同时,感到能为老师做一点事,实在是我的万幸。

这本书得以编讫并顺利出版,得到了太仓市市委、苏州市文联、太仓市文联的关心和支持,也得到了王稼句先生、柯继承先生的帮助,在此一并表示深深的谢意。

评曰:崔公曾于病榻前谈及诗钞编纂,意于立斋久矣。干云之枝,不育于邱垤之巅;径寸之珠,不产于渟污之渚,立斋之谓也。

《唐寅年谱》后记

明代中叶，在苏州崛起了我国画史上最大的绘画流派——吴门画派，其主要代表人物是沈周、文徵明、唐寅、仇英，他们被称为“吴门四家”或“明四家”，在绘画史上占有重要地位。

近些年来，海内外学者日益重视对吴门画派的研究，取得了不少成果，同时也形成了一些不同的学术观点，如对唐寅是否归属吴门画派这个问题，就有很大分歧。其实，唐寅在吴门画派中的地位不容置疑，问题在于对画派中人的划分标准和认识差异。

吴门画派是以区域为标志的，他们有着一定的师承关系，有杰出的代表人物，这在历代画派中最具典型性。吴门画派的特点是在继承传统的基础上，博采众长，独辟门径，自创流派，尤其是冲破了当时绘画上的形式主义，取法自然，形成了一个有原创力的画家群体，影响所及几百年。在这个群体中，唐寅是代表人物。

首先，从师承关系来看，唐寅与文徵明不仅是同窗，而且是挚友，唐寅十岁即与文徵明相交。唐寅学画，当与文徵明有关。文徵明是沈周的学生，唐寅跟文徵明一同向沈周学画，也不无根据，唐志契《绘事微言》就说：“近交沈周，可当半席。”李开先《中麓画品》也说：“唐寅其原出于周臣、沈石田。”唐寅跟周臣学画，据江兆申考据在三十岁以后，唐寅早年的老师当是沈周。同时，我们必须注意到吴门画派作为群体，互相之间频繁交往，这种互相切磋、互相交流、互为影响的现象，对形成一个画派所起的作用是至关重要的。

其次，从画风上来看，唐寅确实追慕过李唐、刘松年、马远等院体画风，但他能“参松雪之清华”，“得南宗之神髓”（盛大士语），用细秀笔调，将“北体”变化为“南体”，为后世南画家所接受和模仿。因此，简单地认为唐寅的“李希古皴法”与吴门画派不是一个眷属，将他从吴门画派中“削籍”，是欠严肃的。只要细加分析，就能发现吴门画派中的画家，包括沈周、文徵明等，都曾师法李唐、马远和夏圭，在艺术追求上都有相同的南北兼融的特点，要说差异，仅仅是取法多少而已。美术史学者俞剑华认为，文、沈的山水画与浙派蓝瑛等山水画无甚大差别。他所指的无甚大差别，当是指沈画的刻露霸悍似蓝瑛，纵横习气似浙派。文徵明早年的画也有浙派风格。因此，可以这么说，吴门画派就是在南宗北体、兼收并蓄中逐步形成的。如果认识到这一点，就不至于说“不是一个眷属”，也不至于将唐寅逐出吴门画派了。

唐寅是一代宗师，是吴门画派的主要代表人物。崔护老师经长年积累，挖掘出许多新材料，编就了这本《唐寅年谱》，不仅是一件功德无量的好事，而且对进一步研究唐寅的一生、研究吴门画派，提供了系统、翔实的资料和线索，对深入研究吴门画派也一定会有所帮助。

我有幸参与吴门雅集编印这本《唐寅年谱》，在这过程中，进一步感受到崔老师在资料收集中那孜孜不倦的精神以及对学术研究认真执着的态度，我深受感动，这是效学不尽的。

这本《唐寅年谱》的编校工作得到各方面的支持，尤其是张继馨先生、蒋载天先生拨冗审阅了全部校样，并指出了未曾校出的疏漏和错误，深为铭感，谨此致谢。

评曰：振元心仪伯虎，于伯虎书画多所钻研，多有发明，读其文可见一斑。予尝谓，与振元小谈花侧，时当初阳半帘，亦人生一乐也。谓予不信，即未与晤面，请读其文如何？

《潘振元诗文手迹选》后记

2006年11月,我与张晟伟先生去昆山,昆山书画院的赵宗概院长非常热情地邀请我到侯北人美术馆办展览,当时一看展厅规模不大,就不假思索地答应了。事后一想,有点儿忧喜参半。因为昆山素来高手云集,传统底蕴深厚,在昆山办展览虽是一次很好的学习机会,实际上也是一次严峻的考验。那么,办一个怎样的展览,才能使同道所接受,又可以得到更多的教益呢?于是想到了以自作诗文来搞一个专题性展览。应该说,写古体诗文,我既不是科班出身,又缺乏厚实的根底,只是在崔护老师的熏陶下,情之所钟,心之所好,积四十多年点滴之水,勉成涓涓细流而已。因此,选择一些短文小诗,写成书法作品,以就教于同好,犹如丑媳妇要见公婆,终不免感到惴惴不安。然而,展览因此而稍具特色,也使我内心感到了一丝踏实。

书法是中国的国粹,具有最典型的传统样式,且有着无限的变量,它可随时代的审美价值不断开发,被承继、创变和融合,故而它始终打上了时代的烙印。随着改革开放大潮,书法也进入到一个多元并存、百花竞艳的时代,呈现出雄壮和秀丽、浪漫和规整、现代和传统、流行和经典并存的局面,满足了社会审美多元的需要。因此,作为以文字为载体的书法,理应在题材、内容、形式、风格等方面珍视优秀传统,对保留传统文化特色、反映当代人文精神且有地域特点等方面进行创作尝试,使作品中留下书写者的心路历程和生活轨迹,在百花园中绽开一枝更有意味的小花。尽管它并不时髦,也不会成为风尚,然而"物情无巨细,自适固其常",只要有人喜欢,那它就有生存和发展的空间。

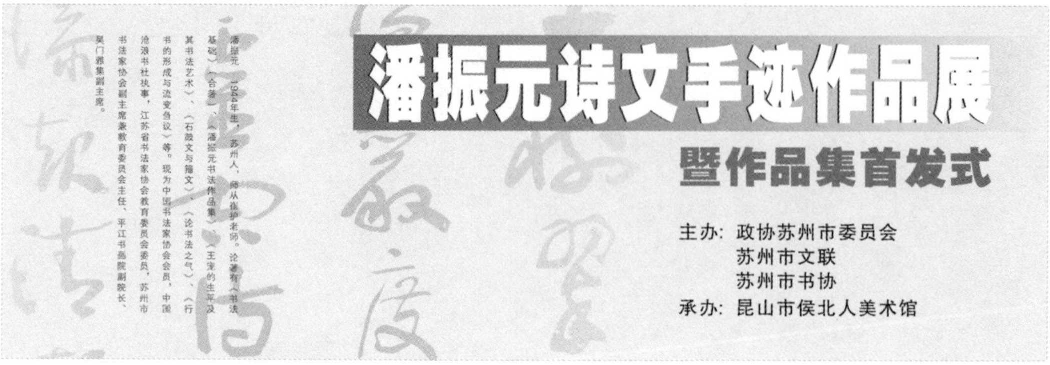

◆ 作者在昆山侯北人美术馆举办展览的会标

我希望有更多的同道来做这方面的探索，也希望得到宝贵的批评和指正。

借这次展览的机会，我将这些作品结集付梓。在此，特别要感谢恩师崔护长期以来对我的栽培，并感谢他在百忙之中为本书作序、题签。同时，继承兄利用节假日为之作序，大霖兄以及潘君明先生、俞涌先生、盛静斋先生、徐云鹤先生、徐怡先生、冷建国仁弟都在本书出版过程中付出了辛劳，在此一并表示至诚的谢意。

评曰：吴越从来豪歌地，温柔直如富贵乡。立斋人书俱老，每展诗文，即应浮一大白。

西山雕花楼重修记

钟灵而毓秀，蓄奇而粹雅，镂精而天成，源远而杰构者，西山雕花楼也。此楼者何？堂里徐氏仁本堂也。是堂肇始南宋乾道间，平江守徐公吉卿后人卜筑居此，以遵祖训“宽仁为本”而名之，悠悠人口九百余载矣。当胜国盛时，经康熙、乾隆、咸丰几度兴建，

◆ 西山雕花楼雅集合影

其堂轩之精丽,雕饰之典雅,比美琼楼,增辉霄汉。汇宋、元、明、清传统之人文,聚康、乾、道、咸建筑之规式,集透、镂、浮、剔刻工之精华,树一方之望而称盛也。嗟乎!逊清至今,久失修葺,栋宇欹斜,门櫺摧落,败瓦残垣,破损日甚。且复乡吏斧斤,有不忍卒睹者,其族人徐君允权急图修葺,而力弗能逮也。吴门识者黄君涛偶过而惜之,慨然以兴修为己任,经四载而得让也,复又租赁旁侧堂屋,合而缮修。于是乎,殚思竭虑,夜灯不熄,鸠工督匠,日落不休,换朽梁,备窗櫺,葺堂宇,施漆垩,制乃其旧,敝易其新,可谓修旧如旧,一复往昔气象也。又于堂前构园,叠假山,筑池榭,置亭台,列回廊,移栽古木,环植琪花,游者徜徉其间,真山水中园墅,园墅中山水也。若登假山而上层台,则豁然也,形既亢爽,势复壮阔,黛染群峰,螺髻盈目,缥缈峙于东,笠帽耸于北,慈里岭逶迤于南,堂里岭背倚于西,峰峦历历,可一览而收。堂后又筑登高小径,半坡有亭翼然,可览可憩。拾级岭上,极目而望,古村栉比,田畴绣错,帆樯天际,涵虚无极,此具区绝胜处,非一瞥能尽也。古人云:“人因宅而立,宅因人得存。”诚斯言也哉!徐氏文武忠烈,庶几千年,人往风微,谁复过而问焉,然是堂得以修缮,游观者景行仰之,因忠烈英迹亦与之同存也;而黄君之厚德,又焉能不因宅而传也,后之览者,将兴感于斯文也。襄其事者,沈君永平修葺献美,孙君俭铮叠石呈奇,亦足称也。厥工初竣,主事者嘱予作记,感其轮奂之美复其旧也,故为之作。

评曰:立斋作记,亦自妩媚可爱。自古文章尚气,胸臆沛然,笔下春风,花发千树,蝉鸣高柳。想立斋闲来必持书夜读,志气如神,功不唐捐也夫。

虎丘石观音殿遗址保护记

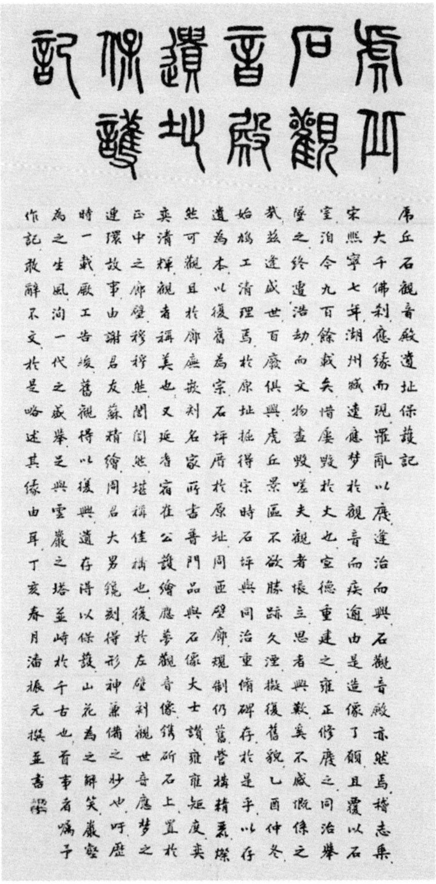

◆ 作者书《虎丘石观音殿遗址保护记》

大千佛刹，应缘而现，罹乱以废，逢治而兴，石观音殿亦然焉。稽志乘，宋熙宁七年，湖州臧逵应梦于观音而疾愈，由是造像了愿，且覆以石室，洎今九百余载矣。惜屡毁于火也，宣德重建之，雍正修废之，同治举坠之，终遭浩劫而文物尽毁。嗟夫！观者怅立，思者兴叹，奚不感慨系之哉！兹逢盛世，百废俱兴，虎丘景区不欲胜迹久湮，拟复旧貌。乙酉仲冬，始鸠工清理焉，于原址掘得宋时石坪与同治重修碑存。于是乎，以存遗为本，以复旧为宗，石坪厝于原址，周匝壁、廊，规制仍旧，营构精丽，灿然可观。且于廊庑嵌刻名家所书《普门品》与《石像大士赞》，雍雍矩度，奕奕清辉，观者称美也；又延耆宿崔公护绘应梦观音像，镌斫石上，置于正中之廊壁，穆穆然，訚訚然，堪称佳构也；复于左壁刻观世音应梦之连环故事，由谢君友苏精绘，周君大男镵刻，得形神兼备之妙也。吁！历时一载，厥工告竣，旧观得以复兴，遗存得以保护。山花为之解笑，岩壑为之生风，洵一代之盛举，足与云岩之塔并峙于千古也。首事者嘱予作记，敢辞不文，于是略述其缘由耳。

评曰：长恨春归无觅处，不知转入此中来，奇者，奇者！红尘多少奇才，青史几番春梦，惜哉，惜哉！

《王珪书张继枫桥夜泊》重刻记

姑苏枫桥，寒山古刹，以诗而千载传名。王珪书石，纪诸志乘，人所共悉。王珪字禹玉，宋成都华阳人，官尚书左仆射兼门下侍郎，封岐国公。嘉祐年，丁母忧，居吴下，勒张诗，寺志称“张继诗第一石也”。惜乎久已不存，每为稽古者憾。今国家承平，游观复盛，陆君鸿升缨情兴废，遍征遗墨，倡勒贞珉，以隆胜览。遂延耆宿崔公护总监，陈君功和佽之。是举也，哲人学者咸襄其成，京沪等三十余家博物馆或检索佚籍，或表其所藏，或惠寄影件，尤以台北傅斯年图书馆藏赠《太师魏国公韩公神道碑》拓本至为珍贵，其林君文睿、柳君立言推毂之劳，亦足称也。嘻！世代邈远，书迹难求，不意骤获三千余言，讵不幸甚！乃请费君之雄集字，悉复原迹，补缀周备，结体介颜柳间，有冠冕佩玉气象，仿佛正人风范俨然笔墨之间。又访得无字碑，磨砻修整，择良工刻之，自己亥陬月肇其事，至丙子皋月毕其役，庶迩旧观，石厝懿孙像侧，长相辉映。呜呼！诗名千秋，石永流芳，千年人文之举，与夫今日复刻之石俱振，焉非国运昌、文物兴、民之福祉也？是为记。潘振元撰，崔护篆额。

评曰：枫桥陈列馆筹谋王珪书刻事，予知之甚详。功和兄当日主其事，多所艰辛，有不足为外人所道者众矣。厥功甚伟，岂能无记？立斋本记，虽为体面文章，而内情可掬，溢于言表。三旨宰相，于东坡固有憾矣，然首书懿孙名诗，亦足以骄人，立斋皮里阳秋，自不待言。功和，予之同窗，三年桃坞，十数载交谊，惜已久归道山。人天相隔，每读本记，犹思当日谋划奔走之时也。

卷云峰图记

廓之西北，虞兄永俊卜筑宅园焉。北傍虎阜，南濒溪流，处闹市而不喧，近尘氛而雅洁。登其楼，盆树盈目，翠烟欲滴，北眺千年古塔，南望隔岸阛畦，寄傲于此，吞吐城郭，

◆ 卷云峰

嘘吸风云也；入其园，莲池湛然，巨峰突兀，曲径萦回，卉木参差，丹者催，白者吐，月来影动，风来香闻。于斯赏心，澄神抒怀，悠然而自得。客至，虞兄辄指巨峰，极言搜求之艰，极状崄诡之奇，欣喜之情可见。巨峰厝园之东南，高两丈，可六人围，形若蜂窝，窍若卷云，穿眼纵横，孤峙当空，蕴紫烟而含万象，卷秋云而挹高风，诚可谓吴中第一峰也。吾师崔丈与洛一诸老数来雅集，每盘礴园内，婆娑峰前，情与境合，心与景融，皆谓园不可无图，峰不可无名，虞兄遂名之曰“卷云”，嘱方兄永庆绘之，余欣然作记而题。

评曰：卷云峰何谓者，予未之见，然每读立斋此记，则觉天风海雨扑面而来，且柱石擎天，卷云蓄雨，洋洋大观哉！“吾师崔丈……婆娑峰前”句，又觉光风霁月，欣欣然有所会也。养性莫若修身，至乐无如读书，信然！

新建玉皇宫碑记

东吴润美，园区独萃，挹三湖，据二江，芳林满目，碧草含烟，顾绮景而遍地，览琼楼而蔽天。况乎百业之竞灿，万商之争辉，其风物之雄丽，胜喻天堂。然旧有祷祈之宫观，历经沧桑，圮无一存，亟待复之恢之。为重振玄风，各方相与筹划，择以爽垲之地，建以众神栖所，额其曰玉皇宫。盖玉皇化自三清，掌括诸尊，主宰群仙，可协洽八方神灵焉。信士闻之，踊跃施助，累以斥资达两千六百万元。自丁亥年辛亥月肇创，至戊子年癸亥月竣工，历时一年。宫卜筑于斜塘，占地十亩，东接吴淞，西趋金鸡，南面独墅，北背阳澄，塘河则傍宫之北，萦纡横陈，蜿蜒而东，流水清冷，不染纤尘。灵秀所钟，异境天开。牌楼穹华，山门护卫；殿宇翚飞，神像端严；两庑翼张，配殿罗列。玉皇奉于正殿，极天人之相；张王祀于后殿，续岁时之飨；诸神列布于配殿，曰文昌，曰财神，曰慈航，曰东岳，礼隆昭祀，俱尽庄严。经堂斋室，绚丽相属。雕塑饰绘，咸致其极。呜呼！道宫之兴废，每与人文相隆替，亦与国家气运相盛衰！欣逢盛世，兹宫兴也，轮奂新美，俦莫匹焉；神道泰宁，功莫大焉；信众允怀，德莫远焉。洵不朽之盛事，故乐而为之记。

评曰：予尝躬耕于斜塘，苜蓿风味多年，未闻有宫观也。今读碑记，乃知事不孤起，学在民间，道在山林，此之谓欤？

天下第一奇字石记

嘉瓒兄日前来，出示一石，问何若？余观而叹之，嗟乎！石大两握，形若半月，黄如美瑜，质而不俚，华而不靡，于浑茫中隆一“风”字，自然天成，色若青金，天赋丰格，珠玉不足比其润，雕镂不足比其妙，瓌宝不足比其奇也。嘉瓒兄曰：何以此洒洒可听，愿闻其详。余莞尔而笑曰：此“风”字俨然法书，精光外溢，酣纵夺目，谁复见过，此奇一也；书格淹远似魏体，行中兼草，内盈外虚，萧散传神，如风吹水，自成天机，此奇二也；点画有力，挺出天骨，秀逸拙厚，皆得天真，纵横变化，矫若游龙，此奇三也：入乎矩矱，而出于造化，右礫之雄肆勃发，峥嵘之势，磅礴而来，令人气夺，此奇四也。有此四奇，能不称奇乎！可谓“天下第一奇字石”也。嘉瓒兄闻而大喜，请记其言，余遂记而书之。

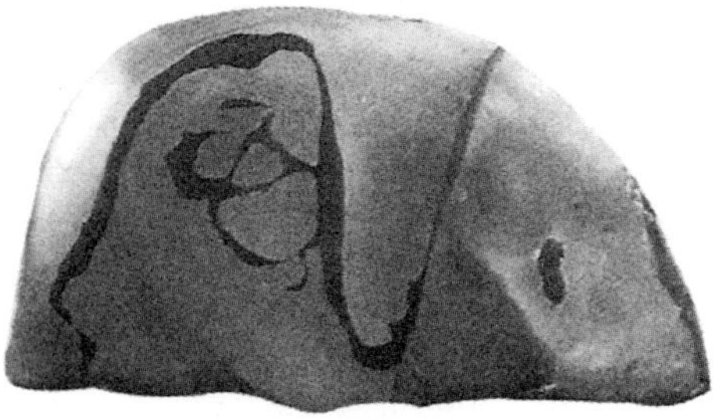

◆ 奇石

评曰：立斋撰奇字石记，吾先睹为快，然意有疑焉。待其示以照片，不禁瞠目，天下之奇，莫此为甚也。嗟夫，尤物何为者？轻者少破岑寂，宏者惊天动地。则吾不必强步风雅也。

邓尉探梅记

癸丑惊蛰，相约探梅于邓尉。是日也，春风放暖，丽日初晴。车抵潭东，已是萦绿绕白，冻冶纷纷，玉麟差参，暗香浮动于阡陌间，使人徙欹不忍去。左折约五百步，循山拾磴而上，于苍松翠竹间入石嵝精舍。环顾荡然，其劫痕犹存，众皆喟然相对。唯庭中有异卉数株，略存一隅风韵。老僧脱尘居已四十余年，以护林为生。与之语，吐属怪谲，不恭佛事，云“心即是佛，与生活形骸何关”，似遁世以隐迹者。出精舍，盘道而上，山巅有万峰台，累石以成，苔藓斑驳间，嘉道题刻历然可读，知古人登眺处也。登斯台，渔村在望，舟楫横空，气势壮阔。放目烟波，浮莫厘缥缈于天际，迎风抒怀，启无限之遐思。离石嵝西行里许，古道西侧，荣木秩秩，寒英猗猗，虬枝交柯，花簇拱门，不觉间已至蟠螭山，土人谓之南山。曩时，此山远眂，若黄龙盘旋于碧波之中，后围湖造田，遂使三面与绿畴相接，自是不复旧观矣。山高仅百尺，乔木蓊郁，有石壁广三丈，峭削特立，刻有章炳麟、黎世昌、黄葆戉、孙光庭偕门人李根源诸人题铭，为邓尉名胜之一。石壁右折而北，陂阤百余步，有巨石扑道，即憨山台也，俗呼北石壁，为明憨山大师结茅处，旁有李根源、石锺秀、吴湖帆等人题刻，较南石壁犹胜。石左数武，湛湛然有清泉一泓，曰“印泉”，抑或李根源以此名其号欤？亭午，由邓尉西麓旋旋往窑上，径甚微，盘纡岖嵚。入目之处，白梅怒放，绿苍吐秀，遍及山阿水阳，弥漫十余里，可谓老干横斜，盖天铺地，红蕾绿萼，百姿千态，“入山无处不飞花，远近高低路不知”。若夫阳和初送，勃勃幽芬，荡吾胸，破吾鼻；冰肌曼舞，玉羽飞飞，恍吾神，惚吾形，将不知身之何境也。人称邓尉梅

◆ 作者探梅时留影

花甲天下，谁知窑上梅花甲邓尉。盖窑上梅花胜过香雪海何止十百倍，梅品之高而雅，梅干之虬而奇，梅花之馨而郁，梅坞之幽而广，依山挹水，映带成趣，未有若斯者也。出窑上至香雪海来鹤亭，辄觉意兴阑珊，有曾经沧海之慨。古人有言，盛名之下，其实难副，吾于斯有感深也。下山，乃入柏因精舍，观东汉古柏，古朴苍翠，示人以坚忍不拔之志。薄暮而归，灯下作记，以志快游。是日同游有程质清、邬西濠、朱大霖、张士东、周玛和、王歌之、王健生、葛鸿桢、王守民、朱延春诸同人。

评曰：人云养性莫若修身，至乐无如读书。予续云：净心莫若探梅。吾吴风雅，年年探梅，往往摩肩接踵，然少见宏记，今有立斋净心之作，夫复何憾！

舣舟亭记游

癸亥初夏,陆君邀吾侪同游东郊胜迹。是日也,闲暇无事,遂相约而往。晨出东门过天宁寺,抵舣舟亭,楼观赫然,崇宏巨丽,其左侧飞虹横卧,若雄霓乍起,霞云下流,两相焕彰,甚为壮观。入内庭宇空敞,假山砌叠,嘉树列植,旁廊复壁,间之疏窗,杂之亭树,步趋景异,使人得有吴中园林之想。园方广数十亩,满目葱翠,清寂无声,微风送馨,柔条拂衣,于浓阴林篆中,款款而行,漫漫而游,则若忘市廛之居,息久旅之思焉。园西矗然立皇亭于崇阜之上,为清代行宫时物,俯瞰漕河,舟楫相连,弥望曲岸,红瓦烟柱,皆繁盛之象。园中有碧沼,廊楯周绕,怪石堆叠,自然成态,以池东尤为可观,拱揖者若玉虹倒挂,兀立者若奇峰特起。且夫有石池隐显于前,广三尺,深半之,青石雕凿,宛如匣具,此即东坡洗砚池也。池内剩有清水半杓,明澈可鉴,发人以悠悠之思。或曰,乾隆南巡驻跸时,欲矫饰古雅,始从东坡终老地移此。石早毁,后经易置,已非古物。有聆者慨而叹,嘻!沧桑变迁,物事难常,若非砥行立节有可传者,百世安得存此欤!余深颔之,感而有作,缅陈迹于古人,属高情于天表,诗曰:“东出毗陵曲水边,舣舟深锁御碑前。髯翁遗迹今何在?洗砚池中看碧天。”吟咏之余,读御碑,步曲经,并山迤逦,于古木郁然间,舣舟亭在焉。亭呈四方,立于土山之巅,枕于曲水之畔,为苏轼当年系舟处,有碑竖亭中,擘窠大字,亦为乾隆笔,众人竞欹碑侧留影,掀蹷笑语戏谑之声时起,可谓各适怀抱,乐其佳境。独见陆兄临流悄立,问之,曰:“聚散若斯水也,盖今日纵情奔悦,与诸君欣合于此,明日遽作劳燕,各归东西,其齐轨连辔可得再邪?”余默然,顿觉烟村远树，绿水垂柳，均带依恋之色，感别离之有日，佳会之难再。怅然斐回，掩冉不脱，因以作记，以俟来日幸会，重温斯游，岂不快哉！是日同游有唐穉、寿方、茅春泉、陆元臻诸同人。

评曰：青天有日，与物同春，曲径宛转，风流自在，情景交融，至善至美，是“少少许胜多多许”。

觅渡揽月记

长虹双卧，星辉月灿，领三江，枕南浦，引画舸，斗飞阁，吾吴眺瞩之佳处，“觅渡揽月”是也。国运昌明，风物改观。草木生春，广厦罗列，夹岸云树婆娑，城郭楼堞际天，华灯缀银，流车走珠，瑰丽妙曼，胸因景豁。且夫清风送怀，云开玉璧，泻光如水，空明一色。于此揽月，悦人耳目，快人心臆，感盛世之景象，乐升平之夜月，是则人间天堂，江东绮观焉。

评曰：洞庭镜面平千里，却要君山相发挥，此揽月之所以藉觅渡也。然知之者不如好之者，好之者不如乐之者，吾知振元之记矣。

石公山明月坡渔舟听筝

壬午仲秋，值国庆假日，与玛和、士东、大霖、继承诸兄偕内人同游西山，夜宿包山禅寺。翌日，过石公山，舒望太湖，万顷一色，碧波吞天。登渔舟，品茗小憩。座中有吴

◆ 在石公山明月坡渔舟吟唱

门琴娘，玉笋轻拢，秦筝挑拂，引商刻羽，清响入云。其曲雅音妙，令蒹葭相应，秋水骀荡，丽天为之增色，知音为之神往。继承兄颇有“风月佳时逢故人”之感，谓韵人相感，触境当歌，属余即兴赋诗。嗟乎！人籁易为，天籁难学。虽有侈兴，临风何言！余对之无奈，聊以耳目所及，发为俚句，倚舱而歌曰：“骋目清秋水如烟，芦花拂柳舣舟边。忽闻丽曲来天上，赢得忘情细数弦。”嗣后，女史佩华亦感事兴怀，与余共歌一曲，兴尽而归。

评曰：是日也，公元2002年10月5日，当日当事，余与珠英亦与焉。曾为作《游西山杂咏》三首，其《珠玑散》（自度曲）即咏听筝事。今得而附骥。序云：壬午年八月廿九日，游石公山明月坡，湖边舟上用茶，苏州方姓女士，调古筝助兴，《春江花月夜》《二泉映月》之后，又有开篇《蝶恋花》，振元、佩华（士东妻贾氏）引吭和之，众人大乐。词曰：“明月坡边，翠柳风前，有珠玑散、云雨飞。桂花难逐舣舟去，馨香长留洞庭泉，更有那贾娘潘郎，一曲蝶恋。胜过梁山象柱，岱谷红弦，众人醉醉，湖水涟涟，石公俯首，得意流年。”当日情怀，逝水年华，今日读之，能不感慨？所谓“未识蹉跎竟芳年”，不觉十载春秋矣，乃有浩荡光风相候！欣然命笔，与玛和、振元、士东、大霖共勉。

镇江老土火锅赋

火锅源于民间，属巴国之佳肴；老土起自山城，植根江左称好。吊脚楼下，金焦山畔，共沐一脉江水，同铸一种品牌，宏嘉陵之民风，树京口之正宗。名之其老，非一般之老，有久远之传承，存本色之常好；名之其土，非等闲之土，化农家之甘滋，飘乡土之芳馥。惟因其老，原汁熬浆，入口留香，麻辣香鲜，醇厚难忘；惟因其土，爽口汤清，以味见长，煮久不浑，食之酣畅。秉本色之原味，名从此而远扬。可谓绝胜五侯鲭，一夜梦中香。古以食为天，今以味为先。欲得至味之汤，必具配伍之方。今之老土，取料正宗，质美品高，顺应天地，君臣协调，味之销魂，品之称道。可谓庖厨有绝技，调制有秘方。火锅益人，颐养腑脏。烹炸焉比脍煮，燔炙何如涮烫！今之老土，鸡鸭土菜，巴乡百味，惬口无双，越涮越爽，鲜而不腻，辣而不燥，吃出健康。呼朋引类，相约而来，且烫且涮，口腹是美。快此朵颐，油油然若得，欣欣然将遇，令百般遐想，添千回寻味。赞曰：老土火锅，维其嘉矣；乡土珍馐，维其旨矣。盛世至味，舍此其孰？再展新篇，非此谁属？

评曰：润州有老土火锅，此吾读立斋文乃知。水积不厚，何以负舟？火候不到，何以爽口？真佛只说家常话，立斋勉之。

瓦翁先生八秩寿序

岁在己巳，瓦翁先生八秩寿辰。适值全国四届书展评奖，先生夺魁。雁鸣有日，阳和在抱，福寿同来，于是吴中竞相庆贺，交游亦增光宠。夫寿，道也。乐天知命，顺乎自然，得斯道者，恒寿。先生处心开亮，于物无忤，蕴而为谦和之气，行而为忠厚之风，神常逸而不劳，志澹泊而自守。是以貌润色和，鬓发鬒黑，眉宇修爽，聪明不衰。此是先生一

◆ 作者与卫东晨老先生在西山合影

任自然为道，适可而止，而得颐养大年也。得道者，品自高，先生以识广才博饮誉海内，凡文章、治印、绘画、书法、骨董、雕版，无不探究精深，洵为一代名宿。且夫提掖后学，光大艺事，亦将功垂久远。倡立东吴印社，扶持职工书法篆刻研究会，以进德修业图强相勉励，以重振吴门书派为己任，以倾赠奖金三百为快事，若桃花潭水难喻深情。孟子曰："爱人者，人恒爱之；敬人者，人恒敬之。"今职工书法篆刻研究会同人，仰先生德久矣，乃集庆于沧浪亭下，共为先生祝延之。美哉！盛事。是为之序。

评曰：姑苏卫老，讳东晨，号瓦翁，耄年德劭，智慧充沛。己巳年全国书展夺魁，人书俱老，疑为天人，四处竞相庆贺。而余最喜立斋"雁鸣有日，阳和在抱，福寿同来"十二字，举重若轻，不经意中，道尽欣喜鼓舞之状，不知沧浪亭当日集庆者，另有佳句如十二字否？花开再春，辞继汉魏，更有"鬓样眉心日日新"之妙。吾为瓦翁贺，亦为立斋喜。

川福楼艺术沙龙序

曲水环绕，乔木垂阴，吊脚楼榭，窗明几净。赏巴蜀之风情，挹吴门之清芬，悦耳目而涤烦襟，远尘氛而助逸兴，此乃川福楼所宜茶茗者。每当良辰，熏风骀荡，翰卿墨客，相踵而来，天垂英武，珠落玉盘，品书论画，酌古斟今，探文吟诗，畅怀舒啸，清茶会友，绿蚁辅仁，相与同乐，不亦快哉！茶会雅集，自古有之。今复设茗相招，诚盼来兹，再续文缘，高谊共增，此沙龙之大旨亦吴俗之踪继也。

评曰：吾读右军《兰亭序》，至“取舍万殊，静躁不同”，每有所感，昔贤所欣，岂止在山水之间耶？立斋沙龙序有云：“悦耳目而涤烦襟，远尘氛而助逸兴”，庶几近之矣。既有绿蚁，不复红酒，而春风夏雨，自得其乐。吾信乎其有大道存焉。

开张天岸马　奇逸人中龙
——浅谈旅美画家李秉南的书画艺术

著名书画家李秉南先生是美籍华人，原籍江苏沭阳，出生在台湾。他自幼受家庭熏陶，在学生时代即心仪画马，私淑徐悲鸿与叶醉白。后又拜旅美画家吴子颜和旅美书法名家燕方畏为师，遂得书画艺术之三昧，频频在海内外大展中得奖，成为有声海外的书画家。

纵观他画的马，受徐悲鸿与叶醉白的影响最大。徐悲鸿大师画马，既有国画的写意笔墨，又有西画的严谨结构；而叶醉白画的马，得梁楷泼墨人物画的启发，落笔痛快，形象独特，在民国时有“天马”之称。李先生不仅将两者的笔墨、神韵消化吸收，融化到自己的创作之中，而且还有不同寻常的发挥与创新。他既有徐悲鸿素描的写实功力，又有叶醉白用笔的雷霆气势，他在造型精准完美、笔墨淋漓狂放之外，最突出的是在神韵的表现和独特的艺术语言塑造方面形成了自己的风格特点。他不依傍门户，从观察自然中撷取灵感，发现创意，在探索中发挥属于自己的笔墨与神韵意象。因此，他作品中马的姿态来源于自然，又超越了自然，以全新的意象，独标新格。我们可以从画中感受出他所表达的神韵：可兴万里之气势，可凌云霄之气格，可臻造化之奇崛，可畅九垓之韵味。其笔下意象物趣之美，十分鲜明地呈露在览者面前。当然，可圈可点的还有他的笔墨表现。他运用的泼墨之法，皆能随机生发，应变自如，使偶然性的笔触，变为神来之笔，让人赞叹不已。特别是圆浑劲健的线条与泼墨、破墨的块面在冲撞、渗化、变化中，显示出完美而独立的美感特质，取得了无造无作、浑然一体、淋漓酣畅、天机一片的艺术效果。这种鬼斧神工般的造型、惊涛骇浪般的笔墨，为常人所难以企及。正因为此，当我一看到他画的马，就被深深地打动了，因为在他的画里，看到了作者勃发的前无古人的"龙马精神"。

李先生不仅精于画马，同时也擅长山水和花鸟。他的老师吴子颜是高剑父的入室弟子，因而他继承了岭南画派的一些风格特点，善于泼墨、破墨、积墨、撞水、撞粉等运用，且化西融中，用色丰富，明暗有致，特色明显。同时，他的书法在山水花鸟画中也发挥了关键性作用，使他的画有难以言状的力度美、气势美和形态美，形成了一种融合抽象与具象、情感与意象的个性化笔墨语言。今天，他在艺术上取得这些成就，从一个侧面折射出李先生对中华艺术的热爱，他满腔热忱地把骏马、山水、花鸟作为绘画的载体，感于物，动于情，形诸笔墨，使其蕴含了中华民族深厚的人文内涵。李先生所做的努力和取得的艺术造诣，不仅得到了社会众多的好评，也得到华人圈的充分肯定，在多年前就被推举为美国洛杉矶南国国画学会的会长，这也是实至而名归。

最后，我要衷心祝愿李先生在弘扬中华民族文化事业中不断取得新的成果，也更希望他继续为此做出更大的贡献！

评曰：从来画马者，多昧于肌理，昧于守成，虽流光碎影，纠结于形而下，移小步而难换大形。李先生无造无作，天机一片，鬼斧神工，惊世骇俗，直教人拍案称绝。潘兄法眼美文，亦让人乐而忘返矣。

破壳化蛾展新姿
——读葛惠男书法新作有感

我国自古医家皆善书,流风余韵所及,苏州中医医院院长葛惠男先生就是今天一位擅声于时的善书者。他不仅是杏林名家黄一峰的入室弟子,而且自幼即沉浸于翰墨。从晋唐楷书入手后,又遍习“二王”行书,继而广采博取,深入吸收了米芾和王觉斯的行书之法,自辟蹊径。因此,前几年他的书法已能熔铸古人,不泥于古,不囿于法,不拘限于古人堂庑之内,能打破布白的均匀,强化用笔的抑扬顿挫,形成了一种跌宕起伏、纵横取势、凝重中见俊逸的书风,广受好评,在全国性书法比赛中多次获奖。

最近,我看到了他一些近期的新作,风格有了显著的变化,使人眼前为之一亮,这应是他书法艺术向更高层次的蜕变。我记得著名画家钱松嵒在他的《砚边点滴》中曾有一个破壳化蛾的比喻。大意是:他将画家比作春蚕,不断地吸收桑叶的营养,不断吐丝,趋于成熟,然而作茧自缚,这叫“结壳”。此时,如果画家乐于这种成熟而安于“壳”内,就会“寿寝”于此。因此,凡有成就的画家都会设法从“壳”中钻出,一旦钻出便化作添了双翼的“蛾”。画家就是这样不断地“结壳”“破壳”“化蛾”,在不断的自我突破中,使艺术创作一次又一次升华到一个个崭新的高度 。我认为这个“破壳化蛾”,用来比喻葛惠男先生这次书风的蜕变,是最恰当不过的。书家同样要不断地自我革命,不断地突破自我,才能永远保持艺术的生命。

我们只要把他的新作与前几年的作品一比较,就能看出这种变化。他过去最大的特点是欹侧取态。通过险绝的点画,改变字形的平正,达到“泯规矩于方圆”,“穷变态于毫端”，以此抒放自己的性情，追求跌宕的笔势，加大点画的对比，张扬变形的结构，形成个性化的风格。而现在通过蜕变进入孙过庭《书谱》中所讲的“复归平正”的阶段，即进入到书法形神兼备的更高层次，将险绝还归平正，放纵变为收敛，张扬化作含蓄，从而使其书法的神境与意境得到全面的升华。此时的平正，已不是初级阶段的平正，而是在平正中充满了灵动与变化。现在他写的看似圆浑的线条，已不再是过去浅显的线条，而是将放纵、张扬的笔势、笔形、笔意皆收囊其中，变得神气朴茂，含而不露，蓄势蓄力，浑然天成。如若细看则越看越有味，犹如吃橄榄一样，品之越久，味之越深，作品也达到引人入胜而耐人寻味的艺术境界。因此，这种过人之智、超人之勇的蜕变，不仅是他书法创作理念与表现形式上的一次华丽转身，同时也是他艺术思想和人格魅力的一次亮丽展示。我们热忱期盼他在这条新变的道路上，取得“足以新天下耳目”的效果，创作出更多、更精彩的佳作呈现在大家面前。

评曰：由“欹侧取态”到“复归平正”，此书家“穷变态于毫端”之最难者，此惠男兄之“蝶变”也，亦振元兄之“蝶变”也。何哉？由正归而张扬，自然之速变；由张扬而正归，自我之新变。速变难，再变更难，自我之变难乎其难。惠男行也，振元知也，可贺可喜之大哉也。

题跋篇

题崔护师与大霖诸兄《蟹菊合景图》

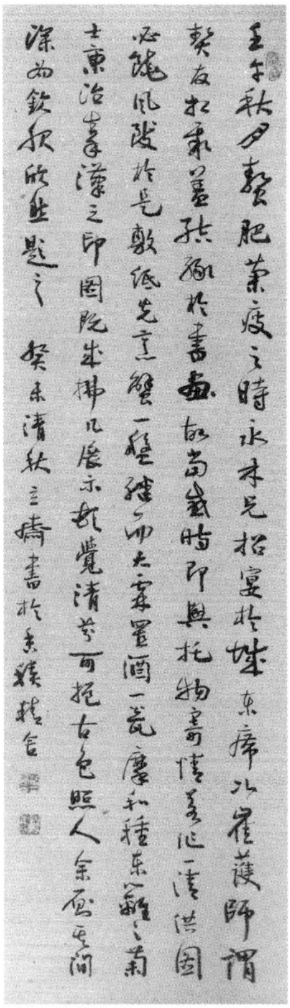

◆作者题《蟹菊合景图》

壬午秋月，螯肥菊瘦之时，永林兄招宴于城东。席次，崔护师谓：“契友相聚，盖结缘于书画，故当感时即兴，托物寄情，若作一清供图，必饶风致。”于是敷纸先烹蟹一盘，继而大霖置酒一瓮，玛和种东篱之菊，士东治秦汉之印。图既成，拂几展视，顿觉清芬可挹，古色照人。余厕其间，深为钦服，欣然题之。

评曰：持螯赏菊，江东之风雅也。如立斋之言，先是烹蟹，继而置酒，种菊，治印，纷至沓来于素纸而成一图，风雅之极而逸韵风生，尤为可人。

题崔护师《春光永驻卷》

自青藤、白阳出，写意花卉遂成专尚之墨戏，随意点染，烂漫天真，是谓淡雅之妙者也。今观吾师崔护水墨花卉《春光永驻卷》，即得此妙，所画梅、兰、山茶、绣球、十姐妹、蝴蝶花、玉兰、桃花、金盏菊、牡丹、萱花、虞美人、蔷薇、紫藤、凌霄，虽一花半叶，畦町尽脱，墨色为之淋漓，气韵顿觉清逸，第觉一片灵气浮动于上。既承传统，又出己意，清新华婉，妙在空灵，此乃七秩时所作之逸品也，使余想见其当年挥写之时，令人深嗟累叹

◆ 崔护绘《春光永驻卷》

而不能已。盖吾师私淑吴湖帆，工山水、人物、花鸟，兼善工笔与写意二体，晚年尤精水墨花卉，尝作《百卉百咏图卷》，落笔潇洒，天机灿发，且咏且画，一洗时习，填词写花，灵性独绝，惜仅完成其半耳。此卷今为海跃兄得之，当宝爱之。是为跋。

评曰：崔护老，性情中人也，花鸟情态，香传情韵，诗孕情因，画托情缘。《百卉百咏图卷》草本，今不知流落何处，惜哉。立斋见叶而悟枝、悟花、悟本，隐然赅《花谱》也哉！

题崔护师《牡丹折枝图卷》

折枝一词，见诸唐人朱景玄《名画录》，五代边鸾肇其始，黄筌、徐熙得其妙。花鸟原为山水、人物配景之用，自折枝脱然而出，始独立于艺林，兴盛于赵宋。盖折枝之法，取诸写生，截以芳枝，存其主，舍其次，以少胜多，曲尽其妙，所谓“自一以及万”，骎骎然，写意生而旨趣出矣。今观夫吾师《牡丹折枝图卷》，其九色之牡丹，醉艳酣春，生气勃然，妖娆万态，尽得其妙，既有徐熙状物之致，又得迥出人意之韵。故展卷白疑堆雪，红如流霞，紫若灵芝，绿比翠玉，黄似赤日，墨生乌金，妙手化工，旨趣卓绝。牡丹富贵花也，人争得之，以为国色。吾师画其折枝三卷，一自留，一贻余，一赠永林。今永林兄持卷来，是为题。

评曰：崔丈牡丹折技图卷，精气醉人，风情万态，吴中传为神品。立斋执弟子礼而景仰为文，顾盼自如，妙得心眼，亦化工手也。“红尘自有痴情在”，此之谓欤？

◆ 崔护《牡丹折技图卷》

题河南汉画像砖《车骑出行图》

家骥兄携河南汉画像砖《车骑出行图》拓片索题。此砖由两空心砖相拼而成，经压模、补刻、烧制、施色而成，规制钜丽，乃一模所成，东汉初之遗存无疑焉。图中车骑出行，两轺簇拥，飞驰过桥，浩浩然，前有导骑，后有杂戏，远则狩猎之，近则垂钓之，其权贵奢华之风可见也。尤以杂戏中两驰车挂索于竖竿间，伎人倒悬于索上，见者惊绝，令人唏嘘，此画像砖不多见也。且状模物态，形若浮雕，飞动之势，超然而出，诚难得之佳品也。

评曰：施施然出之，勃勃然言之，山人本色，书家面目。

◆ 汉画像石《车骑出行图》

题胡中元《百鹤图卷》

鹤者，阳鸟也，坐大寿而不可量，是为羽族之宗长，仙家之麒麟也。盖翩翩寿鸟，犹如君子，清远闲放，超然尘外。怀瑾握瑜之士，或诗，或文，或画，发思古之幽情，抒胸中之逸气。故羽客者，跨鹤九霄，乘云方外也；啸咏者，载鹤访梅，倚松而歌也；染翰者，招鹤楮中，翱翔笔下也。日来，中元兄濡毫作百鹤之图，长数丈，为吴中所未见。观斯图，松蟠枝虬，仙禽来仪，清韵冲霄，俯仰百态，其逸情远韵，非造妙自然莫能至此，诚如王昱所谓“画之妙，不在精细，而在清逸”也。是为题。

评曰：吾吴陆氏之钟爱也，千古之下尤为佳话，清逸独高，仙风骀荡，彩云拥护，琼月玲珑。立斋有幽院乎？若有，则竹藏柳拂，其必有翩翩者也。

题黄钟水墨山水卷

黄钟兄早岁师吴石渔，后师造化，以山水鸣于时，花鸟亦酣纵淋漓，非常人可及。此幅水墨山水卷，峰峦浑厚，草木华滋，意境深邃，韵致高远，一洗当今纤靡之习、草率之

◆ 黄钟绘山水卷

风。其笔法干净而活泼苍劲，墨采简洁而浓淡分明，用随意挥洒之笔，摇曳天真自得之趣。且于氤氲干湿之中，时藏笔中之墨；于烟崖云树之间，弥漫空灵之气；于平淡萧疏之中，妙承大痴之法。美在无饰之真，趣得情性之韵。如此精品，永林兄当可宝之。

评曰：包含四时，生化万物，此山水之概也。画中添色，锦上添花，此立斋之题跋也。永林者，何方神圣，多有立斋花色，宝之，宝之。

题黄钟水墨花卉卷

自李唐殷仲容以墨画花，启水墨写意之先河，赵宋刘梦松、尹白、赵伯驹承之。嗣后，元尚墨戏，明趋墨趣，以意写之，不在形似。青藤、白阳，独具玄门，天趣灿发，写意之能事毕矣。至清大涤子、扬州八怪，寥寥数笔，神情毕具，超出凡景，堪称神品。此皆文

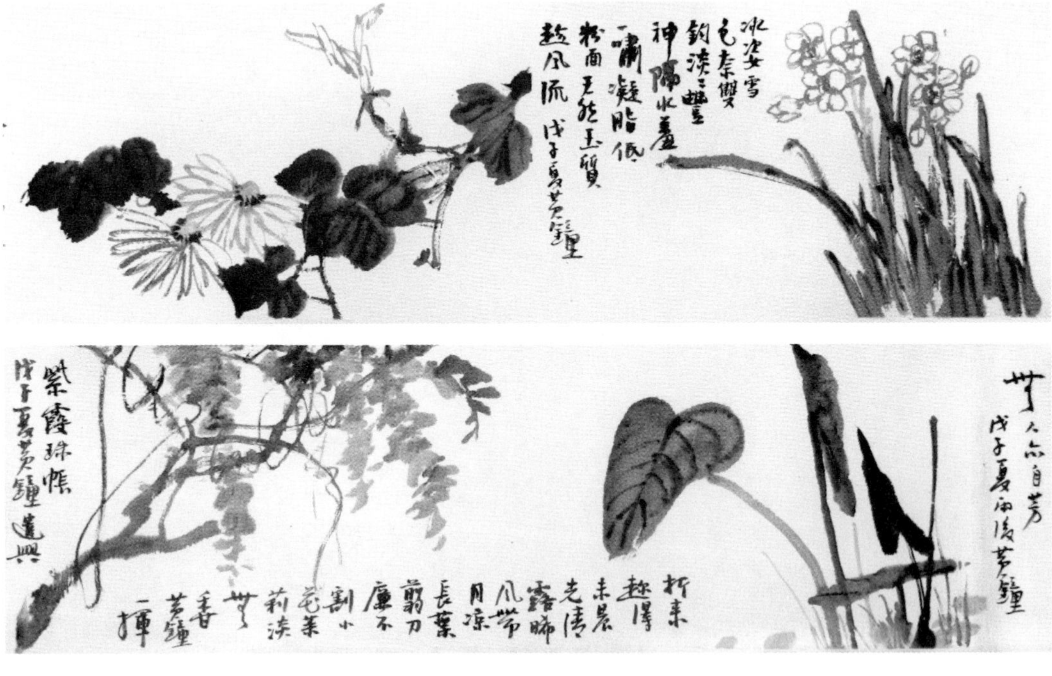

◆ 黄钟绘水墨花卉卷局部

人画之气象也。黄钟兄以山水名世，偶涉花卉，则逸韵风生，新面别开。以此卷观之，随意涂抹，满纸天真，水墨滃润，燥湿相间，笔法豪放，天骨挺出，清逸之气，宛在目前，令人不觉气夺。

评曰：黄钟丹青，妙在韵清；振元翰墨，妙在情长，无道学之言，真才人之笔，“空山无人，水流花开”也夫。

题慧通山水画立幅

◆ 作者题慧通绘山水画

禅则一悟，万法皆空；诗则一悟，万象冥会。今观慧通法师之画，亦有其悟，不为物蔽，不受心劳，不事雕琢，不假以色，信手拈来，尽得自然，具逸品之韵致也。

评曰：画山水如同游山水，非缘弗到；题山水犹过读山水，非情弗能。佛耶？仙耶？儒耶？均是，均不是；时耶？机耶？道耶？均切，均不切。是谓般若。

题曹大铁《九畹清芬图卷》

曹公，师从杨云史、于右任、张大千，擅诗词，工书画，精鉴定，富收藏，人称罕觏之才。骋驰艺苑，鸣则闻于天，飞则举千里。词学苏、辛，气逼迦陵，十杰之誉，见称于当时；书则纵横，逸气凌空，有声于艺坛；画则灵襟独照，胜趣笔端，盛名于南北。今见此《九畹清芬图》，如游戏逸品，别趣出于楮间。可谓造化无心，信腕而出之；天纵之能，纵溢于笔端。其简淡飘洒之致，使观者神驰不已也。

评曰："明珠在前，砂砾无光"，曹丈之谓乎？山之妙在峰回路转，水之妙在风起波生，九畹之妙，则在清芬无疑也。吴歈楚些，吾知其所寄焉。然立斋言之无涉，何哉？声一无听，味一无果也。

题金克昌《养生苑图》

◆ 作者题金克昌绘《养生苑图》

《黄帝内经》乃医家所宗，养生学之巨著也。养生者，养形、养气、养性、养神、服饵之谓也，其要义“人与天地相参”，调摄阴阳，治未病，治未乱，使形体不敝，精神不散，形与神全，防病未然。《内经》云：“虚邪贼风，避之有时。恬淡虚无，真气从之。精神内守，病安从来？”故养生，可强其身，益其寿也。今中医之有养生苑，乃传统之光大，吴门之特色也。克昌兄作图以张之，其弘扬之意，亦足称哉！

评曰：克昌兄图，予未之见。然随地用心，随地不用心，两者相济，必养生焉。故读图养心，读文怡情，予知潘、金两贤养生秘诀矣。无风雨不知花之可惜，无患难不知才之可爱，无图文不知生之可贵。

题杨丽华《水墨荷花图》

余识丽华女史于曲园，每于周日，相与品茇，聆其雅言，观其拂楮。其奋袖泼墨，一挥而竟，信腕出之，斐亹生动。余纵目辄叹，惊其为女中奇韫，巾帼异才。今丽华女史出示《水墨荷花图》索题，其笔光墨采，奕奕照人，洗尽柔弱纤秀之气，铸就浑厚雄阔之概，谓其女中丈夫，洵不虚也。且以书作画，笔力雄健；缘物写情，墨色酣畅；狂而不躁，怒而不张；意趣磅礴，气韵自然。所谓“寓有法于无法之中，写色香于色香之外”。余敛襟叹服不已！荷乃花中君子，“盈盈嘉色，娇艳欲语，冷香清远，高洁清丽，翠盖红裳，花叶俱香”。观是图，如坐春风，如挹秋爽，悦吾性情，使吾忘倦也。是为题。

评曰：立斋曩昔臧否人物，于丽华女史，多所揄扬。今观其题，乃知其来有自。所谓庄子方可诙谐，屈子方可牢骚，留侯方可持筹，淮阴方可推毂。谈晋故者，愿勿忘此。

◆ 杨丽华绘《水墨荷花图》

题《郑板桥墨拓六分半书手卷》

板桥之书，蹊径别开，古秀独绝，妙在“骨不可凡，面不足学”，不专一家，而自成一体。故与其诗画比，则以书为最。纵观此卷，以中郎之体，运太傅之笔，学右军之形，取众妙之长。楷行相间，亦隶亦草，驻节摇波，纵横奇倔，以六分半书炫于世。然可资真赏，不可师范也。

评曰：予尝至拙政园“拜文揖沈之斋”读荥阳书画，不可方物，退而观立斋之言，有“不可师范”一语，颇惬予心。善诈者借我疑，善欺者借我察，善舞者借我目，善批者借我念，此之谓欤？

题龙生藏张晓飞《前贤逸致图卷》

夫前贤素心，或印诸琴棋书画，或形诸介石松竹，逸情塞乎天地，正气沛于古今，此所以为后人法则也，亦为龙生家藏晓飞小卷初衷。日来携卷索题，予展视之，惊为拱璧，且已有伯乐、锡麒墨宝，不啻锦上添花也，欣遵雅嘱，秉笔涂之，幸而附骥矣。

评曰：文如走珠跳丸，辞则理直气壮，与媚俗无缘，与矫情无缘。皮子云："成吾高风，唯静之力。"予信之矣。

题陆海平奇石挂屏

癸未十月，海平兄西游神农架，于野人谷口得奇石。其形若怪礁争秀，迅流激射；其势如吞天沃日，雷霆迸落。令人目眩神骇，可赏可玩，宜珍而宝之。立斋题。

评曰：海平有奇石，取诸鄂北山野，奇形怪态，无可名状。立斋且看且赏，有“雷霆迸落”之叹，是亦天际真人相耶？

题陆华《芙蓉图》

昔人云："五月临平山下路，藕花无数满汀洲。"五月之于莲花，信有其来，而不必俟六月之盟也。陆华先生才艺博衍，誉溢海内。其纵笔挥洒，似不经意，抒其清旷，发为颖异。故端午泼墨，菡萏既作，斯华独妍，苏辙所谓"开花浊水中，抱性一何洁"。前引灵均，后开濂溪，于形则娇姿欲滴，于嗅则异馥引醉，秀外慧中，一望清逸，园池奇葩，人生长物，非此而何？

评曰：金陵陆公，予之友也，曩日函《芙蓉图》而索题，予请诸立斋，并充数其后。高柳宜蝉，低花宜蝶，曲径宜竹，浅滩宜芦，庭树宜月，小轩宜香。此天开图画者也，而陆公芙蓉，非立斋不宜同逸矣。

题马德康《秦汉瓦当集萃》五则

一

瓦当，即瓦头也，既挡上瓦下滑之用，又为殿宇檐头之饰。配以图案文字，寓以象征祈求，大盛于秦汉。汉瓦当多沿用秦文，盖篆文近古，易变异，可纹饰，故汉虽通用隶书，而篆文间用不绝。此“禁军”阳文瓦当，未见著录，且“军”字上部作阴刻，与“千秋万岁”当之，“千”字作阴文相类，可谓同风并美，为瓦当文罕见之变例也。按，一说该瓦当为“禁圃”，禁圃乃禁苑蔬果之圃，属水衡都尉。因其下部残缺，未见全璧，推为禁圃瓦当，似亦成理。立斋又题。

二

秦汉瓦当以圆形为常见，其图案文字，或均衡，或对称，或回旋，极其变化，古韵独具，实为秦汉艺术之奇葩。此“汉并天下”瓦当，属颂辞，分区布势，字随形变，似欹而正，圆润流美，其匠心之巧，令人摩挲不已。

三

瓦当为文，始见于秦，鼎盛于汉，皆为模制。此“与华无极”当，属吉语，仅以圆心双圈，乳突为饰，字间无界线分隔，其式为四字瓦当所仅见。篆文诘屈婉通，呈回旋之势，示人以空灵流动之态，别具意趣，观之赏心。

四

宫字云纹当，为宫殿通用之瓦当。云纹，以象天汉，祥云缭绕。其纹饰由铜饰回纹演变而来。

五

鼎湖延寿当，《三辅黄图》云“鼎湖宫蓝田”，此为鼎湖宫之物无疑。“湖”省文作“胡”。立斋识。

评曰：马氏瓦当，予尝见之，秦汉圆润之风，蕴于其中矣。立斋摩挲，为题五通，虽无云谲波诡，求险矜异，款款言来，道心可掬，诚亦奇事而不失其真，玩华而不坠其实也。

◆ 作者题瓦当五则（部分）

题周玛和《四君子图》

玛和兄持《四君子图》索题，余披卷摩挲，神游其间，爱不忍释。盖淡墨淋漓，挥洒自在，尽脱浮华。其抱寒之奇纵，香祖之幽媚，劲节之清狂，傲霜之脱古，清气流溢，湛精妙绝。吴中能出其右者，鲜矣！令人叹为观止也。

评曰：玛和《四君子图》，天机英发，涤妄证趣。而立斋云“吴中能出其右者，鲜矣”，诚哉斯言。为雪朱栏，为花粉墙，为鸟疏枝，为鱼广池，为素心开三经，为高士洒杏坛，吾向往之矣。

◆ 周玛和绘《四君子图》

题潘辉书《唐寅落花诗卷》

唐寅书于明清间为画所掩，不以书名，故评其书者仅一二人而已。王世贞《三吴墨妙》卷上曰：“唐解元一札草草，其书软熟，亦不恶。”其评不甚公允。唐寅幼而力学，壮益刻苦，天分卓绝，自有面目。书以赵为基，能遍参诸方，博取众善，趋待诏，掺北海，熔鲁公，法南宫。故其《三绝书》与赵书近，《高人深隐卷》有待诏意，《诗册》在赵李之间，《西洲话旧图》之长题一展南宫之方劲，而《落花诗册》则搀合赵颜之妙，以鲁公圆硕多肉，横细竖粗，顿挫诸法融会己意，舒发其性情之正，展现其风人之旨也。今潘辉女史持

◆作者题《潘辉书〈唐寅落花诗卷〉》

所临《唐寅落花诗卷》索题，以耄耋之身，运灵动之笔，吐绮阁之秀，其结体婉媚，用笔含蓄而流畅，已不失原帖之旨趣。余展读一过，恍对耆者飞素，尤生慨焉。

评曰：吾本桃花坞里人，于伯虎尤契心怀。当年人来，云飞烟灭，所不朽者，书也，诗也，文也，画也。而王氏抑唐，意有所指，为立斋勘破，亦奇功一桩。世上之事，快意恩仇者易，随意人生者难，而养和天机者更难。立斋知难而进，不负先贤矣。

题潘治军《姑苏概胜图卷》

吴门古都，东南雄州，地跨五湖，势控三江，集山川之形胜，汇人文之渊薮。故代有妙笔，勾勒胜况，昔存盛世滋生之图，今有姑苏概胜之卷。是图起于澹台宝带，止于太湖玉枕，两桥如虹，飞架今古沧桑，尽状古城新貌。其山温水软，林园映带，古巷小桥，如锦缀珠，奥区之灵秀，瑰丽之景象，淑景可人也。所谓人歌乐土，时颂升平。治军兄精绘此图，丹青呈祥，抒一己之宏怀，写吾吴之辉煌，是必有声今时，传诸久远。

评曰：我吴胜概，在乎素，在乎真，在乎惜物，在乎养机，在乎掬天地精华，在乎聚江左人文。治军图，予未之见，而立斋文，予阅之矣，镂水雕琼，流光自照。

题缪育平藏钱持云水墨山水画卷

钱公此卷，神在用笔，妙在用墨。观其山顶矾头，折搭转换，破笔纵横，率意之间，筋力弥满，致通体浮动之趣。而用墨亦妙，淡墨渗软，焦墨点苔，浓淡深浅，各极其致。且渊源有自，波澜老成。可见巨然之神韵，大痴之变格，石涛之灵动，宾虹之气象。惜哉！有大家之笔墨，而无大家之盛名，深可惋叹也。

评曰：立斋所谓“渊源有自，波澜老成”者，必有佳喜。钱公虽未独步，亦一时之秀也，吾其待之。虽然，能会难通之解，方可参最上禅机。钱公其勉之者。

题潘裕钰花鸟画册

世人但羡裕钰兄之戏剧人物，而不知其花鸟写意之妙。盖其笔法如写生，游弋生辉，迥出侪辈。且用色之奇，全以灰调复色，别开生面，直堪睥睨古人也。立斋题识。

评曰：绘空镂影之笔，妙在一“活”字。此花鸟写意之所以勃然之兴于画坛，而裕钰别开生面，意外殊妙，变眩百端，诚一吞花、卧酒、喝月、担风之英杰也。

◆ 潘裕钰绘花鸟画

题王谷安《唐宋诗词卷》后

书道之妙，当以神会，心与物游，乃得造化。其神采，托以形，存乎骨也。故《书谱》云："众妙攸归，务存骨力。"然时人不以骨重，岂非遗其本乎？今谷安兄所书《唐宋诗词卷》，功深力到，精神透纸，以北海为骨，参以"二王"之法，兼篆隶之醇，是以灵襟独照，韵致洒然。余深爱其用笔精绝，天骨挺出，是为题。

评曰：立斋论书，力主骨力，推崇神似。然于阐述之间，独抒襟抱，吾见乎《题王谷安书唐宋诗词后》是也。如天女散花，似万水朝宗，顾盼之间，美妙迭现。法无定法，而意有长意。

◆ 王谷安书法

题夏雷根藏《名家书画笔精墨妙册》

◆ 马伯乐绘山水立轴

雷根先生好收藏，犹喜交友，常往来于书画家之间，每遇蔼然和然与之畅洽者，则喜于形，感于心，化于言，勤于行。故与其善者日多，其蓄日富，其藏日精也。今展读《名家书画笔精墨妙册》，其留翰墨者，皆吴中硕彦。施公仁之书，如清风之藻，绰有晋人风致，画如白菊之经霜，气清韵古；崔公护之画，画中有诗，超妙如援琴一曲，令人百虑一清，其瘦金之书，刚柔相济，瘦硬潇洒，如金玉之姿，挺出天骨；张公继馨之篆，如苍苍之山，郁郁之林，清新而俊逸；江公洛一之竹，“挺纯枝于自然，含虚中以象道”，逸气满纸，卓然不群；马君伯乐之人物，写意入神，如白露满庭，明月在天，清远而高淡；王君锡麒之仕女，如虢国之夫人，六朝之粉黛，纷红骇绿，餐可忘饥；而周君矩敏之摛藻，其性情、识力、画境，会合风致，沉浮雅俗，慨古今世情，写人间物态，令览者抵掌开怀。噫！此册意象物趣之美，如锦缎玉案，珠玑辉映，诚不多见也。去岁，雷根先生持册索题，余冗事满前，不能自已，非人所能知，延宕至今，始得一泄胸臆也。

评曰：雷根先生，不知何许人也。虽然，藏丹青翰墨，诚为雅事，亦盛世常事。然浸淫山光水声，月色花香，颠倒情思，日久必有大成，亦东坡先生左右吴复古之俦乎？

题杨丽华青花松蝉敞口瓷瓶

◆ 杨丽华青花瓷绘

民窑瓷绘写意之风，肇自有唐铜官窑，逮至明季，青花写意趋于质朴率真，为艺林所奇。然曩时乃艺人所制，而今成方家之作。故瓷绘今胜于昔，品高而意远。丽华女史擅丹青，精制瓷，其青花瓷绘精光流溢，掩映古今，诚吾吴高手，近今罕匹。所作松蝉敞口青花瓷瓶，枝虬骨张，蝉鸣高远，出于浑融，化于天真，状于飞动，而结于空灵。可谓清与境合，神韵超轶，若非托寄深远，不能臻此也。

评曰：先史后论，此立斋题跋之律。史者或概括，或溯源，论者则缘事而议，阐幽发微，雍容大方，于中可见文章法则，所谓“鹤有还巢梦，云无出岫心”者也。

题张青涛青绿山水卷

当今吴门善青绿且得倩庵真传者，惟青涛、大霖两人而已。日前，青涛兄出示此青绿山水卷索题，第见烟峦云树、缥缈灭没之间，空旷宁静，意境如诗，出蓝之能晰见。盖青绿难在清淡，王翚《清晖画跋》云："凡设青绿，气要轻清。"恽寿平云："青绿重色，为秾厚易，为浅澹难。"此卷妙在斯难者焉，青绿与水墨相间，烟云与块垒成韵，静动相映，浓淡参差，笔墨酣纵，悦性弄情，使人心目萧爽，神思飘宕，清内有明净之致，淡中带甘洌之味，既养眼也，又修性也。于当今画道日趋浮躁衰谬之时，犹得见此传统绘画之精华，岂不快哉！

评曰：爬梳采摭，铢积寸累，此学问之道，于书画何尝不然！逮至养眼修性，雁引愁心，山衔好月，已进化境也。

◆ 张青涛绘青绿山水

题张继馨花卉册

继馨先生之花鸟，法古人，师造化，既有辛稼先生之酣纵，又具陆恢之浑融。故其画神韵超轶，体备众法，笔与气驱，势逐兴起，枝奇花异无所不能，鸟兽虫蝶无所不精。开合大度，不落畦径，且南画北相，得刚柔兼备之妙也。

评曰：予尝为继馨老书领题曰颠倒葫芦，盖其或酣畅，或浑融，弹尽世相。振元题其花卉册，又曰刚柔兼备，是又一葫芦妙着。守真志满，逐物意移，此振元之所以悟其义、写其神也。

◆ 作者与张继馨合影

题周彩宝绘爱竹栽竹写竹横幅

《诗》云:“瞻彼淇奥,绿竹猗猗,有斐君子,如切如磋,如琢如磨,瑟兮僩兮,赫其咺兮。”盖竹之虚心有节,比德为贤人君子,为先生所爱。故施之于画,用笔劲利,疏畅洒落,神采若飞,清气照人。然先生自谦不已,其性直心空,吾当称先生为“清虚居士”也。

◆ 周彩宝写竹

评曰:予尝于崔公侧,见彩宝女史画作。岂其“崔竹”余韵耶?自瑯玡王氏以来,至东坡而下,先贤之爱竹、栽竹、写竹,多有寄介直于飘逸,寄沉郁于悠闲,是又在清虚之上,立斋未及述之,何也?盖诗中已有切磋琢磨,留予言之乎?一笑。

题程质清《岳阳楼章草稿本手卷》

程老章草为最工，以高古峻洁、浑健厚重称美，虽以晋人为楷模，落笔中锋，笔送画端，然融会善变，笔含隶法而带篆意，体正笔圆而有逸致，不争奇字，不傍户牖，独抒己意，浑灏孤行，给人有巧拙相生、妍媸相成之妙。此幅稿本，涂画更改，似不着意，然本于性情，参乎自然，破刻意之工整，循缘机之触变，故逸笔草草，皆成雅韵，诚可藏玩。

评曰：书至章草，浑灏孤行，妍媸相辅。文至立斋，曲而生姿，声韵并发。

题朱大霖《黄山秋色图》

◆ 朱大霖绘山水册页

庚午年秋，余与大霖及沧浪书社诸同人登黄山，观云海，于排云亭前赏心不已，醉群峭之摩天，迷烟云之变幻，陶然天地之外，啸咏山水之间，皆心释神融也。时隔十有四年，大霖作是图，使当年之景，宛然眼前。大霖幼承庭训，深得父风，格高调雅，笔精墨妙，于秀润中饶古意，于莽苍处见豪情，烟云满纸而气韵冲融。其于山水，别具性灵，得之目，寓其心，外师造化，中得心源，实有一种自得之趣，令人不可企及也。

评曰：尝闻香宜远焚，茶宜旋煮，山宜秋登，盖个中三昧，格于远近、仿佛、迷离之故也。而于秋山为极，半拙半式，半醒半醉，大可潦倒放怀，大霖、振元图文庶几近之。

题方永庆《万里江山图卷》

方君永庆，徐绍青入室弟子也，旦夕操觚，好之不疲，得之于勤，发之也精，承继正脉，雅擅六法焉。予每观其吐纳烟霞，呼吸沆瀣，抉其意象，游戏笔墨，则称快不已。今又得见其《万里江山图卷》，恍如乘扁舟，徜徉于江南湖峦之间，得山水之形胜，快风月之观览也。王国维云："夫绘画之可贵者，非以其所绘之物也，必有我焉以寄于物之中，故自其外而观之，则山水、云树、花草无往而非物也。"永庆兄此图水墨有情，山峦趣清，性与物融，妙在笔墨之外。盖思发于性灵，意寄于物象，物我相薄，形之笔墨，如风水相

◆ 方永庆扇面山水

遭自然成文，如泉石相舂自然成响。写自然之态、重心象之趣，犹如唐志契《绘事微言》所云“自然山性即我性，山情即我情”也。开卷使之爽目，情景接于几席，永庆兄有此佳作，予能无一言以志之？是以为题，一泄胸头块垒耳。

评曰：诗有别才，非关书也，图文亦然。永庆之图，未见而不敢妄论；立斋之文，沛然在前，又欲持樽浇块垒，是别有怀抱者，则亦有别才者乎？谁非过客，花月方是主人。尔视可以茫茫，尔发不必苍苍，予与立斋同勉。

再题周玛和《四君子图》

梅兰竹菊称四君子，始于赵宋，其寓兴托意，与诗人相表里。以书作画，不施五彩，适其性，写其意，似与不似间，极尽笔墨之变。寄清幽虚逸之韵，喻君子之品格，抒胸中之志趣。明清以降，骚人墨客所传焉。日来，玛和兄作《四君子图》，贻大霖、士东与余。大霖向慕已久，得之拊掌跃起，欣喜之情动于容。予观是图，全以草法入画，犹有汉印气象。其运笔如斧，用墨如金，纵横斩绝之势，莫可名状。若恍惚而来，不期而至，无心落笔，骤然得之。非得正法眼、具斫轮手，寄意高远，曷能臻此？余叹服再三，感君子之交，同明相照，同类相融也。乃为之题。

评曰：立斋此文有两大异。一曰“四君子”者，梅兰竹菊之谓，而暗合玛和、大霖、

◆ 周玛和绘《四清图》

◆ 西山梅园合影（左起潘振元、朱大霖、周玛和、张士东）

士东与立斋四人也。然吾不知何人冬挺，何人幽香，何人有节，何人傲霜，抑或四人共勉乎？二曰"汉印气象"者，直指玛和擅方寸之长也。以无尚操刀，运墨如金，此说至奇至新，堪备作文一格。

题富昌长寿安乐砖

东汉此甓，出自北邙。两面纹饰，形取长方。其式莫名，天圆地方。寓意难测，平斜纹样。观彼端侧，铭文吉祥。一曰“长寿安乐”，一曰“富昌”。虽为模制，浑朴无双。阳文缪篆，整饬见方。匀称曲叠，变化蕴藏。挹此佳拓，神为之爽。若清风远来，月影入窗。弄翰飞素，自适不忘。

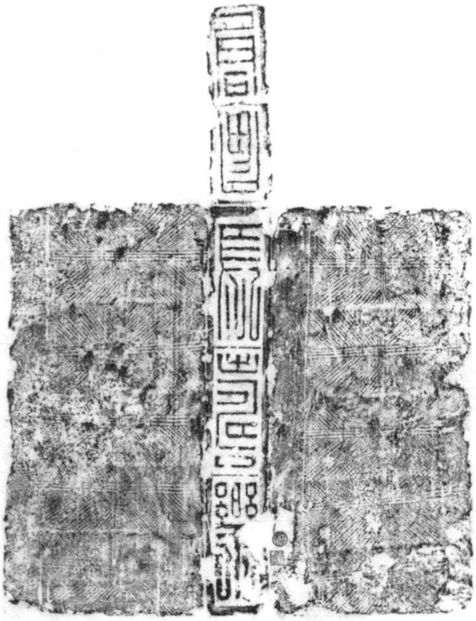

◆ “富贵长寿”汉砖

评曰：立斋于书画外，旁及百物，多有挥发，所谓舒目披襟，有物外之观、霞表之胜。予尝对人言曰：吾吴精美，园可以缓览，山可以缓游，人不可以怠见，而人中之龙凤犹不可以怠见。何哉？立斋所谓“清风月影”“弄翰飞素”者也。是则立斋亦其俦欤？

题朱大霖《黄山揽胜图卷》

黄山素称灵奇，山奇云奇，石奇树奇。故墨客登览，情满于怀，思发于心，追胜乘快于毫素间，极其云山之美也。今大霖兄以其《黄山揽胜图卷》见示，峰岭际天，烟霞氤氲，神气中融，虚实相生。夫画自古以虚为难，赵宋始知用云。大痴则墨中藏笔，倪迂则笔中藏墨，虚以实之，实以虚之。是图云气点染，盘薄如意，简淡超逸，深谙倩庵用笔之妙焉。诚可谓古人神骨，大家风韵，尽在腕下。三复展玩，赏心乐怡，其曷可胜道哉！立斋题识。

评曰：黄山之奇在于灵，大霖图之奇在于虚实相生。而虚实相生，实亦"灵"矣。故而云"古人神骨大家风韵"者乎！为文贵曲，曲而盘灵，灵而生妙，妙而出神，神而入化。此立斋之文，赏心乐怡，其亦"曷可胜道哉"！

题薛春泉藏韩天衡“般若”印蜕

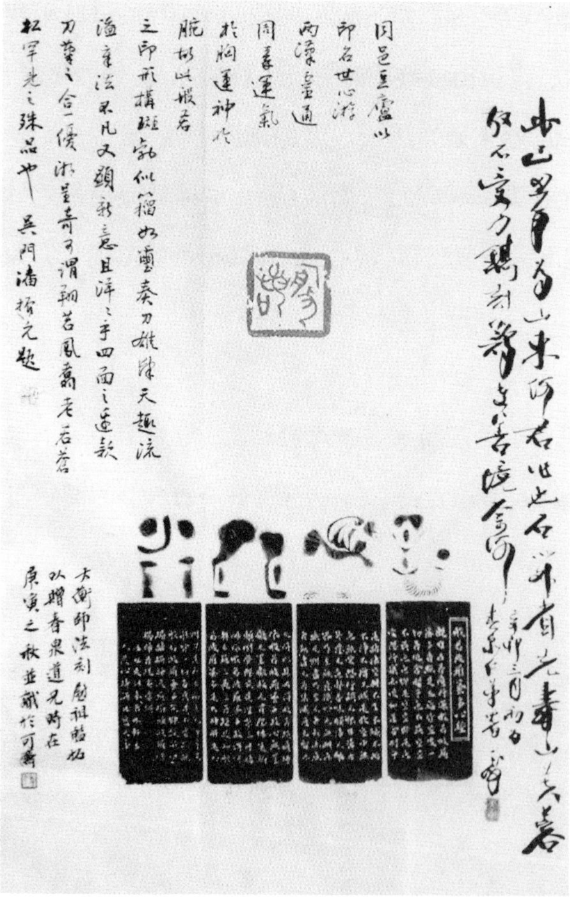

◆ 韩天衡“般若”印蜕

同邑豆庐，以印名世，心游两汉，灵通周秦，运气于胸，运神于腕。故此“般若”之印，形构斑勃，似籀如玺，奏刀雄肆，天趣流溢，章法不凡，又显新意，且洋洋乎四面之边款，刀笔合一，优游如意。可谓翔若凤翥，老若苍松，罕见之殊品也。

评曰：月摩日刓，虽尤物不免。然有“般若”剩焉，奇哉。宜乎春泉藏矣。有振元题品，则愈出愈奇。天也，缘也。

凌风阁大理石地屏“烟岚叠嶂”题铭

苍山之石，厥质清莹。烟岚峰峦，浑然天成。览者爽目，遐思入云。涤吾烦虑，冶尔性灵。赏者福生，怡者寿增。

评曰：花有容，月有华，山有脊，水有性，苍山之石有何者？铭也，立斋之铭也。

跋崔护老师《写竹册》

此册墨竹,潇洒大似王摩诘,风骨不减文与可,吾崔护夫子神来之笔也。吾师有四绝,画一,诗词二,瘦金书三,文四。其墨竹更有“江南第一竹”之称焉。观其写竹,成竹

◆ 崔护写竹

在胸,腹稿在心,兔起鹘落,得心应手,可谓绘其形,写其神,得其魂,人竹相映,操韵高洁,竹之品格尽显于目前。今复览之,摩挲弥日,敬题数言,以示仰止也。

评曰:公当年于海上,以“崔竹”驰誉画坛,尔来移居吴门五十余年,风舞管城,月洒五墨,世无方物。予与崔公,谊结忘年,悟其风骨之秀,在乎竹与兰也。曾作月旦之评,历数门下弟子,惟于潘兄振元,多所推崇。今读振元《写竹册跋》,有“人竹相映”数语,岂止崔公之当仁,亦振元之不让也。

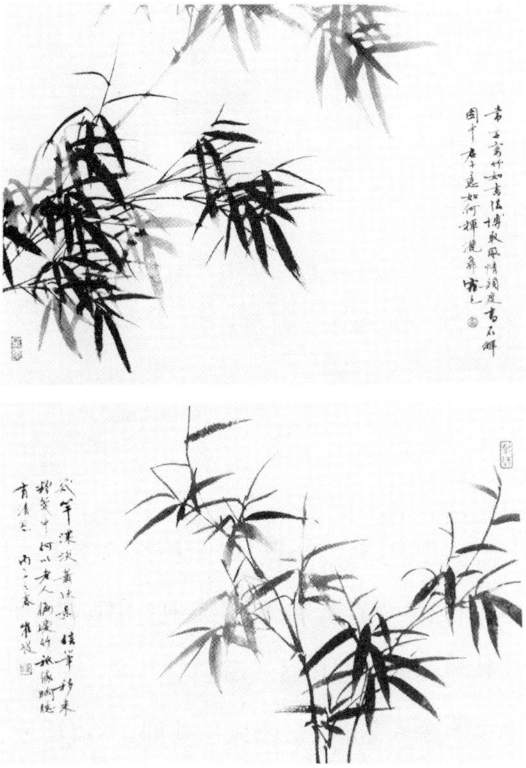

◆ 崔护写竹

跋金克昌《瑶岛秋色图》

三山者，俗呼小蓬莱，距杨湾西南十八里，四面环湖，三峰错峙，其叠石、十二生肖、香炉石、牛背岩诸景，胜甲吴中。庚辰秋，平江画院同人赴三山采风，归来，克昌兄作《瑶岛秋色图》以记其盛。时隔有年矣，洛一老持其手卷索题。往事悠悠，记忆犹存，今披卷焉不令人慨然。是图岚色苍郁，不妆巧趣，峰峦出没，皆得天趣。烟水洋中，风帆片片，清峰岭下，橘红点点，恍然置吾身于其间。当其晨出胥口，大雾迷漫，冥濛一色，不辨天水，若沈德潜“何处辨三州，茫茫见阴翳”之意。船环转湖中，亦不辨所向。亭午，雾稍退，始得登岸。俄尔湖光山色，渔舟村舍，壁峰巉岩，尽现眼底，顾眄远目，即如斯图也。余与克昌兄契谊已久，展此图，写景如在目前，想见握管点染时，清标玉立，吞吐烟云，其

◆ 金克昌绘《遥岛秋色图》

灵心妙腕,何人能与相企及也哉!

评曰:先记由头,再叙图画,以“恍然置吾身于其间”引起记忆,纯出自然。后又以“展此图,写景如在目前”,联想“想见握管点染时”景,真所谓水流花放,路转峰回,机巧玲珑,一唱三叹。

跋孔永林藏金克昌《"世遗"苏州园林图卷》

姑苏园林始于西周，兴于东晋，盛于明清，代有杰构，闻于世者，以千余计。初吴王之馆娃、刘濞之茂园、孙权之芳林，皆皇家所造。而私家之园，肇自东晋顾氏辟疆，其池馆之胜，号吴中第一。盖吴人进退之份既定，荣辱之事相忘，筑室治园，种竹栽花，以享闲适之乐。或寄意林泉，或风雅自得，相趋而成风也。降及明清，名宅佳园不胜其数，绳绳也，焕焕也，卓为"一二等富贵风流之地"。洎今园林之众，构成之精，独步中外，为世所罕，诸名园亦已入列"世遗"之名录矣。今永林先生持图索题，览之，乃克昌兄所绘"世遗名录"之园林长卷，其网师园、狮子林、拙政园、耦园、留园、艺圃、环秀山庄、沧浪亭、退思园，次第绘出，概括精当，裁接自然，笔致雅逸，兼饶韵趣，绮构清美生动，写景如在目前。吁嘻！何其淡雅且精妙若此欤，诚不可多得之佳作也。

评曰：克昌兄绘图，飘逸雅洁，自有吴门气象。而振元跋言，先史后论，流精妙于字里，展名园于行间，腹笥充沛，容与自得。于图卷为锦上添花，于文本为呈手天成。

跋潘佳麟《百株牡丹图卷》

佳麟先生，吴中耆宿也，顷以其《百株牡丹》长卷嘱跋于予，谓此卷原牡丹折枝图也，去岁求题，瓦翁先生曰："昔有百蝶、百马，而无百牡，若以百牡图索题，不亦善乎？"于是持图归，历时八月，遂成此图。今披是卷，花发百株，长数丈，放香喷雪，藏蕊散金，蔚为大观，且夫吴中耆宿跋文相属，珠玉满目，墨采照人，美不胜收。佳麟先生抱病丹青，不计一时之名，不争一喙之利，乐于捐赠。《礼》曰"富润屋，德润身"，有诸内必形诸外。故其画，上窥黄筌，下跻非闇，国色斑斓，尽得天倪。正足以见先生画技之功与人品醇厚也。读其画，敬其人，是以为之跋。

评曰：予之结交耆宿瓦翁、崔护，多潘公佳麟之力也。每展其图，或有瓦翁、崔老题款，今又有振元兄跋，缘也，亦幸也。虽然，喷珠溅玉，清明在躬，两潘相勉之乎？

跋俞振汉藏《吴中四老合写四君子图卷》

世人钟爱梅兰竹菊者,其有君子之德也。梅称花魁,含苞为先,冰清玉润,清艳两绝;兰生幽谷,宛然自芳,香清馥远,纫佩见赏;竹性孤特,脱俗超凡,枝枝傲雪,节节干霄;菊本高逸,不伍众葩,冒露吐蕊,独睨风霜。故梅兰竹菊久已比诸君子,揄扬于卷轴。今俞君振汉持《四君子图》索题,盖由尊师崔护、耆宿施仁、江洛一、九玉淇诗画合璧,四老犹吴中四君子也,艺德双馨。今观是图,神契莫追,情逸韵远,直堪与古人相辉映。是亦吴门艺苑盛事已也,余乐而从之,是以为跋。

评曰:梅标清骨,兰挺幽香,竹介孤节,菊傲风霜,此四君子之所以为君子者也。立斋为四君子图卷题识多矣,无不潇洒笔墨,乐而揄扬,一似重于仰慕。岂其思之追之,愿同道共勉之耶!

跋杨光宇山水图

王穉登云:“画法贵得韵致,而境界因之,全在纵横挥洒,脱画家习气为妙。”今观光宇先生山水轴,层云悠悠,莽原苍苍,平淡天真,而又迹简意连,其自得之趣,令人瞩目。且夫绝时风,去依傍,洗面目,拔新异,衷中渗西,古今同构,自立真我而气象混沌。其不雕不琢,不矫不饰,顺天理而因自然,可谓得神与境合之妙也。

评曰:光宇先生山水图,余未之见。所幸立斋跋文在,每读至“层云悠悠,莽原苍苍”,辄感动再三,信乎“顺天理而因自然”之语也。起首引王语也,言简意赅,深得题跋三昧。

跋周立平藏沈晓东《群芳竞艳图卷》

汉之前，妇女见之画者，则为教化之用，两晋始列“妇人”“绮罗”画品之目。至唐殆有士女画之名，其张萱、周昉一代仕女之画风，称盛一时。延之宋元，则日趋式微。至明清又复盛，明之唐寅、仇英“精丽艳逸”，清之改琦、费丹旭、任颐之“柔和秀逸”，人争宝之。今观晓冬《群芳竞艳图卷》，仕女之工丽，布景之精雅以及游乐之真趣，可谓冶而清，艳而逸，极尽闲冶之态，娟秀而有韵，为流辈所不及。立平兄当可宝而藏之也。

◆ 周立平藏沈晓东绘《群芳竞艳图卷》（局部）

评曰：予尝读吴门王锡麒仕女图册，形象娟秀自不必说，而后顿悟“烟视媚行”之义。振元谓晓冬竞艳卷“冶而清，艳而逸，极尽闲冶”，岂亦“烟视”乎，“媚行”乎？岂亦振元感于中而“为流辈所不及”乎？潘郎风流，蕴于题词，自亦佳话，于是掷笔莞尔。

跋《百年寒月印存》

乙酉三月，吾吴艺林盛办“百年寒月”寿庆于宏葤。不数日，寒月先生捐馆西去。其悼念之众，影响之巨，于印林中罕见相匹者，其弟子后学刻“百年寒月”印，汇存一册，寄其景行仰止、缅怀之情，冀由印社庋藏，以作永念。嘱余题签，并述其原委也。张寒月，字莲光，别署寒月斋主，吴昌硕弟子。其淬励于铁笔八十余年，治印三万余钮，挟吴赵之奇气，绍秦汉之遗轨，腾跃江左，得“金石杵”之誉，卓然为印坛巨擘。金天翮赞其“艺成名与秋同贵”，比其名为黄秋盦与陈秋堂也；叶公绰题词“凿破混沌，雕镌造化”，喻其印超乎象外，独得天倪也。盖寒月先生以仁者之心溢于刀端，敦励品行跃于印上，故星岳才名，举世所称。且其诲人不倦，桃李天下，吴中印人十之八九为其传人，功德何其量焉。今展读此册，如割锦千匹，众美纷呈。承吴门印派之坠绪，显寒月之前徽，炳印社之精英，故“一花一世界，一叶一如来”，精绝无比，可供赏目者夥矣。玛和，伟峻沉厚；静斋，古朴疏朗；潘风，劲折明净；宋咏，圆通入古；朱彭，雄直爽利；矫健，字法奇特；昱华，玉印风清；裕果，封泥空灵；春泉，夸张自得；智海，运斤拙直；荣昌，铭文古趣；顺舟，凝拙生韵；苏红，切法劲畅；亦鸣，简约坚挺；炳元，平直铸趣；安翔，奇古朴茂；祖惠，埋刀不露；德康，装饰之趣；巨城，私钵之味；杨泓，恪守汉法；薛龙，恣纵笔意；建伟，端凝朴实；石冰，烂然师法；熙民，圆润劲厚；莉鸥，白石遗意；余讷，造像逼真；燕南，烂铜之象；培诚，瑰诡之态；洪波，方圆相济；永坚，汉之三昧；耀祖，典雅精到；飞鸣，峭爽劲削；晨曦，疏散轻清；冯雷，疏密简拔；培泉，劲冲涩进；顾工，雄沉古厚。皆出入秦汉，熔古铸今，各穷其趣，各极其变，展方寸之能，得造化之奇。寒月先生有知，亦将欢喜无量也。余忘其谫陋，谬缀数言，以此为跋。

评曰：予向驽钝，尤于印章，不辨东西，故与寒月老失之交臂。然与玛和，性情相交，多有请益，于静斋、潘风、宋咏等，往来亦多年矣，今阅振元之跋，乃知大树虽已飘零，层峦叠翠，尽其婀娜，是吴门之幸，方寸如来也。

跋崔护师《星岩春色图卷》

岁在癸卯之春，余经荐引，得拜崔公门下，迄今已近五十春秋。日前，云鹤兄携吾师《星岩春色图》索题，展卷柳色盈目，韵致洒脱，其画柳叶之新法与课徒授余之“石湖迎春”扇相类，睹物思人，顿起人琴之悲。业师崔护，私淑倩庵，善书法，精绘事，擅诗词，兼工界画，为一代名家，蜚声中外。姜绍书《韵石斋笔谈》云，画家宫室最难为工，不但以笔墨从事，兼通木经算法方能为之。顾此卷相融山水、人物、界画于一体，得妙腕之超拔，皆精心于状物，非率尔操觚者可拟也。其台阁参差，构思精密，千榱万桷，位置无差，既合绳矩，又具新意，诚行家绝艺也。且抒其清旷，豁其胸襟，追古人之风骨，写当代之风情。其淡墨轻岚，运笔简逸，有洒脱出尘之致。人物写生，随意点染，神情逼真，时代风韵尽在楮墨间也。此卷原藏于画苑，后随“改制”而流散人间，今归云鹤兄，幸甚！幸甚！是为跋。

◆ 崔护绘《星岩春色图卷》(局部)

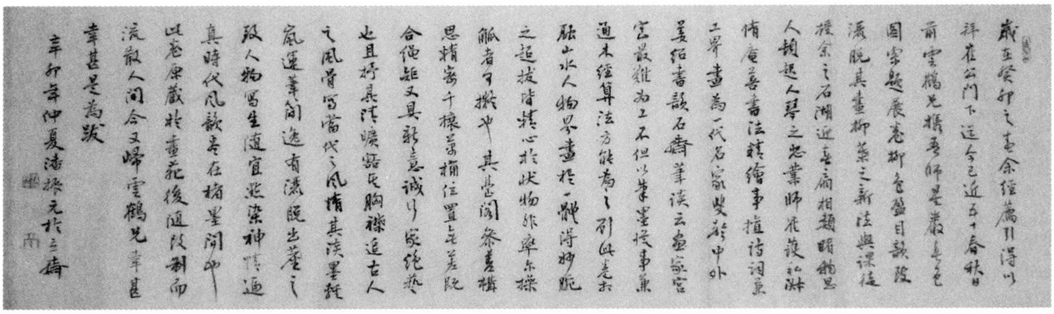

◆ 作者跋崔护师《星岩春色图卷》

评曰：予尝论人中龙凤有崔公，今观其《星岩春色图》及振元跋语，有窗前明月在，青史古人空之感。呜呼，江左人物，有崔公，有振元，有诸贤，画坛之幸，书坛之幸，艺坛之幸也。

跋张晟伟藏方永庆《黄山胜景图卷》

徐霞客云："五岳归来不看山，黄山归来不看岳。"盖黄山之云烟，变化莫测，气象万千，尽云山之大观。余三上黄山，尝登光明顶以观日出。初冥濛一色，不辨天地，顷间晨色微泛，霞光透出，似霓裳耀色，锦绣争彩，恍若王母瑶宴，群仙簇拥；旋即金盘初露，璧日扬精，五彩纷披，洪涛万叠，惊若游龙吞天，矫凤浴日；既尔身迷云海，山峦披金矣。其云霞之妙，如入梦境、幻境、仙境也。今晟伟兄持永庆兄所绘《黄山胜景图卷》索题，展卷凝视，第觉霞光山峦，咫尺千里，恍然出入光明、天都、莲花诸峰，云霞之景，尽收眼底。永庆兄乃绍青前辈高足，得云气点染之妙，故黄山诸作皆能夺造化之功。黄宾虹云："画夺造化，夺字最难。造化，天地自然也。造化天地，有神有韵，此中内美，常人不见。"而永庆兄有之，其笔走云烟，思通造化，水墨潇洒，空濛雄阔，离象取形，妙夺神韵，云烟

◆ 方永庆绘《黄山胜景图卷》

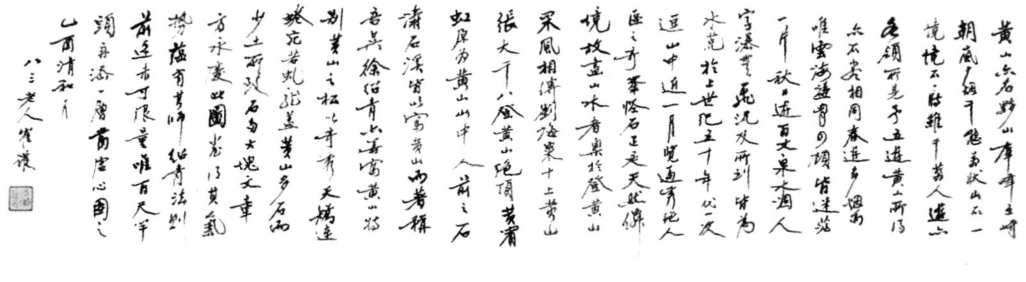

◆ 崔护跋《黄山胜景图卷》

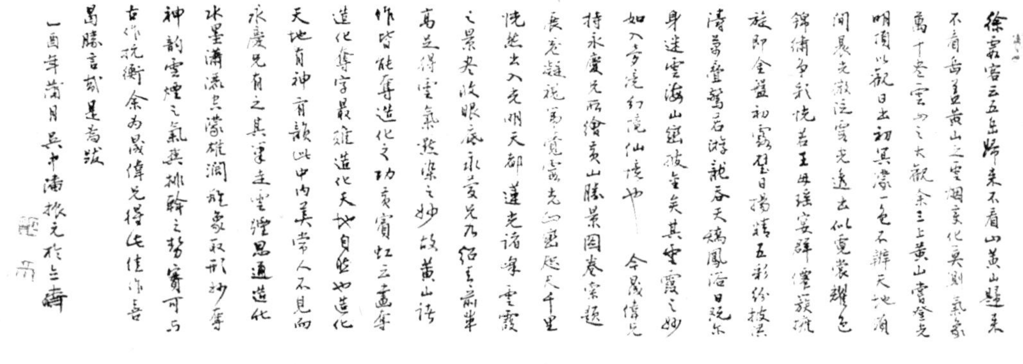

◆ 作者跋方永庆绘《黄山胜景图卷》

之气与排斡之势，实可与古作抗衡。余为晟伟兄得此佳作，喜曷胜言哉！是为跋。

评曰：文章之法在于无法，以无法之笔状黄山烟云，是其所以蔚为大观也。云烟之为物也，亦皆般若，振元得之焉。

跋《西溪流觞图》

吴中称名山而胜者，莫如虎丘；云岩挹幽雅而清者，莫如西溪。溪自冷香阁西下，蜿蜒而入“西溪环翠”。弥望则万竿飞翠，浮图插云；近临则抱幽掩径，碧天失影。喷瀑

◆ 西溪流觞现场

细吟，风竹相吞；曲溪潺流，天籁和鸣。绮构结于其中，清泉流于庭内，环翠阁耸然在焉。神憩者意远，趣适者兴深。此游观之佳所，文会之胜地也。时值丙戌上巳，平江诗友社集于此。是日也，春雨初晴，新翠如沐，和风袅袅，嫩日迟迟，如此良辰，不足动墨士之天倪，发骚客之逸韵乎？于是效兰亭之修禊，续流觞之赓酬，依次列坐者十有八人。漱清源兮涤秽，流飞觞于曲水，申雅怀兮琴歌，欣盛世于此时。一觞在手，诗情勃发；几度浩歌，声满天地。山川为之明秀，草木为之津华。虽豪吟各异，皆托景西溪。既而弄翰飞素，麟角足珍，且夫崔护寄兴丹青，作西溪流觞之图，施仁振笔作序，瓦翁欣然题首，蔚成此卷，洵为一时杰作。呜呼！斯集之雅，前所未有焉，何其壮哉！盖鼓吹风雅，润色江山，啸咏于烟霞者犹浅，而兴感于升平者则深也。为纪其事，嘱予跋之。俾后之来者，识今日之胜会，殆不让古人，可不谓盛欤！

◆ 西溪流觞现场

附录：

丙戌上巳虎丘“西溪流觞”即兴

曲水浮甜娘，西溪第一觞。群贤春禊毕，数盏神飞扬。琴静清芬勃，诗豪逸兴张。从来称快事，瑞世写华章。

西溪环翠

独揽清幽翠榭中，万竿坐听拂天风。流泉不说龟蒙事，长吟亭前造化工。

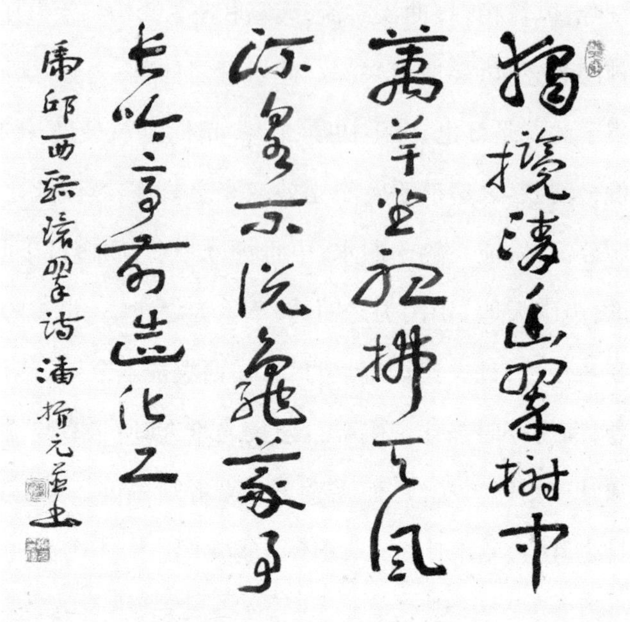

◆ 作者在西溪流觞即兴诗手迹

评曰：尝闻平江诗友，多有生发，不意虎丘西溪，竞效兰亭；振元之文，承之瑯玡。是千年之后，又一盛事矣。

跋黄钟《溪山深秀册》

黄钟兄此册，萧然闲适，读之令人尘虑一清。盖其上窥云林，下近石涛，用笔率真，气格自然，皴擦纵横，不落常调。其自得之趣，清晰蓄于模糊，神韵出于虚实，笔墨显于浑噩，性灵发乎形外。人能得其一者，已足为胜，况又兼之清逸乎。

评曰：黄钟之山水，灵动出之神韵。而振元之读，深于髓，发乎臆，漫芳菲而独赏，大吕之声也。

◆ 黄钟绘《溪山深秀册》之一

跋劳思《山塘胜景图》

“上有天堂，下有苏杭”，一谚而树天下望，西湖白堤与虎丘山塘，亦因白公乐天而成千古美谈。白堤旧迹渺然难寻，而山塘风貌焕奕依旧。历千二百载，其街河相伴，桥亭相续，市招林立，花舫争流。风情化之为诗，繁华形之于画，得“一二等富贵风流”之誉，有“盛世滋生”笔墨之美。盛名古今，蜚声中外，堪称“神州第一街”也。自遭洪杨之劫，

◆ 劳思绘《山塘胜景图》（局部）

半为尘埃。存者亦栋榱欲摧，墙垣倾颓，见者为之欷歔。今宇内升平，启之以保护性修复，殚心于修旧如旧。其先贤遗踪，名流胜迹，靡不修葺而丹垩之。且增其旧制，复构新筑，芳榭流美，重楼生风，水街萦秀，百业勃兴。游观而来者，陶淑其中，油然而乐，无不留恋赞叹焉。吾友劳思感赏在目，触景兴怀，慨然绘之。历时近两载，数易其稿，其酝酿之缜匝，采撷之劬精，渊思与笔墨相映，灿然成巨幅长卷，为画坛增色。图起阊门，循山塘之两侧，止于虎丘，连绵七里胜概。写实逼真，匠心独运，传神象外，且诸般民风，刻画生动，工妙绝伦，而纷绿骇红，俨然桃坞之年画，堪谓新时期盛世繁华图也。吁嘻！劳思兄有此真精神、真境界，绝去依傍，辟此蹊径，绘出自立新面之巨制、歌颂时代之杰作，且获一时之选，展示于“世博”，洵为吾吴艺苑不朽之盛事也。是为跋。

评曰：尝闻劳思为绘《山塘胜景图》，废寝忘食。振元之为跋，亦是呕心沥血，有浩荡光风相候。春明读文，胜日寻芳，古来向往者多多，未尝无英杰也。然暖风扶晚，丁香醉人，卷书卧柳，意态慵倦，是听钟乎？听琴乎？聆天籁乎？得天籁者，无上般若也。在乎金阊，在乎山塘。

跋李大鹏行书卷

倡学书道，始于20世纪60年代初也。青年书法组首建于北局之青年会，其心仪于书者，皆相游之。余亦于其时与大鹏识，迄今已五十余春秋矣。思及当时，如同目前。大鹏书学董香光。香光于书画皆游戏禅悦，故命其斋曰画禅室。其书大雅而平澹，有阴柔之美，重在意境，此子昂与徵仲有所不能及也。今观大鹏书，隐其禅而张其形，用笔清晰，点画流畅，布白疏朗，以圆润秀逸之美鸣于时。每当放笔挥洒得其意，辄爽然自得，畅言心中之快，可见其性情也。如若见他人书风不合其目者，亦奋激而发为月旦评，又似书林之侠客也。

评曰：振元之识，往往平凡中发智慧，是绚烂之极趋于平淡，是鹳雀楼更上一层意象。吾读其《李大鹏行书卷》跋文，悟其三昧也。

跋俞振汉藏江洛一《绿竹图卷》

王国维曰："竹之为物，草木中之有特操与！群居而不倚，虚中而多节，可折而不可曲，凌寒暑而不渝其色。"是以历代文人爱竹、绘竹，示其心志，以与君子近也。今逸笔余兴而游心于此者，江丈洛一是也。其所绘绿竹，猗猗焉，直将胸中洒脱之气，一寄于画，意足神全，读之令人廓然而高，渊然而深，泠然而清。且画法用撇捺之法，以绿色写意而成，清雅可爱，有元人之遗意也。盖绘竹始于汉，而唐宋皆以勾勒着色之法为之；自东坡用朱笔，文同绘墨竹，如杲日升空，爝火俱熄，钩梢之法，殆若绝响。元人始盛墨戏，多画墨竹。独赵孟頫创以草书笔法，色彩写竹，自成一种清逸之气。明清以降，墨竹风行，虽有色竹，时不多见。今得观江丈之色竹，思及前贤，能不心赏？

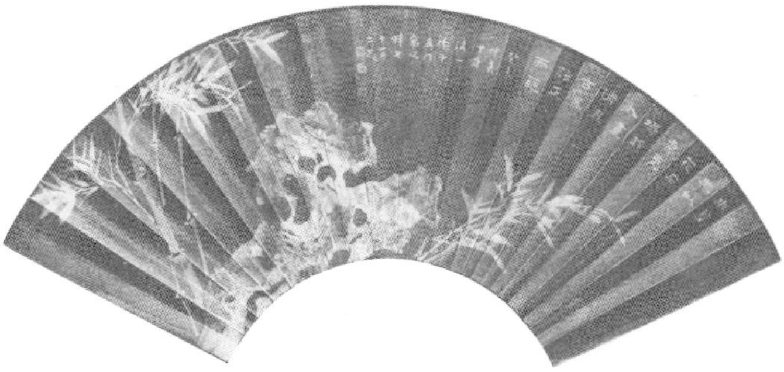

◆ 江洛一扇面竹石图

评曰：东坡尝言道，不可居无竹，无竹令人俗也。故文人雅士，以画竹自娱娱人，千载而下，代代有异，何哉？西人所谓"艺术不是进化，而是变化"。江之谓欤？立斋之谓欤？

跋潘治军《百猫图卷》

猫有蒙贵、乌圆、狸奴诸名，以其食田鼠利人，载诸《礼记》。李唐时朱泚得猫而笼以献之，可知已成宠物。《猫苑》载余青士之母饲猫百余，闺房之内，枕边几上，镜台衣桁之间，无处非猫也，可见其宠养之风已炽。《宣和画谱》载工于画猫者，五代有李霭之，本朝有王凝、何尊师。可证猫之入画，由来久焉。今治军兄亦工猫者也。此《百猫图卷》承继娄浩白先生之画风，非特入法，尽其物态，且具端严之妙也。更况此乃治军兄抱病呕心之作，顿觉其纸上斑斓，精神焕灿，令人慨然神驰，观之三叹！

评曰：予尝闻状动物者，妙在猫窜、狗闪、兔躲、鹰翻，不知潘治军之猫，尽其物态者何？虽然，振元之三叹，已释予疑矣。“到门不敢题凡鸟，看竹何须问主人”，振元之谓乎？

跋钱蓉蓉山水画册

◆ 钱蓉蓉绘山水图

《庄子》云："虚则静，静则动，动则得矣。"今观此册，虚而境空，动而神合，有自然浑化之趣也。钱蓉蓉乃黄钟兄之入室女弟子，其笔墨源于苦瓜，且泽于元人。故笔势灵动，收放合度，皴擦浑成，逸韵风生，犹其润破燥、干破湿之破墨用笔，洵得虚实、静动之三昧也。

评曰：钱蓉蓉之图册，曩昔曾读之，颇讶，然未相识。今乃知黄钟门下也。勾勒皴擦，振元谓之逸韵风生，是真知心者也。千年琵琶百日箫，振元近之矣。

跋沈劼白描《释迦牟尼佛会图》

以线成画，谓之白描，汉之木板白虎图乃其滥觞。三国曹不兴以“一人白画”，而天下盛传；东晋顾恺之以形写神，成“白描之祖”；及吴道子“吴带当风”，李公麟“铁线卧蚕”，可谓登白描之峰，绝勾勒之顶矣。然而自赵宋《八十七神仙卷》《朝元仙仗图》、清初丁观鹏《释迦牟尼佛会图》《十六罗汉卷》出，则道释画之白描长卷日见衰微。今沈劼兄携其旧作《释迦牟尼佛会图》索题，展卷铁线盈目，满纸飞动，佛像缤纷，风神高扬。

◆ 沈劼白描《释迦牟尼佛会图》

第见菩萨庄严，圣众稠叠，熙熙其和，休休其祥。且勾勒沉着，状貌生动，尽态极彰；衣纹之流畅，如春蚕吐丝，柔中见刚。噫！古今一画图也，天地一画师也，化曹顾之神髓，萃众美于斯卷，神韵超轶，澎湃逼人，精构再现，见者心动，真足传也。

评曰：予曾于立斋书房展《释迦牟尼佛会图》而叹为观止。真所谓曹衣出水，吴带当风，静、淡、远、藏、恬、安、宽、舒，无以言状也，尽在立斋一跋矣。

跋王谷安《太上老君说常清静经行书卷》

《清静经》为三国葛玄依托之作，辑入《正统道藏》。据称老君西游龟台，讲此经于西王母，经仙界转传于人间。老君所言者，清静无为而已，清静即无为、无事、无欲，致虚极，守静笃，入常寂真静之境。观物知化，以得无形、无情、无名之大道。故清静乃体道之不二法门，《清静经》为道门日常讽诵修持、遣欲入静炼养术之经典。谷安兄此行书卷，流自灵府，韵致高远，于静逸中带隶帛之意，于浑劲中露清刚之骨，融碑帖于一体，出新意于腕底。余有感焉，山谷诗云："随人作计终后人，自成一家始逼真。"谷安兄不随人后，不入流俗，无心出之，无心造之，其书自有一种清真活泼之妙也。

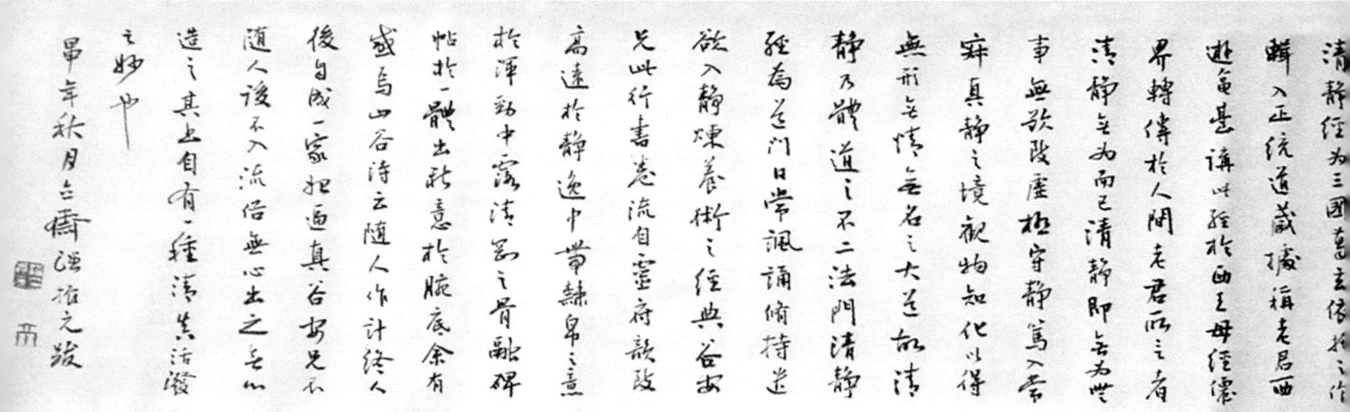

◆ 作者跋王谷安书《清静经》

评曰：书者古来喻以诗，或如幽燕老将；或如三河少年；或如饿鹰独出；或如东海扬帆；或如秋水芙蓉，倚风自笑；或如园客独茧，暗合音徽。立斋所谓清真活泼之妙，寓意其中焉。

跋王谷安行书卷

古人困于印刷，每见佳篇，则竞相传抄，于是展卷于案头，摩玩于晨夕，可以吟诵，可以养目，可以怡情，而法书亦赖以流传也。此风始于宋元，而盛于明清。日来雅逸之士亦循性而动，沉浸浓郁，欣跃操觚，而悠然自得。今观谷安兄此卷行书，笔与气驱，势逐兴起，奇崛生于平淡，深厚发于清雅，写得沉静圆浑，温润超逸。真可谓自写性灵，笔精而格高也。

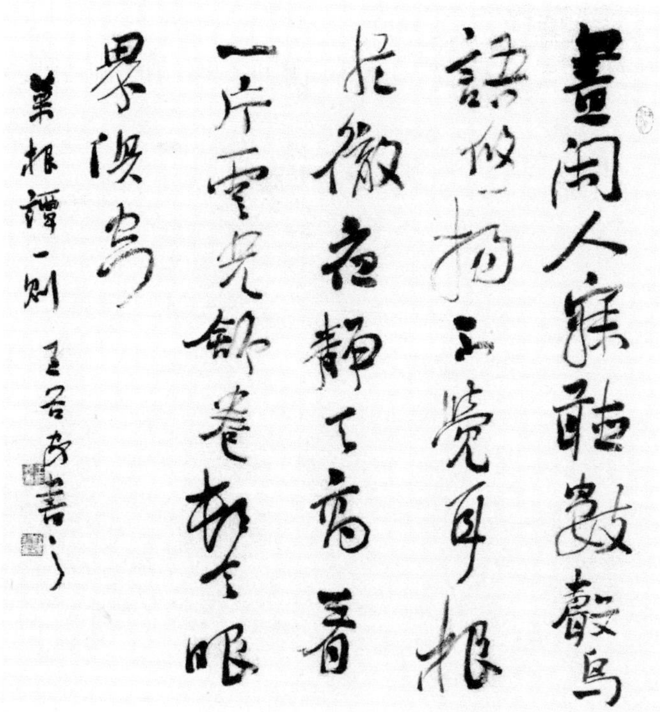

◆ 王谷安行书

评曰：振元悠然自得，岂只在操觚，然亦最在操觚，其《跋〈王谷安行书卷〉》，亦自喻也。深林孤芳，冲寂自妍，吾知之矣。

跋张青涛《黄山松云图卷》

唐志契《绘事微言》云："凡画山水，最要得山水之情。"青涛兄得之矣。其黄山之游，重体验，善观察，尚性情，以山性即我性，山情即我情，直抒胸臆。所作《黄山松云图》卷，状貌物情，辟境灵奇，得黄山之神韵，尽显于笔下。其岩壑峻拔，用笔峭爽，皴多斫拂，不

◆ 张青涛绘《黄山松云图卷》（局部）

入藩篱，且妙于用墨，云雾烟霭，润泽之气，为之絪缊。故虽有绍青家法、倩庵遗风，贵在不拘师法，兼具北宗气象，此乃青涛兄荟萃诸家，集大成之所在也。

评曰：不羡绣裳，不贪粱肉，可以逍遥，其在山水之间也。故乐作山水者，必有其云水之怀。立斋跋文之奇，亦隐有山水之声，其薜荔可衣乎？其蕨薇可食乎？其箕踞散发乎？一笑。

跋纪渭如《述怀诗》

渭如兄胸襟旷达，为人挚厚，冗务之余，寄情翰墨。以飘忽之思，运性情之笔，怀友、思亲、蕴抱、寄兴、起居、揽胜，皆成胸中风月。或甘苦，或悲愉，或沉酣，或恬淡，皆自肺腑流出，发之以诗，无缛饰，无外徇，意切而情真，可见其真性情也。其书亦然，质而不俚，华而不靡，不计工拙，一任性情，可谓“神姿出尘自潇洒”也。日前，渭如兄持卷索题，读之，不胜感慨，是为跋。

评曰：纪丈，予之新识矣；立斋，予之旧雨也。旧雨新识，一派天真，满腔肺腑，誉过金玉、珠玑、锦绣，其乐何穷？

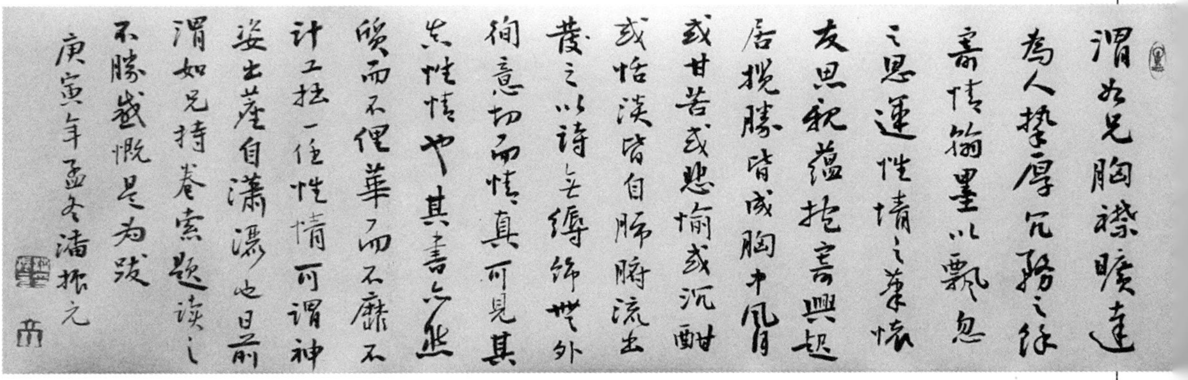

◆ 作者跋纪渭如《述怀诗》

跋周思梅《孙子兵法十三篇》

自古论书，首辨清浊。胡应麟云：“清者，超凡绝俗之谓也。”“绝涧孤峰，长松怪石，竹篱茅舍，老鹤疏梅，一种清气，固自迥绝尘嚣。”故清气，源于气质，本乎人品，出于自然，成于笔法，是以用笔根者浊，用笔颖者清也。日来，纪克兄携思梅女史所书《孙子兵法十三篇》索题。予获交女史半载矣，即之温然如玉，叩之清素若菊。今观其书，清光盈目，用笔若玉洁金粹，运势如行云流水。品之味之，心同幽兰与尘远，书似冰壶一般清。予有感于清气若斯，乐而跋之。

评曰：含英咀华，高蹈凌虚，藐予一介书生，何敢再赞一言？兰风梅骨，云淡风轻，女史之书乎？潘郎之誉乎？吾未知乎？吾知之矣。

跋吴越晨绘《牡丹卷》

花鸟入画，起于装饰之需，寓以象征之义。以兴起意，夺造化而移精神。故自李唐以来，花之于牡丹，必使之于富贵。一时文人咏歌，号为国色天香。自此牡丹入画之风始盛，其折枝肇于李唐，水墨起于五代，没骨兴于赵宋，写意尚于明人。历来画牡丹者皆沿此设色，水墨两体，传承有绪。而越晨此卷之画法，勾勒兼施没骨，以求工写之变；淡色铺地，以得色调之效；机理杂陈，以取笔墨之韵。此乃当代观念之所趋。观是图，色于淡中见趣，墨于变中成韵，若浥露疏风，光色艳发，精工至致，神采翩翩也！

评曰：淡中见趣，淡中见机也；变中成韵，变中寓机也。花之于牡丹，能见趣，能寓机。此大家风光、哲人世界也。吾于跋文中知越晨之灵、振元伯乐之理矣。

潘振元文集

The Collected Works of Pan Zhenyuan

（下）

苏州大学出版社
Soochow University Press

图书在版编目(CIP)数据

潘振元文集：全2册/潘振元著.—苏州：苏州大学出版社，2013.10

ISBN 978-7-5672-0698-4

Ⅰ. ①潘… Ⅱ. ①潘 … Ⅲ. ①潘振元--文集Ⅳ. ①C53

中国版本图书馆CIP 数据核字（2013）第 244940号

书　　名：潘振元文集

著　　者：潘振元

责任编辑：倪浩文

装帧设计：周　晨

出版发行：苏州大学出版社(Soochow University Press)

出 版 人：张建初

社　　址：苏州市十梓街1号　邮编：215006

印　　刷：苏州工业园区美柯乐制版印务有限责任公司(电话：0512-67606001)

网　　址：www.sudapress.com

E-mail：Yidoushan@163.com　QQ：121792283

邮购热线：0512-67480030

销售热线：0512-65225020

开　　本：787mm×1092mm　1/16　印　张：36.75　字　数：588千

版　　次：2013年10月第1版

印　　次：2013年10月第1次印刷

书　　号：ISBN 978-7-5672-0698-4

定　　价：90.00元(共两册)

博古篇

商代太阳芒纹铜镜析

20世纪初，人们一般都认为铜镜最早出现在战国，因为没有见到更早的实物，并且言及铜镜的典籍，也只有战国的《黄帝内经》。直到20世纪30年代，安阳妇好墓出土了五件商代铜镜，才彻底改变了原来的说法。其中，同心圆纹镜与叶纹镜最引人注目，常见诸介绍青铜器的图版。这里要介绍的是私家收藏的一件同心圆纹镜，我将此称为商代太阳芒纹铜镜。为什么要改称太阳芒纹铜镜呢？因为，我看到2004年王趁意发表的《中国早期青铜镜纹饰之谜》这篇文章后，完全认同他的意见。他利用电脑这一手段，对早期铜镜进行分析，找出了一些共同特点，就是以钮桥外弦为中心，各种纹饰都呈放射状向边缘区发射，由此认为钮桥内圈弦纹是古人心中太阳的象征，放射状直线纹饰是表示太阳的光辉。

这面铜镜是藏家多年前从古玩市场上淘来的，因为当时出价较高，经反复斟酌与讨价还价后才最终买下。藏家告诉我，之所以下决心买下，理由有三：一是稀品，铜镜在收藏品中列为大宗，存世数量庞大，唯独商代以上的铜镜十分罕见，据有关资料，全国前后出土也只有十八件；二是品相好，铜镜的纹饰清晰，器形完整，比妇好墓出土的品相好得多；三是这件铜镜很“开门”，从正面看，布满了几十个气泡，而且很多气泡已开裂，从开裂处可见到镜胎的腐蚀层，行话说，铜裂必真，见铜泡亦真，这是仿制不出来的。

笔者也曾仔细看过这件铜镜，直径十一点八厘米，厚零点一厘米左右，平面薄胎，桥式钮，镜背由内向外均等地饰有七条象征太阳光环的弦纹，除桥钮的圈内不装饰外，在

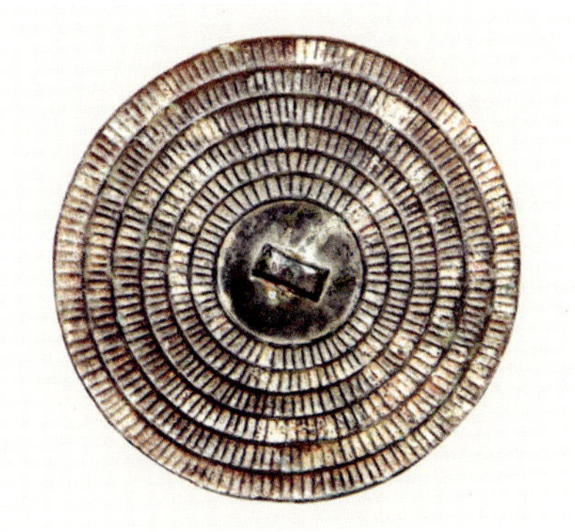

◆ 太阳芒纹铜镜正面

◆ 太阳芒纹铜镜反面

其弦纹之间形成六道布满放射状直纹的同心圈，这些等距离的代表太阳射线的直纹，由内到外层层递增，最内层五十五条直纹，最外层达一百四十二条直纹，而观者又察觉不出直纹在逐层递增，可见镜面纹饰处理非常巧妙。总的来说，铜镜纹饰手段简洁明快，纹样清晰，线条洗练，意象鲜明，直感性强，使人看后产生联想，感受太阳在层层扩散，光芒四射。这既反映了商代的日神崇拜，又展现了古代工匠丰富的想象力和高超的技艺。因此，笔者并不同意有些人认为商周青铜镜粗糙的观点，相反感到此镜很精致，很有观赏性。因为，制作很薄的铜镜需要很好的材质和较高的工艺水平，且此镜纹饰制作十分细腻，很有感染力，尤其是铜镜表面的一层包浆，在沉厚中透出青黑色的金属光泽，更令人着迷。

铜镜上的这层包浆，过去都认为是年代久远氧化所致。如果仅此而已，为什么青铜器表面与内层的氧化程度会迥然有别？一日，笔者在看中央电视台的鉴宝节目，听专家讲“黑漆古”的成因，说是青铜器长期浸泡在墓葬内的黑水中，在强酸强碱的情况下形成的，这完全是想当然。我想，这位专家肯定没有看过中国科学院技术研究与发展“九五”重大项目的《中国古代金属冶炼和加工工程技术史》一书。该书通过现代科技手段对考古实物进行了多门类的研究，使我们对古代的金属冶炼制造、加工处理有了科学的认识。譬如讲到“黑漆古”的形成，除腐蚀因素外，在西周早期及至商代晚期，古人已经掌握了青铜器表面运用镀锡工艺和硫化处理技术，使其通体漆黑有光泽，这是镀锡和高硫的结果。从黑漆古铜镜表面成分分析来看，黑漆古的含锡量高达百分之

◆ 太阳芒纹铜镜局部

五十到百分之七十，远比铜镜基体含铜量高得多，其含硫量最多的也有高达百分之十七以上。这些是电镜能谱分析和硫化器物表面分析的数据，证明铜镜进行过表面技术处理。古代早就有用硫使金属致黑的相关记载，《本草纲目》卷八“石硫黄”条引《丹方鉴源》云，石硫黄“见五金而黑”，这说明古人早就掌握用硫使金属致黑的技术。

铜镜的发明，对社会生活是一大贡献。目前出土最早的铜镜是四千多年前的齐家文化铜镜，在齐家文化遗址还出土了玉琮和玉璧。从时间段上推测，正好与良渚文化突然消失的时间段相吻合。四千多年前的良渚人因多次海浸而转移各地，并把良渚文化带到了那里。有专家认为，齐家文化的玉琮、玉璧是良渚人传播过去的。由此，笔者认为，齐家文化的铜镜取圆形，也是受到良渚玉璧器形的影响。这面铜镜巧妙地利用圆形来象征太阳，并与太阳纹饰结合在一起，与之确有异曲同工之妙。这是一个绝妙的构想。先人的智慧，至今令人寻味不尽。

同心圆纹镜除了上面提到的两面之外，从现有的考古资料看，还有两面这种形制的铜镜存世：一面出土于内蒙古鄂尔多斯，直径八点七厘米，色暗黄，弓形钮，钮上有一道凹弦纹。镜背饰凸弦纹五道，形成五条同心圈，原由呼和浩特杨安先生收藏，现已捐献给国家。另一面藏于瑞典斯德哥尔摩远东古物博物馆，该镜系 1930 年一瑞典传教士在河北张北获得，钮上光平，背饰凸弦纹四道，包括外缘形成三道直纹同心圈，靠内圈的直纹又分为两列，所以从直纹看是四圈。该地方亦靠近内蒙古。因此，李学勤在《比较考古学续篇（四篇）》中认为商代“妇好墓内的铜镜‘是从中国的北方系青铜器分布区传来的’，现在知道类似的两面镜来自张北和鄂尔多斯，这不仅证实了上述观点，而且大致指示了其来源的范围”。

一件吴国王僚太子时期的青铜器
——“蟠螭纹龙凤书王子枓”析

这件春秋晚期吴国王僚太子时期的青铜器，名为“蟠螭纹错金银龙凤书王子枓”，通长三十八点五厘米，枓之口径八点五厘米，腹部最宽十二厘米，腹深七厘米，柄长二十六点五厘米。整体呈圜底钵形，腹微鼓，腹侧有折曲筒形把柄。枓口为小折沿，口沿下有一圈环腹错金银几何纹饰，连接腹中部一圈凸出的蟠螭纹，腹下部相连的是又一圈错金银花瓣形图案，共十八组。柄分三截相套接，连腹一截由两组浮雕兽面纹与环筒错金银几何纹组成，中间一截由镂空透雕蟠螭纹组成，末截由错金的龙书与凤书的“王子”铭文与浮雕兽头衔环组成。

◆ 蟠螭纹龙凤书王子枓

◆ 蟠螭纹龙凤书王子枓局部

枓，本作斗，是古代一种取酒浆的勺器，因有别于量器之斗，故取枓字。枓与勺的区别在于，枓为曲柄，形如北斗；勺为直柄，形较小。《诗经·大雅·行苇》："酌以大斗，以祈黄耇。"马骏声《醉题酒家壁》诗："折券呼童取大斗，狂歌纵饮鼓土缶。"可知，枓是古代一种体量大的酒勺类器物。此件"蟠螭纹龙凤书王子枓"应是古代祭先王神祇时酌酒灌地与朝见诸侯、敬请宾客的礼器。这是目前所能见到的最为精美的一件枓器，它将失蜡法浇铸、分铸、浮雕、镂空透雕、金银错等工艺集为一体，使整个器物形成了平面纹饰与浮雕、透雕相间，金银错与蟠螭纹相隔，器型变化丰富，雕饰繁缛华丽，品质典雅高贵，堪称戛戛天造的艺术精品。它所显示的生命活力、奇特造型、瑰丽色彩、精巧工艺，展示出卓尔不群、精美绝伦的艺术品位，使人不得不惊叹春秋晚期工匠们具有的艺术创造力与超妙精湛的工艺水平。

然而，这件器物最值得我们关注的是错金的"龙书、凤书"铭文。

龙书、凤书与鸟书、虫书，又泛称为鸟虫篆。在青铜器上流行于春秋晚期到战国早中期，其跨度只有三百多年，其中鸟书、凤书、龙书盛行于长江流域的楚、曾、番、蔡、徐、吴、越等国，在黄河流域流行的只有宋国，且仅一百五十年左右。只有虫书以及各种变体虫书，流行比较广泛，时间也长，且遍及各地。

鸟书、凤书、龙书、虫书的出现，是文字追求艺术化、装饰化的产物，是鸟、凤、龙崇拜的产物，属于一种祥瑞文化。鸟书、凤书、龙书、虫书的装饰化演变很快，在春秋晚期王子午鼎上的铭文，才见到虫书的雏形；在楚王孙渔戈上的铭文则已具鸟形首、身、尾、爪的形象；在蟠螭纹错金银龙凤书王子枓、宋公栾（即宋国君宋景公，前 510—前 476）戈上的铭文，已是非常成熟精美的龙凤书了。鸟书、凤书、龙书、虫书的线条形态大致可分成两种类型：一类是单线条类型，春秋时的楚王孙渔戈、不光剑、攻敌王光戈、攻敌王光剑、王孙名戟、子瞿戈、王孙家戈、者旨於睗剑等器都是单线的鸟凤龙虫书铭文；另一类是线条与几何形块面相结合的类型，如春秋时期的吉日壬午剑、王子戈、宋公栾戈、勾践剑等，这一类都会在线条弯曲处，加宽内侧成弧形，使之呈现出几何形的块面。这种线条的块面化与装饰性，使文字成为器物的一种纹饰，变得华丽而有变化，大多出现在兵器上，主要见诸春秋时期，到战国已很少见。

这把枓柄上的龙凤书，属于第二种类型，每个字长二点五厘米，宽一厘米。其中"王"字，呈组合的正面龙形，首、身、尾、爪齐全，"王"字置于龙身下的两尾间。龙首的顶部及身部的线形已成块面状，其结构集中在字的上部，劲健流美，线条与块面对比强烈。"子"字的组合形态是左侧上部的"子"字作块面处理，与右侧凤的细线侧面图形形成强烈的对比关系。这两个龙凤书都屈曲回绕，长脚下垂，婀娜多姿，柔中带刚，极富想象力；且精细瑰奇，富丽堂皇，表现出唯美的倾向，形成了一种精丽婉屈、圆通劲爽的风格。

枓柄上"王子"这两个龙凤书表达的是什么意思呢？我认为主要有两方面的含义：一是龙凤书的象征意义，二是要从字义本身来表达器物主人的身份。

◆ 蟠螭纹龙凤书王子枓局部

◆ 蟠螭纹龙凤书王子枓局部

首先，从象征意义的角度看，龙与凤都是中华民族的始祖崇拜与原始图腾。传说中的伏羲与女娲，既是龙祖也是凤祖。在远古先祖中，少昊是崇拜凤的，炎帝、黄帝、蚩尤、舜帝是既崇拜龙，又崇拜凤；而夏主要崇龙；商主要崇凤；周是龙凤兼崇。可以看出，龙与凤是中华民族最为主要的两个精神象征。至于龙书，据文献所载可推溯到新石器中晚期的伏羲氏，唐韦续《五十六种书》云："太昊庖牺氏获景龙之瑞，始作龙书。"就是说伏羲（与"庖牺"音同字异）根据天地万物的变化，发明创造了八卦，开创了中国的古文字，结束了"结绳记事"的历史。据传，伏羲的母亲因"履雷泽巨人足迹，感孕而生伏羲"。因雷泽中的雷神是人首龙身，伏羲便被附会为龙的儿子，于是龙书也被说成是伏羲氏所作，并成为一种祥瑞的象征。龙的形象在春秋时期不仅代表贵族特权观念的一种象征符号，同时具有非常突出的地位。至于凤书，距今七千八百年的高庙文化中，就发现了最早的凤刻纹，显露出对凤的崇拜。商代甲骨文中的"凤"字，就是最早的"凤"字。在《艺文类聚·祥瑞》所引《春秋元命苞》中记载："火离为凤皇，衔书游于文王之都，故武王受凤书之纪。"毛传："凤凰，灵鸟，仁瑞也。"以上这些表明，这柄枓上的龙凤书不仅是吴国的龙凤崇拜，同时也是通过祥瑞在礼器上反映其浓郁的原始宗教意识，来象征自己"上应于天"至高无上的地位。

其次，从文义来看，"王子"两字确实表达了器主的身份。当我们将"王子"两字与其他青铜器上的龙凤书作一比对时，惊喜地发现山西省博物馆藏的王子戈上的铭文，也有"王子"这两个龙凤书。而且，两字完全相合，不仅组合式结构完全一致，其风格、造型、纹饰、错金工艺的精度也完全相同，系同一工坊或同一人制作（见附图）。由此可以断定：蟠螭纹错金银龙凤书王子枓与王子戈系出同一主人。春秋时期百国并立，万方争奇，文字异形，百凤并呈，要在不同的诸侯国找到文字与风格完全相同的器物是不可想象的。因此，形态、风格完全相同的龙凤书，完全可以作为鉴定与断代的一个绝对证据。

这一推断的确立，蟠螭纹错金银龙凤书王子枓的主人也就浮出水面，那就是出现在王子戈铭文上的王子于这个人。王子于，何许人呢？答案是吴国的王僚。据史料记载，王子于（玗），名于，史书作州于，是吴王僚接位前的称谓。《史记·吴太伯世家》载，馀眜（夷末）为吴王时，僚为太子，王子于于公元前526年即吴王位，在位十二年。然而，王僚在太子时的器物为什么称作王子呢？商承祚先生在《王子戈考及其它》一文中是这样解释的：“王僚此戈之作是在未即位之前，故称‘王子’。在铜器铭文中，称‘太子’或‘王子’的较为普遍，称王子的，除楚王子申盏盂、郑王子婴次卢而外，此为二见。意

◆ 蟠螭纹龙凤书王子枓局部

周初制度，对天子、诸侯、正卿等称子的可能有所规定，后来逐渐随便任意称呼，就是同为一人，称公子，又可称王子，如公子瑕之称王子瑕，公子比之称王子比，在《左传》中比比皆是。这样，嫡子的季札、阖闾称公子，庶出的僚称王子，是不足为奇的。”至此，这件蟠螭纹错金银龙凤书王子枓为何会有如此铸造之精、纹饰之美、上乘的错金银工艺，以及铭以龙凤书“王子”，其答案就是：该枓主人的高贵身份与显赫地位。

也许有人会问，吴国的王子戈为什么会出土于山西万荣后土庙村呢？如果我们综合一下吴国青铜器的出土情况，就会明了其中的原委，如吴王夫差鉴出土山西代州蒙王村，另一只鉴出土于河南辉县，吴王夫差矛出土于湖北江陵，还有其他的青铜器在安徽屯溪、青阳、铜陵及江苏丹徒等地都有出土。可以看出，越灭吴、楚灭越以后，吴国的重器大多数被劫往楚国或其他各地，也有可能部分器物随吴王后人的奔逃或迁徙而流散到了各处，所以吴国的青铜器出土地非常分散。

从目前出土的实物资料来看，笔者看到过相同器形的枓还有四件，一件是1978年在河南淅川下寺出土过一件蟠螭纹枓，其器型与蟠螭纹王子枓基本相似，不同的仅仅是枓腹纹饰不同，枓腹枓柄没有金银错与龙凤书，以及枓柄中间缺透雕的一截而已。另一件在朋友家里看到一张照片，型制一样，属失蜡法错金银器，蟠螭纹，有错金的铭文。所不同的是，枓柄中间一截不是青铜的透雕，而是一截谷纹的白玉管；错金的铭文不是鸟虫篆，而是略带扁的楚国文字，时代应在战国中后期。另两件在一个古玩店里看到，形制一样，由于锈蚀严重，纹饰已模糊不清，隐约可见一点错金银的痕迹。所见的几件同类型器物的整体造型与制作工艺，已与楚系青铜器的风格比较接近了。由于春秋晚期已处于“礼崩乐坏”时期，宗法制度

◆ 王子戈与铭文

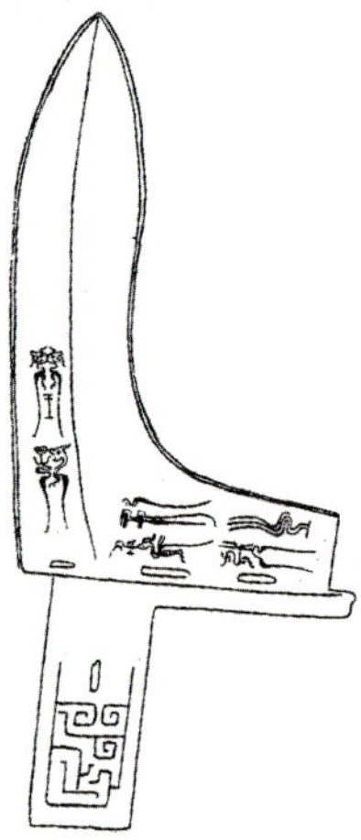

◆ 王子戈金错龙纹“王子”铭文

◆ 河南淅川下寺出土的蟠螭纹料

的崩溃，导致了观念的大突破，工艺技术也得到大解放、大交流，青铜器代表权力的庄重性逐渐消失，取代的是实用与审美效用，封建诸侯追逐奢侈之风日炽，使高级工艺制作成为商品，相互之间的影响与模仿也是时代的必然。关键在于蟠螭纹错金银龙凤书王子料上的错金银铭文，在春秋时期只见于兵器上，而其他类型的青铜器上还未能见到同类型的错金银纹饰。说明错金银纹饰的工艺在春秋晚期虽确已存在，工艺也已成熟，但还没有普遍使用。对于蟠螭纹王子料的器形与纹饰，在河南淅川下寺已出土的春秋楚器蟠螭纹料可得到旁证，器形基本相同，蟠螭纹饰与浮雕兽面纹相似，可以看出其时代特征与相互之间的渊源关系。但从料的制造工艺以及金银错工艺有无之间的差别可以推测，这件蟠螭纹错金银龙凤书王子料的年代要略迟于蟠螭纹料。所以，后者显得更精美，制作工艺更精致。这也从一个侧面反映出春秋时期各诸侯国之间在青铜器制作方面的互相借鉴与影响。

附:“枓”疑“瓒”

我在写《蟠螭纹龙凤书王子枓析》这篇文章时,有一位藏友提醒我,认为这个“枓”有可能是“瓒”。为此我查阅了一些资料,对于“瓒”字,辞典里都释为质地不纯的玉,或为一种古礼器,用以盛鬯酒灌祭(鬯酒是一种用香草酿成的美酒),也用于宾客行爵。以圭为柄者称圭瓒,以璋为柄者称璋瓒。圭,同珪,是一种瑞玉和礼器;而璋则谓之半圭,虽也属于瑞玉与礼器,但形制小,玉质稍差。瓒作为祭器或礼器,分为圭瓒与璋瓒,应是以不同的玉质来区别使用者的等级与身份。故《说文》说:“瓒,三玉、二石也。从玉,赞声。《礼》云:‘天子用全,纯玉也,上公用駹,四玉、一石;侯用瓒;伯用埒,玉、石半相埒也。’”五代时的徐锴在《说文解字系传・玉部》中解释“瓒”的形状时,已语焉不详:称“瓒亦圭也,圭之状剡上邪锐之于其首为杓形谓之瓒,于其柄中为注水道,所以灌鬯酒”。郭沫若在考释古瓒字时,更是将“瓒”讹为盘与勺两件物品,他说:“瓒乃有柄之盘。盘中有勺,勺中有流,盘柄以圭为之者谓之圭瓒,在半圭为之者谓之璋瓒。”这些似是而非的解释给人总的印象是:“瓒”是玉石类的礼器,联想到“瓒”以“玉”为形旁,应该与青铜器无关。因此,我当时否定了“枓”是“瓒”的可能性。

但事有机巧,隔了半年多,我在藏友家看到了另一件“枓”,外形与蟠螭纹王子枓相仿,只是没有错金银与精美的纹饰。然令我感兴趣的是:柄的中间一段青铜透雕被白玉浮雕的圆管替代。这一形制使我与“以圭为柄”的“圭瓒”联系了起来。青铜器上玉质的柄,不就是“瓒”字玉旁的缘由吗? 1978年河南淅川下寺出土蟠螭纹枓因柄中有一段缺失，这一段缺失非常可能是玉管，由于都碎掉了，考古者不知缺的是何物，只能装一段木柄来替代。这些疑问重新引起了我的兴趣，又开始查检资料与反复琢磨，最终改变了我以前的看法，认为春秋时期蟠螭纹王子枓这类器物名称不应该称为“枓”，应称为“瓒”！质疑的理由有以下四个方面。

第一，“枓”，是汉代才出现的后出字，《汉语大字典》谓此字即斗字，是“汉时俗体耳”。我们已知甲骨文与金文中没有这个字。因此，用一个汉时才出现的“枓”字来名命春秋时期的礼器，显然是不妥的。它既缺乏典籍的佐证，又没有实物的旁证。因此，河南淅川下寺出土蟠螭纹枓时，可能谁也没有见过这种实物与图录，面对形似斗，大于勺，曲柄似斗形且柄的中段有缺失的器物，命名时只能往“斗”上靠，为了避免与“斗”“勺”相混淆，不得不采用木字旁的“枓”字，以示区别。可以说，这在当时也是不得已的办法。

第二，瓒的形制在典籍中记载比较模糊，器形描绘基本缺失，使后人对“瓒”的了解一直处于不太清晰的状态。随着春秋晚期的礼崩乐坏，这种极小范围内使用的“瓒”逐渐退出了历史舞台，到战国时基本淡出了人们的视线，以至于汉代许慎的《说文》对“瓒”的解释已经不是太清楚了，使人们只知道商周时期有过“瓒”这种礼器，而不知为何物。这是造成后来青铜器研究与分类中几乎无人提及“瓒”，即使出土了瓒的实物也不能准确命名的原因所在。

第三，目前甲骨文中还没有看到“瓒”字，但古文字学家在考释甲骨文中的“祼”字中，已发现“祼”字右边的形旁，都是“瓒”的象形，并认为：这个“祼”应读作“瓒”。2008年出版的增订本《古文字类编》收入了商代《玉柄形器》上的一个“瓒”字，说明商代已确有“瓒”字。瓒是一种古代祭先王神祇时酌酒灌地与朝见诸侯、敬请宾客的礼器。《周礼·春官·典瑞》：“祼圭有瓒，以肆先王，以祼宾客。”郑玄注：“郑司农云：‘于圭头为器，可以挹鬯祼祭，谓之瓒。’”故“祼”字，本就像用两手持瓒，祼祭于神之前（参见贾连敏的《释祼、瓒》）。“祼”虽然可读作“瓒”，但“祼”与“瓒”这两个字并用时，可以看出还是有区别的，称祭名为“祼”，称祭器为“瓒”。目前甲骨文中有六十三个“祼”字，其出现的频率如此之高，表明祼祭中的“瓒”在商代是一种很高甚至是最高规格的礼器。至春秋时期,“瓒”字在毛公鼎、小于鼎、多友鼎、鄂侯鼎、史兽鼎、伯公父瓒、子黄尊等青铜器的铭文中出现,但数量并不多。到了战国,青铜器铭文中“瓒”字就消失了,说明“瓒”作为礼器主要流传在青铜时代的商周时期。

“瓒”除了作为祭器外,商周时期还用作为赏赐品。如史兽鼎铭文中提到“尹赏史兽瓒”。在赵安平《金文释读与文明探索》一书对我鼎铭名译释中有:“二母都夸赞我,赐瓒二只、贝五朋。”这两例都非常清楚地将“瓒”用作了赏赐。由此推测,蟠螭纹王子料如果是王僚的瓒,那么,应该是其父王馀眛所赐,这与王僚当时的太子身份相符。

第四,虽然我们已知“祼”可读作“瓒”,在甲骨文中的“祼”已具“瓒”的象形。但我们还缺少更明晰的证据来说明王僚的这件所谓的“料”,即瓒。因此,我们还必须通过文字的象形部分来与实物进行比对:

合 36534　合 32030　合 35708　殷墟花园庄东地甲骨 459　合 719

首先,甲骨文中的“祼”字,左边都采用了“示”旁,“示”(亓)象征神祖牌位之形,商代的“示”即是神祖的泛称,向“示”祈求,即是向神祖祈求。其次,“祼”字右旁,都采用了“瓒“的象形符号,表示祼祭时所用的祭器是“瓒”。我们从上面这几个“祼”可看出,其象形部分的“瓒”有繁缛与简约两种形式,编号为“合 36534”与“合 32030”的这两个“祼”字,属于简约的形式,与王僚的那件蟠螭纹王子料的侧面形态十分相似,外形似斗,上有较大的盘,盘连着折曲的柄,柄以手持之。其中一个盘口还用“点”来表示灌祭时流出的鬯酒。再看“合 35708”的“祼”字,在柄中加一个圈,其象形要表示这是圆形的圭管;编号为“殷墟花园庄东地甲骨 459 ”与“合 719”的这两个“祼”字,属繁缛的象形,将“瓒”分割成几个部分,分段象形累叠而成。上部“”本象盘形,其口边的“点”以象鬯酒,中间的“”以象其柄 ,下面的“”比之于“”以象盛酒的容器,且在两边以手持之。这种繁缛象形,从示,从瓒,不仅与金文的《小盂鼎》《子黄鼎》《多

友鼎》中的“瓒”形符相合，同时与新发现的商《玉柄形器》的象形相符(见图)。由此可见，商周时期“瓒”的象形与王僚这一件蟠螭纹王子枓的实物形态是完全相符的，而且春秋时期“瓒”在铭文中出现的时间段与“瓒”作为礼器的时间段也是相一致的。同时“瓒”在甲骨文、金文到战国古印中保留了清晰的演化痕迹。因此，我们有充分的理由提出质疑，“枓”的命名应改为“瓒”，以还其本来面目。(参见前文)

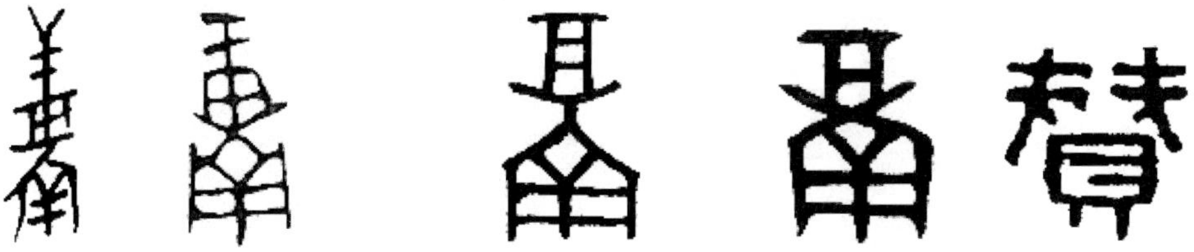

商玉柄形器　周早期《子黄尊》　周晚期《小盂鼎》　《多友鼎》　战国珍秦斋古印

可能有人还会问，“瓒”字在商代从“示”旁，为什么后来变成从“玉”旁呢？原因很简单，从示，是商代将其作为祭祀祖先神祇的祭器，到了周代改朝换代了，作为一件祭器的名称当然不会再沿用代表商代祖先的“示”旁，因此，在周代金文中的“瓒”字都去掉了示旁，现存周代的《小盂鼎》《子黄尊》《多友鼎》中的瓒字，没有一个瓒器是保留“示”旁的。到了战国，在玉印上开始出现“赞”字，随着“赞”的流行，作为礼器的“圭瓒”，在隶定“瓒”字时便加上了“玉”旁，以与“赞”字相区别。那么，为什么蟠螭纹王子枓这件“瓒”，已经没有了圭、璋这类的玉呢？我认为这是青铜工艺技术进步的必然结果，当春秋时期青铜器失蜡法浇铸的透雕与错金银工艺等成熟时，精美的工艺必然替代旧的工艺。

精美绝伦的金银错三足乌铜灯

这尊战国铜灯，器高十三厘米，宽十七点五厘米，其中灯高四点五厘米，口径五厘米。

此器是目前见到的唯一以三足乌为题材的金银错铜灯。三足乌是古代神话中太阳的象征。《春秋元命苞》及王充《论衡·说日》都有“日中有三足乌”的记载。因此，太阳又被称为三足乌或金乌。《楚辞·天问》王逸注引《淮南子》云：“尧命羿仰射十日，中其九日，日中九乌皆死，堕其羽翼。”明确将三足乌指为日之精。《周书》甚至把三足乌说成“王者慈孝天地则至”，并有以“或见”“或献”的形式，上表称庆。三足乌在古代影响很大，流传甚广，宋代陈淳《晴和再用丁韵》诗云：“金盘拥出三足乌，赫赫耀目伸爪牙。融融熙熙遍林谷，鸣有喜莺无愁鸦。”可见三足乌在诗人笔下的形象是如何神圣。

太阳神话是世界各民族共有的。在古希腊神话中，太阳神阿波罗，是宙斯与女神勒托的儿子，在古罗马的阿波罗神庙中，塑造的形象是采用拟人化的手法。在中国，远古时代三足乌作为太阳的象征、光明的使者，与承载光明的灯具结合在一起，显然是一个绝妙的构思。这种神话与现实完美的融合，体现了古代工匠们的浪漫意象，特别是将三足乌灯具作拟人化的处理，尤值得赞赏。它一方面保留了乌首、爪的形态，另一方面将其身、翅变成人的躯干、臂和腿，将其像力士一般直立起来，三足鼎立，尾翅后翘，双臂横展，双手各执一灯，从外形到神情都有“力拔山兮气贯虹”之势。其微仰的身躯、张扬的双臂与壮实饱满的肌肉，充满了张力，给人以强烈的视觉冲击与震撼。同时，它又保留了三足乌神秘意味的形象。古人“制器者尚象”的要求，在这里得到了完美的体

◆ 金银错三足乌铜灯正面

现。这里所指的“象”，是指物的形态，既是有形之物，也包括无形之道。这就使写实的形态与抽象的意味达到了完美的结合，整个灯具造型别致，意态生动，给人难以言状的惊喜，堪称古代雕塑艺术的精品。

然而，除了造型之外，它精美的金银错纹饰，同样代表了战国时期金银错工艺的最高水平。金银错工艺始于春秋时代，随着奴隶制度的“礼崩乐坏”，新兴的社会势力为了炫耀自己的财富和权势，将镶嵌等新工艺作为一种表现手段，使其得到快速的发展，春秋晚期错金银工艺已经成熟，战国时期达到了鼎盛期。金银错工艺主要是利用青铜器与嵌入材质在颜色上的区别，使纹饰清晰，色泽华丽富贵。具体的手法是在青铜器表面先凿出图案线槽，然后将金银丝镶嵌入槽内，捶轧并用错石错平。如果嵌的是块状金银片，则须在凿出片形的内侧再凿一圈线槽，然后捶轧错平，使镶嵌牢固。

◆ 金银错三足铜灯侧面

◆ 金银错三足铜灯反面

这一件三足乌金银错铜灯，通体布满了几何纹与云纹，纹饰金银相间，左右对称，匀称又大气。其躯干正中由一对变化的侧鸟纹、云纹、几何纹所构成的一组兽面图形，其下方前展的腿部，则由云纹、几何纹构成另一组小的兽面图形，上下两组图案结合在一起，充满了神秘意味，使三足乌更具有一种超自然的力量。另外，躯干的背部、乌首、尾翅、后腿以及灯盘的四周，全部由不同的几何纹、云纹、线纹组成。其工艺精致高超，纹饰参差华丽，错边流畅挺拔，错面平亮如镜，显示出惊采绝艳、精美绝伦的艺术效果。

这一灯具的形制，在青铜器中尚没有对照物。因此，对它的断代，目前只能从其工艺、纹饰与造型等方面来判断。首先，从金银错的工艺看，金银片用料较厚，成色好，错面平整光亮，金银错的工艺也细巧精密，与战国时期鼎盛期的工艺水平相符。其次，从纹饰看，三足乌的两个灯盘的环腹，都采用了变化了的金银错三角雷纹。再次，战国的灯盘形态以圜腹浅圆为主，或盘腹略带斜弧；而汉以后，灯盘绝大多数变为直平底。据此，这件三足乌金银错铜灯可断定为战国时期之物。

古蜀国的一组金银错青铜造像

一个非常偶然的机会，在古玩市场看到了类似三星堆出土过的青铜跪坐人铜像，一组四件，每件造像有别，跪姿各异，颇具观赏性。这四件跪坐人都采用了金银错工艺，按其纹饰及其工艺看，应是战国之物，不是三星堆时代之物。但这四件器物很有特色，非常“开门”，又是金银错，造型很美。独立的青铜人物件历来流传很少，虽心存疑虑，还是纳为收藏。

一、青铜造像形态描述及其分析

（一）平顶编发蹲坐人

高十六厘米，宽九厘米，厚六厘米。编发盘头一圈，脸形长方，斜眼如杏叶，眉粗，嘴阔，唇闭，竖耳，饰有云纹，身着开襟长袖衣，系有两圈腰带，双手捧小腿蹲坐，神情威严诡秘。全身错金银，衣袖的纹饰以云纹为主，并与几何纹连接，编发与脑后发际都错了银线。整个脸部与三星堆青铜跪坐人基本相似。这种超自然主义的奇特夸张之造型，显示了古蜀人非常奇怪的审美和想象。

现代人对“编发”已经很生疏，乍看有点像少数民族的缠头。在《史记·西南夷列传》中，就有“自同师以东，北至楪榆，名为嶲、昆明，皆编发”的记载。在成都金沙遗址出土的铜立人像、小石人像和成都百花潭中学十号墓出土的战国错金银水陆攻战铜壶

◆ 一组金银错青铜造像

上，都出现了编发人。这说明编发不仅是西南少数民族的习俗，也是蜀地固有的一个传统。再从这几处出土的时间跨度推断，编发人从商晚期到战国，延续了很长的时间，因此，战国出现错金银的编发蹲坐人是可能的。

三星堆出土的这类铜人，一般概称为跪坐人，其实这样定名不太妥帖。因为古代的“跪”与“蹲”是有区别的。《说文解字》“居”字条这样解释：“跪与坐，皆膝著于席，而跪耸其体，坐下其臀；蹲居择足底著地，而下其臀，耸其膝，曰蹲。”因此，这件平顶编发铜人称“蹲坐人”应更确切。

（二）双尖角冠跽坐人

高十六点五厘米，宽八点五厘米，厚八厘米。头戴双尖角冠，圆顶，冠正面呈弧边，两侧各向上竖一个外侈尖角的边沿，身着对襟长袖衣，身体前倾，腰间系带，前两圈后三圈，夸张的五官与编发人相同，一手抚膝，一手抚腿，腿向两侧张开，呈右腿蹲、左腿跪坐。冠额饰有云纹，身与腿上有错金银云纹和炯纹。

关于冠式，把这个铜人称为双尖角冠跽坐人，只是对其外形的描述，因为还无法确指冠式的名称。原因是除三星堆之外还没见过这种冠式的实物，文献对这种冠式也没有记载。现在能查阅到礼书中的古代七种冠式，只有一种称之为“頍”的较为接近。頍，起源于额带，至商代已制成固定的帽式，后来形制的演变很多，也不能完全确定这个铜人的冠式即“頍”，故还是用外形描述来定名为妥。再有，这个铜人的半跪姿态应称作“跽”。跽，王伯祥注《史记·范雎蔡泽列传》说：“跪而请，半跪下在席上请求也。”黄淳耀《李龙眠画罗汉》也说：“一人跽左足，蹲右足。”因此，按这个铜人的跪姿，应称为跽坐人。

至于这个铜人的身份，由于三星堆出土过类似这种冠式，有人认为是部族酋长的冠式，也有人认为是主祭人或是巫师的冠式，至今没有定论。发式和冠饰，在商代是构成服饰仪态的重要环节，底层的社会成员一般依发型为饰，中上阶层都以带冠增饰。因此，这件青铜戴冠的跽坐人，肯定是中上阶层的人，或是贵族，或是偶像。采用半跪的形式，可能在祭祀场合是一种表示其身份的礼仪。

（三）双弧角冠侧跽人

高十五点五厘米，宽八厘米，厚四厘米。戴双弧角冠，冠前沿平，两侧各向上竖起弧圆形角的边沿，冠顶平而前高后卑，冠前边饰是上下对称的云纹；五官夸张与编发人相同。腰间系带两圈，手捧腹，两腿并拢向左侧，呈右膝跪姿、左腿弓立；身上饰有云纹与炯纹错金银；脑后有发际线。

这件双弧角冠侧跽人与双尖角冠跽坐人既相似又有区别：相同处都戴两侧有角的冠，同是跽坐。不同的是冠形，一个带弧形、外侈、锐角，另一个是平冠、沿直、圆角；跽姿一个是张腿跽坐，一个是闭腿侧跽；一个双手抚腿，一个双手捧腹。由此可以判断，两者身份有所不同，或是代表了不同等级的贵族，或是代表了不同部族的巫师。总之，两者之间“同中有异、异中有同”的造型、纹饰、

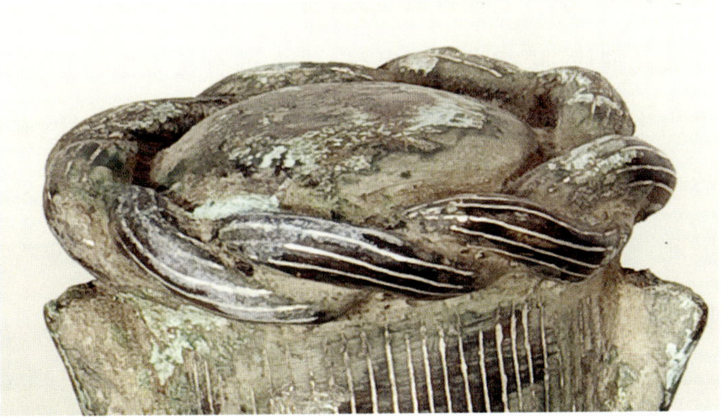

◆ 平顶编发蹲坐人编发局部

◆ 一组金银错青铜造像反面

坐姿以及手的姿态，具有丰富的人文信息。尽管我们还不能确指每个铜人的具体身份和不同姿态的具体所指，但在造型上已形成了一种崇拜体系，显露了某种神秘的礼仪形式。

（四）圆眼商式跪坐人

高十四点五厘米，宽七点五厘米，厚七厘米。头发由前往后梳，再向前卷，绾成高髻，造型奇特；扁宽脸，方颐微狭，细眉圆眼，竖耳，唇张齿露，神态严肃；开襟博带，双手放在膝上，左右手腕各戴二镯，身体略前倾，臀部坐于脚踵之上；身上饰有错金银云纹连接几何纹，腰部系两周宽带，带上饰有长方形与圆形错银纹。这件人物造型与三星堆出土的一个跪坐人像相似。有人认为此人是奴隶，依出土情况与考古文献看，若是奴隶，作为人牲，应该作被缚状。成都方池街出土的一件石雕奴隶像，就是双手倒缚的。因此，专家大多倾向这个跪坐人或是“神人”，或是“巫祝”，是古代祭祀中的一个象征性形象。

这件跪坐人除了发式之外，其脸部特征与其他三个程式化脸谱的铜人有着明显的不同。它的圆眼与跪坐姿式，与商代青铜器、玉器人像中的圆眼及商人的习惯坐姿“经坐”相仿，是受了商文化的影响。所谓“经坐”，西汉贾谊在《新书·容经》中说：“坐以经立之容,肘不差而足不跌,视平衡,曰经坐。”即坐时胳膊不能一前一后,脚跟不可摇晃,眼睛平视前方,这是商代通常的坐相。殷墟妇好墓出土的两个经坐人像就是这种姿势。

从这件跪坐人与其他三个铜像的区别情况来看,至少说明这组青铜造像代表了不同的族群,或代表了不同地位不同方面的人群。

二、这组跪坐铜人是三星堆文化的延续

从上面的描述和分析可以看出,这组铜人与三星堆文化有诸多的渊源关系。首先,四个铜人的五官造型、面部特征、服饰以及不同的坐姿,都能在三星堆铜人中找出原型,风格一致,应该都是古蜀人的造型。其次,这些看似相互独立的青铜造像,跪姿不同,冠饰相异,个别造像的脸部风格还有明显差异,但却有着相同的人文背景和地域风格,应该是一组有内在联系的青铜造像群。再次,这组造像都呈跪式祈祷状,放在一起有一种非凡的群体气势和神秘色彩,应是代表对祖先、对社稷、对神灵、对土地祭祀崇拜中的群巫偶像,是古蜀国崇拜体系的物化体现。

综上几点,可以初步判断,这组造像与三星堆青铜造像属于同一类型、同一族群、同一巫教、同一风格,是三星堆青铜造像文化的延续。

但错金银的青铜造像与三星堆造像要相隔一千年以上,前者在战国中晚期,而后者是商代晚期。因此,必然会产生疑虑,这组与三星堆相似的错金银青铜造像,有其存在的合理性吗?合理的解释是,在三星堆文明衰落之后,古蜀国继承并延续了三星堆文明。事实可能也就是这样,我们在古蜀国金沙遗址看到了出土的金杖上的图案,与三星堆一号坑极为相似,而且出土的铜立人像和石人像,也都是编发。可以设想,这种族群的崇拜一直在延续,没有随古蜀国被秦灭亡而终止。由此推断,这组错金银的青铜跪坐人铜像出现在战国时期也是完全可能的。

西汉错金银群山基座神树灯

神树，原先我们对它还比较陌生，自从三星堆出土高大、神奇、瑰丽的青铜神树后，引起了各方面的关注、重视和研究。到目前为止，学术界对神树的内涵还存在分歧：有的认为与《山海经》记载的“建木”相关，有的认为神树并非“建木”，而与《山海经》描述的“若木”相似，也有的认为神树是古蜀人的宇宙树，等等。但对这一类树状青铜器统一称为神树，倒是意见一致的。古代神树的实物屡有发现，自20世纪60年代以来，各地出土了数十棵殷商至汉各时期的神树实物并发现了一些绘画上的神树，其中两周时期的青铜器神树很少见到，大多见诸漆器和帛画。而战国、秦汉时期的青铜神树，已不是单一的神树，而是与灯具结合在一起的复合造型器物。如1977年河北平山中山王陵出土的一件青铜十五连盏灯，是在“神树”基础上与灯具造型相结合的器物，已增添了新的内涵和功能。

笔者最近有幸接触到一件西汉的错金银青铜神树灯，它由底座、树干、枝条、灯盏、盘龙等十五个部件衔接扣挂而成，整体高七十厘米。其群山形的底座高十厘米，分五层重叠，呈峰峦峥嵘之势，在底座中央耸立一棵笔直带螺旋形的通天大树，在其树顶承托了一个灯盏。在树干的中部，分出上下两层相对称的枝条，分别伸向东、南、西、北四个方向，外张而上翘，并在每根枝条上各栖息着三只朝向各异、昂首翘尾的仙鸟，在枝条顶端塑有张口的龙首，各衔接着一个灯盏。另外，在树干枝条三个不同空间，各有一条盘龙以不同的姿态缘树猱升，盘旋而上，上下呼应，姿态生动，充满了活力与生气。整个神树灯还采用了金银错为装饰，饰有卷云纹、火纹、不规则的几何纹、各种动物图纹及仙界人物图形等，显示出十分豪华的气派。这件造型奇美、布局严谨、浑然一体的错金银神树灯，可以称得上是一件极其罕见的充满了神秘色彩的器物。

这件神树灯首先给人的印象，主体源于三星堆的神树造型，基座吸收了近似博山炉的群山形态。它基本上复合了灯具、神树与群山底座三大造型元素。因此，它的主要功能除了照明外，应还有通天、通仙、通神的含义。

◆ 西汉错金银群山基座神树灯

先说这件灯具。从这件器形的规模与高度及其华丽的错金银装饰，很容易与实用器联系起来。而且，会联想到古代皇室贵胄使用的与之十分相似的长檠灯。“檠”，原指豆形灯的立柱，后成为灯的代称，如鲁迅的《别诸弟》有“孤檠长夜雨来时”之咏。孤檠，即指孤灯。由于长檠灯结构复杂，造型美观，器型高，亮度大，耗油又多，自然成为宫廷官宅用的一种华丽灯具。然而，这件群山形基座上傲然耸立的神树以及盘旋而上的三条飞龙，说明这件灯不是一件单纯的灯具，而是寄寓了一种信仰、一种观念，或者一种寄托。因此，它可能是贵族家庭的日用灯具，也有可能用于家庭祭祀，也不能排除主人生前所用、死后陪葬，以引导亡灵进入仙界的可能。

再看这件群山形的基座。这个基座从外表看，与博山炉比较接近。据说汉武帝嗜

◆ 神树灯基座局部

好熏香，信奉神仙方士，听到有一大批成仙者出现，便派人到海外神山寻找仙人与不死之药，还遣人模拟传说中的“三座仙山”，制作了造型特殊的熏香炉——博山炉。这种炉在焚香时，袅袅香烟会从层层镂空的山形中高低散出，如仙气缭绕，给人以置身仙境的感觉，于是博山炉盛行于两汉宫廷贵族间。从出土的西汉博山炉看，其承托部分大多塑造了羽人、龙与神兽，作为与天之间的媒介，这是汉代神仙方士升仙思想的产物。在两汉时期郊祭或宗庙祭祀时，天子会带上一顶通天冠，在冠前加饰一片名为金博山的黄金饰物，仿照博山样式，形如山岳，希望与天有所联系，这都反映了整个汉代企求通往仙界的心理，这一礼制一直延续到唐以后。如果将这件灯具的群山底座与西汉初期的博山炉作一下比较，它们的共同点有三：一是都有类似博山炉圆锥形的造型特征；二是都以错金银作装饰，且饰有羽人、动物、龙等神兽；三是雕镂的山峦之形，高耸层叠，显得群山起伏，象征传说中的仙山。其不同点是，灯具的基座没有出烟孔，也没有博山炉那样大小参差、高耸峻峭、探出炉体的尖锥状山峦，只有相对规整连绵的圆锥形山峦。这说明这件灯极有可能借鉴了博山炉的部分造型，两者之间在造型与内涵上既有联系，也存在一些差异。

二

这件灯具的主体——神树。目前见到的最早的青铜神树实物是殷商时期三星堆遗址出土的八棵青铜神树，其中一棵大铜树，残高三百八十四厘米，原高约在四米以上，这是目前世界上个体最高的单件青铜器。很多学者研究确认，神树是古蜀人祭祀祖先，沟通人神、上下天地的天梯。那么，这件灯具采用神树为造型主体，会不会也与沟通天地的主题有关呢？它是通过哪些造型语言来传达这种观念的呢？

首先看这件灯的主体，即神树究竟代表了什么？笔者认为，这株神树应与传说中的“若木”有关。《山海经》云：“大荒之中有衡石山、九阴山、洞野之山，上有赤树，青叶、赤华，名曰若木。”若木就位于传说中的仙山——位于天地中央的昆仑山上，建木的西面。《楚辞·离骚》云：“折若木以拂日兮，聊逍遥以相羊。”形容若木高大通天，用它的枝条都能拂到太阳。《古俪府》更明确指出明扶桑和若木是东西两方的神山：“扶桑临于大海，若木照于昆仑。”因此，唐代诗人李峤《日》诗也咏道：“日出扶桑路，遥升若木枝。”暗指若木是人间“遥升”天庭、沟通天地人神的天梯与桥梁。这样，灯具的群山形基座所代表的主体原型就清晰了，它的原型描绘的不是博山，而是昆仑山的仙界内容。

我们知道，汉武帝听信方士飞升成仙之言，幻想生命得以完整延续，成为人生一个更高级的阶段，而非肉身的终结。于是，《淮南子》一书将昆仑地下宫殿描述得像仙境一般，有“珠树、玉树、璇树、不死树在其西，沙棠、琅玕在其东，绛树在其南，碧树、瑶树在其北”，并将昆仑地面也描绘得更近于天堂世界：“昆仑之丘，或上倍之，是谓凉风之

◆ 神树灯上盘旋的龙

山，登之而不死；或上倍之，是谓悬圃，登之乃灵，能使风雨。或上倍之，乃维上天，登之乃神，是谓大帝之居。”这样在昆仑山飞升上天成为西汉“求仙”最向往的地方。另外，这株若木的内涵与汉人的天地观、生死观密切相关。其横向伸出的四根枝干和中间向上伸出的一根，构成一个数“五”，清晰地暗示了秦汉时期十分流行的“阴阳五行”思想，通过“五行”传达“升天”的观念。因为“五行”是古人关于自然秩序和调整事物生长、变化以及衰落周期的五种要素，通过阴阳各种相互补充的对立力量，促成生死乃至再生的永恒周期。《列子·天瑞篇》说：“死亡与生，一往一反。故死于是者，安知不生于彼？”古人相信，死后可以再生，也可以升入天上的仙界。葛洪说：“按《仙经》云，上士举行升虚，谓之天仙。中士游名山，谓之地仙。下士先死后蜕，谓之尸解仙。”当人们幻想着通过不同的途径能够升仙时，传说中的若木代表了通天的道具，成为可以看得见的通达仙界的神树。

三

那么，这神树枝干上栖息的鸟，又有什么寓意呢？在三星堆铜树上所铸的神鸟，专家认为是神话中的金乌（即太阳）。因为三星堆神树三层九枝及其枝头分立九乌的形象，符合“扶桑”和“若木”的“上有十日”这一最为显著的特征。而这株神树灯具的四根枝干各有三只鸟，一共是十二只鸟。神树上的鸟，亦称为仙鸟或青鸟，这是人们对鸟类神仙化的说道。《山海经·大荒西经》云：“有三青鸟，赤目黑首，一名大鵹，一名少鵹，

◆ 神树灯局部

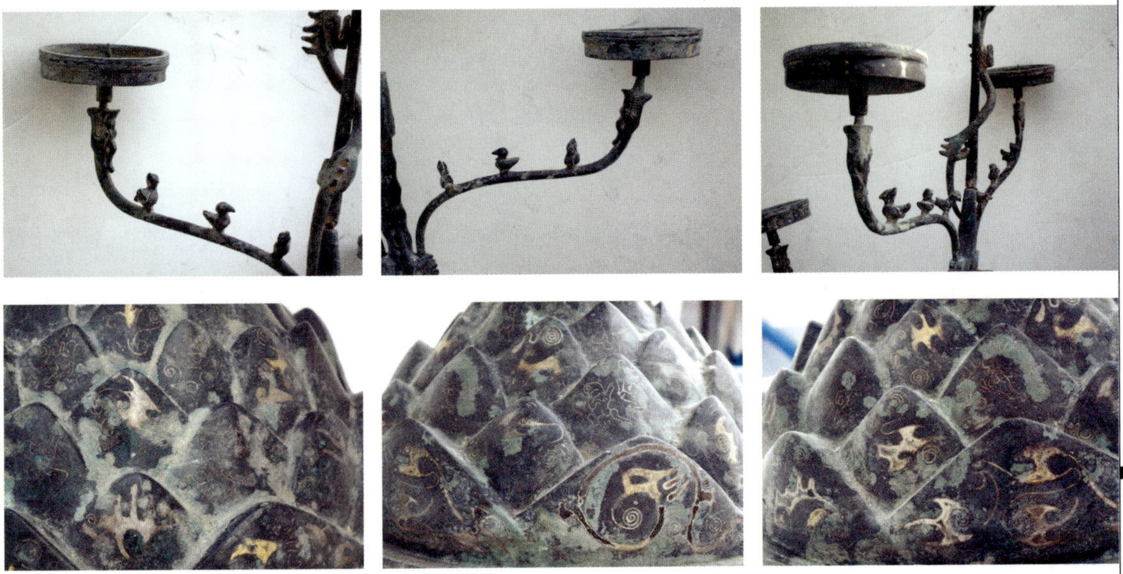

◆ 神树灯局部

一名青鸐。”相传西王母的侍从，就是三青鸟。西王母得道成仙，它们也自然成了仙鸟。《艺文类聚》引班固《汉武故事》说：“七月七日，上（汉武帝）于承华殿斋，正中，忽有一青鸟从西方来，集殿前。上问东方朔，朔曰：‘此西王母欲来也。’有顷，王母至，有两青鸟如乌，侍王母旁。”后世遂以青鸟为早期仙人信使的代称。西王母在汉武帝时代，已蜕化为神仙中的女仙，汉武帝常要向西王母求仙术与长生不老之道，传说全由青鸟穿针引线、传递信息，故青鸟又俗称为仙使。李商隐《无题》诗云：“蓬山此去无多路，青鸟殷勤为探看。”就是把青鸟当作信使的。在汉画像石上，汉武帝与西王母相见的题材中，青鸟的形象也常占据着突出的位置，这足以窥知汉时神仙思想中青鸟的重要地位。因此，这件神树灯具枝干上栖息的鸟，其寓意也非常明确，即天仙的信使。如果我们从另外的角度将四根枝干比之“四季”，十二只鸟比之“十二个月”，那么它的象征意义及寄寓的“天”的意思，就比较清晰了。在《楚辞·天问》中：“天何所沓，十二焉分？”这句话是在问，天如何相合在一起的，十二份是怎样分的？虽然古人对天为什么要划分为十二份提出了质疑，但也说明“十二”这个数寓寄了“天”的意思。

窃以为，神树的枝干与鸟，不仅与通天有关，同时与昆仑山仙界的传说有关。

四

接下来我们再看盘绕在神树上的三条神龙。龙在远古文化中有着重要的地位，象征为沟通天地的神异动物，也作为通天升仙的工具。在《甲骨文编》中，出现了三十多个不同写法的“龙”字，有的身尾不分、无足、头上有饰，有的长出四足或二足，其象形文字已带有会意的成分。因为不少“龙”字的头上都附饰物，如“且”“辛”“王”等符号，过去曾把这些符号当作头上的角，后来专家们逐渐认识到这是一种神圣的符号。以“且”为例，“且”在甲骨文中通“祖”，是古代男性生殖器的象形符号，饰在龙的头上即表示龙是祖先神；又如“龏”字，在龙字的下方有一双手托着，表示对龙的崇拜。这两个字显然有祖先神灵崇拜与图腾崇拜的含义。从甲骨文的字形可看出龙最先的原始形态，像是自然界的爬行动物。有学者认为，龙源于地蝼、蚕蛹、鳄鱼、蜥蜴等这类昆虫；也有人认为，它是风、云、雷、电、大河、星象等自然现象或这些事物的化身。总之，当它被逐渐神化后作为图腾崇拜，就成为力量、权威、神明的象征，成为可上天、可入地的神灵，成为阴阳相交和人天之间的神秘力量。《楚辞·离骚》云：“龙驾兮帝服，聊翱游兮周章。”将龙描绘成驾帝翱翔回旋于天际的情境。《史记·封禅书》集解中记载了黄帝乘龙上天的故事：“黄帝采首山铜铸鼎于荆棘山下，鼎即成，有龙垂胡须下迎黄帝，黄帝上骑。”这个故事说明上古时期龙已成为升天的工具。大量出土器物也表明，春秋时代的龙作为世俗崇拜的神灵，被大量用作青铜器上的图饰与沟通天地的祥瑞神兽，或举形升仙，或引魂升天，或驱魔镇邪。在河北中山靖王刘胜和他妻子窦绾墓中出土的博山炉柄上，镂雕了三条腾出波涛的龙，寄寓了通过龙的引领达到通天升仙的愿望。

我们回过头来再看这盏灯具上的三条龙，它们分别盘旋在神树枝干的上中下三个空间，下面两条龙呈圆形盘旋状，昂首张嘴，卷尾高翘，四足张扬，盘身曲体流畅，整个姿态活泼生动，表现出富有生命力的运动变化之妙；盘旋在顶端的一条龙，呈细长之形，显示其飞升之势，似已接近天庭。从这三条龙的位置及其飞动的状态，象征它的沟通天地与飞升上天的功能。同时,龙与神树枝干间的空间以及每根枝干栖息的鸟,都暗合了“三”这个数,这不是偶然的巧合,而是代表了天、人、地三界,作为天梯神树的诸级次序。

综上所述,我们可归纳成如下几点;

一是这件神树灯具主要突出的是通天升仙的主题,它与东汉到三国流行于西南地区的近两百件出土的摇钱树联系起来,我们不难发现,神树灯具与殷商的三星堆神树以及秦汉之间的摇钱树,在造型及其功能上存在着渊源关系和演变的痕迹。

二是这件灯具的断代应在西汉中晚期,其底座参照了博山炉的部分造型以及取之于昆仑山原型与升仙的内容,说明它形成的上限不会早于汉。另外,三条龙的造型采用带棱角的三面形的龙身,与西汉玉器龙的造型相似;五盏灯的造型也与西汉出土的造型相仿。错金银纹饰中出现的动物造型和双钩的人物造型,也只有在汉代开始出现,这些都带有明显的时代特征。

三是这件神树灯具所折射的通天观念与信仰,更接近楚人“树图式”的象征体系,弥漫着强烈的感性色彩与无羁的想象力,带有明显的楚地文化影响,而且与之印证的古代原始神话文献《山海经》《淮南子》,都出自南楚之地,由此推测,此件灯具可能出于楚地。

溢彩流光的东汉漆耳杯

耳杯，是古代的一种食酒器皿，主要用作盛酒或饮酒，也常作为餐具盛装食物。盛行于战国、汉，延续至晋、唐，目前能见到出土的漆器耳杯，最早是战国时期。

这只东汉的耳杯，长十五点五厘米，宽十三厘米，高四点八厘米。薄木胎，椭圆形，弧形壁，内空深，小平底，两边有如羽的双耳，杯底有“笃须”两个字。汉杯之双耳自沿口外侈上翘，高于杯口，呈现出一种动态感。

战国时的耳杯，除圆耳之外，还流行一种方耳，像蝴蝶展开的翅膀。耳杯在春秋战国时又被称为羽觞，《楚辞》中有“实羽觞些，挫糟冻饮，酎清凉些，华酌既陈”，说是斟满了酒的杯子，已去掉了酒糟，置于冰上，这样清醇的美酒，应马上饮用啊！羽觞成为耳杯的同义词，与当时的风俗有关。《汉语大辞典》“羽觞”条：“羽觞，作鸟雀状，左右形如两翼。一说，插鸟羽于觞，促人速饮。”这种插羽催饮的风俗观念，应与战国时期出土耳杯的鸟形纹饰是有所关联的。

这只耳杯从东汉至今，已有两千多年的历史，漆器的颜色依然绚丽如新，唯独一处边沿内侧，脱落了一块约四厘米宽、一厘米高的漆皮。在这块脱落处，可清晰地看到镟制的木胎。木胎与漆皮之间没有灰腻层，漆是直接髹在木胎上，细看还可发现，用漆粘上的一层丝状物，强化了胎体的强度。此外，在木胎壁上脱落的一层红色的漆皮处，其褐色纹饰一点也没有脱落，这些细如发丝的线纹，依然紧紧咬在木胎上。这表明纹饰是采用了锥画工艺。

◆ 东汉漆耳杯

锥画是汉代漆工艺的一大发明。锥画又称“针刻”，在髹漆的器物上，用金属锥在漆膜尚未完全干透时镌刻各种图案，然后填漆磨平，纹饰细如游丝。据专家推测，锥画是从战国、秦代漆器刀刻文字的基础上发展而来，也有认为受战国的“针划纹”的启示。长沙马王堆三号汉墓部分漆器用针划花纹作雕饰，在同墓随葬的遣策上明确称这是锥画。所以，后一种说法较为确切。锥画的特点是，笔画纤细、宛转柔和，且又挺拔，能在很小的画面内刻画出极其丰富的内容。同时，能将漆膜划破直抵木胎，画出各种图画纹饰。由此可知，这件耳杯的纹饰，为什么未跟漆皮一起翘掉的原因了。

这只耳杯的色调，以红、褐黑色为主调，内髹红漆，外髹黑漆。在杯的内腹红地上，饰以棕褐色的纹饰，口沿外侧褐地上饰以红色的纹饰，两耳褐地上饰以红、黄相间的纹饰，色彩对比鲜明，和谐统一，延续了红黑辉映的传统。

◆ 漆耳杯局部(损坏部分)

那么,这只耳杯为什么采用红、褐黑这两种颜色作主色呢?

我的理解是,红和黑是中国漆器自产生以来的传统色彩,在约七千年前,河姆渡木碗上施的已是红漆,偏爱红色是古人长期以来的一种审美习惯,是传统的继承与延续,另外也包含了古人对色彩的认识。有人认为,偏爱红色是古人对火焰和太阳光芒感受的产物。楚人的尚红色,既是祖先崇拜,又赋予了巫术含义。特别在汉初,以赤帝为尊,以红为贵,流行红色。而黑色同样是对自然物质和现象的一种认识。当生漆与空气接触氧化后,表面呈赭色,干涸后会变成褐黑色,它与红色搭配非常协调。正源于此,汉代工匠有时在黑褐色中加上石墨成墨色,加一点红成为红褐色,使红黑辉映中,色彩更丰富、更协调。从这只耳杯在调制色漆上可以看出,汉代对色彩的认识与运用,比先祖更丰富、更成熟,给人的视觉效果更深刻。

我们再来看耳杯的纹饰。在耳杯的内腹、两耳和口沿内外，遍饰了纹饰。内腹的纹饰是典型的四方连续藤蔓式龙纹，它是用四组半抽象的藤蔓式的装饰图案，含蓄地传达龙在飞动中的形态，追求一种往复、婉转、流动的韵律。四方连续纹样，是指一个纹样单位向四周重复地连续和延伸扩展的图案，这种纹饰结构在漆器上得到广泛运用。在这个四方连续纹样中间，又饰以大朵云纹，起到冲破呆滞、分割画面的作用，巧妙地把四组龙纹串联在一起。在对称的双耳上，将菱形纹、圆纹、点纹等组合在一起，构成了一种优美的纹饰，一种有节奏和韵律的图案。

我尚不清楚这只耳杯的流传情况，所幸杯底有两个清晰的漆书“笃须”。“笃”字的原迹不是“竹”字头，而是“草”字头，这个字在《包山竹简文字编》中出现过三次，未作任何说明，在《楚系简帛文字编》中注明“《说文》所无”。其实，汉代“竹”字头与“草”字头在隶书中是通用的。况且“笃须”两字，带有明显的隶意，故可定为“笃”字无误。“笃”同“督”，是姓氏。《春秋传》中的司马督，在《汉书·古今人表》中作“司马笃”。《左传·襄公二十三年》有“春秋，晋有督戎”，将督作姓。由此可以推断，“笃须”是物主的姓名，姓笃，名须。我们再从这两个字的书体看，类似于楚简书，用笔流畅劲利，当是东汉时期流行的书体，此耳杯可断代为东汉，是楚文化范围内的器皿。应该说，这类漆器都是随葬品，随葬如此精美的漆器墓葬一般规格都很高，不是诸侯王便是列侯或贵族，有的还在漆器上写上自己的姓氏或官爵。如马王堆出土的漆器上有“轪侯家”的标记，阜阳双古堆墓中的漆器上有“女阴侯”这样的铭记。他们借此表达自己的身份，炫耀自身的地位与拥有的财富。因此“笃须”应是一位有相当地位的贵族。

◆ 漆耳杯底部“笃须”两字

谈起耳杯，便会想到“觞”。我爱好书法，因为王羲之《兰亭序》中的“曲水流觞”，使之对觞充满了遐想。如能在茂林修竹、清流激湍的兰亭边捧觞赋诗，体味那种飘逸情怀，该多好啊！事有凑巧，心愿得以满足。2008 年我应邀参加第二十五届兰亭书法节，与全

281

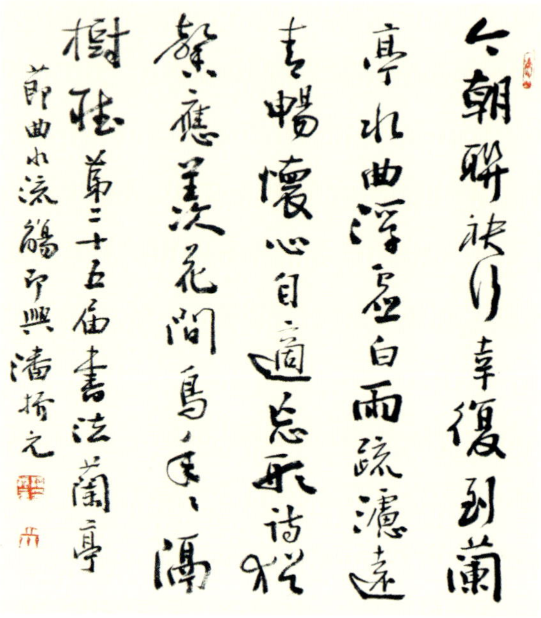

◆ 作者即兴诗之一

国各地的四十位书友穿了古装进行流觞活动，心也随着曲水中的觞杯一起漂荡。虽然，诗未能洋洋乎如流水，人却是飘飘乎若仙，过足了一把瘾，即兴作了两首小诗，现附一首于下：

“今朝联袂行，幸复到兰亭。水曲浮虚白，雨疏滤远青。畅怀心自适，忘形诗犹馨。应羡花间鸟，年年隔树听。”

西汉彩绘陶犀牛

在所有动物中，以犀牛形象制作的古器物数量很少，现在能见到的犀牛青铜器只有三件：一件是小臣艅犀尊，晚商时期的作品，造型古朴、生动，现藏旧金山亚洲艺术博物馆。一件是错金银云纹犀尊，1963 年于陕西兴平县出土，战国中晚期作品，现藏中国历史博物馆。还有一件是嵌错犀牛带钩，战国时期作品，现藏美国赛克勒博物馆。其他尚可见到的，都是犀牛形象的部件。至于以犀牛形象制作的玉石器，从资料中能查到的也不满十件，且出土都在华北，造型都取自写实，画的都是苏门答腊犀。这说明早在商代的中原地区已有亚洲犀的存在，但数量不多，器物也少，甚至连甲骨文中也找不到“犀”字。据杨锺健、刘东生于 1949 年合写的《安阳殷墟之哺乳动物群补遗》一文中，曾提到发现两枚犀牛指骨及一枚掌骨。经推测，殷墟遗存中的犀牛在十只以下，其数量之少可见一斑。

笔者限于识见，没有看到汉以前犀牛陶器的著录。因此，朋友转让给笔者的这件彩绘陶犀牛，实属罕见而珍贵。虽然彩绘基本被土锈所替代，看不清整个犀牛身上的色彩和纹样，但从覆盖犀牛的土锈里，还能看到与之相杂在一起的白色陶衣，这层陶衣也已成为粉化层，在腹部圆孔的周边，未施陶衣处，就没有白色，只能看到红陶斑驳的胎色与土锈。由此可以断定，犀牛身上的白色粉化层是彩绘下面敷涂的一层陶衣。另外，在肩后部的几道弦纹上，可清晰地看到敷绘在上面的石青色，在头部与四肢等部位看到弥散的红褐色。经过风化、土化与腐蚀，表层已将彩绘、陶衣、土锈甚至陶胎浑然一体，

◆ 西汉彩绘陶犀牛

在土锈中隐约分出多个层次，显露出历经两千多年沧桑的痕迹。

大凡看古陶，要先看气息，因为任何一件艺术品都脱离不了它所处时代赋予的气息，这种气息是一代文化的缩影，它会在器物上有意无意或多或少地显露出来。这种气息包含在器形、纹饰、色彩与美感中。

这件彩绘陶犀牛，长三十三厘米，高十八厘米，宽十一厘米。犀牛躯体庞大，浑朴壮实，短柱般的四肢，直立平稳，粗犷有力；头部前伸，颈肉下垂，肩背隆起，整个上下的躯体呈“～”形曲线；吻部的上方，前后长着两个弯曲的犀角，头两侧的小眼圆睁，在犀角后面竖有两只略向前倾的耳；肩胛、颈下及四肢关节处的褶缝，都依据不同部位分别饰有宽窄不等的四至八道弦纹，身体像穿了一层盔甲。从犀牛腹部的椭圆形洞孔中，可看到它的背腹是由左右两爿拼接而成，每爿都并列着一道道半圆弧形的指压模印，而犀角、耳、尾等是用手捏塑后接合的，可见其制作采用的是手捏与模板相结合的工艺。综合上面描述的工艺造型,陶衣施彩、写实风格,已可以看出此物具有西汉陶塑工艺的基本特征。

但是,重要的是我们还要看这件彩绘陶犀牛的艺术特质和时代的审美追求。

首先,这件作品体现出了西汉陶塑的写实与神韵。众所周知,立体陶俑出现于春秋晚期,经过战国到秦汉的演化发展,将中国古代陶塑制作推到了高峰。1995 年咸阳塔尔坡秦墓出土两件骑马俑,整体红色彩绘,刻画了战国骑士生动的形象,这种写实性代表了战国陶塑的一种趋向。正由于此,才会出现创造世界雕塑史奇迹的秦始皇陵兵马俑。这一既写实又写意的作品,震撼地展现了秦代高超的雕塑水平。到西汉,出土的陶塑基本上继承了秦代质朴、写实的风格。彩绘陶犀牛正是体现了这一时期以写实为主、兼重内在神韵的陶塑作品。造型师法自然,以简洁写意的线条,展现了犀牛粗犷的轮廓,示人以豪迈雄大的气概;饱满的肌肉浑朴壮实,粗矮的四肢稳健有力。看似静态的外形,被几根线条塑造得活灵活现,使威猛有力的犀牛形象脱颖而出。特

◆ 西汉彩绘陶犀牛侧面与背部

◆ 错金银云纹犀尊　陕西兴平豆马村出土

◆ 小臣艅犀尊　美国旧金山亚洲艺术博物馆藏

别是工匠通过不多的细节处理，如犀牛多个“～”形的外轮廓线，富有节奏的钩形翘角与前倾的竖耳，头部几道有力的曲线以及吻、颈与足部宽窄不一流畅有力的弦纹，把蓄势的动态集聚出来，因势象形，凸显出生气勃发、富有运动感的内在力量，将犀牛艺术形象特质中的“力”和“动”，即含蓄的生命力，转化为品味不尽的神韵，看了令人感到震撼。

其次，这件作品展示出一种朴厚之美。西汉工匠在犀牛的塑造工艺中，没有使用一根直线，每根线形都有一定的弧度，富有弹性，充满张力，特别是肩、胛、臀、腹等部位，运用较大弧度的外向曲线，给人以丰满浑圆之感，加上头部、颈、足的弦纹采用的外轮廓减地，这种大弧度凹进的减地阳线，使质感显得格外朴野、浑实、厚重，表达出这个时代在“再现”中崇尚朴厚的审美趣味。

犀牛被刻画得如此生动逼真，每个见到的人必然会想：这些工匠一定见过犀牛，若非亲眼目睹，怎能如此写实？而没见过的人，多少会出点洋相。如东晋的大学者郭璞，在《尔雅》注解中将犀牛说成头有“三角，一在顶上，一在额上，一在鼻上；鼻上者，即食角也，小而不椭。好食棘”。显然已搞不清犀牛是何等模样了。在西汉时，北方尚有犀牛，少数有识之士尚能见到，但随着汉代对山林环境的大规模破坏，到东汉时，中原地区的犀牛已经消失，南方的犀牛依然很多。因此，《古今图书集成》记载，朝廷开始将犀角列为土贡项目。唐、宋、明三朝土贡犀牛角的数量相当大，仅唐代土贡犀角的地区涉及湘、鄂、川、黔、桂、粤、青等省。到了明代，已退缩至黔、桂。由于人们疯狂追求犀角的药用价值以及工艺品的上等材质，狂杀滥捕，南方一些官员甚至出动上千官兵，一次捕杀几十头犀牛。为了敛财，民间也大量偷猎，至 1922 年最后一头小犀牛被捕杀，中国犀牛从此灭绝。

犀牛在古代是一种灵兽，中国有句成语“心有灵犀一点通”，比喻恋人双方心心相印，后来也比喻人们彼此心意相通。据说，通天犀角中白色的犀纹如线，贯通两端，不仅可辟水辟火，而且感应灵异。为此唐代诗人李商隐写出了脍炙人口的诗句：“身无彩凤双飞翼，心有灵犀一点通。”在国人心目中，犀牛是有着美好形象的灵兽，然而同样在国人贪婪之心的驱使下，犀牛绝杀于国人之手。在笔者写完此文时，留在心中的同样是一种震撼。

汉代独角兽青铜灯

这是一只汉代的青铜灯，高二十一厘米，宽十四厘米，长二十八厘米，《角端》一书称之为汉铜角端灯。此灯之独角兽由头、身、角、尾四部分组成，头顶一个生叉的独角，角抵向前，颈部弓起，瞪眼咧嘴，尾部上扬；一带有平巾帻的壮士骑兽身上，双臂向两侧微展，双手各执一灯，头顶一灯。

这件独角兽青铜灯极为稀有。笔者共看到过三件汉代独角兽（包括这一件在内）。一件是甘肃武威汉墓出土的木雕独角兽，体形稍大，长五十七厘米，四腿分开呈奔走状，造型古拙雄健，不失为古代木雕的精品。另一件是山西西汉墓出土的陶独角兽，长四十五厘米，造型与本文介绍的此件相似。这三件中，唯独本件是独角兽组成的灯具，其他两件纯粹是神兽，作镇墓兽之用，以驱魔镇邪。

独角兽本名“獬豸”，又名“觟鯱”“解廌”，是古代传说中的神兽。《述异记》记道：“东北荒中有兽如羊，一角，毛青，四足，性忠直，见人斗则触不直，闻人论则咋不正，名曰獬豸，一名任法兽。”因为相传獬豸“性知人有罪，能辨曲直”，故“皋陶治狱，其罪疑者，令羊触之”。正因为如此，古代监狱建筑都朝向东北，以示如同獬豸一样，会主持正义，扶正驱邪。古人也因此将獬豸作为执法官的象征，监察、执法的官吏如御史、廷尉戴的帽子，被称为“獬豸冠”“豸冠”或“豸角冠”，穿的官服被称为“豸衣”或“豸袍”。北周庾信《正旦上司宪府》有“苍鹰下狱吏，獬豸饰刑官”，唐代岑参《送韦侍御先归京》有“闻欲朝龙阙，应须拂豸冠”，都作了这方面的描述。古汉字中的“法”，本字作“灋”，亦来源于“独

◆ 独角兽青铜灯正面

角兽裁判”的传说。獬豸这种开始只是秉正嫉邪的神话形象，逐渐演变成为正义的“何尝有矫伪”的神兽和神奇瑞应的瑞兽。《论衡》就认为：“圣兽助狱为验，故皋陶跪座事之，则神奇瑞应也。《瑞应图》曰：豸知曲直，王者狱讼无偏则出。”豸在宋时，已成为御史的代称，有“五豸唐门”的佳话，讲的是唐家出了五个御史。至明清时期，相当于御史之职的风宪官，虽不再戴豸冠，但在官服的补子上也绣有獬豸的图案，不仅代表了一种公正执法的形象，同时也示人以一种警戒和期待。

◆ 独角兽青铜灯侧面

这件独角兽青铜灯，最值得称道的是它的造型：源于现实，又高于现实，其形象十分奇特，似羊非羊，似牛非牛，如龙首，如狮身，完全是用理想化的概念去刻画一种驱邪扶正的形象，去展现古人丰富的想象力和独特的审美追求。当我们看到其头角如利剑，尖锐无比，尾巴如刚刀，峻削高扬，即能感受到一种异常的威慑感，可谓气贯如虹，锐不可当。而我们从其夸张的表现手法，更能感受到古人的艺术创造力：它下颏回缩，颈项隆起，整个头部就显现了方拙的强劲感；当其前后腿上部处理成较大块面化后，饱满而硕大的肌肉，增强了躯体的魁健感；小腿缩短，四蹄劲蹬，又增强了腿的力量感，整个身躯包括头、腿都前倾，蓄势待冲，更突出其震慑感。这种结合各种猛兽特征的表现方法，不单显示了它的强烈气势和内在力量，更是突出了正义的力量和不屈不挠的生命力。这种艺术细节的处理和绝妙生动的刻画，应该是汉代人对生活深入观察、提炼、概括的结果，从一个侧面表现了汉代艺术既是意象的又是现实的特点。

这件独角兽青铜灯立意很高，它将疾恶如仇的神兽和予人光明的灯具结合在一起，不失为完美的组合，再加上器形完美品相好，应是传统雕塑艺术中的一朵奇葩。

存世最早的一组汉绿釉十二生肖陶塑

1955年,在陕西西安韩森寨唐墓出土的十二生肖俑,其造型是兽首人身,昂首挺立,形象生动,表现出十二种动物的神态特点和文士气派。同年,在湖北武汉出土了一组隋代青釉生肖俑,也是兽首人身,以动物为头像,着衣持笏,作文官形象,制作规整,想象丰富。这类出土实物集中在隋、唐、五代及宋之墓。陈安利在《古文物中的十二生肖》一文中认为,隋唐时期的十二生肖俑,以长江为界,分南北两个系统。南方系统的生肖俑主要在湖南长沙、湘阴及湖北武汉等地,形象丰富。北方唐墓生肖俑只有兽首人身俑一种,而北方地区北朝到五代文物的生肖形象基本经历了一个动物形象—人身兽首—人带生肖的发展过程。《简明陶瓷词典》曾对十二生肖俑作过分类,第一类是人俑带生肖俑,即每个生肖俑的后足踏在人俑的双肩,前足攀在人俑的帽檐上;第二类是人身兽头生肖俑,即在人的身体上安一个生肖动物的头;第三类是人手捧生肖动物俑。但这三种分类局限于俑的范围,未包括独立的生肖动物陶塑,未免语焉褊狭。因为生肖是一种传统的纪岁方法,以十二支象十二兽,每年对应一个动物,十二年是一个循环。人类制作生肖除了人与动物结合在一起的陶俑外,也会单独制作以生肖动物的陶塑。2003年,张丽华的《十二生肖起源及墓葬中的十二生肖俑》一文对墓葬中十二生肖俑的演变作了分析,就提到单独的动物生肖陶塑。作者说:“从南北朝时期独立的生肖动物俑形态,到隋、初唐时坐姿俑,到唐代的站姿俑,而后演变成点缀于人像不同部位的生肖俑,最后生肖动物消失。”我们有理由认为,将动物生肖陶塑排除在十二生肖的分类之外，是褊狭而不妥的。

最近，笔者有缘见到了一组单独以动物生肖组成的汉绿釉陶塑，生肖配兽与现代的完全相同，器物尺寸在长十五厘米、宽五厘米、高十五厘米之间，长短大小不等。内胎为红陶，呈粉红色，质地粗松较软；外施绿釉，露釉部分的釉色深沉，釉光莹润悦目，不同生肖的釉色存在深浅的差别，有漏釉现象。且这组绿釉的表面已被一层银白色像云母光泽的包浆覆盖，这层包浆俗称反铅、银釉、银斑或银包浆，乃是由于使用了一种以氧化铅为主要熔剂的低温铜绿釉，经过近两千年潮湿环境的水和水汽的缓慢侵蚀，使铜绿釉表层析出一层银色氧化物，这种反铅现象，经过不断层积，铜绿釉就会从局部到整体被银白色所覆盖。这组生肖的反铅较厚，在银包浆与绿釉的表面能见到一些细密的开片，实属难得。收藏汉绿釉一般讲究反铅现象，以反铅为鉴定依据。这组生肖陶塑从造型、釉色、胎质、反铅及开片等方面可定为东汉之物，是目前存世最早的一组十二生肖陶塑。

那么，这组生肖陶塑除了反铅现象外还有什么特点呢？首先，有明显的汉代陶塑写实风格。我们知道，汉代刘邦的“与民休息”和汉惠帝以后的“道法自然”，折射在艺术上，形成了西汉以写实为主要特征的现实主义艺术思潮，这种思潮一直延续到东汉。其次，东汉随着人俑和动物陶塑的大量出现，在造型准确、明快洗练的基础上有了新的发展，出现了寓巧于拙、雄浑豪放、追求内在意韵的新艺术风格，使东汉陶塑具有很高

◆ 一组汉绿釉十二生肖陶塑

◆ 绿釉十二生肖陶塑(左上,鼠。右上,牛。左下,虎。右下,兔。)

的艺术欣赏价值和学术研究价值。这组生肖陶塑正是体现了上述两个特点。下面我们依次来看这十二生肖。

鼠,在民间信仰中,最能体现动物精灵的神性与特点。这个陶塑抓住这一特点,在整体造型上,取向下俯冲之势,前趾着地,整个身子凌空,充满了灵动的态势。其头部微昂,睁目竖耳,神态专注作窥视状,咄咄逼真,活现了鼠的那种机灵的神韵,给人以一种定格瞬间的动态之美。

牛,对其崇拜在古代很普遍,上古时期牛是祭祀活动不可缺少的神圣物。史书记载,战国时代的秦国已设有怒特祠专祀神牛,这是古代最早记录的耕牛崇拜。《汉书 · 食货志》说:“民或苦少牛,亡以趋泽。平都令光教以人挽犁。”说明牛在汉时已是主要的耕耘工具。这件生肖取的是畜力耕牛的形象,温驯朴厚,整个牛身前低后高,四蹄作蹲势，表现它正在用力牵拉劳作，造型稳定而不呆板，显出牛的质朴美和吃苦耐劳的奉献精神。牛耕的使用，使人类从笨重的劳作中解放出来，提高了劳动生产率，成为我国农业技术史上的一次革命。

虎，是百兽之王，既是图腾崇拜的神灵，又是民俗的吉祥物，在传说中是有降服鬼物能力的神兽。这尊虎被塑成出山之虎，呈俯冲之姿，四蹄如奔，虎首前昂，瞪目张口，威猛无比，形象十分壮美。汉代陶工把对虎的驱除邪恶的敬畏之情，淋漓尽致地塑造了出来。

兔，其状蹲伏，双耳贴身，短尾上翘，前爪收缩合拢，后爪蓄势待发，整个形象静中有动，浑朴生动，显得驯顺、温和、谨慎。通过抓住整体圆浑的造型以及耳朵贴紧等典型特征的刻画，突出了兔子柔美的形象与敏锐的听觉。据说，兔能够通过土壤及早感知面临的危险。《抱朴子》还认为“虎及鹿兔，皆寿千年”。因此兔在中国传统文化中也是祥瑞之物，唐代中秋节将玉兔作为民间膜拜的神灵；宋时风俗农历初一要挂兔头，以镇邪禳灾。古代神话还将兔比为月之精，称之为月兔，由此产生了种种优美绚丽的神话故事，使兔不断被艺术化、人格化、神化。

龙，一种世间没有的神性动物，也是中华传统吉祥文化中最祥瑞的动物。在十二生肖中，信仰色彩最浓的要数龙了。《山海经·内东经》说：“雷泽有雷神，龙身而人头。”雷神在吴越方言中被称为“丰隆”，快读便成“龙”的读音。上古人缘自对雷电、雷声的震撼，模声定名，赋予龙最初的意象原型和超自然的灵性，于是龙横空出世，成为中国人崇拜的图腾。在汉代，龙的造型已趋规范，身躯修长，鳞甲遍身，四足有爪，顶生长角。这件生肖龙，其背景应是“龙升潜渊”，故在龙的下方波涛汹涌，塑有层层波浪纹，龙破浪而出，挺首浪尖，龙吻上翘，龙角略有残损，但仍露峥嵘之势，其身盘曲，呈腾举升天状，豪迈之情扬于外，威赫之神蕴于内，有很强的观赏性。

蛇，是我国远古部落的图腾，早期青铜器有很多蛇的纹饰。人类始祖女娲、伏羲以及人文初期的黄帝，都是“人首蛇身”的形象，包括尧也是他母亲与赤蛇所生。蛇作为龙的原始形态，在中国传统文化中充满了敬畏和崇拜。对陶塑来说，由于蛇的形体单调而细长，单独造型处理起来比较难。而这件陶塑则把蛇组成一个圆锥状形体，整体性

◆ 绿釉十二生肖陶塑(左上,龙。右上,蛇。左下,马。右下,羊。)

强,结构紧凑,蛇的典型特征鲜明,设计得非常巧妙生动。整个蛇盘曲而上,逐渐收束,只见蛇头张口窥测,形成伺机攻击之势,将蛇性之神韵刻画得入木三分。

马,被认为是聪明、忠诚、勇敢而耐劳的动物,具有高贵、飘逸、优雅的气质。《易》中将马象征天,即"乾为天"。马崇拜多流行于中国北方民族中,因此这件生肖陶马被塑成头小,颈长而弯曲,体圆腿长,昂首挺胸,头部棱角分明,马鬃和马尾细节刻画生动,飘逸而刚健,傲然峙立于群山之巅,凸显出神骏不凡的气势。尤其"马峙群山"的造型设计,别具匠心,在神韵的追求上想象丰富,暗合《易》的象征含义,意境深邃。这种现实与想象的统一,达到了东汉陶塑艺术空前的高度。

羊,是人类驯养最早的家畜之一,早在七八千年前的裴李岗文化遗址就出土了角长而粗、造型简单的陶塑羊头。在新石器时代的陶器上羊纹是常见的纹饰。由于"羊"

◆ 绿釉十二生肖陶塑(左上,猴。右上,鸡。左下,狗。右下,猪。)

"祥"同义谐音,羊形很早就代表了吉祥之意,常以"吉羊""大吉羊"作为器物铭文,寄托了人们的向往。这件生肖陶塑选用了浑圆的绵羊,体肥尾短,张口竖耳,羊角卷曲于耳后,双目圆睁,侧首旁顾,且鸣且行。陶塑的这些特点,把绵羊典型的形象生动地营造出来,使我们仿佛能听到有羊的鸣叫声。

猴,在中国古代文物中出现过很多生动的形象,最早的有新石器时代晚期出土的泥塑以及后来的青铜器。猴主要与人相像,体态灵活,善于攀爬,生性活泼,又是长寿的象征,所谓"猴寿八百岁",为人所喜爱。这件生肖猴抓往"长寿"这一题材,刻画了仙猴手抱寿桃的形象:正襟端坐在山石上,双目圆瞪,安详而机灵;右腿斜垂,左腿作蹲状,左侧长臂撑住山石,右手弯臂紧抱寿桃于胸前,设计十分巧妙。陶塑不仅具有浓重的寿祝色彩,同时将猴性的特点也刻画得活灵活现,神韵十足。

鸡，在古代有报时作用，《说文》："知时畜也。"早在黄帝轩辕时代，就被列入饲养的"六畜"中，六畜又全部列入了十二生肖，这说明生肖动物与人类关系是何等的密切。同时可以看出，不起眼的鸡在人类心目中的地位，因为先民们当时肉食的主要来源是羊、鸡、犬，在春秋战国时期养鸡业就十分发达。《越绝书 · 外传记吴地传》记道："娄门外鸡陂墟，故吴王所畜鸡，使李保养之，去县二十里。"鸡陂墟的大致方位在苏州工业园区的金鸡湖东，吴王曾在那里设立过鸡的养殖基地。至汉代，养鸡业进入一个昌盛期，鸡与犬在六畜明器中频繁出土。这件生肖鸡塑的是只雄鸡，鸡冠高耸，长尾高翘，挺胸傲立，引颈长鸣。在古代计时器尚不完善时，"鸡鸣将旦，为人起居"，作为一天开始的报时工具。因此，生肖鸡选择鸡鸣报晓这个题材，目的是要表达鸡在人们生活中的地位。

狗，是人类最先驯养的家畜，还是狩猎与看家护院的好帮手。它有强健的下颚、犀利的牙齿、善跑的腿、敏锐的嗅觉和听觉，据说能嗅出约两百万种不同浓度的气味。这件生肖陶狗，张口竖耳，两眼圆睁，灼灼闪动，紧盯前方，四腿下蹲，腹部着地作卧姿，卷尾，是一只看门的卧狗形象。其狗尾贴臀上卷，使静态中呈现出一丝动势，拙朴中露出巧趣。专注的神情、蓄势欲出的态势，也显示出这件陶塑耐人寻味的艺术魅力。

猪。在石器时代，人类已开始把猎获的野猪驯养成家猪。在余姚河姆渡新石器遗址发现很多陶猪，都已是家猪。据记载，古代养猪主要有圈养和放养两种，汉代以放养为主。这件生肖猪塑造的正是一头放养猪，正行走在崎岖的山林中，头长体大，小耳竖，保留着一点野猪遗存的长嘴，张口前伸，其形象也显得体肥食饱。《盐铁论》曾说："夫一豕之肉，得中年之收。"可见猪对当时农家收入的重要性。这件生肖猪被塑成肥硕之形，从一个侧面反映了汉代人们对生活富足的向往。

这组十二生肖陶塑应是明器，但在汉代出土文物中还是首次看到。那么，在东汉塑此十二生肖作为陪葬品的目的是什么呢？我想，可能有两个原因，一是驱除邪恶，因为生肖兽有很多是祥瑞之物，为死者驱除邪祟，祈求平安，这是汉人"事死如事生"观念的产物；二是生命力和繁殖能力的崇拜，汉代人渴望人丁兴旺，子嗣昌盛，认为传宗接代是生命延续的最重要方式。因此希望人死后要如生肖兽一样有极强的繁殖力，子嗣能如十二生肖那样循环不绝，这是一种顽强的生命意识的反映。也许是这些因素，促使了人们将十二生肖用作明器。

再从艺术角度看，这组生肖陶塑已经摆脱了简单的实物模拟，进入象形取意的阶段。造型生动、质朴、简练、含蓄，注重意境和主观情感的抒发，艺术想象力丰富，意韵耐人寻味，说明东汉陶塑已具有造型的创造性意识，有很强的写意性。作品已有一个完整性观念的表达，传达出传统文化因素与审美心理特点，使具象中有抽象的意味，体现出了汉代雄浑奔放而明快洗练的时代面貌。正如这组生肖中的“马峙群山”，体现了中国传统造物“器以载道”的观念，在造型意识与观念表达中，含有丰富的文化内涵，魅力独特，看了令人倍感震撼，几可与青铜的“飞马踏燕”一样值得褒美，不失为一件杰出的陶塑艺术品。

一组生殖崇拜的生肖玛瑙玉祖佩饰

这是一组罕见的生殖崇拜生肖玛瑙玉祖佩饰，材质是玛瑙。玛瑙是古代玉材中重要的品种之一，亦名赤玉、琼玑、睿珠、瑶碧、文石等，在《山海经》《诗经》《离骚》《九歌》中都有这些名称的记载。古人认为玛瑙是避邪之物，《拾遗记》称：“玛瑙者，言是恶鬼之血凝成此物。”这是说，诛杀了恶鬼，流出的血凝成玛瑙，制成玉佩挂在胸前，就能使鬼魅避之不及，成为避邪之物。玛瑙有多种颜色，以红色为佳。玛瑙在地质上属二氧化硅，隐晶质玉石，硬度在六点五至七之间。这组玉祖佩饰共十二件，每件都琢有孔眼，其造型以生肖为主体，以“男根”为躯干，形体大小不一，最大一件长六厘米，宽一点四厘米，高三厘米；最小一件长四厘米，宽一点二厘米，高一点七厘米。在“男根”的中间部位，都阴刻“成易”两个字。由于“男根”部分在体量上比生肖动物长出一至两倍，一望可知是生殖崇拜的产物。

生殖崇拜是人类最古老的一种崇拜文化，也同时贯穿于自然崇拜、图腾崇拜之间。在原始社会，最困扰人类的两件大事，就是恩格斯所说的两种生产，即生活资料的生产和人类自身的生产，前者关系个体的生存，而后者关系到原始人群的存亡。特别是后者，如果这个族群人数少，群体的力量就弱，就极易遭到其他族群的攻击和杀戮，甚至造成族群的灭绝。原始人由于带了这种恐惧，对生殖繁衍怀有强烈的渴求，也就产生了生殖崇拜。母系社会时，人类因不懂得两性与孕育的关系，早期的生殖崇拜便与妇女生殖器本体紧密联系在一起。当进入父系社会，人类逐渐了解生殖与人类性行为之间

◆ 一组生殖崇拜的生肖玛瑙玉祖佩饰

的因果关系，生殖器官本体的作用便被放大，便开始出现“男根”崇拜。所谓“根”，就是“本”，即“祖”的意思。在新石器时代与龙山文化遗址中，出土过不少类似男性生殖器的人工制品，人们称之为“男根”。我国古代的岩画，如新疆呼图壁、内蒙古的阴山和桌子山以及广西的左右江、宁夏的贺兰山等地的岩画内容，很多描绘了硕大的“男根”，即是原始先民生殖崇拜的遗存。后来，又将柱状物象征男性生殖器，于是陶祖、玉祖、木祖、铜祖等开始盛行，象征人类祖先和生命的起源。在商代的甲骨文中便出现了“祖”字，这种象形符号描绘了一个人在向“且”（男根）膜拜的图形。随后因汉族宗法式社会结构的形成，宗法式伦理系统的建立，生殖崇拜也逐渐向祖先崇拜蜕变。曾作为祭祀生殖之神的“桑林”，被斥为“淫奔”；桑间濮上传唱的欢爱之歌，被孔子视为“淫声”；曾被人们视为宗教的美德，也突然变成了邪恶的渊薮。陶祖、玉祖等崇拜物，也在汉族地区逐渐消失，生殖崇拜也开始转入地下，但仍以各种形式延绵不绝。从这组生肖动物佩饰的形制来看，应是古代的玉祖之一。应该说，对象虽小，当笔者首次看到这组佩饰时，却感到十分的震撼和惊奇，其刻意突出的刻画传神的“男根”，呈现给人一种阳刚之美，其既有奇特的造型又有高超的概括力，既有生动的形态又有追求神似的效果，显得别

◆ 玛瑙生肖鸡

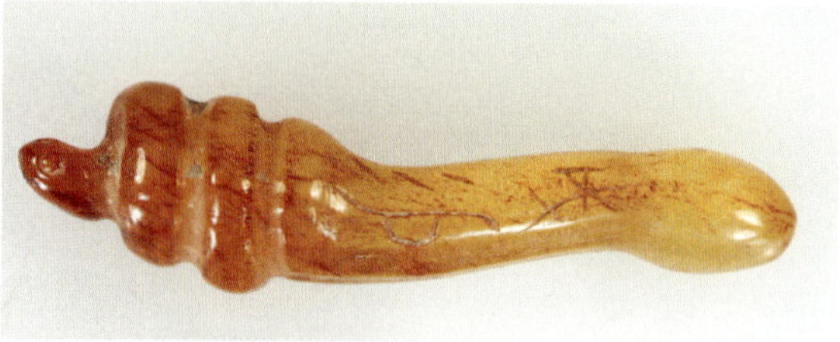

◆ 玛瑙生肖蛇

致而神秘，而且细润、光洁、透亮的玛瑙质地，精光内蕴，又惹人喜爱。魏文帝《玛瑙勒赋》曰：“玛瑙玉属也。出自西域，文理交错，有似马脑，故其方人因以名之。命夫良工，是剖是鐫，追形逐好，从宜索便，乃加砥砺，刻方为圆。沉光内灼，浮景外鲜。”道出了玛瑙的玉属性质、产地、雕琢与色彩特点。

经过仔细观察，发现这组十二生肖与现在通行的十二生肖大致相同，但独缺一个马无法配上。剩下的一件动物头上长有独角，这是什么动物，配什么生肖？带了这个疑问，笔者查阅了有关资料，发现先秦时期的十二生肖确与现在不完全相同，湖北云梦睡虎地第十一号秦墓出土的竹简《日书》，记载的十二生肖中就没有马，而代之以鹿。有趣的是，如果将本组那个长角的动物配属为鹿，两组生肖的组合就完全相同，且亦正好成为《日书》中十二生肖有鹿的一个佐证，说明先秦时期生肖中有“鹿”并不是孤例。这一巧合，不禁会使人想起了秦代“指鹿为马”的典故。难道秦代确有鹿、马不分的情况？让人难以想象。

这组佩饰，动物躯体与“男根”结合得如此浑然一体，令人不得不佩服先民的智慧和精湛工艺。如果不经意，很有可能会把“男根”看作一条长长的略为翘起的尾巴，视为整体的造型来观赏。特别让人钦服的是，这组佩饰极其简洁的造型中，能抓往每个生肖的典型特征，显示出高超的洞察能力与造型能力。如鼠抓住仰首、竖耳、圆眼，刻画出鼠性的灵敏；牛则抓往略显木讷的双眼和卷曲的牛鼻，突出了它的憨厚；虎则采用仰首、张须、瞪眼，透出其傲气；龙则增大形体，突出巨首与大眼，并运用透雕来夸张其龙嘴与牙须，使其显得峥嵘威严。再如长耳的兔、盘曲的蛇、抱膝的猴、似鸟的鸡、回首的狗、长吻的猪等，通过简洁的阴线对特定动作形态和个性化器官的刻画，展现出熟练的雕镂技术和高超的浅浮雕装饰水平，使人一下子就能辨认出那个生肖。这种自如的雕凿和古朴的造型以及细巧的做工和精致的抛光，确实代表了当时圆雕的最高工艺水平。

那么，这组玛瑙佩饰为什么会选择十二生肖作为生殖崇拜的对象，两者之间又有什么关系呢？首先，生肖按照汉字的解释，“生”指“出生”，“肖”指“相似”，也就是说，人出生后就与每年“相似”的一个动物与之配属。这样，每个人一生下来就终生伴随一个生肖动物。生肖十二年不断循环往复，就成为人类生命繁衍循环不绝的标志，符合生殖崇拜对繁衍不绝的渴望。另外，在原始人的观念中，动物生殖、植物生殖和人类生殖之间有一种可比性，它们共同意味着生命希望的增加。当“男根”与生肖动物融为一体时，会展现出一种顽强的生命意识，而且涵盖更多的原始崇拜信息，由此增强了这组生殖崇拜的关联性、装饰性和观赏性。同时，我国北方各民族都有佩戴玉器的社会习俗，通过动物形玉器作为中介与神灵沟通，祈望由此获得超凡的神力，达到生殖崇拜、祖先崇拜的目的。

至于这一组佩饰的断代问题，最初趋向于战国晚期，理由有三。其一，在佩饰的男根上都雕刻“成易”两字，尤其是“易”字的“[illegible]”的金文写法，只见诸甲骨文和春秋战国时期的金文，秦统一中国后不再出现，故断代的下限应该是在秦统一中国之前。其二，当代学者研究认为，十二生肖见于文献最早的是《诗经》，见于出土文物最早是在战国晚期，在湖北云梦睡虎地第十一号秦墓出土的上千支竹简中，《日出 · 盗者》清楚地记载了用生肖占卜盗贼相貌的文字，证明春秋战国时代就已使用十二生肖，因此在战

◆ 玛瑙生肖狗

◆ 玛瑙生肖鼠

◆ 玛瑙生肖猴

国晚期出现十二生肖佩饰的客观条件是存在的。其三，从雕刻的本身来看，独立的动物圆雕在春秋时期尚属少见，但作为青铜器附件上的圆雕动物已无处不有，至战国，随着玉雕技术的发展，动物圆雕玉器不断出现，北方草原民族出现了不少生动的动物雕刻，山东曲阜鲁国故城甚至出土了生肖玉马，曾侯乙墓也出土了不少猪、牛、羊、鸟等动物装饰品。因此，将这组佩饰的时代定在战国晚期，也符合十二生肖的雏形的实际情况与玉器圆雕的发展阶段。但这组生肖动物的造型，有相当一部分与汉代风格相近，限于笔者的识见，觉得断在战国尚无确切的把握，故只能放宽到战国晚期与汉之间。

这组佩饰还有一个特别重要的环节值得探讨，那就是两个刻画文字“成易”。先秦玉器上很少出现刻画文字，而“成易”两字的含义又是什么呢？据目前掌握的材料，对这两字尚难释读。“成”可能是姓，商代晚期青铜器铭文出现过“成铃”“成嗣子”等。“易”在金文中有两读，一读作“赐”，赐是赏赐之义，与姓连起来，只能作名字解；另一读作“夷”（见卜辞前四 · 四 · 二），有化险为夷之义，作平安解，与姓连起来，就有了祈求平安吉祥之意，或可理解为祈求家族平安、繁衍兴旺的一种愿望吧！

存世最早的青铜麒麟形象
——汉代填漆错金银青铜麒麟雕塑析

商周时期，我国漆器手工艺已很发达。漆液性黏似胶，不但可以用它粘物，而且是保护木器的最好涂料。战国到两汉时期的一些铜器，往往在錾槽内不嵌金银，而填以墨漆。有的既嵌金银，又在未嵌金银处填漆（或在漆内掺以银粉），然后磨错光平，以增加纹饰的色调。1965 年湖北江陵望山楚墓出土变形龙纹铜尊，高十七点一厘米，口径

◆ 填漆错金银青铜麒麟

二十四点五厘米，底径二十一点五厘米，圆口有盖，盖心突起成圆饼状，周围有鸟形钮四个，腹部两侧有铺首衔环，腹下有兽面蹄形足三个，腹部及盖面均有錾刻变形龙纹，刻线内全部填漆，经过磨错，极似金银错。故《湖北江陵三座楚墓出土大批重要文物》一文误称此器为“错金银铜衣尊”，《新中国出土文物》也误认为是“错金银铜尊”。同墓出土的铜缶，则被误认为壶。腹部的圆涡纹，实际是一种做法。

上文引自史树青《中国古代的金错工艺》（《文物》1973年第六期），作者对两汉时期错漆工艺的描述，解决了笔者一个长期困惑的问题。因为笔者曾收藏了一对填漆错金银青铜麒麟雕塑，当时看到这对青铜麒麟的金银错之间还嵌填了不少几何纹青黑色的漆，在金、银、青黑漆色与翠绿铜锈的辉映下，麒麟显得格外的斑斓。尽管青铜器上的填漆工艺从没有见过，就连这件带有西汉圆浑朴厚风格的麒麟，也是第一次见到，面对完美的造型和精美的工艺真叫人喜欢。可是，看到名不见经传的填漆工艺就不敢下手了。隔了半年，这对麒麟还在古玩店的货架上静静地躺着，无人问津，笔者想别人也可能出于同样的原因吧！对于青铜器上的填漆工艺，笔者查遍当时能找到的资料，古往今来都没有提到过这种工艺，问博物馆的朋友，也说没有见过，很是失望。但每次看到这对麒麟生动的造型实在舍不得擦肩而过，最后顾不上收藏古物“一点否定”的禁忌，几经砍价，还是挑选了其中的一只。可能是缘分，朝夕看到它，那形神兼备的浑朴之美，使人悦目，使人惬心，使人兴奋。因此不到一个月，又将另一只稍有瑕疵的也搬回了家。从此，这对麒麟一直供奉在书房里的菩萨坐像两边。可以设想，当笔者看到错漆工艺（错漆即填漆）在战国时期已存在的记载，积聚在心中的疑惑，瞬间尘飞烟散，那是多么的高兴！

◆ 填漆错金银青铜麒麟局部

麒麟对国人来说并不陌

生，它是我国传说中的神兽，自古以来被作为嘉瑞的象征，列入“四灵”和“五灵”。《礼记 · 礼运》说：“麟、凤、龟、龙谓之四灵。”“五灵”是指麟、凤、龟、龙、白虎，杜预《春秋经传集解序》说：“麟、凤五灵，王者之嘉瑞也。”从现有的资料看，应该先有“四灵”，再有“五灵”。随着五行说的盛行，四象观以方位、颜色，也将掌东西南北四方之神称为“四灵”，即东方苍龙、西方白虎、南方朱雀、北方玄武。于是“四灵”中的麒麟又逐渐被玄武所替代，张衡《灵宝》就认为“苍龙连绻于左，白虎猛攻据于右，朱雀奋翼于前，灵龟圈首于后”。麒麟在春秋时已被称为仁兽，在西汉时还被大肆张扬为祥和的瑞兽，为什么到了东汉以后，它在“四灵”中的地位就被玄武取代了呢？这种演变，应与孔子写《春秋》时捕获麒麟的传说有关，认为麒麟出现非时是周道不兴的象征。孔颖达疏《礼记 · 礼运》说：“麟为周亡，天下之异，则不得为瑞。”郑玄《驳五经异义》说：“龙东方也，虎西方也，凤南方也，龟北方也，麒麟中央也。”麒麟便开始由“王者之嘉瑞”逐渐向全社会民间的祥瑞神兽演化。

◆ 填漆错金银青铜麒麟局部

我们再回过头看上古时期描述的麒麟形象，究竟是什么样的呢？

首先，应与鹿类有关。在甲骨文中已出现“麐”，“麐”即麟，薛综注：“大鹿曰麟。”“麒麟”两字，是形声字，形符都是“鹿”，古人认为麒麟是鹿类动物。麒麟在齐鲁上古时期的古语中就称呼麋鹿，俗称“四不像”。麋鹿在原始社会被人类驯养，并利用来观察记岁，故有“候兽”之称。因为麋鹿的鹿角孳茸，有冬至阳生的规律，古人从中找到了定时节、气候、记岁的规律。《夏小正正义》说：“自黄帝始有干支，甲寅为首，颛项作历象，仍始于马逢摄提格之岁。”这“摄提格”是古代岁星纪年法中的十二辰之一，是古代历象的关键，也是创造物候历法的出处所在。《说文解字》说："马，乌黄色，出自江淮。"《史记 · 天官记》索隐引李巡语："言万物承阳起，故曰摄提。格，起也。"这是说，春天阳光下万物复兴，鹿角开始孳茸，当与出自江淮的"候马"相逢时，便是年岁的开始。

其次，与马有关，这应该与"候马"和传说中的"龙马负图"相关联。徐州出土的汉画像石中，有一幅较写实的麇鹿，旁标明"骐驎"，表明东汉人认为麒麟与马有关，故将"麒麟"两字写成"马"字旁。《汉书 · 武帝纪》说："元狩元年，冬十月，行幸雍，祠五畤，获白麟，作《白麟之歌》。"颜师古注："麟，麇身，牛尾、马足、黄色、圆蹄，一角，角端有肉。"因此，也有人将马足作为辨别汉代麒麟的一大特征。

再次，与龙有关，应源于"龙马负图"的传说，相传伏羲氏教民生产，结绳网鱼，养蓄家畜，于是祥瑞迭兴，天授神物，出现了"龙头马身"的神兽。据说它生有双翼，高八尺五寸，身披龙鳞，凌波踏水，如履平地，背负图书，由黄河进入图河，游弋于图河之中。人们称之为"龙马负图"。意思是说，圣主出现了，"龙马"才会背了传授天命的图文来献瑞。有的学者认为，"龙马"即指成年的麒麟，其形是龙头，马身，有鳞，有翼。由于麒麟作为统治者选定的神兽，忌讳它与其他动物个体相等同，因此，它的形象必然带有模糊性和神秘性，历来描述其外形的差异很大。如《春秋》获麟文说："有麢(麇)而角，则麒麟矣。"许慎《说文解字》说："麒，仁兽也，麇身，牛尾，一角；麐，牝麒也。"《尔雅 · 释兽》也说麟是"麇身"，麇，獐子也。孔晁注《周书 · 王会篇》说："麟，似鹿，牛尾，一角，马蹄。"《京房易传》又补充说："有五采，腹下黄，高一丈二。"这些记载说法不尽相同，大致以鹿类为特征，融合了其他动物的特点。而《公羊传》则干脆把麒麟进一步神秘起来，称"麟者，仁兽也，有王者则至，无王者则不至"，意思是麒麟不是一般人看得到的，要有帝王时才有机会看到。由于谁也没有真正见到过麒麟，随着不断地神化，寄予不同的期望，其形象越来越优化，把麒麟描绘成"龙头、鹿角、狮眼、虎背、熊腰、蛇鳞"等。以致后来对麒麟的模样都搞不清楚了，明代就出现过这种情况，有长颈鹿进贡而来，当时人们看到如此神奇的动物，很像是《京房易传》对麒麟的描述"有五采，腹下黄，高一丈二"，就把长颈鹿当作麒麟。《明史》就有记载榜葛剌(孟加拉国)进献麒麟的文字："麒麟前足高九尺，后六尺，颈长丈六尺，有二短角，牛尾，鹿身，食粟豆饼饵。"这里明显就将长颈鹿当作麒麟。当时朝廷还将它视为国家祥瑞之征，举行盛大的欢迎仪式，明成祖朱棣还“命工图画，传赐大臣”，沈度画的《瑞应麒麟颂图》，画的就是长颈鹿。说明麒麟虽是人们心目中的灵兽，但其形象实际并不明晰。

最早出现麒麟的典籍是《诗经》《春秋》，当时只单称为麟，如《诗经·周南》有《麟之趾》，孔子作《春秋》有绝笔于麟的传说，从此西狩获麟成为历代文人笔下的重要内容。明代诗人孙宜游“获麟古渡”有诗曰：“古渡寒烟积，沙明照落悬。春秋悲凤日，天地泣麟年。鲁变时交阻，周衰辙竞旋。至今皆绝笔，真意更谁传？”感慨的就是“西狩获麟”的故事。“西狩获麟”在《左传》中有明确记载，但讲得具体而详细的是《兖州府志·圣里志》：“周敬王三十九年春，西狩于大野。叔孙氏家臣钼商获麟。”“折其左足，载以归。叔孙氏以为不祥，弃之郭外，使人告孔子曰：‘有麇而角者何也？’孔子往观之曰：‘麟

◆ 填漆错金银青铜麒麟的另一侧面

也，胡为乎来哉！’反袂拭面，涕泣沾衿。叔孙氏闻之，然后取之。子贡问曰：‘夫子何泣也！’孔子曰：‘麟之至为明王也，出非其时而见害，吾是以伤之。’”孔子对西狩获麟不喜反悲，除了“麟”的出非其时与“王者”兴衰有关外，另一个是个人的原因，传说鲁哀襄公二十二年，孔子母亲颜徵在怀孕时，祈祷于尼丘山，遇麒麟而生孔子。当孔子见麒麟之死，必然联系到个人身世，感到是个不祥之兆，既是因遇麟而生，也会因麟死而亡，于是“反袂拭面，涕泣沾衿”，写下挽歌：“唐虞世兮麟凤游，今非其时来何求？麟兮麟兮我心忧。”面对刚完成的《春秋》一书，从此封笔。两年后，他在忧郁与绝望中与世长辞了。孔子死后，获麟绝笔的故事广为流传，成为文人笔下的重要内容。

现在我们看到的麒麟，大多是明清以后的形象，要一窥汉代麒麟的形象已是很难了。因此这对麒麟可以说是非常难得的实物，至少它是目前能见到的最早青铜麒麟。这对麒麟左右对称，每件长五十三厘米，宽十七厘米，高二十四厘米，意象独特夸张，形态非常写实。在现实生活中，我们虽然看不到这样的动物，但又觉得似曾相识，因为它的肢体都从其他动物中摭取而来，这是汉代传统艺术思维创意立体与观物取象的完美结合。

先看麒麟的头部，头似龙首，昂首张口，獠牙列列，上吻微翘，双须后贴，两眼突出，目炯如灯，额上高耸着一对分叉的鹿角伸向脑后，两颊的鬃鬣呈九个长三角形，分别向后或卷或扬，有一种凌人飞扬的气势。这些夸张的刻画，以及猗伟的鹿角和蓄势后蹲的四肢，显露出麒麟寓动于静、静中有动的勃勃生机。工匠们按龙首、鹿角来塑造麒麟的头部，显然是依据“龙马负图”的传说进行的加工，以赋予它神秘又超越现实的威力。

再看它的身躯，虽然有点像马身，其虎踌之势及其体态，更趋向于狮虎。它挺胸曲腰，身躯厚实，轮廓线柔韧而又矫健，圆浑的前胸、后背与臀部充满了动感、力感和美感。张趾奋狰以及腿部通过轮廓的凹凸处理，展现出饱满的肌体、发达的肌肉、威猛的气势与巨大的力量。尤其尾巴的曲线尽情、夸张、自由地向后延伸，使尾巴与躯体的“～”形融为一体，这种处理方式所透出的创造性思维，完全打破了自然物象的束缚，打开了整体造型全新的空间。尾巴的长度几乎与躯体相等，这在自然界是没有的，这种以人们意想不到的形式，展示出巨大的空间、无限的力量以及强劲的内在生命力，给观者留下深刻而难忘的印象。这种圆浑、雄健、粗犷的风格,也是汉代雕塑艺术壮美与优美统一的典型。

至于纹饰,其特点归纳有三,一是罕见的青铜器纹饰填漆工艺,二是填漆与错金银相组合的工艺形式,三是一种新的几何形纹饰。

从实物观察其填漆工艺,填漆纹饰的青铜凹槽是与麒麟整体一起浇铸成型的,要比错金银刻凿的浅槽深得多,在器物成型后再实施填漆工艺。从所填的漆来看,颜色深青而有光泽,漆面呈凹形,略低于青铜器表,在放大镜下可清晰地看到高低不平的漆面、大小不等的气泡与错磨的痕迹。由此分析,漆中可能调入青金石粉或孔雀石粉,一方面可得到漆的宝石般色彩,在青碧色与金银色交织重叠中,金碧的辉映可以显得更加富丽华贵;另一方面也可使漆液增稠,便于达到填漆厚度的要求。由于填漆层很厚,要完全干燥需有一个较长的过程。故当漆面干燥进行错平后,漆仍会继续收缩,于是出现漆面低于青铜表面并呈凹面的现象。

填漆与错金银相组合的青铜器不易见到,原因是这一工艺流行时间短,存世器物少,并且随着汉代青铜器的式微,填漆工艺也成为昙花一现。但不久前笔者偶然再次看到相关的著录和实物,三生有幸。在河北省平山县战国中山王墓出土文物中,著录有一件银首铜身填漆俑灯,填漆工艺基本相同,说明填漆工艺早在战国时期已经出现。另外,还看到的实物是一件三十一点五厘米直径的汉代铜盘,系用两层熟铜錾揲拼合而成,盘的四周环以错银云纹和漆绘的缠枝纹组合在一起的边饰,盘中间有鸟虫篆漆书九字,漆绘与漆书皆石绿色,估计系漆与石绿粉调和而成。铜盘的纹饰组合形式,与笔者收藏的这件填漆错金银麒麟相比,一是漆绘,一是填漆,一趋于精美,一偏于拙厚,两者有异曲同工之妙,纹饰工艺都反映了汉代丰富多彩的装饰手法和高超的漆艺水平。特别是填漆与错金银组合的工艺,不仅在形式上加强了装饰性,增添了华丽的色彩,而且几何形纹饰变换形成的韵律,在金银与宝石色漆的辉映下,显露出一种炫人的神秘感。这时的“纹”已非常物,它是“一定的形式构成反映了一定观念”的产物,除了审美的需要外,其中不排除有权势和财富的象征意义,以显示拥有者超越他人的特殊地位。不但如此,它还往往包含了一些崇拜和象征,正如列维·布维尔在《原始思维》中所说:

“不管他们的意识中呈现出的是什么客体，它必定包含着一些与它分不开的神秘属性。”当古人将传说中麒麟身上的“鳞片”，感知为“纹化”的形式表现出来时，这些不同材质的几何形纹饰就被赋予了一定的神性，并带有一种神秘的灵验意味。因此，上述工艺的组合形式，应是古人思维深处神秘观念在器物制作中的反映。

从实物的纹饰分析，不管是错金银与填漆，其纹样都呈不规则的几何形，形成几组相对固定的图式结构，规整中有变化，方整中见圆浑，使这种松散式四方连续纹饰变得非常之生动、活泼。如果从纹饰线条的形态来看，直线多于曲线，方折多于圆弧，且方中有圆，刚中见柔，构成活泼，变幻浑成，其节奏感和想象力构成了一种浪漫主义色彩。

那么，这些几何形纹饰会反映出什么样的神秘观念呢？笔者认为，可以从纹饰的象征性和传统文化观念入手。人们最早想象的麒麟是“身披龙鳞”，于是工匠会从青铜器中象征龙的虺纹、夔纹中寻找灵感，作一些加工简化的处理，将想象转化为抽象的纹饰，使沉积在心灵深处的神秘观念得以体现。另一种可能是将纹饰作为传达历史与文化的形式，“在理为幽，成象为明”，汉代工匠通过几何纹饰中方与圆的变换更迭，作为一种“文化符号”和造型的母体，用来包孕文化与哲学的精髓，表达民族的共同记忆。虽然，我们今天无法百分之百地还原古人在纹饰中的想法，但纹饰形式与内容的联系是可以肯定的，纹饰中民族性和文化性所保留的历史回响，值得我们不断去挖掘、探索和发现。

唐代成套粟特风格银酒具

在山东地区新石器時期大汶口文化出土过一件盛酒器陶鬶,同时还出土了一件薄胎的黑陶高足杯,说明我国酒具至少有五千年以上的历史。此后,酒具的材质越来越多,从早期的陶,发展到玉石、象牙、青铜、漆器、瓷器、水晶、玛瑙、竹木、金银等,可谓应有尽有。其中,流传下来的金银酒具既珍贵又稀少。最近,笔者见到一套具有粟特风格的唐代早中期纯银酒具。粟特是处于阿姆河、锡尔河之间,以泽拉夫尚河、卡什卡河流域为中心的地区,主要在今塔吉克斯坦和乌兹别克斯坦境内。这套酒具是典型粟特风格的器皿,器形风格之精美,錾花工艺之精湛,浮雕状人兽之生动,令人赞赏不已。

具有粟特风格的唐代中期纯银酒具,一套四件,由一个注壶、一个盘和两个酒杯组成。壶高十八点五厘米,由盖、链、壶颈、壶腹、流口、指鋬、圈足七个部分组成,除流口、指鋬是圆口之外,整个注壶皆呈六曲形。壶盖分两层,上层是壶纽,棱形,錾以石榴纹,下层是带弧曲六个棱面的盖,分别錾刻折枝串花纹,在钮的中部通过环圈、链子与指鋬相连接。壶颈呈上小、中细、下大的六棱形,分别錾满了缠枝纹和珍珠纹底,在壶颈偏上处通过焊接与指鋬相连,使细长的壶颈显得十分精巧。壶腹呈椭圆体,由六个棱面组成,錾刻了龙、凤、鸟等纹饰,其两侧又分别与指鋬、流口相接,整个壶腹似瓜棱一般,轮廓十分清晰。在壶颈与壶腹之间还錾出一条凸起的六棱环纹,线型挺拔,棱角分明,立体感强。圈足分为三层凸出成平折六棱沿口,除中层向内收缩外,其余上下两层外展,以加大对壶承托的稳定性。以上部分盖、颈、腹以及圈足的造型,在我国是前所未有的,

◆ 成套粟特风格银酒具

显然主要来源于粟特的器型，但局部也受罗马胡瓶的影响，如壶自上而下分为三部分，之间用横纹相隔，壶身通体精雕细镂，壶口采用圆形口等。但这只壶也结合了中国元素，尤其在流口与指鋬的中国元素更明显，在其流口下部锤揲了一个龙首，并从龙嘴向上延伸出圆浑细长的流口，这种半浮雕龙首的流口，显得夸张而流美。其指鋬，也同样被锤揲成一条圆雕状盘曲飞腾的龙，并在龙身錾满了鳞纹，延颈昂首，生动、柔美而富有力感。使棱角分明的壶身与流畅细圆的流口、指鋬，凸显出注壶的优雅和精致，可谓是中西艺术风格的完美融合。

再看錾满纹饰的银盘，圆形，卷边，直径二十一点五厘米；宽沿，沿高一点五厘米，沿宽两厘米，沿面錾有缠枝纹。盘内径十七厘米，平底，中心有阳錾的荷叶团花纹，衬以阴錾的莲花纹，其四周有阳錾的龙凤纹与缠枝纹，衬以阴錾的珍珠纹作底，使平面的錾刻纹饰，增加了层次感、块面感和立体感。将盘翻过来，可发现正面的纹饰渗透到了反面，其凹凸的纹饰清晰可见，俗称“渗透工”，由此可见，当时的金属锤揲工艺的深度、精准、流畅，技艺之高超，着实令人叹为观止。

至于银杯，其形制又称“带把杯”，杯成八曲形，侈口，喇叭形圈足，环柄。杯身八面，以连珠纹为界栏，每面四周以珍珠纹作地，錾以浅浮雕的忍冬纹，再通过焊接嵌贴一个高浮雕的乐伎人物。每面人物头戴尖帽，身着短衣宽裤，有的捧壶，有的执杯，有的起舞，有的手持乐器作演奏状，乐器有拍板、小铙、洞箫、琵琶。柄上有两个胡人头像，深目长髯，造型美观，工艺精湛，层次分明，立体感强，其浮雕状造型具有鲜明的粟特风格。杯身上的人物亦是胡人形象，具有平民的神态，是一件反映中外文化交流的艺术珍品，很有艺术感染力。1970 年西安南郊何家村出土的舞伎八棱金杯，形制与上述之银杯相同，几乎可称作“孪生兄弟”，但非手工锤揲而是浇铸的。

这套银酒具应是唐代金银器早中期的产物，它与陕西何家村窖藏出土的金杯属同一时期同一类型，仍带有明显的粟特风格，虽已有中国元素，但还没有完成中国化。唐代的金银器要到 8 世纪中叶以后，才基本摆脱外来文化的直接影响，完成金银器的中国化进程。

因此，这组酒具的价值，约略有以下几点。

一是让我们见到了唐代早中期完整的一套银酒具，在此之前只见到单只的同类型酒杯，这对系统研究该时期的酒具是难得的实物资料。

二是这组酒具完全符合武则天到玄宗时期金银器形、纹饰特点，这一时期大量采用六等分、八等分来装饰配置纹样，装饰瓣多为莲瓣形且多为双层叠瓣，胎体轻薄，指垫装饰胡人头像等，可成为鉴别唐代金银酒具中粟特风格造型的参照物，甚至作为标

◆ 银盘正面中间的团花纹

◆ 银盘渗透到反面的团花纹

准件。

三是这套壶的壶身和圆盘，采用通体繁缛的植物纹样和细密的珍珠地纹，带有浓厚的西方纹样的形式感和韵味，还存在模仿域外风格的倾向，但也承继了一些南北朝金银器的纹饰，开始了中国化的进程。莲瓣纹与团花纹的组合，凤鸟错落在忍冬纹中，处理十分完美，流口和指鋬造型结合龙形，开启了唐后期金银器仿生器型的先河，故这套酒具在金银器中国化进程中，对于器型和纹饰的演变，具有深入研究的价值。

四是这套酒具集锤揲、錾刻、切削、模冲、嵌贴、焊接、抛光、浮雕等工艺于一体，其器物纹饰制法，主要是锤击成型后，再平錾花纹。在锤揲中，采用了纹饰模冲、纹饰模冲

◆ 左上，壶的局部。右上，壶注局部。左下、右下，酒杯的正反面

◆ 银酒壶

和平錾相结合等手法；錾刻中分阴錾、阳錾、平錾。这些新工艺完全摆脱了唐以前金银器工艺平板单调的表现形式，显示出唐代金银器制作技术，尤其是锤揲工艺的高度成熟。同时，从银的材质看，我们用手轻轻地就能扳动酒杯的底座，说明银的纯度很高，质地很软，延展性极好，反映出唐代冶银技术的高超水平。据记载，唐代冶银方法是用灰吹法，即采用上等炉灰作灰窠，将含银的铅铊置于窠中，加热使熔化，铅入灰中，纯银则留存在灰窠上。李白诗云“炉火照天地，红星乱紫烟”，正是这种冶炼工艺的写照。另外，注壶细长的流口和指鋬的造型，对后来有些器型产生了很大影响，特别是从五代、北宋影青瓷注壶细长的流口和指鋬，及其细颈鼓腹，应能看到唐银壶的影子，其造型也是有源可寻的。

鎏金银镂空飞鸿雁毬路纹铜笼子

这是一只流光溢彩、空灵通脱的镂空鎏金银笼子，尽管是铜胎，但极为罕见。初见者不知其用途。当看到 1987 年陕西扶风法门寺地宫出土了一件与此相似的银笼子后，才知道这种笼子原是唐代皇家或贵族所用，且与茶文化有关。笼子的藏主是笔者的一位朋友，知笔者在收藏唐器，就转让给了笔者。

这只笼子高十八点五厘米，口径十五厘米，笼盖圆隆，直口，直腹，平底，有四足。笼盖和笼身做成子母口，笼盖顶上有个圆环扣，原本通过一个个相连的一串圆环，将笼盖与笼身连在一起，现在仍能看到盖顶有两个残存的圆环，笼身两侧各有一个焊接的圆纽，连着一个圆环以连接环串与棱形的提梁。整个笼盖、笼身、笼底刻凿了毬路纹镂空纹格，内外层都鎏了银，使笼子非常通透明艳。同时，笼盖和笼身一共焊贴了三十九只展翅鸿雁，对沿边、四足与鸿雁都鎏了金，在沿边还环錾了精细的海棠花纹与鱼子地纹，使整个笼子金银辉映，显得瑰丽、精巧、空透而生动。

所谓毬路纹，是一种球形的纹饰。毬，古代泛称游戏类球形物体。唐代沈佺期《幸梨园亭下见打毬应制》有"宛转萦香骑，飘飖拂画球"，这是有图饰的彩球。这种用毬形做的纹饰，称之为"毬路"。

与这只茶笼子相似的法门寺银笼子，出土时是与茶具放在一起的。这套茶具包括了茶笼、茶槽子、茶碾、茶罗、匙子等，其装饰、材质及其制作都非常精美，从其留在器物上的文字，知是唐僖宗在登基前所供奉的皇家之物，故笼子不是一般的竹编，而是用银

◆ 鎏金银镂空飞鸿雁毬路纹铜笼子

来制作的。在唐代，社会上流通的货币是铜钱，铜在当时为官府所控制，故唐代留存下来的铜器很少，遑论金银制成的奢侈品了，它们只为皇家贵族所专用。因此，法门寺的银胎笼与这只铜胎笼，客观反映了持有者的身份地位。

但这种茶笼子为何要制作成镂空的呢？茶具何以要制作得如此精美呢？答案要从唐代的饮茶风俗中去寻找。大家知道，中国饮茶文化虽然由来久远，但直到唐代，饮茶的普及时代才真正到来。茶叶品种的增多、泡制方法的讲究、饮茶方式的改进、饮茶

◆ 笼盖局部

旨趣的形成、茶论专著的出现、饮茶习俗的风行等，标志了饮茶风俗的盛行，品茗也成为当时社会交往的一种重要方式。陆羽在《茶经》中特别强调要“制其器，定其法”，因此，在唐代逐渐将饮茶演绎成为一种闲情的艺术、一种文化的礼仪、一种人生的境界，使得饮茶器具也越来越讲究精巧。

唐代盛行煎茶法、点茶法这两种泡制方式，茶饼被奉为上品。平时，茶饼要悬挂高处，凉爽通风，保持干燥。在贮存后取用，茶饼还须焙烤，烘去茶叶中的水气，以保持其色、香、味。因此，茶笼（亦称焙篓）应运而生，最初使用竹篾编成的笼子，在陆羽《茶经》中称之为“莒”，也由底和盖组成。但在皇家贵族则是由银或铜制作，因用这些材质制作的茶具，华丽又不会影响茶的真味。

在《封氏闻见记》中有唐代禅宗寺院流行饮茶的记载：“开元中，泰山灵岩寺有降魔师大兴禅教，学禅务于不寐，又不夕食，皆许其饮茶，人自怀挟，到处煮饮。从此转相仿效，遂成风俗。”因此，唐代较大的寺院将法堂西北角的鼓，被称为“茶鼓”。僧人平时坐禅时，寺院监值要“打茶”，即在坐禅的间隙中，行茶四五匝，有助于提神修行，饮茶慢慢地成了僧徒生活的主要内容。一些僧徒还把饮茶提高到“茶佛一味”“茶禅一味”的高度，认为饮茶有利于修行。于是形成了一整套饮茶礼仪，在佛教重大节庆时，往往举行盛大的茶仪。饮茶在寺院如此风行，就可以理解唐代皇室为什么要将茶具作为供奉之物了。

此外，从这只茶笼也可以看出唐代的金属工艺水平，虽然质地没有银质笼子好，但也应为贵族所用，而且极有可能是皇帝的赏赐之物。因为这只铜胎笼子与法门寺的银

◆ 笼子与笼盖

胎笼子是同一型制、同一风格、同一工艺的器物，这在当时私家作坊是不得随意仿制的，而是由少府监中尚署直属的金银作坊院制作，称之为“官作”。玄宗时，仅少府监和将作监的工匠就有八百多人，金银工艺非常发达。这件铜胎的笼子，集中了金银细作的捶打、錾刻、刻凿、切削、抛光、焊接、鎏金银等工艺。如笼盖的圆弧沿边，采用捶打成形，沿边的图案是錾刻工艺；笼盖笼身的毬路纹是刻凿而成；海棠纹的四足经切削成形，又錾刻了花纹；笼盖笼身抛光后鎏银；三十九只翱翔的鸿雁经过錾刻、切削、焊接，然后再鎏金。因此，这只笼子可以说是集中了金属工艺的精华。

有人可能会问，唐代的茶笼子为什么要焊贴鸿雁为饰，包括法门寺出土的茶碾子盖板面也有鸿雁纹饰，这是偶然的巧合吗？鸿雁与饮茶有什么关系呢？这得从古人对饮茶的旨趣说起。在古人看来，茶秉清灵，生灵山之妙峰，承甘露之芳泽，是“草木之仙骨”，品茶是一种清趣，一种雅尚。被誉为茶圣的陆羽是位隐士，竟陵人，字鸿渐，其字即含有鸿雁潜在之意。因此后人往往把鸿雁与陆羽联系在一起。上元初，陆羽隐居于吴兴苕溪之畔，入深山采茶。诗人皎然访陆羽而不遇，在《访陆处士羽》诗中感慨道：“太湖东西路，吴主古山前。所思不可见，归鸿自翩翩。何山赏春茗，何处弄春泉？莫是沧浪子，悠悠一钓船。”也是将翩翩的鸿雁比作陆羽，借以赞赏陆羽那种超然脱逸的闲散情趣。由此可见，唐人借鸿雁以表达对陆羽的景仰，也就引申其义，与茶具的装饰结合起来。

珐琅彩工艺源于唐代
——唐掐丝珐琅缀珠银鎏金立马析

唐代金银器工艺中流行的掐丝缀珠，至今已极为罕见。这是什么原因呢？过去有人猜测过“西汉巨量黄金消失之谜”，认为与佛教兴盛耗费了大量金银有关。但也必须看到，由于金银器流传的范围小、数量少，后人往往不知其工艺价值，遇有战乱或急用，将其熔化代替货币。因此，总体上讲，金银器的传世量是很少的，而像掐丝缀珠这类器物，更难在现代博物馆见其真容。

掐丝这一工艺，因明代景泰蓝的掐丝珐琅而为大家所熟知，但缀珠工艺恐怕多数人不熟悉。至于说唐代有珐琅工艺，可能会引起不少人的疑惑。其实“珐琅”两字，源自外来语“佛郎”，也就是“拂菻”。拂菻是隋唐时西域大秦国的名称。就在古罗马帝国和西亚地中海沿岸诸地，有一种搪瓷嵌釉，被称为拂菻嵌，后简化为拂菻。由此推断，因拂菻嵌而有珐琅之名，说明隋唐时就有珐琅了。事实也是这样，当时古罗马掐丝珐琅工艺多半用于十字架、圣体盒、圣餐杯等宗教礼器上的小型皇室徽识，也有被基督教圣徒以及个人用作装饰品。这些器物由传教士和阿拉伯商人传入中国，被称为“佛菻嵌”，也有按波斯文称为“大食窑”。明代《格古要论》提到的“大食窑”“鬼国窑”“佛郎嵌”，就是指唐代的掐丝珐琅。其实，掐丝和珐琅工艺在我国出现得很早，掐丝工艺战国已有，汉代出土过一件工艺精湛的圆雕、镶嵌、拉丝、缀珠为一体的饰品累丝镶嵌金羊，在湖南长沙五里牌东汉墓、广州郊区东汉前期墓以及魏晋南北朝墓葬，都出土掐丝缀珠的饰件。因此，掐丝缀珠工艺非常古老，流传已久。至于珐琅工艺，在春秋时期越王勾

◆ 掐丝珐琅缀珠银鎏金立马

践剑剑柄上已嵌有珐琅釉料，满城汉墓出土铜壶上也饰有珐琅，只是珐琅工艺一直零星出现，未形成规模，没有得到继续的发展。到了唐代，随着经济的繁荣、丝绸之路的畅通，进一步吸收了粟特、萨珊金银细作工艺，使金银器发展积累的巨大能量得以爆发。另外，又由于皇室贵族沉溺于"宇清物阜，歌舞升平"，使金银器皿被大量采用，竞相奢侈，进奉之风日炽，于是促进了制作工艺的日趋精良，唐代金银器的掐丝缀珠和珐琅工艺顿时焕发出崭新风貌，达到了我国封建社会金银工艺的最高水平。

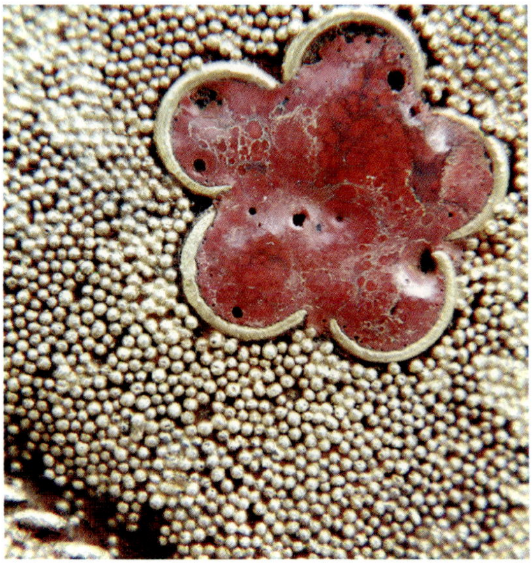

◆ 掐丝珐琅缀珠银鎏金立马局部

唐代的金银工艺，在《唐六典》提到的，有销金、拍金、镀金、织金、砑金、披金、泥金、捻金、戗金、圈金、贴金、嵌金、裹金等十三种。这些工艺仅局限于器物外表的金饰工艺，尚未涉及器物的造型、装饰、制作。出土实物表明，当时已普遍使用了板金、浇铸、切削、抛光、锤揲、錾刻、镂空、镶嵌、平脱、掐丝、缀珠、铆接、烧蓝等工艺。我们在玄宗赏赐安禄山金银器的清单中，就可看到金花银器、金镀银、金平脱、银平脱、金花银双丝、银织、镂银等技术名称。还有唐代创制的夹层技法、浮雕凸花、缀珠、珍珠底、珐琅彩等工艺，这些在典籍中都没有提及。事实上，唐代金银器不仅在制作上已具规模，而且在品种、器形、纹饰上显现大唐风采，优美的造型、华丽的装饰效果、自然美妙的纹饰，体现了唐代金银细作惊人的工艺水平。其中，掐丝缀珠与珐琅烧蓝工艺，使唐代金银器工艺更为炫目耀眼。这件唐珐琅彩掐丝缀珠银鎏金立马，就是一件富丽堂皇的唐代动物器型金银器，让我们近距离一睹精美的掐丝缀珠和谜一般的唐代珐琅工艺。

这件立马的表层鎏金成分经检测，含金量百分之八十七，含银量百分之十二，含铁量百分之一，颜色偏黄。马的高度和长度均为四十五厘米，宽十八厘米。立马体壮膘肥，雄健非常，马头右偏，马勒紧扣，额扬金络，双目圆睁，凝视下方，神态十分安详；额毛分梳耳后，颈鬃柔顺右披，另有一缕鬃毛左拂，驯顺中透出几分飘洒；四腿挺立，短尾上翘。马鞍垂锦，马鞯雕彩，加上马身四围繁缛的掐丝缀珠与珐琅点饰，整体金光闪烁，富丽华美。

可以说，工匠高超的锤揲塑物能力，成功地展示出轩昂的唐代汗血马形象，令人叹赏。但真正夺人眼球的，是其掐丝缀珠工艺及其珐琅烧蓝工艺。因前者工艺精致无比，而后者工艺为唐代所罕见。

先说掐丝缀珠工艺。在《唐代金银器研究》一书中，广泛收集了中外文献资料，有1998年前发现的唐代金银器皿一千多件，其中提到掐丝缀珠工艺的金银器仅几件而已，足见其存世数量之少。这一工艺是将极薄的金银片，剪成细条，慢慢扭搓成丝，分成单股、多股；也有通过拔丝工艺，即采用拔丝板的锥形细孔，将金银挤压而入，再从下面小孔将丝抽出。然后，将掐丝累成纹样焊接在器物表面，使纹饰突出于器表，富有立体感。在这立马颈部、身部的轮廓线以及马鞯纹饰的分隔线，多采用了双股的绞丝，而花草卷叶纹等则采用单股丝。这种单股和多股掐丝的混合使用，使纹饰线条形成粗细之别，产生平直和绞曲的变化，增强了线形的丰富性和纹饰的层次感，绞丝整体的刚性和单股丝流畅的柔性，使整个掐丝工艺给人以柔中带刚的审美感受。

缀珠工艺，应是金银器点缀、铺地的一种辅助工艺，同时也是唐代纹饰满地装的一个主要手段。它与锤揲、錾刻、掐丝工艺的组合，营造出对比强烈、富有变化又和谐适中的唐器装饰的典型效果。缀珠工艺的关键是要制作出极为细小浑圆的金珠，笔者曾用放大镜对立马纹饰一平方厘米内有多少金珠进行清点，计有六百二十五颗，可见金珠之小，制作难度之大。这种制作工艺早已失传，文献也没有记载。它的由来，现代人有种种不同说法。一种说法是称作“炸珠”，即“将黄金熔化，再把金液倒入水中，利用金

◆ 掐丝珐琅缀珠银鎏金立马局部

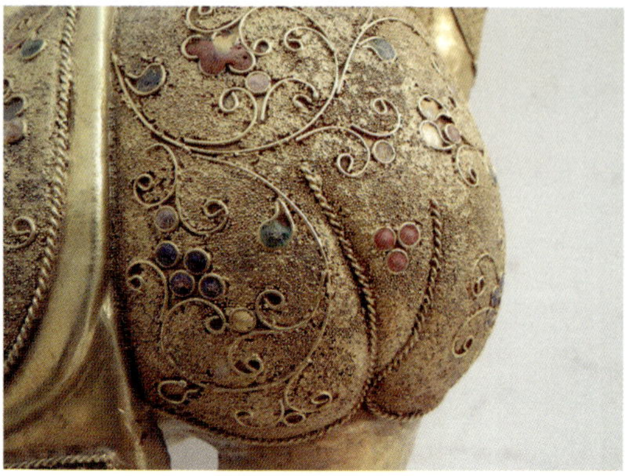

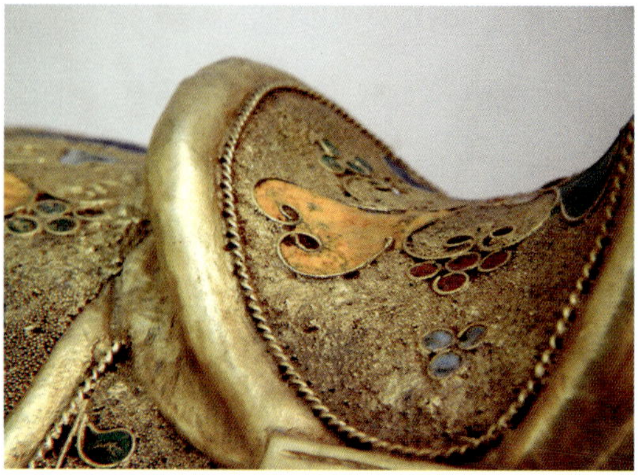

◆ 掐丝珐琅缀珠银鎏金立马局部

液与水温的显著差别，使之结成大大小小不等的小颗粒，然后按照一定的图案将它们焊接在器物表面”（《中国金银珐琅器收藏与鉴定全书》）。也有人认为：“黄金熔化后，通过孔径相同的过滤网，将金液滴入冷水中，使之冷却凝结成直径相同的小金珠。也可以把金碎屑放在炭火上加热，溶化时金屑成为露滴状，冷却后即成粟粒状的小金珠。”（《金银器》）还有一种说法是：“金银珠的制作是把金银片剪成丝，切成段，加热后熔聚成粒，颗粒较小时，自然浑圆。颗粒较大时需要再用两块木板碾研。还可以将金银丝一端加热，用吹管吹向端点，受热熔化而落下圆珠，有时无须吹落，使圆珠冷却凝结在金银丝的一端备用。”（《唐代金银器研究》）这三种说法，看似有理，其实都是猜测，空口无凭，全不靠谱。笔者认为，在没有得到证实之前的古代操作工艺，不要过分去穿凿附会，留一点神秘给读者去想象，让后人去探索证实。

当然，金珠的制作只是第一步，在这些金珠制成以后，古代工匠才可以开始对器物点缀、铺地等装饰工艺。从实物情况看，金珠的满地装，密集地铺满在纹饰周围，再撒上硼砂掺铜而成的焊药加热焊牢。这种从炸珠到缀焊金珠的复杂工艺流程，至今仍然是个谜，但工艺所达到的精细华丽的效果，却使每个见到器物的人赞叹不已。因为金珠密集的衬托，粒粒金光闪烁，完全改变了以往传统铺地的形式，变平面为立体，变单调为丰富，变简易为精致，变平常为华丽，充满了新意奇致和异域风采，一下子把器物推向富贵华丽的极致，显得流光溢彩，璀璨耀目。这种无与伦比的装饰效果，更是象征了一种财富和地位。

关于珐琅工艺，也称烧蓝，或称景泰蓝珐琅工艺。一般都认为源于元代，乃忽必烈西征时，从西亚、阿拉伯一带带入中国。也有人认为源于唐代，持此说的是《中国工艺美术史》的作者田自秉，但可能缺少实物佐证，书中仅仅一笔带过。其实，当看到这件立马的实物，就可确定明代的景泰蓝珐琅工艺源于唐代。

应该说，珐琅烧蓝工艺同缀珠工艺一样，不是一个独立的工种，它是为金银器点缀、装饰、增加色彩的辅助性工艺。珐琅是用玻璃粉、硼砂、石英等加铅、锡的氧化物烧制成的釉状物，涂在金属器物的表面，可以起到防锈和装饰作用。唐代以后，珐琅烧蓝工艺分别向两个方向发展。一个是应用于饰品方面，成为明清以“银蓝釉”为主的烧蓝工艺。《中国传统工艺全集 · 金银细金工艺和景泰蓝》详细作了介绍：“银蓝釉料属珐琅颜色釉料的一种，系硅酸盐类。大量无机盐和少量无机物构成的釉棱柱矿，经人工用玛瑙杵在玛瑙钵中磨研成粉末状。其釉料颗粒磨制精度，根据制品的要求分成若干等级，以目数作别。釉料在磨研成粉末后，还须在水中漂洗，以去掉杂质和细小尘土。不透明的釉料仅冲洗一次即可。透明细腻的釉料则须冲洗多次。洗后的釉料，釉质纯净，颜色明亮。釉料的种类很多，有高温釉、低温釉、透明釉、颜色釉、光釉、铅釉和无铅釉等等。银蓝釉料的质地比珐琅釉料质地细腻且透明，熔点也稍低，一般在七百五十摄氏度。色泽鲜亮，优美耐久。银蓝釉色有红、黄、蓝、白四种，大部分釉色是用两种或两

◆ 掐丝珐琅缀珠银鎏金立马局部

种以上釉料粉末调配成为复色，使用时将釉料倒入陶瓷或金属碟内，注入清水，用蓝枪（专用工具）蘸少许点在银坯胎的图案中，经加温烧制。”另一个发展方向是在铜、银胎的基础上，逐渐扩展到瓷胎，制作工艺既利用了青铜工艺，又利用了瓷器工艺，又结合了传统绘画和雕刻技艺，创造了一种以蓝为主的风格，最终形成明代的景泰蓝珐琅彩工艺。

从这件立马的工艺角度看，唐代的珐琅蓝釉工艺相对要原始一点，主要反映在两个方面：一是色釉虽然也有大蓝、大黄、深绿以及复色的绛紫、粉红、浅绿、月白等，但色彩不太鲜艳，色釉不透明，也不匀净，其紧密度不够，表面都出现气孔和开片，这当然与年代有关。二是工序不同，明代珐琅工艺要经过清洗、烘干，在纹饰上敷点釉料，将胎体一起入炉烧制、打磨、抛光等工序，其工艺十分繁复，首先将石英、长石等原料，加入纯碱、硼砂等溶剂，氧化钛、氧化锑、氟化物等乳浊剂，再加入金属氧化物等着色剂，经过粉碎、混合、熔融后，倾入水中急冷成珐琅浆，涂敷于金属制品表面填满，拿到炉中烘烧，使色釉由砂粒状固体熔化为液体，冷却后成为固着胎体的绚丽色釉。为使色釉与掐丝的高度一样平，须反复四五次这样的填色和烧结。从现存的实物来分析，唐代的珐琅烧蓝工艺相对简单，工序只有清洗、烘干、在胎体上直接敷点熔融好的珐琅色釉。因此，珐琅会出现在掐丝纹饰内敷点不全、釉面高低不平的现象。这说明珐琅工艺在唐代尚处在成长阶段，它的复色釉料不匀，造成同一釉面上出现颜色深浅的不同和色度的变化，但也由此显得釉色更丰富、更自然，增添了一种原始美。故而这件立马，也为人们研究珐琅色釉的发展提供了宝贵的实物资料。

唐代一组银鎏金乐伎俑

俑是一种以人或动物形象雕塑而成的陪葬品。雕塑艺术至唐代达到了整个封建时代的一个高峰，包括石窟、摩崖、寺院雕塑、陵墓雕刻以及随葬的金银、玉石、三彩中的雕塑艺术品，共同展现出古代雕塑艺术的高度成就，成为我国古代文化艺术中辉煌灿烂的一部分。

唐朝承平日久，社会财富积累丰富，生活安逸奢侈，厚葬之风十分盛行，随葬的明器俑也日益增多。其中，陶俑数量最多，石俑、木俑次之，金属俑极少。由于厚葬风行，朝野对金银器都十分崇拜，皇室宫廷更是讲究，使金银器一度泛滥，造成国库空虚等诸多社会问题。为此，朝廷多次严令限制奢侈浪费，改革厚葬之风。如玄宗开元二十九年（741）敕令："古之送终，所尚乎俭，其明器墓田等，令于旧数内递减。三品以上明器，先是九十事，请减至七十事；五品以上，先是七十事，请减至四十事；九品以上，先是四十事，请减至二十事；庶人，先无文，请限十五事，皆以素瓦为之，不得用木及金银铜锡。"同时还颁发《禁珠玉锦绣敕令》，有云："所有服御金银器物，今付有司，令铸为铤，仍别贮掌，以供军国。"文宗大和二年（828）有敕："进奉金花银器并纂组缬杂物，并折充铤银及绫绢。"相对来说，禁令使厚葬之风有所控制，一些金银为材质的器物被销熔，能流传下来的不多，因此金银俑尤为罕见。

本文介绍的是一组银鎏金唐代乐伎俑，共七件，至今依然金光闪闪，灿烂夺目，只有器表附着一些咖啡锈，足以表明这些俑有千年以上的历史。这组俑规格不一，基本上

◆ 一组银鎏金乐伎俑

高在三十至三十一厘米，宽十一至十三点五厘米，厚八至十厘米间，银胎，圆雕，身姿摇曳，尽态极妍，各具特色。其中身高的一位是吹箫的乐伎，站姿较正，应位在中间；而拍板、弹琵琶与击羯鼓的三位乐伎身姿左倾，应位于右侧；持铃、击钹与吹排箫的三位乐伎身姿右倾，应位于左侧。七俑呈半合抱之形，组合成以弹、拍、吹、奏为主的小型乐队，摇曳的身姿，显示了奏乐时的生动形态，整组造型和谐而富于变化。乐伎之间互相呼应，姿态生动，也有很强的韵律感，显得非常优美。

乐伎的形象和衣着修饰，同样展示了唐代女性胖脸、露胸、细腰的典型特征，发式和服饰反映了当时的社会生活时尚。她们统一的发式，都从中间将头发分开，然后在左右两边梳旋成上竖的两个环形高髻，称之为双鬟髻或双螺髻。在双髻的中下部位，一扎为二，分成耸起带钺形的高髻与垂在下方的小髻。这种双鬟髻主要为青年女子的发式，新型、简洁、优美，散发出浓郁的青春气息，这在唐代十分流行。如花蕊夫人《宫调》云："年初十五最风流，新赐云鬟便是上头。"元稹《连昌宫》云："春娇满眼睡红绡，掠削云鬟旋装束。"这种发型据传来自中亚。另外，乐伎的服饰也极时尚，圆领袒胸，襟袖窄小，束腰，长裙容曳垂地。花蕊夫人《宫调》说到元和中长安宫人流行回鹘装，"回鹘衣装回鹘马，就中偏称小腰身"。这组乐伎明显带有细腰、"胡服"的特征。自春秋战国以降，中国传统服饰是肥袖宽衣，特别是妇女，衣不露体。《唐书 · 五行志》说："天宝初，贵族及士民好为胡服、胡帽，妇人则簪步摇钗，衿袖窄小。"《安禄山事迹》也说，天宝初，"妇人则簪步摇；衣服之制度，襟袖窄小。识者窃怪之，知其戎矣"。戎本指西部少数民族，泛称胡人，此处是暗喻将有战乱、战事，而这组乐伎袒胸窄袖之衣，显示了天宝年间流行"襟袖窄小"的风尚。再看布履，这组乐伎虽长裙垂地，但都露出了双双履头，稍稍翘起，其顶端又微微后卷，履端还饰有花卉图案，这种鞋是唐代妇女最常穿用的高头履。据文献记载，唐代履头式样很多，或尖，或方，或圆，或分数瓣，或叠作数层，有几十种之多。这些身处社会底层的乐伎，头饰时妆髻，身穿时尚服，可以看出当时社会歌舞升平的景象。

当然，更值得称道的，还是它的工艺。因为已见唐代金银器主要是生活用品和宗教器具，至今还未见到被公开的金银人物俑。因此，这组银鎏金乐伎俑填补了唐代佛像之外金银人物圆雕的空白，特别是塑造人物那种高超的金银工艺，表明西方盛行的锤揲技术已被唐代工匠全面掌握。

锤揲是利用金银质地比较柔软、延展性强的特点，将金银类材料捶打成形的工艺，精度要求高，操作难度大，工序十分繁复，有很高的技术含量。一些较浅的器皿可以直接捶制出来，但对于乐伎这样复杂的圆雕，就不能单靠徒手捶打，必须用银片先分别捶

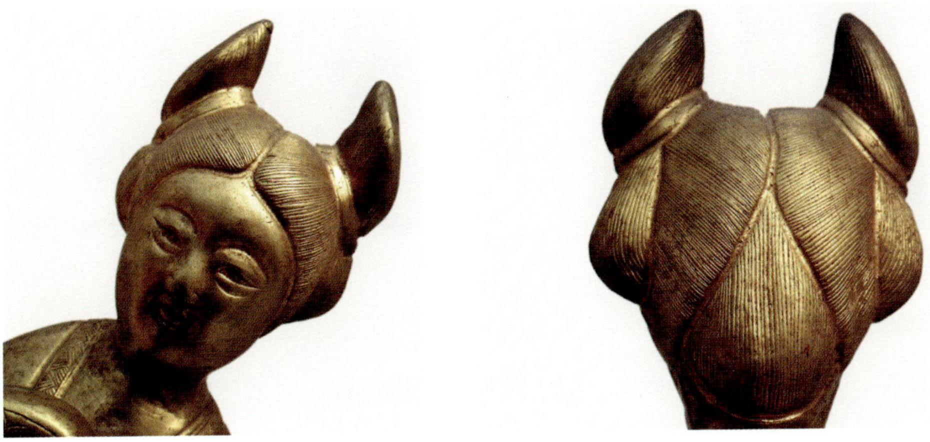

◆ 银鎏金乐伎俑局部

◆ 银鎏金乐伎俑局部

出乐伎俑的各个部分，然后再焊接在一起。锤揲前要先制作一套硬质的凹形底模（又称模冲），将银片按底模捶击成形，完美地捶打出俑每个部位复杂的形态，包括脸部表情、身体动作等形态以及所持乐器。单是一个乐伎俑，就要制作近十个部件的底模，以便将银片在底模上捶击成需要的形制。再经过切削，然后拼焊。其捶击的方法还有正反之别，以形成内凹外凸的艺术效果。乐伎俑的轮廓先用底模捶打，确保轮廓准确，体态饱满，形象逼真，而且五官、领圈、腰带、衣褶等局部的轮廓线，要在银片底模捶击成型后，再反过来从正面捶打，这样才能使五官清晰传神，领圈、袖口、腰带的纹饰更显华美，衣褶的立体感更强，并给人一种更显飘洒的丝绸般质感。因此，除了锤揲前要按设计预制凹形底模外，还要准备从器表向下捶打用有伸缩性的凸形底衬，据说，这种底衬用沥青、松香加毛草或砥石粉合拌松香制成，捶击金银板片时底衬随之变形，达到成型的目的。硬质的底模如何制作，未见著录，估计要做木模或做泥模浇铸的金属模。古代工匠就是通过这些繁复的工序和精准高超的锤揲工艺，来创作逼真感人的艺术形象。

◆ 银鎏金乐伎击钹俑

至于錾刻工艺，主要是在器物表面形成更为丰富多彩的艺术效果，在唐代称为“钑镂”。《朝野佥载》记述唐安乐公主造百宝香炉，有“隐起钑镂，窈窕便娟”句，形容其錾刻工艺制作。一般来说，錾刻是运用在器物成型后，在表面进行细部加工的技术。但这组乐伎俑的錾刻工序，却在器物成型之前。笔者通过仔细观察，发现锤揲与錾刻工艺的交接处，捶击工艺覆盖在錾刻之上。也就是说，部分已錾的纹饰，被后来捶击压掉了。这是什么原因呢？这是因为形态复杂，操作难度大，使工匠们改变了工序流程。大家知道，如果乐伎俑先成型，银片随体型动态会呈现各种带弧度的形态，要在复杂弧曲的表面錾刻出精细、流畅、规整的线条与纹饰是难以想象的。况且成型的乐伎俑是中空的，无法再进行錾刻操作。因此工匠们必须先錾刻。银片既便于錾刻，又利于发挥錾刻细作技巧，使脸部、发髻、领边、袖口、腰带以及长裙的纹饰与线条达到精美的要求。尤其乐伎俑的发髻，要在一厘米宽的范围内，一丝不苟地密密錾刻出二十多条细长的发丝，要求匀整精细，并符合发髻上紧下宽圆尖的形态，可见其工艺技巧之高与操作难度之大。

这组乐伎俑除了造型生动外，纹饰也十分优美。倒弹琵琶上的莲花纹，领边与袖口的边饰三角纹，腰带上作装饰的半花纹加珍珠底纹，以及长裙上作为主题花纹的团花纹，虽都是平錾阴刻，足以反映唐代金银细作工艺的精湛技艺。团花纹是一种泛称，一般将形体“绘”为圆形，相对写实又难以确指那种花，团花纹是晚唐时期的主题纹饰，与宝相花纹相比，最大区别是前者偏于写实性，后者偏于图案性。这组乐伎俑每个錾刻了四至五个团花纹不等，整体样式又与一般团花纹略有差别，都以一个凤、鸟为纹饰的主体，周边环以不同的花卉纹和云纹。如作细部分解，在总共三十一个团花纹中，只有四个典型的样式，其他都是同中有异，异中有同，或花形不同，或鸟状各异，通过位置的变换和组合的不同，整齐中有变化，变化中有规律，自由又有规范，灵活而不失法度。在这些既体现传统又摆脱了传统束缚的纹饰中，我们固然可找到西亚、中亚艺术的一些影响，但又可看到部分佛教艺术的影子。

唐代，“胡风”盛行，文化的开放，呈现出兼容并蓄、百花齐放的“盛唐气象”。尤其

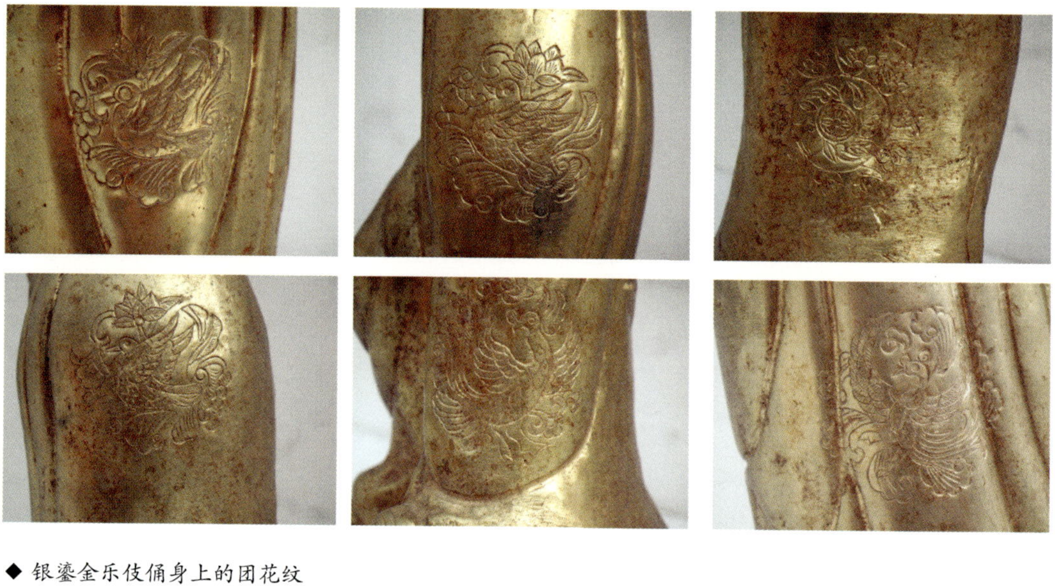

◆ 银鎏金乐伎俑身上的团花纹

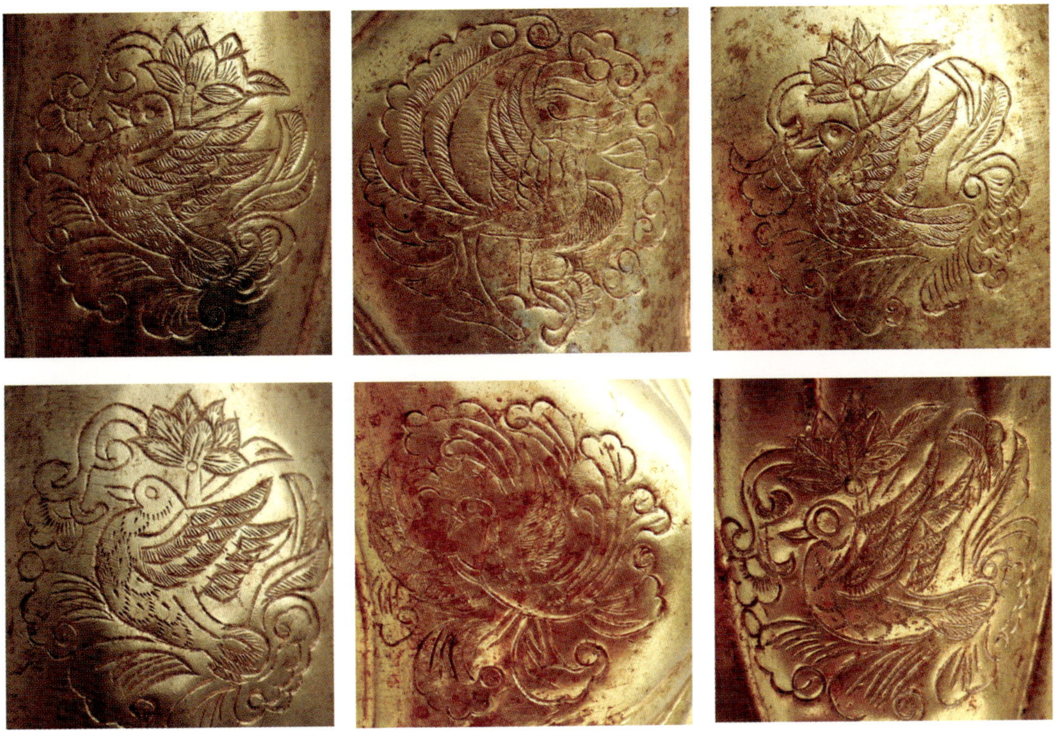

◆ 银鎏金乐伎俑身上的团花纹

是皇帝亲自参与音乐比赛和各种歌舞表演，“闻道皇恩遍宇宙，来将歌舞助欢娱(张说《苏幕遮》)”，极大地影响了当时的士大夫阶层，继而蔓延至整个民间。因此，皇宫、官府、士大夫蓄养乐舞伎成风，成为代表主人封建特权和社会地位、经济实力的象征，这也造成盛唐以后大量出现成组乐舞俑的原因。这组银鎏金乐伎俑具有很浓的写实风格，锤揲精致，刻画逼真，体态生动，使人感受到唐代中晚期现实生活的五彩缤纷，极具观赏性。

唐代金平脱四瓣长圆形银盒

唐肃宗至德二年(757)“禁珠玉、宝钿、平脱、金泥刺绣”后,至大历七年(772)三月,德宗又诏诫薄葬:“葬祭之仪,古有彝范。顷来或逾法度,侈费尤多。自今以后宜俭约,悉依令不得于街衢致祭,及假造花果禽兽,并金银平脱、宝钿等物,并宜禁断。”(《唐大

◆ 金平脱四瓣长圆形银盒

◆ 金平脱四瓣长圆形银盒侧面

诏令集》）安史之乱以后，百业萧条，“仓廪空虚”，“比屋流散”。韦应物在《温泉行》中写道：“今来萧瑟万井空，惟见苍山起烟雾。”在社会这样凋残的背景下，肃宗、德宗两次下令禁制金银平脱器，说明当时金银崇拜和进奉之风的狂热程度。据《唐鉴》称，玄宗天宝十载（751）为安禄山治理第宅时，认为他眼气高，特地赐予镶嵌白银的檀床两件，还有银平脱屏风、金平脱犀头匙箸、金银平脱隔馄饨盘、平脱着足叠子、银平脱破觚、银平脱食台盘等。可见金银平脱器已成为奢侈生活的标志。安史之乱后，奢侈之风更炽，每逢元旦、冬至、端午和皇帝生辰，大臣都要向皇帝贡献财物，皇帝的赏赐也以金银器为重要内容。据说，在杨贵妃宠幸时，专为其制作金银细工的工匠就有数百名。因此，平脱器的风行消耗了大量的金银，使国库更加空虚，这才导致肃宗、德宗的几申禁令，平脱乃绝。

那么，金银平脱是什么样的东西呢？可能现代很多人没有见到过这类实物，至少笔者见识有限，未能在博物馆或出版物上见到唐代的金银平脱器，只能从唐代铜镜的

◆ 金平脱四瓣长圆形银盒背面

金银、螺钿平脱工艺中略知其一二。说来有幸，在非常偶然的情况下，在朋友家看到了一件金平脱器，经征得藏者的同意，撰文以揭开其神秘的面纱。

这是一件金平脱四瓣长圆形银盒，长十厘米，宽六点五厘米，高三厘米，圈足，面盖与底盒上下等分，子母扣。随面盖形设有三条弦纹，将盖分割成“盖部”和“边沿”两部分。“盖部”中央为四方柿蒂纹，其四周配以变形叶纹；“边沿”共设八组斜角几何纹，围绕在盖的周边，每组交叉重叠两个斜角几何纹。这些纹饰全部使用金灿灿的金丝和金片，与盒体的褐黄色漆地相配，显得华丽富贵，灿烂夺目。

从目前的资料来看，金银平脱工艺至迟西周时期已经出现，但沉寂了一千多年以后，突然在唐代流行起来。唐代的平脱是专用名词，《通雅》云：“古以平而凹，起为脱……专言镶托者。”唐代金银平脱，应是从汉代金薄贴花、镶银花片以及三国两晋南北朝的金银参镂等装饰工艺中发展起来的，到了唐代，工艺水平达到极致，在上层社会风行一时。

金银平脱的具体工艺没有文献记载，据日本傅芸子《正仓院考古记》所载："平脱技法，系翦金银薄片为种种文样，以胶漆粘于器上，再髹漆数重，然后细磨之，于平面漆上，脱露出其文样后遂成，故名平脱。"这与专家推测的相仿，其工艺是先将金银薄片剪刻加工成各种花卉、鸟兽、图案等纹样，然后在金银器具的胚体髹上漆胎，打磨平整光滑，再将剪好的薄似纸一样的金银纹样，用胶漆粘贴在金银器漆胎上，待干燥后，在整个器具表面髹三层以上的漆，待漆将金银完全掩盖之后，再打磨，使漆面与金银纹饰平齐，而纹饰又在漆面中完全显露出来，加上推光，便形成了极其精美华丽的金银平脱器。实际上，金银平脱是金银细工与髹漆艺术相结合的产物。

这件金平脱银盒的用途，应是奁盒中的一件子奁，专门放置梳妆用品。奁在秦汉时期多为漆器，以盛放铜镜、梳篦、脂粉等。古代男女都蓄发，各备妆具，死后还留作纪念。唐代葬祭之仪，就要陈列一些死者生前的用品，如宪宗之母庄宪皇后死后，遇祭陵日，其制沿袭汉仪。韩愈的《大行皇太后挽歌词三首》有"只有朝陵日，妆奁一暂开"句，就是描述了当时陈列旧物的情况。

金银平脱器是盛唐的产物，珍贵的材质、繁缛细密的纹饰、异常精致的工艺，使金银宝光与漆色光泽相辉映，其富丽高贵、灿烂奢华的品质，真实地体现了当时人们所用奁具的精致豪华，这也就不难理解金银平脱器在皇室贵族中风行的原因了。

唐代两件金银螺钿平脱漆盒

漆器工艺,在汉代达到了一个高峰,到唐代则进入了一个漆艺发展的新阶段,出现了金银平脱、螺钿平脱、珠玉镶嵌、推光、末金镂、犀皮漆、剔红等新工艺,胎体也从竹、木、夹纻,扩展到铜、银、铅、瓷。唐代的漆艺技艺高超,品种繁多,造型完美,装饰生动,且又有诸多创造和革新,达到了崭新的高度,在漆艺美术史上展现了辉煌的一页且占有重要的地位。

在唐代漆艺中,最值得称道的是剔红和金银平脱。剔红开创了中国漆器艺术“漆与雕”相结合的新领域,盛于宋、元、明、清,展现了独具特色的艺术魅力。而金银平脱这颗艺术宝库中的灿烂明珠,则是革新了金银(包括螺钿)与髹漆相结合的工艺,成为当时漆艺至尊至极的标志。虽然平脱古法在五代以后已失传,但金银平脱作为历史的绝响,其惊世骇俗的魅力至今不衰。

本文介绍两件唐代平脱漆器。一件是六瓣花形金银螺钿平脱漆盒,宽六点五厘米,高三厘米,夹纻胎,盒呈六瓣形,盒盖与盒身采用子母扣。盒盖呈委角,分成盖面与盖侧。盖面上有两圈弦纹,由细小的菱形金银片组成,内层为金片,外层为银片;两圈弦纹将盖面分隔成圈内圈外两部分,圈内是平脱的主体纹饰,两株向左右舒展的花卉由彩色螺钿组成,花蕊由金片点缀而成,圈外和盖侧,包括盒身的侧边,都围绕着相同的六组螺钿平脱花卉图案。通过平脱和推光工艺处理后,漆盒外观光莹炫目,光可鉴人,布满金银螺钿的平脱纹饰,更有一种高贵富丽、精致华美的品质。另一件是四瓣花形金

◆ 六瓣花形金银螺钿平脱漆盒

◆ 四瓣花形金螺钿平脱漆盒

螺钿平脱漆盒，长宽各五厘米，高三厘米，夹纻胎，盒盖与盒身采用子母扣。盒盖呈平列的四圆花瓣形，饰有四大一小五组，每组由八个螺钿花瓣与花蕊组成，花瓣与花蕊间饰以菱形金片，盒盖、盒身、侧边饰以相同的螺钿花纹，花蕊由小金片点缀。这只宝光映射的漆盒，彩文纵横，华丽无比。从唐代漆器纹饰的分期来看，唐代早期纹饰多为鸟兽，中期鸟兽与花卉相间，后期以花卉纹为主。那么，这两件平脱漆器与唐代后期的折枝和团花纹相接近，花大、叶肥，花卉占据了整个装饰空间。它应是唐代晚期的器物。

《髹饰录·螺钿》条说："螺钿，一名甸嵌，一名陷蚌，一名坎螺，即螺钿也。"螺，即蚌壳，指田螺、老蚌、车鳌、玉珧等各种不同的贝壳。钿，又称宝钿，以宝饰器。螺钿，即以蚌壳刻成花鸟、人物、山水、图案，镶嵌到髹漆器物上的一种装饰技法。用蚌壳作为器物装饰，在周代已流行，但当时仅采用蚌片和蚌泡镶嵌，粗犷而原始。至唐代，螺钿镶嵌漆工艺才开始登上巅峰，形成了精致的平脱工艺。螺钿的选料、打磨极为精巧，其薄如纸，可以弯曲。这种螺钿片往往采用海蚌色泽最丰富、色彩最艳丽处，精心打磨成极薄的螺钿片，以备制作平脱的裁剪和錾刻。在唐代漆工艺上，很多表现出金银平脱与螺钿平脱相结合、平脱与嵌钿相兼有的风貌，因螺钿平脱与金银平脱工艺相同而结合在一起，可以凸显富贵气，增加色彩的丰富性，提升器物华丽的品质。

平脱中的推光工艺，是唐代的创造。据记载，在推光工艺出现之前，漆器装饰必须先罩一道光亮的漆面，这种漆要调入油脂清麻油或桐油，髹涂后才有亮光。待其漆干后，才可以在漆面上再描绘或镶嵌装饰。而唐代的金银、螺钿平脱器则完全可以通过推光使它发出美丽的光泽。这种推光工艺使漆面更光滑，色泽更瑰丽，器形更精美。

这两件金银螺钿平脱漆盒原应是漆奁中的两个子奁，就其形状来推测，其用途可能是放置脂粉或首饰。由于两漆盒距今已有千年以上，保存至今能达到如此品相已属不易。但仔细观察已都有残损，其中六瓣花形金银螺钿平脱漆盒的盒盖边壁剥落了一块漆皮，在螺钿片饰的边上露出了漆胎。由此，反而使我们能看到平脱工艺层只有纸那么薄的一层，可见其加工螺钿薄片的难度与平脱工艺的精致。另一件四瓣花形金螺钿平脱漆盒，其漆盖与边壁交接处，整个一圈髹漆已剥落。笔者揣测，可能是边沿制作采

◆ 六瓣花形金银螺钿平脱漆盒侧面

◆ 四瓣花形金螺钿平脱漆盒侧面

◆ 四瓣花形金螺钿平脱漆盒局部

◆ 六瓣花形金银螺钿平脱漆盒的破损处

用了折角凹进，以增加棱角之美，此处加工的致密度与推光精度都不易达到平面工艺那样的要求，以致易受到腐蚀，造成漆面的剥离。

这两件金银螺钿平脱漆盒，给人的感觉是漆盒光滑如镜，金银的宝光与彩色螺钿的光泽，五彩纷呈，熠熠可人，既闪耀着珠光宝气，又让人感觉到神秘的华美，表达了唐人对斑斓色彩的追求与高贵质地的向往。唐代的金银平脱、螺钿平脱工艺追求富丽堂皇的风格，与唐代的国力强盛、经济繁荣密切有关，是时代风格的反映。另外，将以前的动物纹图案改为花卉纹，给人以生气勃勃春天般的意境，体现了面向自然的世俗化倾向，起到了承前启后的作用。

一篇有武则天造字的墓志铭

这是一篇未见著录的武则天时期的墓志拓片，其中的铭文有一些是武则天造的字，这些字被称之为“则天文字”。这篇铭文对研究武周时期的墓葬文化、家族文化、文字演变以及少数民族地区文化，是不可多得的实物资料。这件墓志的出土情况不详，铭文记载的是武则天时期一位六品武官家族的身世。已故夫人的夫婿刘元礼，中山（今陕西泾阳）人，出身武官世家。祖上以辅助刘邦起家，到隋朝，祖父官阶已很显赫，曾任右光禄大夫，从一品，秩比二千石。此后逐渐式微，至刘元礼这一代，仅是一位祁连山北昭武地区掌管征集、颁发谷类作物事务的正六品武散官，享年六十二。其夫人晚于他两年去世，并于当年一起合葬。由此推断，该墓志的确切年代是武周长寿二年（694），即武则天改周后的第六年。

在这篇墓志铭中，共夹有十九个武则天所造的字，其中十三个重复字，单字只有六个，分别是“天”“初”“日”“哉”“月”“年”。武则天在登基当年颁布的《改元载初敕》中，曾提到“特创制一十二字，率先百辟，上有依于古体，下有改于新文，庶保可久之”。也就是说，造字的方法既有取法古代的文字，也有用现有的文字改造的。我们将这块墓志铭中的六个单字与《改元载初敕》中创制的十二个字作一比较，都能一一找出这些相同的字，证实这些字是武则天时所造。敕文尚有六个字在墓志铭中没有出现，它们是：“星”“地”“正”“君”“臣”“照”。再把散落各处目前已确定的六个“则天文字”：“人”“国”“授”“圣”“证”“月”收集在一起，这样就能看到全部的十八个“则天文字”了。至于武则天到底造了多少字，过去有人讲十二字、十四字、十九字、二十三字，甚至有人讲有三十字。时隔一千三百多年，难免因讹传讹，出现误释与附会。最近，看到王维坤《武则天造字的分期》一文，他对武则天造字与分期作了较为系统的研究，通过考证排除了“生”“戴”“应”“册”“法”“幼”“鸣”“众”等误识之字，基本确定现存为十八个字。把唐载初元年（689）年“敕文”中创制的十二个字，分断为第一期；大周天授元年（690）增造的“授”字断为二期；证圣元年正月（695）增造“证”“圣”两字断为三期；证圣元年五月（695）增造“国”字断为四期；神功元年（697）后增造“人”字，改“月”字断为五期。造字运动从载初元年到圣历元年（698），先后延续了十六年。其分期的确定，对造字的考古断代具有重要意义。

武则天所造的十八个字分别是：而（天）、𡆠（日）、𡕀（载）、𡝗（月）、𡔈（初）、𠡦（年）、𢘑（臣）、埊（地）、〇（星）、𠙺（正）、𠺞（君）、曌（照）、𤯔（人）、圀（国）、𥠢（授）、𨲢（圣）、𨲵（证）、𠥱（月）。

墓志铭中的“则天文字”，与龙门石窟“大万五佛洞”中武则天新造文字的形态完全相同。从时间上看，应离颁发“敕文”不满四年，虽已进入第二期，但主要还是受一期的影响。在字形上与一期的字形相似，书写也不太规范，随意性大，字形结构有篆化等特征，具体比较可看出不少差异与同字异形现象。例如：

“日”字，墓志作“𡆠”，其他的作“囸”。属同字异形。

“月”字，墓志作“𡝗”，五期的作“𠥱”。属形构的改变。

从上面的字例可以看出，造字在施行中出现过明显的变异，形成同字异写、同字异形现象。反映出“则天文字”的不规范性。

这种不规范性，还表现在书写的随意性上。如“月”字，在该墓志中有四个重复字。其中，三个“月”字写成相同的“𡝗”，而另一个“月”字却写成了“𡝗”。这种同一篇墓志出现同字异写的现象，至少说明这种异写字，在当时是被认同的。另外，墓志铭中那些造字的篆化，又有两种倾向：一是字形的变化，如“载”“初”等字的部分线条变直为曲；“日”“月”等字变方为圆。二是字构的变化，直接引入篆书结构，如“天”字，其形即是篆字。这些造字的篆化，从审美的角度看，点画由直变曲，显得流美生动，但把几个圆曲的字夹杂在整篇规整的楷书中，显然很不协调。对此可以认为，因武则天的个人喜好，当初颁发“特制的一十二字”中，即这种篆化形态的字，所谓“上有依于古体”，当然包含了篆体。于是，上有所好，下有所效。上面颁发什么样的字，下面就写成什么样子。这样，临时篆化的结构所带来先天的不规范以及圆弧形点画难于规整的特性，很容易带来书写的随意性。

正是篆化文字的不规范性与随意性以及不便于书写，篆化造字从二期开始不再出现，被正方形的楷书结构所替代。而且到目前为止，尚未发现“则天文字”的传世墨迹，也未见到融入书法作品的“则天文字”，仅见于墓志、碑刻、石窟、摩崖等少数载体中。从一个侧面反映了被繁化和异化的“则天文字”，逆潮流而动，纵有皇权的提倡与推广，难以得到社会的广泛认同，其普及程度非常有限。因此，能流传下来的实物十分稀少。“则天文字”的命运在实施一百四十八年后，于开成二年（837）被唐文宗下诏废止了。这件墓志铭拓片便成了造字活剧的历史见证之一。

附释文：

唐故右卫率府昭武校尉行亲府旅师刘府君夫人墓志铭并序

公讳元礼。中山人也。原夫唐郊曳绪扰龙之迹。已兴丰邑。崇基断蛇之业。斯阐洛中。儒雅既有。三虾齐名。山阳隐居。即与七贤同传。洪源舄弈。布青简而犹存。茂族蝉联。固松扃而可略。曾祖俱罗周任左亲侍校尉开府仪同三司辅国大将军。祖义□隋任左卫大将军河源并三州行军大总管。又转交钦爰明玉智蜂等七州诸军事□持节交州都督。又转武阳郡太守、魏郡太守、𠀘(天)水郡太守、右光禄大夫。并远量溟深。高情霞举。驰声发誉。响叶洞庭之律。韫武怀文。光夺丰城之气。或拥旄□阃。几登韬略之荣。或露冕褰。惟屡践循良之职。父玄津。唐任同州交城府长上果毅都尉、上柱国兼检校右卫郎将。雄心倜傥。壮志纵横。竹林降猿。偏知剑术。圯桥取履。早见兵书。虽武库薄游。且典材官之务。而钩陈警卫终登列将之荣。君馀庆挺生。含章秀出。羽仪未具。识者俟其搏风。桢干𡔈(初)萌匠者。知其拂日(㊐)。既而象贤昭德门。调入侍𡔈(初)任右卫率府昭武校尉转亲府旅帅。将门有种。还践兵机。公侯必复。且游兰锜。君出忠入孝。事极人伦。修身立名。有闻当代。英姿擢擢。若杨柳之含春。逸韵亭亭。类寒松之负雪。闻书学礼。尝趍鲤也之庭。资父事君。肃奉参乎之对。仲长统之为愿。广宅良田。潘安仁之卜居。面郊后市。将谓积德馀庆。长保寿于南山。岂期与善无徵。奄迁神于北帝。以𠂤(载)𡔈(初)元𠡦(年)六㊊(月)廿㊐(日)遘疾终于洛阳私第。春秋六十有二。呜呼！石火难留。道飙易往。澄陂万顷。与逝世而俱流。修干千寻。将暮槿而同落。夫人□闻。尹氏汉庭伏对。叙文武之兼资。函开薄游。辩神仙之异气。派钟馀庆。代启高门。父安唐任岚州刺史上柱国武陵郡开国侯。食邑七百户。行成人纪。德充𠀘(天)爵。宣条作牧。北部钦风。食蔡疏封。则南吴列土。夫人履柔滋德。含和毓性。瑰姿㊊(月)朗。峻节霜横。既而鸣凤。从占河睢。叶庆三元。告始或颂。春椒九㊐(日)。登高乍铭。秋菊未尽。宜家之乐。俄从大夜之游。以长寿二𠡦(年)壹㊊(月)四㊐(日)寝疾卒于永昌里舍。春秋五十有六。呜呼！栖凤桐枝。𡔈(初)半生而半死。成龙剑影。忽双逝而双沉。即以其𠡦(年)四㊊(月)廿五㊐(日)。合葬于龙门莘圭乡之广原。礼也。嗟乎！合葬非古，近自周公。所营同穴。有文旧列。诗人之记。嗣子

◆ 唐故右卫率府昭武校尉行亲府旅师刘府君夫人墓志铭

太𡔈（初）等痛销栾棘。哀缠匪莪。诉曾穹而不吊。怨凯风之如何。悟𠡦（年）之易尽。惧陵谷之迁讹。敢勒铭于础石。庶无愧于曹娥。其词曰：

系纂于唐，源分于汉。保姓受氏。条分条散。器称越石。才推公干。珪组陆离。貂蝉辉焕。（其一）显允祖考。克播徽烈。位总韬钤。人多英杰。爪牙外卫。钩陈内设。箭饮石梁。马飞金埒。（其二）象贤昭庆。惟君继美。复有令淑。作嫔君子。配德瑟琴。均芳桃李。倏忽冥寞。平生已矣。凤去秦楼。龙沉湘水。（其三）峥嵘广陌。弥迤平原。山斜鹤峤。路桓龙门。幽谷无曙。荒郊易昏。傥丘陵之亟易。庶兰菊而长存。（其四）

辽代瓷器中的现代足球元素
——“易定”款婴戏蹴鞠彩绘盘口鸡冠壶赏析

足球发源于中国，我国古老的蹴鞠即足球的前身。蹴，踏也，踢也；鞠，皮制外壳，内实以毛，圆球形。充气的球，要到唐代才开始出现。相传，蹴鞠是由黄帝发明的，但有确切史料记载的蹴鞠运动则在战国时期，《战国策》即提到山东临淄的百姓喜爱这项活动。到了汉代，据说武帝就是一位蹴鞠爱好者，蹴鞠已成为统治阶级的一项娱乐活动。在东汉登封少室阙的画像石中，可见到早期汉人蹴鞠的图像。最近笔者见到一件五代“易定”款鸡冠瓷壶，上有婴戏蹴鞠场面的彩绘，弥足珍贵。这种在古器物上以彩绘形式记载体育情况的题材，是非常少见的，尤其与现代足球有关的题材更属罕见。

这件鸡冠壶通高二十九厘米，高盘口直径六点五厘米，口沿外侈，束颈细长，肩饱满。在肩一侧塑有仰口的鸡首，另一侧塑有上翘的鸡尾，腹宽十五厘米，下部缓收，底径七厘米。除足脊露胎外，通体施白釉。腹壁有描金彩绘与文字，阴刻的描金线条与彩绘的红、绿、黄三色交相辉映，显得格外绚烂夺目，整件造型具有辽瓷的典型特征。

除了与足球相关之外，壶上隐含了丰富的文化内涵。

其一，底足内有浅刻描金“易定”两字，过去收藏界几乎无人知晓是什么意思，随着这种款识瓷器的不断出现，逐渐出现了对“易定”多种解读。第一种是误将“易”当“昜”，解释为“曲阳定瓷”；第二种是将“易”作“交换”解，释为“用来交换的定瓷”；第三种认为“易定”是地方名称，即指古代的易州和定州，作为该地域烧造的标志；第四种是将文史对“易定”两字的解释搬到瓷器中来，认为是“改变既定的天命”。笔者认为，只有第三种解释最为恰当。因为“易定”作为地名在古代文献及出土文物中多有记载，如《旧唐书》有“辛未，易定节度使张璠卒”，《旧五代史》有“丙申，诏邺都、幽、镇、沧、邢、易、定等州管内百姓，除正税外，放免诸色差配，以讨王都之役”等。在出土文物中，河北曲阳发现的五代墓志有“唐故易、定、祁等州节度观察处置等使检校太师兼中书令北平王太原郡王公府君墓志铭”。以上文献资料中的“易定”，都是作为地名，而且与“易定”款瓷器的出土地点相符。

其二，“易定”款瓷属于定窑范畴，但为何与传世的宋代定窑官瓷的传统造型风格完全不同，这是因为与当时的历史背景有关。众所周知，在辽宋期间，北方特别是今河北一带，乃是辽宋交兵最多的地方，宋代定窑窑址就在河北曲阳，基本位于辽国统治范围，易、定两州在北宋年间就控制在契丹人的手中。因此“易定”款的瓷器，应是辽国控制下的北方窑口，带有明显域外文明特征的风格。这件鸡冠壶的器形与器腹上描金彩绘，打破了北宋中原地区单一釉色，从造型、人物、花卉、釉色到工艺，无不烙上了辽民族的印记。

◆ “易定”款婴戏蹴鞠彩绘盘口鸡冠壶

其三，在壶腹勾刻线条内描金以及用红、绿、黄三色填绘，这种工艺在宋之前是绝无仅有的，这是“易定”瓷的创造。其烧造采用两次烧制工艺，即先在坯胎上采用勾线阴刻的方法进行纹饰轮廓的初步加工，然后施白釉入窑初烧。出窑后，在白釉上的轮廓线与文字的线条内描金，在人物、花卉轮廓中分别施红、绿、黄之色等釉上彩，再次入窑，

◆ “易定”款婴戏蹴鞠彩绘盘口鸡冠壶底部

◆ “易定”款婴戏蹴鞠彩绘盘口鸡冠壶局部

烧成色彩绚烂的图饰。其描金使用的金粉，含金多，颗粒大，在放大镜下可见金彩的鳞状碎斑，有溢出现象。其吸附力极强，不易脱落，正如周密在《志雅堂杂钞》中对“描金”所作的描绘：“用大蒜汁调金描画，然后再入窑烧，永不复脱。”为了达到描金的最佳效果，勾线都一气呵成，线条圆劲流畅，有一定的刻画深度。金粉描填在勾线内不易被磨损。这种单线勾刻所产生的图饰，风格独特，简洁自然，立体感强，生活气息浓厚，品味朴厚，带有现代绘画的速写风格。

其四，对“婴戏蹴鞠”的描绘极为生动。这件鸡冠壶腹上刻有四个正在蹴鞠的婴孩，两人为一组。左面的一组，两人蹴鞠正欢，一个摆动双手，举起右脚将球踢出，一个举起左手，挽起右膀，双足蓄势，正要用脚接踢过来的球。两个婴孩都张大了眼睛，神情专注地盯着腾飞的球，可谓“逸游自恣”，乐在其中。右面一组两个婴孩，一个站着捧球，一个蹲着缚鞋带，做着蹴鞠前的准备，婴孩的天真稚气，十分逗人喜爱。整个蹴鞠的现场菊花盛开，公鸡高鸣，蝴蝶翩飞。从菊、鸡、蝴蝶的谐音中，隐含了工匠的智慧，营造了一个吉祥、和谐的氛围。从这件“婴戏蹴鞠”图景中，可以看出工匠高超的工艺技能和写实寓意能力，刻画出一个极其生动的蹴鞠场景，从一个侧面描述了宋辽时期蹴鞠活动的盛行景况。

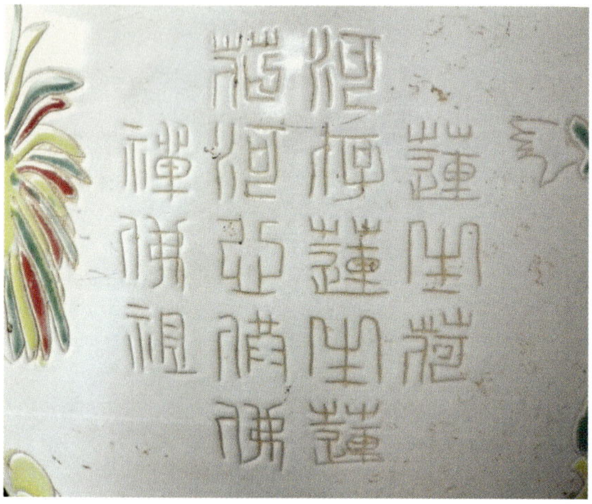

◆ “易定”款婴戏蹴鞠彩绘盘口鸡冠壶局部

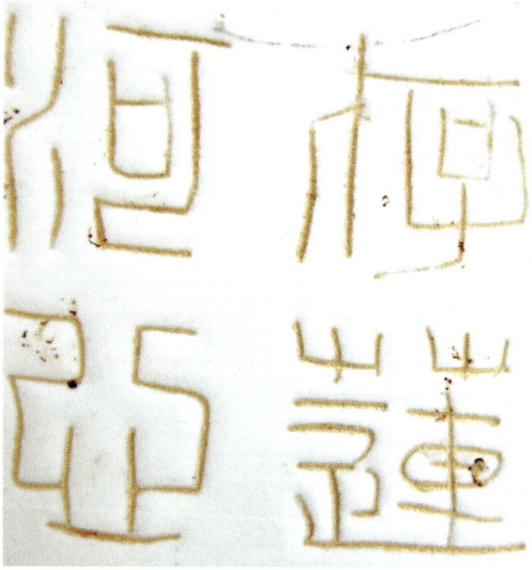

◆ “易定”款婴戏蹴鞠彩绘盘口鸡冠壶局部

其五，釉色古朴是这件鸡冠壶的一大特征。它虽然采用平涂法，但烧制后的效果独特，有古雅朴厚之美。它的釉色有四个特点，一是色彩丰富而稳定，其红、黄、绿诸色素沉着而艳丽；二是壶身通体施用的白釉，呈乳白色，匀净而不挂釉，但釉面上挂有星星点点擦不掉的锈斑痕，此乃“易定”窑器的特点之一；三是釉面无任何气泡和裂纹，这是“易定”窑器釉彩稳定性强的又一特点，用放大镜观察釉彩，色块有厚有薄，有聚有散，聚则成条块，散则成点斑，同样也没有气泡与裂纹；四是在器外壁的白釉下，隐约可见胎上的旋坯痕，俗称“竹丝刷纹”，这是“易定”窑器的早期特征。釉色上这几个特点，足以使易定窑在中国瓷器中别张一军，展现出具有鲜明特色的民族风格。

其六，一般而言，私家收藏有一致命弱点，因为藏品非考古发掘所得，原始信息早已消失，因此藏品的真伪和年代鉴别，必须从藏品本身寻出绝对的证据。那么，这件壶的绝对证据是什么呢？除了前面说到的几点可以参证外，笔者认为还有两点证据是非常重要的。一是它的造型，鸡冠壶是非常典型的辽代瓷器，它圆肩、长腹、瘦胫、底足略向外侈、内挖圈足诸多独特的形制，中原地区是没有的，属于典型的契丹风格。二是壶上婴孩的服饰，四个婴孩都是小袖圆领衫，衣长只过膝部，腰束带，与辽代壁画中人物的衣着相似，另外个个髡发，即去顶发，留周边，这是契丹人的传统发式。

其七，在这件鸡冠壶腹的彩绘中间，夹了一段阴刻描金的篆书铭文：“莲生荷，河存莲，生莲花，河心供佛禅佛祖。”莲花是佛教经典和佛教艺术中经常出现的象征物，佛教认为莲花是尘世中的净土，庄严洁净，是没有劫浊、见浊、烦恼浊、众生浊、命浊所谓“五浊”的极乐世界。因此莲花被尊为佛教圣物，视为佛诞生的地方。孟浩然《题大禹寺义公禅房》有云：“看取莲花净，应知不染心。”表达了诗人对佛教圣物莲花的景仰。由此可以理解这段铭文所要表达的含义，那就是在净域的莲池中心，向佛禅佛祖虔诚地供奉这件供品，希望通过“莲生荷，荷存莲，生莲花”这一因果循环，修炼并得到佛的正果。因此说，这是件专门为供奉而定制的器物。

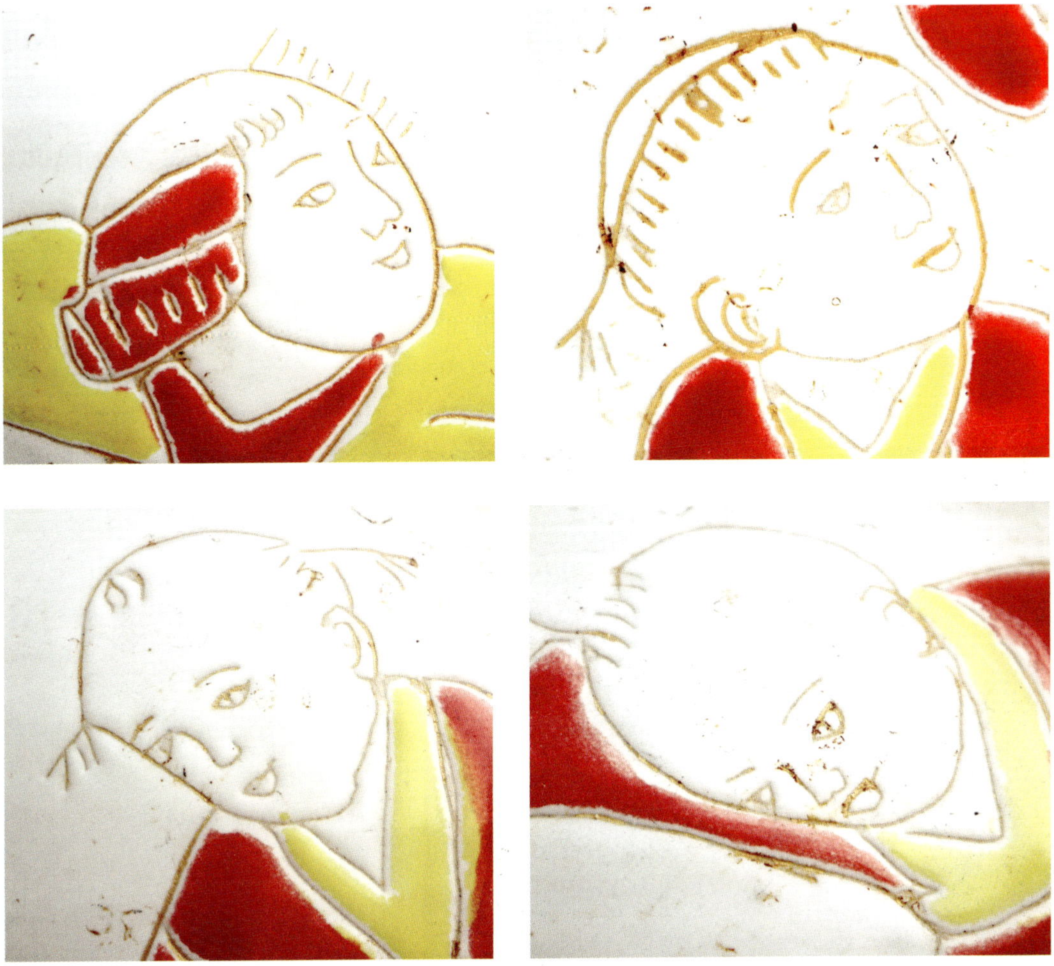

◆ “易定”款婴戏蹴鞠彩绘盘口鸡冠壶腹部婴孩髡发式样

其八，从唐代创造单门蹴鞠竞赛后，到宋辽时期进一步向两个方面演化。一方面为朝廷宴会上的专业表演，蹴鞠人员有专业分工，有“头球”“跷球”“正挟”“副挟”“左竿网”“右竿网”“散立”等名目，同现代足球的分工相仿。另一方面在民间成为踢花球的另一种娱乐形式，有一人踢，也有二人踢、三人踢不等，直到十人轮踢，踢法也变化无穷，从而形成一种民俗。如宋代，宫廷专门设立毬队，毬是指球皮用皮革制作，中间填充有弹性的毛类的球。《东京梦华录·宰执亲王宗室百官入内上寿》记皇帝寿辰仪式中，有“左右军筑毬，殿前旋立毬门，约高三丈许，杂彩结络，留门一尺许。左军毬头苏述，长脚幞头红锦袄，馀皆卷脚幞头，亦红锦袄十余人。右军毬头孟宣，并十余人，皆青锦衣。乐部哨笛杖鼓断送。左军先以毬团转众小筑数遭，有一对次毬头小筑数下，待其端正，即供毬与毬头，打大膁过球门。右军承得球，复团转众小筑数遭，次球头亦依前供毬与毬头，以大膁打过，或有即便复过者胜。胜者赐以银碗锦彩。拜舞谢恩，以赐锦共披而拜也。不胜者毬头吃鞭……”刘筠《大酺赋》也说：“乃至角抵、蹴鞠，分朋列族，其胜者也气若雄虹，其败也形若槁木。”形象地描述了蹴鞠胜负的情形。这件鸡冠壶，正是描绘了民间踢花球的情景，充满了辽宋时期浓厚的民间生活气息。同时不难看出，这件瓷器的使

◆“易定”款婴戏蹴鞠彩绘盘口鸡冠壶局部

◆“易定”款婴戏蹴鞠彩绘盘口鸡冠壶局部

用目的、造型设计、器物图饰，处处体现了一种世俗精神、人文追求和生活情趣。它是古人生活的艺术化与陶瓷制作生活化的自然契合，是一件蕴含了时代色彩的代表性器物。

“易定”款的瓷器，由于历史上从未见诸典籍的记载，因此长期被一些收藏家所否定。新中国成立以来，出土了大量该款的瓷器，引起了专家们的注意和研究。《上海博物馆集刊》第4期刊载了《邢窑“盈”字及定窑“易定”考》，1991年第5期《文物》刊载了《唐宋一代闽王王审知夫妇墓清理简报》中都提到出土的“易定”

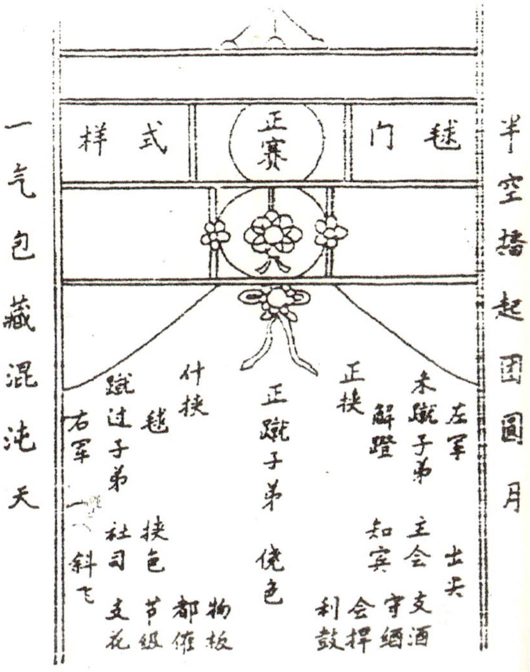

◆《蹴鞠图谱》中毬门式图

“易”字款白瓷，专家们相信“它们是为官府制作的”，并认为“其中一些也会通过地方官之手流入市场”。也就是说，“易定”款虽是北方民窑，但当时已带有官窑的性质。最近，笔者在尚刚著的《隋唐五代工艺美术史》中也看到了这样的定论。

说“象”与辽三彩象灯

古代灯具以人、兽、禽鸟等作为灯座的很多,但以大象作为灯座的较少。其实,象在我国早期分布得非常广,东起沿海,西到四川,北从中原,南至滇边,都有象的足迹。约六千年前的浙江余姚河姆渡遗址,就出土了象的头骨和象牙雕件;河南安阳的商代遗址出土了象骨和以“象”为形象的其他器物;三星堆遗址更是出土了大批量的象牙,同时出土了多件商代晚期青铜的象尊以及“象”形纹饰的器物。上古时期我国有大象生息,而且范围广、数量多,除了出土器物之外。在文献资料亦有记载,中国古代的神话里,就有舜驯服象的故事。在商代的甲骨文里,有“象”这个象形字,描绘了整头象的形状,突出了长而弯曲的象鼻特征。还有个“为”字,则利用“象”字,在其上面加一只手,表示手牵象鼻在引导工作,用“役象以助劳”,表示“劳作”之义,成为一个会意字。商王武丁时有“今夕其雨,获胜象”卜辞,记载了一个雨天的傍晚,捕获到了大象的情景。西周时期的青铜器匡簠出现了“象乐”和“象舞”的铭文,表明当时大象已被人类驯养,成为帝王的玩物。《左传》载,公元前506年,楚昭王用火烧象尾以冲击吴国的军阵,象还被用于军事。

大约在西周以后,象群逐渐从中原地带消失了。究其原因,一是气候的变化,二是农田的大量开发。据竺可桢研究,周代以后中原地带气候转冷,迫使大象南迁。其中人为的因素,是由于商代的山林大量被辟为农田,植被严重破坏引起雨水减少,使大象的食用草料大大减少。有人统计,一头大象每天大约要消耗草料两百多公斤,随着草料的减少和气候的变化，中原的环境已不再适应象群的生存，从而造成了大象的南迁与消失。徐悲鸿曾画过一幅《愚公移山》，画面上出现了古人役使大象驮石移山的场景。当时有人公开质疑，认为中原没有大象，一定是徐悲鸿搞错了，其实恰恰是质疑者缺乏一定的历史知识。

大象从中原地带的消失，使战国后以“象”为造型的器物日渐减少，用象牙制作的工艺品已属罕见，大象被视为“异宝”。于是南方诸国来中国朝贡，便以大象为礼物。《汉书 · 武帝纪》记载了汉武帝接受南海贡献的驯象，《说文解字》称其为“南越之大兽”。汉画像石中有许多伏象、驯象、戏象的场景。茅村出土的汉代驯象兽图中，有一人坐在

◆ 辽三彩象灯

◆ 象尊　湖南省博物馆藏

象背上，指挥奔驰的群兽。山东邹县汉代画像石上，有象配合猎人进行捕猎活动。济宁汉代百戏图中有象戏表演的内容，绘有六人同坐在象背，一人立在挺起的象鼻上。

在唐高宗到代宗的百余年中，宫禁中豢养了文单国进献的驯象有三十二头之多，且多善舞，象戏表演达到了新的高峰。玄宗时，经常有"象舞"表演。《明皇杂录》记道："唐玄宗在东洛，大酺于五凤楼下，命三百里内县令、刺史率其声乐来赴阙……府县教坊大陈山车、旱船、寻橦、走索、丸剑、角抵、戏马……又引大象、犀牛入场，或拜舞，或动中音律。”

当时的县府教坊已经畜养了象、犀，由此可见，当时皇宫驯象的规模和水平了。唐人在《驯象赋》里，对“象舞”表演作过如下精彩而生动的描绘：“乘之便习，或讹或立。动高足以巍峨，引修鼻而嘘吸，尘随踪而忽起，水将饮而回入，牙栉比而椮椮，眼星翻而熠熠。驱之则百兽风驰，玩之则万夫云集。”这个象舞的表演者，自在地坐在大象背上，一会儿指挥大象移动，一会儿令其立定，忽而让它高高举起象足，忽而要它伸长象鼻发出吼声，时而作奔走的表演，时而作吸水的演示。远看只见象牙在群动起伏，近看则象眼翻动，闪烁生辉。当大象被驱赶时，吓得群兽四处逃散。这种新奇、惊险而壮观的场面，吸引了成千上万的观者。这一篇赋如当时社会生活的一个缩影，反映了一种盛唐的气象。

宋代的驯象也来自进贡，不少象用作皇家的仪仗动物，并成为惯例。如《东京梦华录》有云：“遇大礼年，预于两月前教车象。自宣德门至南薰门外，往来一遭……车五乘……象七头……象有不驯，击之。使之面北而拜，亦能唱喏。”所谓“唱喏”，就是扬声致敬。又，《西湖老人繁胜录》有云：“外国进大象六头，骆驼二头，内有一雌象，叫作‘三小娘子’，于荐桥门外造象院顿之。每日随朝殿官到门前唱喏。待朝退方回。前有鼓锣各数队，杂彩旗三四十面。象背各有一人，裹帽执钁，着紫衣，人从都着衫戴帽。路中敲鼓鸣锣，引入象院。”

南宋的象戏表演，吴自牧《梦粱录》也有记载，每逢元宵节，官府对舞队给予钱酒犒赏，使参加娱乐表演的民间团体有几十家之多，其中有“驼象社”，举行骆驼和象的各式表演，表明了象戏表演已从宫殿、县府走向了民间。

元代的象戏，在《马可·波罗游记》中有记载，描写了鞑靼人新年象队出行的情景。大象全被披上有金银线绣成鸟兽图案的象衣，一队一队排好，每头象背上放着两只匣子，里面放满了宫廷用的金属杯盘和其他器物。这支皇家的象队多达五千头，蔚为壮观。

在明代，《日下旧闻考》记录了明弘治八年（1495）修建京城象房的一些情况。当象运到京城，就有专人进行调教、演习。象房又被称为“演象所”。此外，锦衣卫另有“驯象所”，专门管理驯象员。

◆ 西周中期鸟纹象尊

延至清代，象还是经常出现在节日庆典活动中，驮祭器，驾辂车，充卤簿；朝贺时充作仪仗，或列队肃立，或交鼻作障。每逢六月初六，皇家象群就要牵到北京宣武门外的御河中洗浴，为象洁身，称为洗象日。同时，也要作一些技艺性的表演。王士禛诗云“千金更赁楼窗坐，都为河边洗象来”，可见其盛况。王士禛《池北偶谈》还说：“康熙中，驾幸南苑，观象斗虎，虎竟为象所毙。”这样的表演是很少见到的。

这些进贡的驯象，每头重达数吨，那么，原产地是怎样将野象捕获的呢？据《岭表录异》记载，在五岭以南的交趾国，有一个栖息大象的地方，名叫象山。山下有个石室，进出只有一条路，周围都是石壁。捕象者在石室内，先放上一些如草、豆类之类的饲料，再将一只雌的驯象置于其中。然后，在石室外的沿途放些甘蔗，引诱野象来吃。等到野象引来后，便放出雌象，诱使野象跟随雌象进入石室，然后用巨石将门堵住。野象在石室待久了，饥饿了，捕象者便开始用饲料喂它、亲近它，用恩威并施的办法鞭驯它。骑到象背上控制它，久而久之，象就会渐解人意。继而给它起个名字呼它，直到呼之则应。我们从这段记载中，可领略到古人的智慧。

以象为造型的灯具，虽实物很少，但笔者还是在网上看到古灯收藏家收藏的一件辽代陶质象形灯；在出版物上看到一件战国象形灯，象背上驮了一个扁圆的灯盏。这次介绍的辽三彩象灯，实际上即以驯象为背景的灯具。象的身上装饰了刻花的绿色彩带，背驮着一个大型管状灯具，还有一个小孩蹲在象背上，双手扶住灯具似乎在表演节目，又似乎在传递着生动而富有生活情趣的信息。

灯具在我国何时出现的，尚没有确定，至少在殷商时期还没有出现过灯的实物，甲骨文中也没有“灯”字。但甲骨文中的“光”字，已作跪坐人头顶火焰之状。好像在暗示，头顶上似乎应有灯座类的器物。否则，头部直接顶着火焰是不可想象的。当然也可以猜测头上顶的或许是一种火把。猜测只是提供了一种可能性，不能当作事实。在实物缺失的情况下，还得利用文献资料来求证。从目前的资料来看，灯具的出现要晚于商周。《仪礼·燕礼》中说：“宵则庶子执烛于阼阶上，司宫执烛于西阶上，甸人执大烛于庭，阍人为大烛于门外。”燕礼是指商周时期敬老宴饮的礼仪，在行燕礼之时，要求不同等级的人执烛在不同的场所侍候。这里讲到的“烛”，并不是现代意义上的蜡烛，而是指火把。《说文解字》说：“烛，廷燎火，烛也。”“廷燎火”是指插在堂前空地上的大火把，称“燎”。火把不管大小，在上古时代统称为“烛”。这表明商周时的诸侯贵族还没有使用灯具，夜间的照明仍依赖于火把。遇到大丧，要通宵照供，则将上百根苇以布缠之，涂上蜜，称之为“燎烛”，也称为“火炬”。火把的使用，一直要延续到汉代以后。由于火把易引发火灾，人们在探索安全的照明光源中发明了油灯，时间应在春秋战国时期，出土的灯盏证明了这一点。

灯盏是指用油作为燃料的灯具，而用蜡作燃料的灯具则称为灯台。目前，春秋战国以及秦汉时期出土的灯具，基本上是灯盏。虽然有些灯具制作得很像灯台，但它依旧使用的是油料。云南昭通出土的一件东汉时期的灯盏，上面残留了一截烛芯，由八九根竹丝缠上一层三毫米的纤维，这根烛芯浸透油后插在管状的灯具内使用。实际上，它是加高加深了灯盘的管状灯盏。因此这些形似烛台的灯具，大多没有后世烛台的铁制烛扦。

按文献记载，蜡烛的出现要在汉以后。《晋书》记道："周顗传弟嵩，尝因酒瞋目，以所燃蜡烛投之，顗曰：'阿奴火攻，固出下策耳。'"《南齐书》记载，王僧虔"年数岁，独正坐，采蜡烛珠为凤凰"。这说明晋时已有蜡烛了。

这件辽三彩象灯就属于没有烛扦的管状灯盏，高二十五厘米，长二十八厘米，宽十五厘米。胎质白中带淡红色，稍粗，除灯盏底部的象腹与四足露胎外，通体施釉。象身白釉中有点闪黄绿色，且满身点缀了铁花，也有人称为铁彩。象耳施黄彩，耳折线用褐彩。管状烛柱施的是绿釉，釉色混浊偏黄。小孩的上身是黄彩，下身是绿彩，头部是白彩。象身装饰的彩带施绿釉，带子的交接处，用刻花施黄彩。整个灯盏上的釉层，密布细小的蝇翅纹开片，局部釉层出现小块脱落。象脚与口眼耳鼻的线条与彩带两条平行的弦纹，采用了刻画的手法。对实物的这些描述，我们可初步判断是辽代的三彩器了。

因为，辽三彩与唐三彩有几点明显的不同：一是唐三彩的釉色丰富、娇艳光亮。辽三彩以白黄绿三色为主色，不见蓝釉，也有加彩的情况，如在黄、白的釉器上加少许绿釉，在白釉器上施铁彩，釉色虽有变化，但总体上显得浑浊灰暗。二是唐三彩都采用点、洒在器物上的淋油法，以此产生华丽交融的釉色效果，且多流釉现象，纹饰与釉彩之间的处理，比较随意活泼，辽三彩的油彩不交融，很少流釉，它施釉仅作为器物与纹饰的装饰色彩，根据器物不同部位施填不同颜色的釉彩，略显呆板。三是唐三彩造型多，制作精美。辽三彩相对粗糙，纹饰只注重轮廓，细部刻画不求清晰、精巧。因此，辽三彩与唐三彩相比，要略为逊色，但因存世量少，且有鲜明的地域特色，仍然十分珍贵，受到收藏者的追捧。

辽立国于唐末，疆土西至流沙，北达大漠，东延于海，与五代、北宋并存于同一个时期。辽三彩基本上继承了唐三彩的传统技术，也吸收了五代和北宋中原地区的一些新工艺，造型上明显分成中原形式和契丹形式两大类。这件辽三彩象灯虽然不具有典型的契丹传统器物的风格，但从大象沉实敦厚的整体造型以及短发小孩和象身彩带的绑缚形式，传达了契丹游牧民族的习俗以及对大象的惊奇和向往。它带给人们一种率直粗犷的美感，弥漫出一股浓重的草原游牧情调，使人回味不尽。

明代制墨大家方于鲁与“五灵”饼式墨

一

五灵墨见诸《方氏墨谱》“国宝”卷，圆形，饼式，直径十一点七厘米，厚二点三厘米。墨两面均有凸边，高且宽粗。正面中间上方有阴文行书“五灵”两字，下方有阔边印一方，内有阴文篆书“瑞应图”三字。反面正中有一方印，内有阴文篆书“瑞文图书”四字，周边有麒麟、龙、凤、神龟、白虎五灵的浮雕。侧面署“方于鲁制”。墨两面的文字与浮雕，原都敷以金漆，现已大部分脱落，只留有斑驳的金彩可见。

五灵，在古代传说中被列为祥瑞之首，薛涛诗云：“九气分为九色霞，五灵仙驭五云车。春风因过东君舍，偷样人间染百花。”诗中将五灵比作天上的神兽，给人间“染百花”，送来春天。五灵是指麟、凤、神龟、龙、白虎五种灵异鸟兽，《史记·龟策列传》说：“灵龟卜祝曰：‘假之灵龟，五巫五灵，不如神龟之灵，知人死，知人生。’”杜预《春秋经传集解序》说：“麟、凤五灵，王者之嘉瑞也。”孔颖达疏：“麟、凤与龟、龙、白虎五者，神灵之鸟兽，王者之嘉瑞也。”方于鲁用五灵作为墨的题材，以象征福祉瑞应。因此，在“五灵”两字下方又用了“瑞应图”印，希望帝王修德、时世清平、天降祥瑞。

墨的反面，中间有一方“瑞文图书”印，用的是缪篆。明代人喜玩异体、古体字，追求古气，因此《方氏墨谱》很多文字用古法，如“瑞文”的“文”字，在其右下部增益了三撇，借此炫耀学识。“瑞文图书”印，在《方氏墨谱》中还见诸“虎钮四灵”墨，这方印在

◆ 五灵饼式墨

古代的一些书画作品上也偶能见到，如赵孟頫《吴兴赋》上就盖有此印。清代鞠履厚《印文考略》认为：“古人于图画书籍，皆有印以存识，遂称图书印。故今呼官印仍曰印，呼私印曰图书。”这里用“瑞文图书”印，意在表示五灵图纹是瑞应之信。再看“瑞文图书”印四周精镂细琢的五灵浮雕形象，刻画生动，形象逼真，锋棱峻整，线条挺劲，繁缛绵密，立体感强，显示出明代墨模高超的工艺水平。

二

方于鲁（1541—1608）是一个传奇式人物，歙县人，名大激，字于鲁，因明万历帝常称“方于鲁墨”，遂以字行，更字建元，号太玄。

明代制墨以歙县、休宁、婺源三地最鼎盛，其中，罗小华、程君房、方于鲁为歙派代表人物，而三人中尤以方于鲁独领风骚。他继承发展了徽墨制作的传统技法，制墨有独创，墨的装饰讲究有新意。他在制墨技术上，以桐油取烟，和墨不用漆而用广胶，解胶不以楞皮而以灵草汁。所制超漆烟墨，墨质纯净细腻，质地坚实，莹如黑玉，还配入麝香、龙脑、熊胆等名贵药料，有芬香郁烈之气，历久不变质，在墨的装饰上，采用漆衣新技术。漆衣即在制成墨之后，再进行刮摩、打光、敷漆，使墨的表面润泽美丽，光彩煜耀，又能保护墨体，使之不易断裂、脱胶、霉变。当时文人称其制墨是殚精竭虑，全身心投入，

“举室务专攻”，“举室而治墨，又旦暮精思”，故得到了当时很多文人的推崇和赞赏。如屠隆称其所制“妙入神品，前无李廷珪，后无罗秘书，词林宝之，不啻圭璧”。李维桢《方外史墓志铭》称其“墨名满天下”。谢肇淛《五杂俎》称其所制“前无古人”。王世贞作《方于鲁墨赞》曰：“黝而泽，致而黑；桐而峄，练厥液；光可晰，坚于璧；置于水，久弗蚀。”莫云卿最爱方于鲁墨，云：“吾于方氏，殆无间然。”又曰：“是人已入玄心三昧。”俞策《方于鲁歌》云：“坚如黑山石森削，灿如赤水珠晶荧。珽如重圭锡夏后，规如瑞璧来虞庭。”沈德符《万历野获编》则称“方于鲁名最著”，“名振宇内”。

方于鲁著有《方氏墨谱》六卷，当时他广求名家，墨模雕镂皆出高手，绘图题识都是名家，历经五载乃成。列墨三百八十五个制墨模样，分国宝、国华、博古、法宝、洪宝等六类，涉及人物、动物、神话、传说、历史等内容，真可谓“形文毕陈，图咏并载”（王穉登序），“刻画精研，细入毫发”，令人叹为观止。潘之恒、莫云卿、汪道贯等名人为其题跋作序。当时钱允治看到此书后惊奇之极，“顷于百穀斋中见方于鲁墨谱，不觉大叫，谓世固有此尤物哉！欲得之心，如饥如渴”。这本墨谱在上层社会产生广泛影响，方于鲁能与程君房齐名墨坛，也得益于这本墨谱。

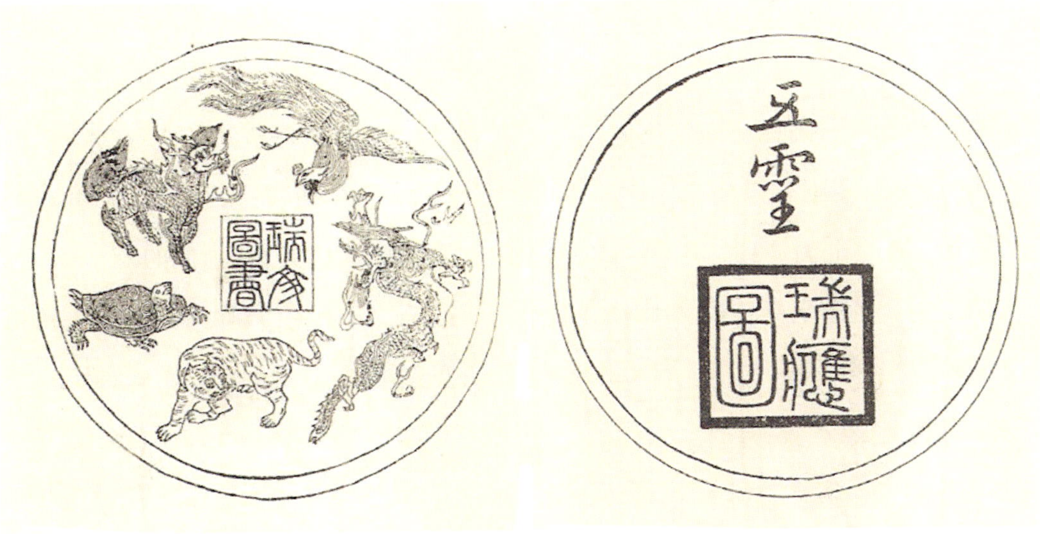

◆《方氏墨谱》五灵墨谱图案

三

这锭五灵墨，为什么可以肯定是明代方于鲁制的呢？原因有三：一是墨的边壁上有“方于鲁制”的款，饼形墨是方氏常用的墨形，且制作锋棱峻整，肌理密致，与方墨相吻合；二是见诸《方氏墨谱》，且与墨谱中所描绘的五灵墨锭之形状和纹饰图样完全相同；三是通体已出现漆衣。据《方氏墨谱》记载，漆衣制法是“刮摩自建元氏始也……磋以锉，摩以木贼，继以蜡帚，润以漆，袭以香药，其润欲滴，其光可鉴。自刮摩兴而画缋废，自墨工盗其法而善墨者竞为刮摩矣”。即将制作成形的墨，在自然干燥后，用水快速擦洗掉墨表的粉尘，并立即揩干，然后涂上一层同样质地烟墨，在其干燥后用兽骨、贝壳、木贼打磨抛光，最后敷上一层薄漆。这种漆衣墨，给人以墨面细致、墨色黝润、墨光可鉴的效果，让人爱不释手。另外，随着时代的久远，漆衣会越来越显得浑厚，会出现“蛇皮纹”，也有人称“犀皮纹”。这种纹路，也可称为“断纹”，但完全不同于裂纹，纹而不裂，隐散在漆皮上。这层漆皮除起到美观的作用外，还有保护墨体的功能，使之不易受潮、不易断裂、不易霉变、不易脱胶。所以，我们回过头来看这锭五灵墨：如果我们侧看墨面，可以清晰地看到层层的蛇皮纹，犹如松树的鳞皮，细密而均。如果我们凑近嗅一下，还能闻到一股淡淡的香气。

今天，我们当然不可能对明墨很随意地进行试磨来直接观察其墨色，这样会破坏古墨的完整与品相，而《十六家墨说》曾记载了邢侗试磨方于鲁所制名墨“寥天一”时的情景：“旋洗端砚，注水涓滴，试磨一线，紫烟上浮，神王气清，精光射目。其‘重玄妙品’迥出天渊。”邢侗是明代的著名书法家，喜好藏墨，更喜欢方于鲁所制的墨。

试磨对墨的鉴别更直观，更准确。笔者在 20 世纪 60 年代初期也玩过一段时间的墨，也曾试磨过好多墨，包括曾国藩的私家墨。好的墨磨过后，墨面平整光亮如鉴，能看到泛起的紫光，着笔爽利，纸上的墨色黑润而带有透明感。而质差的墨，一磨便泛气泡，越磨气泡越多，粘满整个砚台，既不利研磨，又滞笔伤笔，作品装裱又易飞墨，真是不堪使用。后经反复琢磨比较，笔者对鉴别墨概括了“看”“掂”“听”“磨”四字。首先是看，主要关注是否有著录，如果是见诸著录的名家墨，或有制墨者、监制者款式的墨，或私家定制墨、斋室墨等，大多是上佳之墨。如果碰到一些不熟知的墨，便要看其制作是否精致，墨面肌理是否紧密。其次，拿到手上掂一掂，以相同体量大小为基础，凡是轻的墨为佳，重的墨必是胶重，而且磨出的墨面灰而不平，有很多小的气孔。再次，听是最实用的鉴别方法，轻轻将墨放在台上，或玻璃台板上，听到声音越清脆，墨就越好，因为声音脆者，质细而坚实，而且胶轻。因此，稍积累点经验，不必研磨便可知墨的好坏了。

明末竹根雕挖耳罗汉

罗汉，又称阿罗汉，是小乘佛教修行所获的最高果位。小乘佛学认为，修到罗汉境界，就已经断尽三界烦恼，灭除见修二惑，永远解脱轮回，已到达修行的极点。但在大乘佛教中，罗汉所证的果位上面有菩萨，菩萨上面还有佛，因此罗汉的地位要低一点，住的地方只能叫“堂”，而不能称“殿”。但他们的修行已经非常好，所以受佛嘱，可以不入涅槃，永住世间，护持正法，受世人供养，为众生作福田，可以“金身”。

挖耳罗汉是个俗称，是十八罗汉中的一位，排列第十二位。挖耳罗汉的正式名称叫“那迦犀那”，“那迦”是音译，中文意译为龙，“犀那”译为军，因其法力强大，将其比喻为龙的军队。这位罗汉住在印度半度坡山上，是一位论师，听他论说《耳根》的有一千两百个阿罗汉，因而名闻印度。佛教认为，由于醒觉而生认识，“耳根”是人类认识世界的六种根源之一。因此，耳根清净也是六根清净之一，意思是不听各种淫邪声音，更不可听别人的秘密。由于他论耳根最为精辟，后人便把挖耳状作为他的形象，构成其典型特征。这件竹根雕正是突出了这一点。

这件竹根雕来自宜兴一家族，该家族曾收藏十八件一套的十八罗汉竹根雕，传至兄弟俩时已有损坏，到了转让给笔者的一位藏友时，只剩十件了。这件竹根雕就是其中的一件。高十五厘米，宽十三厘米，厚十厘米。圆雕。清癯的挖耳罗汉佝偻前倾，赤足曲肱，半跏坐于蒲团之上；左肩披袈，右肩袒裸，胸背半露，肋骨嶙峋；右手撑于蒲团，左手弯于耳侧；身、首随挖耳状而倾欹，表情安详，一眼眯睎。作者抓住这一瞬间，重点对

◆ 竹根雕挖耳罗汉

脸部与眼部作精细刻画，塑造了一个身心清净又充满睿智的神态，使局面刻画成为全面展现人物形象的重点，凸显了雕刻工艺的高超手法与我国人物塑造讲究“传神”的优良传统。整个圆雕的刀法简洁有力，有鬼斧神工之妙：轮廓精准，姿态生动，衣褶逼真，

◆ 竹根雕挖耳罗汉侧面

◆ 竹根雕伏虎罗汉

线条劲挺流畅，手足指甲，状写入微。作者还尽可能留下竹根的外皮，给人以老皮斑驳、根疤累累之美，使挖耳罗汉的整体形象生动、自然、传神，从而构成一件既写实又有想象力和感染力、富有浓厚生活气息和个性特征的圆雕作品。

可惜，这件圆雕没有刻款。大凡明代制作的佛像都不具款，以示恭敬。因此对此件竹根雕的断代，光靠原藏主的说法是不够的，还得从作品本身去寻找依据。笔者认为，一是这件罗汉反映了一种社会信仰，也体现了当时竹刻家的自我见解和审美追求。罗汉造型源于生活，出于写实，精于提炼，使神态刻画富于心理内涵。二是罗汉形态完全依循竹根的自然形态进行构图和形象塑造，且底部衬有连体基座，简洁自然，带有明代竹根圆雕的典型做法。三是整体雕塑风格以古朴为尚，以刀代笔，发挥淋漓尽致，于精细中见飞动，于浑朴中见巧妙，其工艺循着竹根自然之形的高、低、曲、折、深、浅，随心雕来，集高浮雕、浅浮雕、透雕、阴刻、阳刻于一体，可谓技臻绝妙，纵是封、施诸家，亦未必过此。四是整个圆雕已轻如蝉翼，部分质地已见朽蚀，无数百年不能致此，其年代之久远可见一斑。另外，同一组的另一件伏虎罗汉也能作为佐证，其虎的造型具有非常明显的明代特征。综合以上几点，这套罗汉可初定为明代晚期的作品。

清乾隆瓷胎砂金釉弥勒菩萨立像

这尊菩萨立像金光灿灿，身披璎珞，镶嵌珠宝，远望一定以为是尊鎏金铜佛。其实不然，而是一尊瓷胎菩萨立像。像高四十三厘米，宽二十七厘米，圆莲座，麻布底。底座呈上窄下宽椭圆形，高六点五厘米，最宽处二十二厘米，最窄处十六厘米。底的中央留一气孔，气孔上方有内凹双框“大清乾隆年制”阳文篆体方款，露胎处可见白色瓷胎。由于这尊菩萨右手持瓶，左手结“施无畏”印，冠中有宝塔特征，可确定是弥勒菩萨无疑。

菩萨是“菩提萨埵”的简称。“菩提”之意是觉悟，“萨埵”之意是众生。因此，菩萨的意思是以觉悟来化度众生。菩萨与佛是有区别的，菩萨在自觉与觉他之外，尚未觉行圆满，而佛在自觉、觉他之外，已觉行圆满。当菩萨具有“等觉”位的名号时，才可等同于佛，如观音、势至、文殊、普贤、地藏、弥勒等菩萨，可与佛等同齐观。菩萨与佛在外观形象上的区别更严格，佛形象肃穆，姿态庄严，极少装饰，以简朴为主；菩萨则可有种种不同的形象和姿态，域外形象可变成中国形象，男性可变成女性，服饰也可丰富多彩，戴宝冠，披天衣，戴璎珞等，以迎合世俗信众的需要和喜好。

从佛教的本义来说，菩萨已没有了五欲，无所谓女性、男性。但事实上，无论文字或造像，往往带上性别。佛经中经常可看到佛称菩萨为“善男子”“猛丈夫”，在古印度和犍陀罗的造像中，菩萨也多是带髭须的男像。但这种现象一进入中国就开始发生变化，其中最重要的一点，就是女性化，即许多菩萨从衣饰、形体、相貌等方面都是根据女性的特点来构思、设想和创造的。如有名号的观世音、普贤和弥勒，没有名号的闻法菩萨

◆ 瓷胎砂金釉弥勒菩萨立像

和供养菩萨，都被塑造成女性化的菩萨。我们看这尊乾隆瓷胎砂金釉弥勒菩萨立像，即是女性化菩萨的典型。女相端庄，头戴五佛冠，冠顶置宝塔，五官圆匀，双目微睁，神情自若；身穿天衣，佩饰璎珞，长垂及腹；右臂抬至胸前，掌心向外，拇指与中指持宝瓶；左臂肘部略向外弓，垂于胯下；全身珠宝点缀，双臂饰珍珠手镯与臂钏；双肩皆披长长的帔帛，飘垂两侧；下穿长裙，赤足立于莲花座上。在菩萨两侧还各立一株忍冬，缠绕而上，至顶端花枝内倾，各盛开一朵莲花。这些装饰明显吸收了藏传佛教菩萨造像的特点。

按照一般俗家人对弥勒菩萨造像的认知，都以为是“笑口大肚弥勒佛”“布袋和尚”，恐怕很少有人知道弥勒菩萨正法轮身是什么样子。其实，由印度传入的弥勒菩萨，都作交脚状或别的璎珞庄严状，只因五代时弥勒显化的布袋和尚出现，袒着大肚子的笑和尚形象极讨人喜欢，才逐渐取代了弥勒的原来形象。

问题是这件弥勒菩萨如何断代，座底上有乾隆款，是否确是乾隆时期所制？又是哪个窑口所造？笔者带了疑惑查遍资料未见著录。最近偶尔看到一本《佛像图谱》，记载了清乾隆的金镶珠宝弥勒菩萨立像，黄金铸造，体型不大，其造型与这件基本相同，这才解开了心中的疑结。原来清代皇家崇重藏传佛教，宫廷专门设立了造办处制作佛像，藏传佛教造像在这一时期进入了高峰期。纯金的弥勒立像应是造办处所制，工艺精湛，造型复杂，材质贵重，绝非寻常百姓与一般窑口所能制作。这件瓷胎弥勒菩萨造像所取的“粉本”与金菩萨相同，且体型大，烧制难度高，其制作应同出于宫廷造办处。

据记载，乾隆官窑创于乾隆元年（1736）。唐英在雍正年间就协理年希尧驻景德镇督办陶务，至乾隆时正式接替年希尧任九江关监督窑务，前后兼管景德镇窑务二十七年之久，为清代督陶最久的一位官吏。他将清代官窑瓷器在雍正朝具有高度成就的基础上发展到了巅峰，不仅在青花、釉里红和粉彩、斗彩等工艺上达到极盛时期，而且在低温颜色釉方面也有超越前代的精致之作，对其他门类的工艺品有极其逼真的仿制，反映出当时制瓷工艺的高度水平。因此乾隆年间

◆ 瓷胎砂金釉弥勒菩萨立像局部

的官窑，又号称唐窑。唐英所撰《陶成记事碑》罗列的色瓷釉，有五十七种之多。由此可知，这尊弥勒菩萨立像应是仿照铜器佛像制作的一件精品。

我们可以从造型、工艺与釉色三个方面来仔细观察这尊弥勒菩萨立像。先看造型，端详庄严，法相汉化，五官圆润，面带微笑，在温润柔美、优雅自如中，显得婷婷婀娜，气质高雅。其次看工艺，全身修饰十分华丽繁复，集圆雕、浮雕、透雕工艺于一体。圆雕写实，浮雕精致，透雕层次感强，工艺层次很高。其帔帛飘扬洒脱，裙折带"U"形曲线，凸显轻柔质感，婉委柔美；联珠璎珞，颗颗圆润，胜比真珠；忍冬花枝，状若游龙，前后错落，层次分明。其瓷雕水平之高，实不多见。再次看釉色，通体施砂石金釉，简称"砂金釉"，又名"金星釉"。在略带砂状的釉彩中，闪烁着金属光亮的金星。在菩萨立像的棱角边沿、指尖、鼻尖、塔端、珍珠、手镯、臂钏等关键处，则再用金彩描金，经低温烘烤后，用玛瑙棒或石英砂打光，使其金光闪熠在显要处，于浑朴华美中，给人以不同寻常的审美感受。

◆ 瓷胎砂金釉弥勒菩萨立像底部

◆ 金镶珠宝弥勒菩萨立像

当然，值得一提的是"珠宝"上施的宝石釉，俗称"玻璃釉"。从个别釉彩剥落及未施到釉处看，宝石釉是覆盖在描金釉上的。由此可以看出，它的施釉过程是先在立像表层施砂金釉，入窑烧好后，局部再进行描金工艺，入低温窑烧，最后在"珠宝"上施宝石釉，其釉色有黑、蓝、绿、红、翠绿等。民国出版的《古玩指南》说："宝石釉含有红、绿、蓝、紫各

◆ 瓷胎砂金釉弥勒菩萨立像局部

◆ 北魏铜鎏金弥勒立像

◆ 北魏交脚弥勒菩萨

◆ 明代铜鎏金弥勒佛

色之不同，世俗只以红色为宝石釉，岂知绿、蓝、紫各色亦皆有之。宝石釉之品莫贵于亮釉，其明如镜，其润如玉，其赤如鸡血，其通如石之冻。《博物要览》所谓鲜红宝石者是也。”故这尊弥勒菩萨经过三次窑烧，形制独特，工艺复杂，制作精良，堪称难得一见的乾隆瓷胎砂金釉弥勒菩萨造像的杰作。

清方辅“何休学海”墨母

三十多年前，在皮市街旧货摊上，看到一件类似黄色的墨，横八厘米，竖十五厘米，宽一点五厘米。擦拭一下，质地坚硬，无法擦下颜色，又不似墨，使人一时不知为何物，作何用途。但其正反两面的书画浮雕工艺，深深地把笔者吸引住了。

此物一面刻了篇阳文的楷书《何休学海》，点画挺拔，古朴静穆，略带颜风，其文如下。

“何休木讷多智，三坟、五典、阴阳、算术、河洛、谶纬、古谚、历代图籍，莫不咸通。门徒有问者，则为注记，而口不能说，作《左氏膏肓》《公羊废疾》《穀梁墨守》，谓之‘三阙言’。京师谓郑康成为‘经神’，何休为‘学海’。”

意思是说，何休不善言说，但学识渊博，门徒有问者，则用书面作答。他的《左氏膏肓》等三部经学著作，如三座宫阙那样高不可攀，当时京城的人，称古文经学家郑玄谓“经神”，称今文经学家何休为“学海”。整篇文字颂扬何休博古通今，知识渊博，学问像大海一样宽广、深邃。

此物另一面是雕刻精美的画面，刻画了何休授学的形象，宽袖大袍，眉眼安详，坐在太师椅内，面对儒生，背靠屏风，正在倾听作揖儒生的求教。这件制作精湛的雕刻品，刀法熟娴精准，线条细腻挺拔，发结上的发丝清晰可辨。它采用了浅浮雕和高浮雕相结合的手法，画面层次分明：背景上的竹林高远错落，厅堂周边的假山嶙峋突兀、棱角分明，儒生的低近又突出了何休的中心位置。整个画面虽系刀刻之工，却无刀刻之痕。看

◆ 方辅“何休学海”墨母

了如此精美的雕刻品能不心动？于是收归囊中。

虽然当时对其用途不甚明了，但回家检索资料，仔细一看，真是喜出望外，因为这件边壁上刻有“大清嘉庆方辅制”的名款。原来，方辅是乾隆、嘉庆时期的制墨名家，这件东西肯定与制墨有关。

方辅，安徽歙县人，字君任，号密庵，善书法，工制墨，设墨肆“茹古斋”。所制墨品以“开天容”质料最佳。著有《茹古斋稿》《隶书八分辨》。钱泳在《履园丛话》中将其与曹素功、汪近圣并列，颇予赞扬。于是谜窦顿开，此物乃墨母是也。

通常用于压印墨坯的叫“墨模”，又称“墨范”，是制作墨碇的工具。而此件墨模的材质既不是木，又不是铜，其材质好像是入窑烧制的澄泥雕件。也就是说，这不是一件用于制墨的墨模，而是墨模的样品墨母。当然，墨母也由墨模压制。

我们知道，墨模始于东汉，到宋代，徽州一带的制墨业已十分兴旺。随着明代资本主义萌芽的出现，对墨的形式美日益重视，书法、绘画、髹漆、漱金、雕刻已广泛用于墨的装饰，其重视墨模的雕刻、装饰工艺及其题材的扩展，往往超过对墨的质量追求，使

◆ 方辅“何休学海”墨母局部

明清墨模艺术处于顶峰状态。安徽是墨的主要产区，自古以来是被征贡的对象，较大的制墨作坊每年都要“例供”，有的官府还要对贡墨、御墨的样式进行审批、监制。这样，便出现了像本件那样的墨母样品。那么，这件墨母为什么选“何休学海”这个题材呢？我认为原因有二，一是方辅本来是个文人，工书，法苏、米，能擘窠大书，尤善分隶。乾隆五十四年（1789）著《隶八分辨》，与金冬心、邓石如友善，他所制贡墨选用文化题材，以体现他与一般墨工的区别。二是随着清中期后常州学派的出现，何休的公羊学派开始成为中国学术中的主流学派，这自然成为方辅的首选。何休字邵公，山东任城人。他除了上面提到的三部经学著作外，著述很多。其中还有一部《春秋公羊解诂》是他的公羊学理论的代表作，成为公羊学理论的总结与解析《公羊传》的范本，为中国学术史做出了巨大贡献。何休的理论主要发展了公羊学的天道观与人道观，旨在神化王权，进一步强化封建伦理纲要；同时提出了自己“大一统”的政治理想，描绘了一幅国富民强、人人富足、老有所终、少有所养、安居乐业的美好图卷。另外，他还提出了一整套人人都有受教育权利的教育体系和培养、选拔贤材的主张，不愧为两汉公羊学的集大成者。

从《何休学海》的这段铭文，可以看出方辅对何休的推崇和宣扬。因此，这块墨母不仅展示了方辅制墨名家的工艺水平，同时也透露出他的学术倾向，并从一个侧面反映了清代中期学术繁荣的景象。

清慎德堂款粉彩百子嬉春笔筒

慎德堂是清道光皇帝在北京圆明园里修建的一处书房，是他读书、处理政务的地方。“慎德堂制”红款，是景德镇御窑厂为道光皇帝烧制的一种官窑瓷器。这只粉彩百嬉笔筒高十六厘米，直径十九点五厘米，器型似截筒，唇口稍薄，笔筒内外施白釉，唯笔筒平底外圈的沙底旋纹不挂釉，内底宽六点五厘米，其内凹部分施白釉，内底中央红款双框四字“慎德堂制”楷款。在环笔筒四周有粉彩绘制的《百子嬉春图》。

在清代景德镇的彩瓷中，五彩是中国传统釉彩，称为“硬彩”；粉彩是“洋为中用”的新产品，称为“软彩”，当时人称“洋彩”，是景德镇工匠取法瓷胎画珐琅制作工艺的一种发明，是我国彩瓷品种中的一颗明珠。

粉彩主要在含铅的玻璃质中掺入砷元素，创制了一种色调柔和的彩瓷，也就是所谓的“粉化”。它使用油料调色使红彩变成粉红色，绿色变成淡绿色，蓝色变成浅蓝色，通过加入量的调节，还可使色彩化成一系列深浅、浓淡不同的色调，使釉上彩的色彩和色调更加丰富。特别是在粉彩中出现了一种前所未有的胭脂洋红，色如桃花，淡雅妍丽，更具魅力。加上粉彩采用渲晕上色，使画面产生浓淡明暗的变化，形态逼真，立体感增强。粉彩的艳丽雅逸，在雍正朝后大受欢迎，可谓风播一时。油彩和胭脂色的采用是制瓷工艺的一大进步。

这件粉彩笔筒画的是百子嬉春，在假山凉亭、绿茵草地间，错落分布了四组婴儿。一组四人相拥在假山石的平台上，翻看新书，神情专注，其中一婴儿被边上的赏画场景

◆ 慎德堂款粉彩百子嬉春笔筒

所吸引，目光旁注；紧靠右边的另一组有五个婴孩，其中两人在一侧拖动牵着线的动物玩具，另一侧有一个蹲下的婴孩想抢玩这个玩具，边上的婴孩在呼欢跳跃，这一场景吸引了远处的婴孩，正在赶来看热闹，其天真情态，状貌逼真；第三组有九个婴孩，其中六个围以习武练拳，有举臂左旋右抽的，有抱膝的、蹲步的、云手的，也有在一旁举扇的、摇鼓的、斗草的，动作各异，互相夸视，以为戏乐；最后一组有七个婴孩，有两人拉开了长轴，其他人前后拥在一起赏画，十分投入。这幅《百子嬉春图》，从整个构图来看，庭园景色层次分明，错落有致，众多儿童游戏其间，相映成趣，可谓杂而不乱，繁而不冗，分而不离，合而有序。人物衣着线条刚劲流畅，面部神态生动清丽，神态活泼，栩栩如生，可谓曲尽其致，大家手笔。此图真实地描绘了古代儿童游戏活动的不同形态，融景会趣，富有诗情画意和春天的气息。

这件粉彩笔筒的釉色厚重、繁复，施色均衡，做工精细，注重衣饰细节的刻画，整体

◆ 慎德堂款粉彩百子嬉春笔筒局部

显得华丽美妙又柔和协调。侧而望之，釉面皆呈现出五彩闪烁的蛤蜊光。

百子婴嬉题材从古流传至今，有其特定的传统文化含义。“百”含有多而无穷的意思，因此把祝福、恭贺的良好愿望发挥到了一种极致的理想状态。“百子”典故最早出于《诗经》，传说周文王有九十九个儿子，等到路边捡到雷震子的时候，正好一百个，所以有“文王百子”之说，亦表示子孙满堂、家族兴旺、祥瑞吉庆的一种期望。因此，历代出现了很多有关“百子”的绘画和诗词歌赋。这件粉彩笔筒同样寄寓了这种期望。

翰墨篇

呼吸万籁一奇僧
——从《百怪图》看大休和尚的书画艺术

从历史上来看，一些有名望的书僧与苏州确实颇有因缘，特别是临济宗的几位高僧，如宋代杨岐派宗师圆悟大师克勤，元代大慧禅师宗杲、中峰和尚明本，明代苍雪大师读彻等，都曾驻锡苏州，以善书闻名于当时。清末民初临济宗二十二世演字辈的大休和尚，与苏结缘二十多年间，住持过寒山寺、包山寺和龙池庵，充分显露了他精深的佛理禅义、卓绝的艺术天分和极富传奇色彩的人生。他自号醉禅，自称疯癫汉，以自己的方式修行，以自己的方式弘法，以自己的方式了道，连圆寂之期也自己安排，提前以行刺题诗的形式与众人辞别。这样一位有奇慧而不拘戒律的独行僧，将栽花种竹、吟风弄月作为"随物应机"的禅悟之境，把耕书耘画、鼓琴裁诗作为开启方便法门之时，他的觉悟和行止自然不同于一般僧人。从现有的资料看，他蓄须，饮酒，茹荤，只打坐，"平生不务经忏"(《自述》)，即使他为修葺寺院募集资金，也不设功德簿，不立功德碑，只以一张字、一幅画或一曲琴以致谢忱。可见，他的行止和处事方式，只按其自然本性，只遵循其内心的觉悟，确是一代奇僧。因此不难理解他在包山寺画的那些怪石了，奇僧出奇画。他的《百怪图》完全越出了中国画的常规，超出了人们的想象，以前所未有的形式，寄寓了深刻的禅悟，堪称中国画中的奇葩，禅画中的典型。

一

◆ 大休绘《竹石图》

那么，大休的书画艺术主要受谁的影响呢？最近发现的周梦坡《苏州寒山寺前住持大休大师塔志铭》为我们提供了线索。铭中说大休的书画“得尝以几谷、六舟诸禅宿”。周梦坡是大休的挚友，所作塔志铭的真实性毋庸置疑，他说大休的书画受几谷和六舟的影响。几谷是释明俭的号，俗姓王，字智勤，又号九子山僧，丹徒人，生卒年不详，咸丰中期去世，年约五十九岁。几谷是张夕庵的书画弟子，以山水花鸟名世，其画风“下笔如风，墨彩沉郁”，当时很有影响，索画者甚多。六舟（1791—1858）是释达受的字，曾住持杭州净慈寺、苏州大云庵，工书，善画山水花卉，有青藤纵逸之风，又善篆刻、竹刻，阮元称之为“金石僧”。据记载，达受藏有怀素《小字千文》真迹，因追慕怀素以蕉叶代纸练字而名其居曰绿天庵，自号小绿天庵僧。而大休在驻锡云居圣水寺时，也曾效法达受以蕉叶代纸练习行书，可见受其影响的程度了。

大休的书画现在已经难得一见了。以前偶尔在拍卖公司看到过两幅作品，一幅是东方艺术品拍卖有限公司 2002 年的拍品《竹石图》（一百零三厘米 × 四十六厘米，竖幅），画的是朱竹墨石，石似一坐僧，在石的皴法中嵌入了“平安”两字。图作于农历丁卯嘉平月，即 1927 年 12 月或 1928 年 1 月，与画《百怪图》几乎同时，画石的风格也相

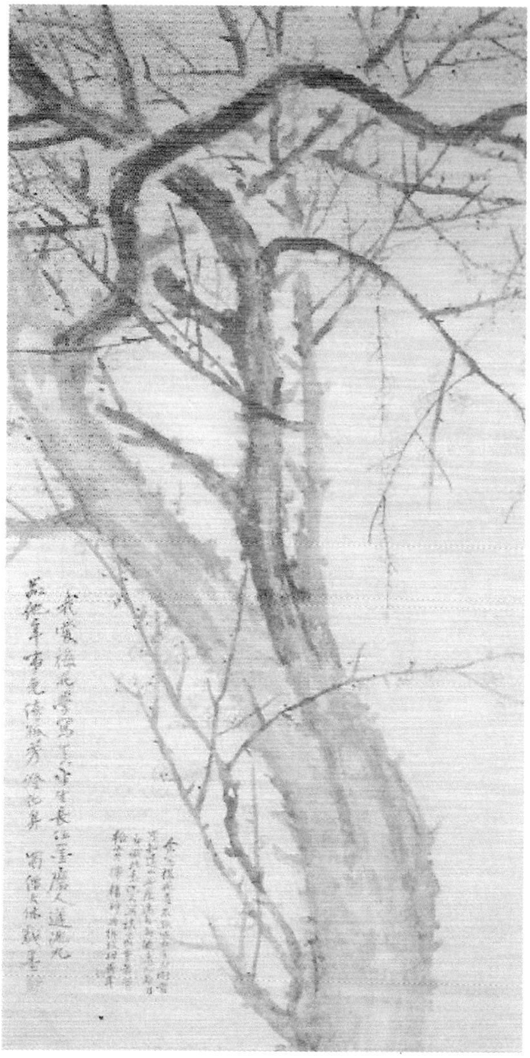

◆ 大休绘《梅花图》

似。图上大休题诗曰:“霜天雪地不知寒,叶比枫林色更丹。欲卜来年家国事,报君从此得平安。”表达了对国泰民安的向往。另一幅也是该公司2003年的拍品《梅花图》(一百六十六厘米×七十六厘米,中堂),画的是一棵水墨参天梅树,枝干婆娑,但其出干亦不与前人的画法相同。图左侧题有一诗:“我爱梅花学写真,平生长作墨磨人。莲池九品他年事,先倚孤芳证化身。”图下部还有四行补题:“余写梅花,多不点心,每有来问者,可知远山无崖,远水无波,远人无目,即识此意。况夫写梅,最重者骨格,穿插精神与折枝相异耳。”这两幅画都带有禅意,体现了大休的书画风貌。

这次有缘得见《百怪图》的全貌,要感谢诸家瑜先生的用心搜集,使我有可能全面地认识大休的书画艺术。《百怪图》共有一百零二幅(说确切点,加上封面,是一百零三幅)。当时的社会名流如李根源、张一麐、金松岑、吴湖帆、周梦坡、庞莱臣、李希白等都为这本画册题词作诗。周梦坡在诗中将他喻为晋高僧竺道生和五代南方山水画派之祖巨然,金松岑称他是“石颠画禅”,庞莱臣评他的画是“画外别传”,都给大休和《百怪图》以很高的评价。然而,初看到《百怪图》的人必然会想,大休为什么要画这些怪石呢?他想表达的是什么呢?其实,他在诗里已透露了其中的玄机。1932年重阳之后,当大休又一次决定圆寂之期(前曾有三次作出过圆寂决定,均因外界缘故未能如愿),他将概括自己一生的一首七律诗抄写在名刺上,分送给诸友,作为辞别。其中有一句“禅心尽载诗中画”,点明了他一生把诗和画作为师心明道的手段,取琴诗代精神,以画笔证禅悟。正如他《梅花图》题诗的后两句:“莲池九品他年事,先倚孤芳证化身”,他所说的“证”,是指证悟,以画梅证悟自己的佛性;他所指的“化身”,又可称为应身,原指释迦牟尼为化导众生的“随类应化”,这里指一旦觉悟,佛性即在眼前,就能证得佛的化身,所谓“自性悟,众生即佛”(《六祖坛经注释》)。因此,大休画梅花,旨在成为“亲证”的法身、佛体的化身。这与他后来画那些怪石的因缘是一致的,不同的只是画的对象改成了怪石。现在,虽然难以确知大休当时以石证禅的详情,但他留下的文字和图画,则是我们揣摩其“发机”的依据。大休在《百怪图》画册里,有一篇近百字的《老休自题》:

“我看非我,人说是我。难道夫我,还不识我?人有人我,我有自我。如此谓我,则成二我。二我对头,谁是真我?有人爱我,即有恶我。有人称我,即有谤我。毁我誉我,都是为我。要得全我,不若无我。然所谓我,是个甚么?呵呵!”

◆ 大休绘《山中宰相图》

这篇《老休自题》主要阐述了对自性觉悟的感言。文中提到三个我,即“人我”“自我”和“真我”,指的是“世俗看的我”“自己看的我”和“真如的我”,而“人我”和“自我”是处于烦恼执着状态的我,只有真如的我,才是无爱无恶、无毁无誉、快乐无忧的“真我”。然而，对“人我”“自我”和“真我”，都不能过分执着作分别观，正如《坛经》所说：“无二之性即佛性。”因此，大休在回答张一麐问《百怪图》“僧耶石耶”时，答道：“无我相，无人相，无寿者相，无众人相。”实际上已暗示唯有佛相而已。故这篇《老休自题》的最后两句，笔锋一转，用了一个反问：“然所谓我，是个甚么？”他没有回答自己提出的问题，而以“呵呵”一笑了结。

这篇《老休自题》如同一个禅偈，让大家去思考、去感悟。应该说，禅宗追求的觉悟，“色即是空，空复异色”，“有无齐观，彼己无二”等，都是相对主义的一种境界。色与空、性与相、假象与心相的统一，都体现为境界。境界是一种心境，也是一种喻象。不仅自己悟，也要诱导他人悟，有时需要权行方便法门。因此作为一个画僧，他需要“藉景观心”，与自然沟通，证成灵明鉴觉。故当他拿起画笔“纵横自在，无非是法”（《五灯会元》），“有由心生，心因有起”（《维摩经注》），这时主体与客体完全融合为一体，心灵的观照不再是由物及我，而是由我及物，实际已进入“物不异我，我不异物”（僧肇《涅槃无名论》）的境界，一切外象因我的觉悟而成法身，成为佛体。因此在大休的画里，“石”就是法身，因“法无定相”，佛在他的画中可以是女娲、是僧、是观世音、是大阿罗汉果、是米芾等不同的化身。这些化身不仅作为可悟之“境”，同时也可藉以普度众生，向俗众弘法。《百怪图》中有一幅“观世音菩萨现身图”，画了一块

◆ 大休绘《观世音菩萨现身图》

很像是玲珑剔透的太湖石。此石隐约之间又俨然是一尊观世音侧坐像，形象浑然，姿态庄严，似乎为救众生苦难，菩萨化身正在聆听，正在应答，使见者无不虔肃。大休在画的左上还题字七行：“观世音菩萨现身，千变万化，或男或女，人与非人，皆能随声应感。余作此石，默念菩萨，故或此相，岂虚语哉！”题词是画的补充，说这就是观世音菩萨的现身，菩萨化身千变万化，不管是化身为男或化身为女，化身为人或化身为石，都能随声应感，这不是虚言。现在看这幅画至少有两层含义，一是体现“心是诸法之本”，借助神秘的直观，证成自身的佛性，用画笔示现了心中的观世音化身，这是以画证禅；二是将此画作为佛法的一种表现形式，以观世音化身的形象来感化众生，引导众生的觉悟。

◆ 张一麐题词

除此之外，我们从另一个角度看，《百怪画》还有非常明显而突出的审美价值。

首先，《百怪图》不仅是自心直觉的体验，而且是“梵我合一”的产物。禅宗的自然观在于自然的心相化，自然物的空化，使它在时空中的具体规定性被打破，主观的心就可与自然现象做任意的组合。这个过程就是大休画《百怪图》时心相与色相的组合过程，既有传统的审美知觉和审美经验，又带有禅悟的艺术创造。故当他画“石”时，一方面遵循了“外师造化”的要求，体现了“山性则我性，山情即我情”（唐志契《绘事微言》），画出石的物质形态，符合传统的审美观照；另一方面，由于他的“由我及物”，绘画又超越了传统的“应物象形”，而是创造性地“由心造境”，画出了原本自然物不存在的心相，这心相就是大休心中的法身。因此，《百怪图》这一物相与心相的组合，对大休来说，既实现了证禅（或禅悟）的境界，又实现了绘画的“梵我合一”，成为证禅与绘画完美结合的典型。从艺术角度看，他也是对传统佛画种类、佛画形式和内容的重大突破。

其次，大休的画虽怪，却体现了一种圆融之美。在佛家看来，圆代表一种圆满，佛相之美称为“圆相”，般若真智称为“圆智”，亦真亦俗的态度称为“圆融”。大休通过自己的画，从线条、造型到境界，体现了对“圆”的追求。他的中锋用笔，显出一种圆浑的真趣；自然浑成、毫无斧凿痕迹的构图，形成了神圆之美；怪石的形态画成不规则的圆形，浑朴圆活，不露棱角，表达了一种圆满。总的来说，大休的画，使人感到意广象圆，凸显了圆融之美。这是一种脱俗又随俗的新禅画，既体现了佛家的审美，又适应了大众的趣味，构成了大休绘画的特点和个性。

再次，从大休的《百怪图》可以看出禅宗敢于叛逆的精神。他为了证禅，为开拓弘法的方便之门，敢于向传统绘画挑战，敢于扬弃画石法中固有的程式，以画笔替代“文字”，以心相转换“不语”，用生命感悟世界，开辟了称为“画外别传”真正的禅画，或称之新禅画，显示出深厚的笔墨传统和禅的境界，画得那么自然，那么有激情，有魅力，这与信手涂鸦有质的区别。从另外一个角度来说，这是对中国传统山水画的一种创新。

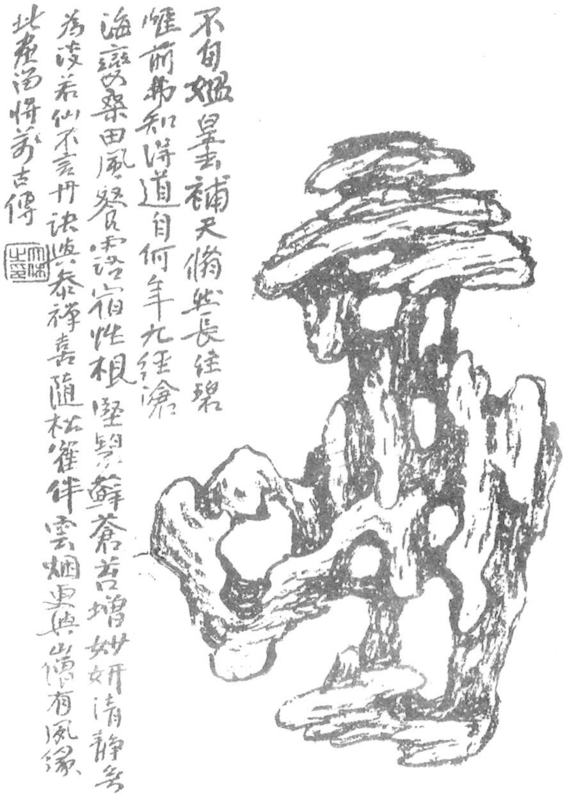

◆ 大休绘《自叙诗图》

二

大休的画，从世俗的眼光看，虽然有点“怪”，但他的书法，无论从哪个角度看一点都不“怪”，而且非常平和。书与画在风格上如此截然相反，如何解释呢？笔者认为还得从禅的角度去理解他的书法。

我们知道，禅宗又称“佛心宗”，“即心即佛”的佛性论是禅宗最重要的理论。心外无法，世间一切法皆自人心的自然流露。因此禅宗书家从佛心论出发，他们不太注重技巧，不太过分追求形式，也不刻意模仿某家某派，以超脱自然、淡泊意趣为归，追求的是一种纯粹的自然活泼的书写状态。大休的书法，正是受禅宗书家的熏陶，包括受到达受的影响，书风总体上是自然平和的。

目前能看到的大休的书法，主要是他在行刺上的手迹、画上的题诗题词和落款，大部分集中在《百怪图》里。大休对自己的书法，显然是相当自负的，在《梦坡偕亦园枉顾，见赠一律，依韵奉和》诗中称自己“书法雄奇齐北海”，能与李北海并驾齐驱，显然有些夸张，但他的书法主要得益于李北海应该确切无误。大休除取法李北海之外，也临摹过赵孟頫和王羲之的碑帖，从留存的书迹来看，魏碑对他也有很大的影响，以至他的书法在宽博浑拙、不激不厉、恬淡蕴藉之外，更有一种金石气息。归纳大休的书法的主要特点，主要有以下几点。

一是结体宽博。由于大休学李北海的书法用力最深，其结体也有一些“北海如象”的特征，“如宽大长者，逶迤自肆”（朱长文《续书断》），结构的宽博、笔势的开张、温敦朴厚的气度，使大休的书法散发出一种闲雅疏朗、超凡脱俗的韵味。

二是气息拙朴。大休的用笔在李北海朴厚的基础上变得拙朴沉劲，这主要归功于他身处重碑轻帖的时代。从清代起延至民国，碑学潮流是书法的主流，碑学书法形成了以俗代雅、与古为新、古厚拙朴的审美追求。学碑者风行，即使是学帖者，也要参学碑版，以开挖点画表现力的潜能。因此，大休也学《郑文公碑》及其他一些魏碑，使他的书法带有了明显的碑意。我们从《老休自题》的墨迹来看，凝涩、骨鲠有力的用笔，加上宽博的结构,使他的书法表达出茂而不凋、舒而不迫、厚而不薄、和而不争、涩而不滑、曲而不直的笔墨情趣,坦露出丰富而平和的内心世界,可以看出大休的悠闲和自信。

三是用笔浑劲圆浑。大休书画用的笔都是羊毫,用笔都是中锋,万毫齐力,提笔中含,笔气舒,笔锋藏,笔笔神凝,显示有极深稳的功力。因此,他的书法无一笔不着实,无一笔不浑劲,笔笔力送毫端,线条如铁划银钩,只求圆浑,不用劲折,转折带圆,熔铸了禅僧的淡定和文人的尔雅,表现出一种含蓄、蕴藉的圆足之美。

四是格调自然。大休的书法有一个显著特点,就是初看平淡无奇,细看觉得自然恬静、体兼众妙。以《百怪图》中"观世音"这幅画上的书法为例,整幅题字没有刻意求工,不求点画精到,没有任何矫揉造作,没有丝毫的人工雕琢痕迹,一任自然本色的发挥。正如《五灯会元》所说:"长空不碍白云飞。"这是彻底的平和。又如飞云辉映的素月,于平和之中逾见澄明,自然之中更显圆足。

大休《百怪图》中的书和画,贵在表现自己的精神,传达自己的觉性,那浑然一体的笔墨、"藉景观心"的法身、禅入于画的怪石,已使人不能分辨是"僧"是"石"。

在笔者结束本文前,再次拜读这些《百怪图》,图中的一首诗突然使笔者领悟,这不是大休在叙述自己就是那些"呼吸万籁"的怪石吗?诗云:"不自娲皇去补天,翛然长住碧崖前。弗知得道自何年,九经沧海变桑田。风餐露宿性根坚,碧藓苍苔增妙妍。清静无为淡若仙,不言丹诀与参禅。喜随松鹤伴云烟,更与山僧有夙缘,此画留将万古传。"望着不断在诉说的"怪石",笔者觉得大休就在我们的面前。

照耀古今不世姿
——唐寅书法艺术之我见

唐寅的传世书法作品,今能见到的已不是很多,而对他的书评更是少得可怜,记载最早对唐寅书法发表评论的是王世贞,恰恰王世贞对唐寅书法有很大的偏见,评价极不公允,如"唐解元一札草草,其书软熟,亦不恶"(《三吴墨妙卷上》);"伯虎书入吴兴堂庑,差薄弱耳"(《六艺之一录》引《弇州山人稿》)。这虽不是全盘否定唐寅的书法,但贬义明显,说唐寅书法软熟、薄弱。他还将唐寅年轻时代的儿戏作为口实,说唐寅的诗"如乞儿唱莲花落",将人比为乞丐,将诗比为民间小调,可见他对唐寅的评价显然是刻薄的,且带有污辱性。再看他在《艺苑卮言》中是如何论述"天下法书归吾吴"的,他说:"祝允明为最,文待昭徵明、王贡士宠次之。"对唐寅只字不提,在接下来补充的"所知吴中诸书家",罗列十五人之多,也将唐寅排除在外。由此可知,在王世贞眼里,唐寅只是画家,不是书家,也就是说,当时吴门书坛根本没有唐寅的位置。

这种偏见从何而来,笔者揣测有三种可能。一是根深蒂固的士大夫观念。书画历来是士大夫阶层的专利,明代资本主义因素首先从苏州萌芽,蓬勃发展的商品经济,使一批新兴的市民精英出现在社会上层,或进入仕途,或成为文学、书画、戏曲队伍里的翘楚。在这样的社会遽变中,不同阶层在观念、心态、行为上都发生很大变化,"今或衣中辈徒诵诗文,而言谈之间无异村巷","或与先辈抗衡,甚至有遇尊长乘骑不下者"。对出身于小商人家庭的唐寅来说,科场案不仅破灭了他的仕进之梦,同时使他蒙上终生的耻辱,使他对科举、权势、荣名都产生了蔑视甚至对抗的态度,表现出更多与缙绅阶层完全不同的市民意识和世俗情怀。他独立物表、玩世不恭、不拘礼法，使他毫无顾忌地做出许多乖张的事来，这就必然遭到传统士大夫的蔑视。唐寅给王世贞的印象是"少嗜声色，既坐废见，以为不复收，益放浪名教外"（《像赞》），尽管唐寅有才华，但他从骨子里是看不起的。二是他见到唐寅的书法作品既不多也不全面。王世贞是在唐寅死后三年才出生的，两人无缘相见。唐寅主要以卖画鬻文为生，书法远不及绘画流传那样广泛。从传世作品来看，大幅立轴仅有几件，绝大多数是手卷、册页、扇面、手札等，可以推断，唐寅与朋友交往应酬的大量书法作品，王世贞未必都能看到。因为王世贞是太仓人，长期在外宦游，与唐寅的朋友也没有密切交往，他了解唐寅书法，自然以画上的落款和题画诗文为主。这一点从他对唐寅评论涉及的作品，就可知道了。所见的局限性，容易带来品评的片面性，容易误读，甚至出现偏见。这在古代信息流通渠道不畅的情况下，也是在所难免的。举一件与唐寅有关的例子，江兆申在一篇文章里，提到美国大都会博物馆收藏的唐寅与若容一通书札，唐寅说"仆收拾旧所著书，为身后计耳"，列举有"《三式总钤》三卷、《唐氏文选》八卷、《书画手镜》一卷、《将相录》二十卷、《吴中岁时记》二卷、《史议》四卷、《时务》六卷"，共四十四卷之多。所列著作除《唐文八卷》的一部分外，其他的大概早在袁袠收辑唐寅遗著时已经散失，即使与唐寅有密切交往的祝允明，可能也没有见到这些著作，他在给唐寅写的墓志铭里含糊地说："其学务穷研造化，玄蕴象数，寻究律历，求扬马玄虚、邵氏声音之理而赞订之。旁及风乌壬遁太乙，出入天人之间，将为一家学，未及成章而殁。"还误以为都未成书。祝允明对唐寅的了解尚且如此，王世贞没能见到唐寅更多的书法作品，更是可想而知的。三是唐寅画上的题款和题画诗，有一些比较接近赵孟頫的面目，影响了对其书法的评判。王世贞对赵孟頫大节有亏存有极深的成见，《艺苑卮言》一而再地说"赵吴兴不能脱俗气"，《赵吴兴画陶彭泽归去来图题和诗后》更露骨地说："纵极八法之妙，不能不落竖儒吻。"讥讽赵的画即使好到了极致，也与奴仆画的差不多，可见他蔑视的程度。可以设想，当他看到唐寅题画书入了吴兴堂庑，肯定会以偏概全，认定赵字皆媚俗，自然看不到唐寅在书法上的成就和个性化表现，更看不到他在吴门书坛上的地位。这种对人的偏见，是造成他对唐寅书法成就忽视的主要原因。

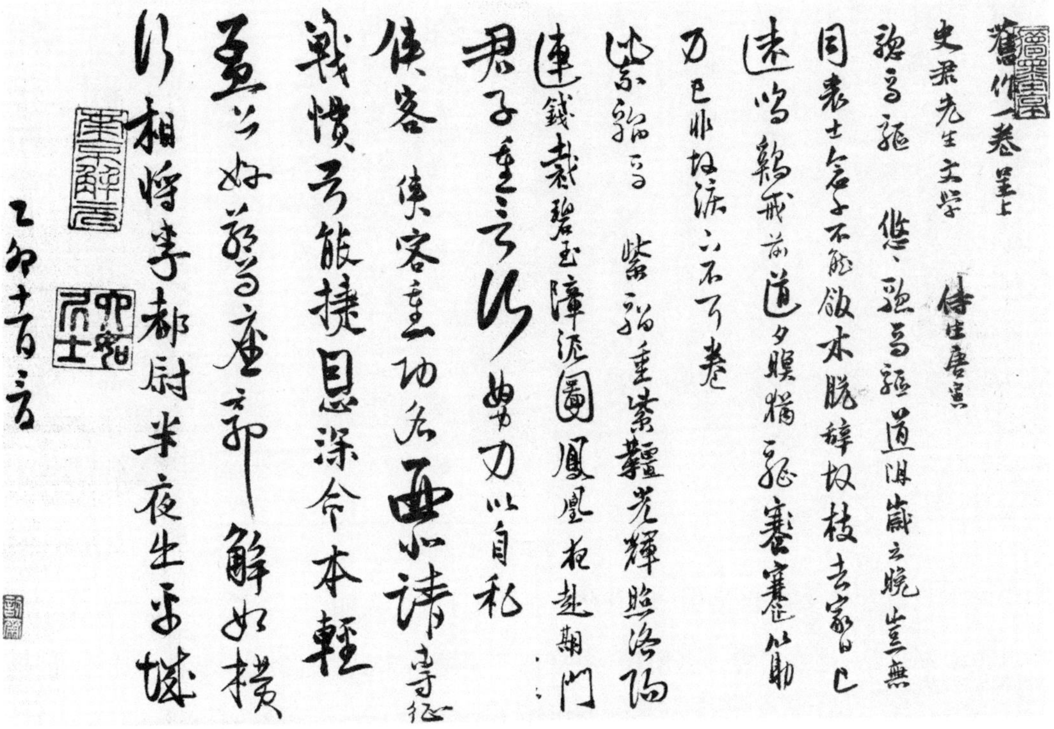

◆ 唐寅书《为史君书旧作诗卷》

笔者之所以用如此多的笔墨谈王世贞对唐寅书法的偏见，原因是王世贞主持当时文坛风雅，距唐寅时代很近，又是最早对唐寅书法发表评论的人。这种先入为主的评论以及影响，使后人容易认定王世贞对唐寅的书法最了解，评论最权威，如同一锤定音，产生的后果是可想而知的。事实也是如此，自王世贞评论出，明清以降几乎成了“定论”，很少有人再去深入研究唐寅的书法，尽管有很多人认为唐寅书法成就很高，但也只笼统地说他的“书名为画名所掩”。有清一代只论其画，不言其书，基本上无人评论唐寅的书法，即便谈及，也泛泛带过。民国几种兼论书法的《中国美术史》，凡谈到明代书法，无人提到唐寅。1949 年以后，潘伯英的《中国书法简论》、包备五的《中国书法简史》、伏见冲敬的《中国书法史》、洪丕谟的《点击中国书法》、薄松年主编的《中国美术史教程》等，对明代书法仍沿用王世贞说，只讲祝允明、文徵明、王宠三家，不提唐寅。直到目前，对唐寅是否应列入吴门书家代表仍有分歧，如谢建华在《唐寅》一书中认为，

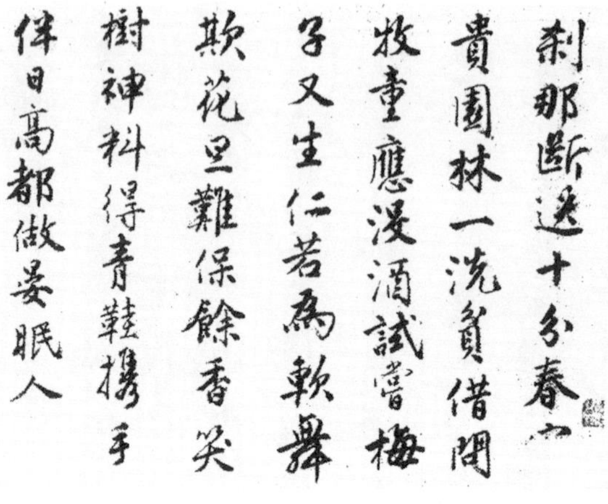

◆ 唐寅书《落花诗卷》局部(美国普林斯顿大学美术馆藏)

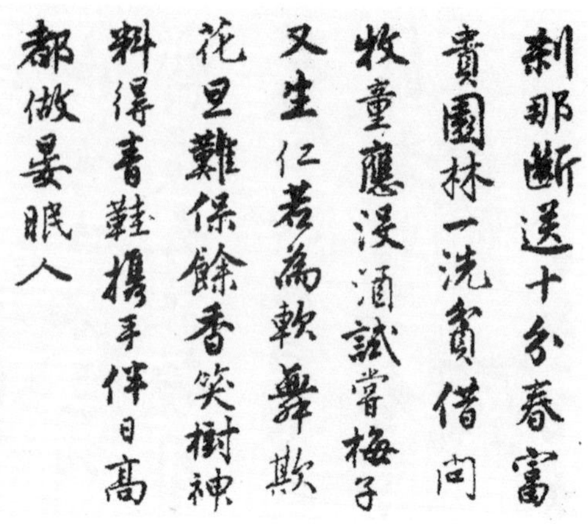

◆ 唐寅书《落花诗卷》局部(苏州市博物馆藏)

明中叶书坛高手大多出自吴中,其中有“吴中三子”祝允明、文徵明、王宠,而唐寅“似乎有很多不足,一是书名为画名所掩,二是英年早逝”,未到“通会之际,人书俱老”的境界。黄惇《中国书法史·元明卷》则在历史上的“吴门三家”祝允明、文徵明、王宠外,增加了陈淳,构建了一个新的“吴门四家”,将唐寅归到“明中期的其他书家”中作一般性介绍。葛鸿桢在《论吴门书派》一书中认为,祝允明与文徵明才是吴门书家的领袖人物,唐寅只是同辈中的翘楚;史从文主编的《中国艺术史·书法篆刻卷》虽指出唐寅“书法中的娇媚之风几乎没有”,但还认为“没能在书法上体现他的个性特点,所以他的书法成就也仅仅是古人书法的翻版”。能看到比较公允评价唐寅书法的,只有汤大民的《中国书法简史》,将唐寅纳入吴门书法中兴的代表之一。

历史对唐寅不公,笔者的老师崔护先生曾著文呼吁,要“还唐伯虎本来面目”。这是一个艺术家的良知从内心发出的呐喊。因此,面对历史的偏见,我们不得不提出疑问,难道唐寅书法正如王世贞说的那样软熟、薄弱、媚俗吗?答案应该是否定的。那么,我们如何去认识唐寅书法呢?笔者认为应该对唐寅书法本身进行研究,并将唐寅书法放到当时的环境中去考察,了解他在书坛的作用以及在个性化实践中取得的成果。

大家知道,明代中期在王阳明心学的影响下,出现了李贽为首的轻蔑“六经”、嘲笑假道学、提倡心灵觉醒的思潮。社会意识形态活跃,市民生活讲究享受,不拘礼法,去雅求俗。唐寅生活在这样一个时代背景下，生性倜傥的他，更多地接受了这个个性解放的思潮，养成了无拘无束、毫不掩饰的性格和狂放不羁的浪漫情怀，他自己认为“寅稚冠之岁，跌放不检约”（《送文温州序》）。当然，这与他的家庭出身有关。在“吴中四才子”中，祝允明、文徵明、徐祯卿都有官宦家族背景，唯独唐寅出身低微，常“参杂于隶屠贩之中”。在唐寅身上有更多的社会下层平民意识，养成他放荡不羁的一面，“落魄迂疏不事家，郎君性气属豪华。高楼大叫秋觞月，深幄微酣夜拥花”（文徵明《简子畏》），而另一面则是由自卑带来的逆反心态，反映在他的书法上，显露了一种傲骨和清狂，不为法度所拘束，不蹈袭前人距度，也“不讲究笔法与章法的严谨，超脱轨度，不经规检”（盛世澜《唐寅书法简论》）。他对书法的不经意，过去有人拿来作为贬低唐寅书法的理由，现在看来，恰恰是唐寅市民意识的反映。他摆脱所有束缚，坚持自己的独立性，充分发挥个性特点和艺术才能，抒发勃郁，散逸情怀，在自由挥洒中，显现天真与浪漫，形成缘情、尚趣、自然的个人风格。

唐寅在三十岁之前，正在“气最峭厉，尝负凌轶之志，庶几贤豪之跌踪”之时，北京故宫博物院藏《为史君书旧作诗卷》是他三十岁前仅存的一幅书法作品，乃二十六岁时所书，行草相杂，大小参差，劲健潇洒，处处显露随意之态、险绝之姿、纵逸之势、浪漫之情，有一股清狂之气扑面而来。这种不拘一格的全新变化，既传统又摆脱传统，既不逾

◆ 唐寅书《落花诗卷》局部（中国美术馆藏）

◆ 唐寅书《落花诗卷》局部（辽宁省博物馆藏）

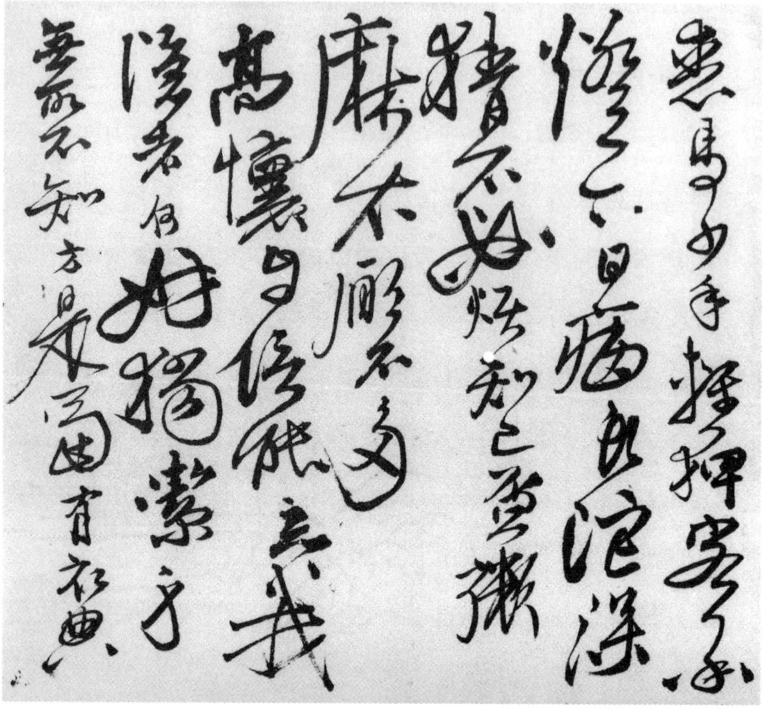

◆ 唐寅书《旧作三首草书横幅》之一（故宫博物院藏）

矩又自融化机，既潇洒又跌宕生姿，彻底摆脱了明初以来馆阁体的牢笼，展现了一片全新的自由空间和浪漫天地，初露了这位才子的天赋和风范。然而，我们应该看到他这时期存在有两种书法体态，即率兴之作和应时之作。《为史君书旧作诗卷》这幅作品即率兴之作，而应时之作，是指卖书画的这部分有世俗化倾向的作品。清代潘庆龄在《唐寅手书赠周良温诗卷》（天津市艺术博物馆藏）上有一段题跋，认为唐寅豪迈不羁的个性，为何出现圆媚秀美的作品，“似有趋时之意”。他的推测，点出了明代中期吴门书画家共有的倾向，就是为了适应市民的审美趣味，博得市场的青睐而趋于世俗化。因此，同是唐寅三十岁之前的书法，他在绘画上的书风与“率兴之作”迥然有别。如上海博物馆藏《款鹤图》，是他二十三岁时所作，落款面貌在欧、颜之间，起笔藏锋，点画严谨，风格清峻，显露出深厚的唐楷功底。再如《吴门避世图》《三绝卷》《梅花图》《事茗图》，落款与题诗都与赵字接近，还有王羲之的影响，总体上带有唯美的倾向。

三十岁以后，由于唐寅无辜牵入科场舞弊案，使他跌落到人生的深渊，饱尝了人间世态炎凉，倍感“暗笑无情牙齿冷，熟看人事眼睛酸”。这种打击不仅改变了他的人生，也直接影响到他的艺术，乃是他一生中一个重大的转折点。祝允明在唐寅墓志铭中说：“子畏罹祸后，归好佛氏，自号六如，取四句偈旨。”这“四句偈旨”是指《金刚经》的“一世有为法，如梦幻泡影，如露亦如电，应作如是观”。唐寅自号六如，即反映了他当时对人生的彻悟，已把一切看得十分平淡。因此，唐寅中期书法少了险绝之姿，总体上趋向规整，以淡泊为归，平和中多了一份理性，风格圆润尔雅，秀逸潇洒，刚柔相得。徐充在跋《行书七律诗卷》中说，唐寅“初学怀仁，婉有风致”，从他正德元年（1506）书《千金良夜七言排律诗轴》里，正可见得这种风致。最能代表唐寅中期书法风貌的，当数《落花诗册》。《落花诗册》共有四个版本，分藏于苏州博物馆、美国普林斯顿大学附属美术馆、辽宁省博物馆和中国美术馆。从四个版本的书风来看，苏州博物馆藏本是最早的一个稿本，行中有楷意，字体规整，中锋用笔，干净劲健，很少有牵丝，形体秀丽，气息娴雅，呈现不急不躁、动静相生、粗细结合、骨肉停匀的典雅之气，书风在王羲之和赵孟頫之间。《中国艺术史·书法篆刻卷》说：“三十岁以后，唐寅开始学习颜真卿，他的行书《落花诗》完全是颜真卿的面貌。”说得比较笼统而又不太确切，可能是只看到了一个本子所发的议论。因为在四个本子里，苏州博物馆藏本根本看不出“完全是颜真卿的面貌”，只有唐寅晚年写的中国美术馆藏本才有较浓的颜字风格。同样，辽宁省博物馆藏本也没有颜的影子，这一卷书法行中带草，体势欹斜，时用侧锋，直画爽利，曲笔妍美，

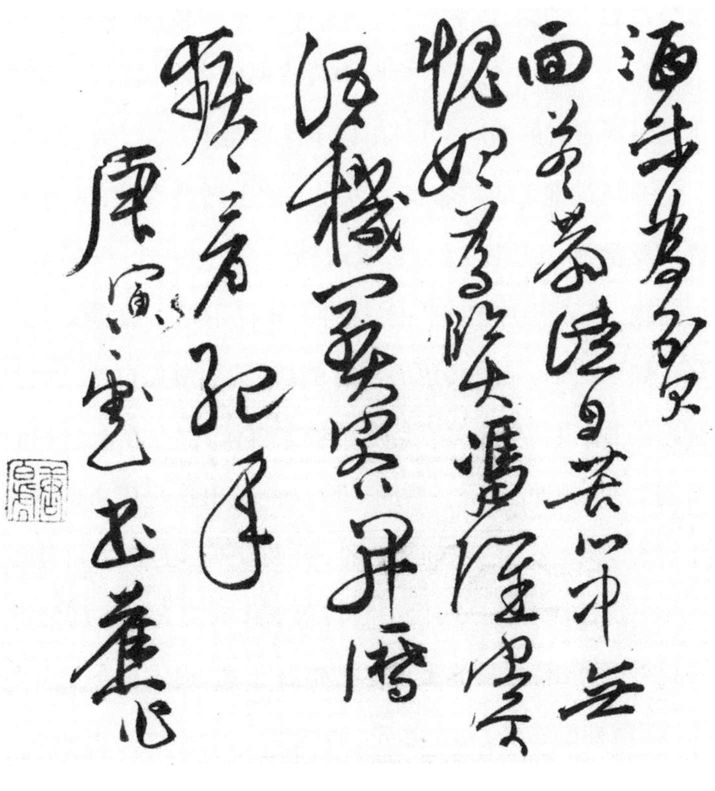

◆ 唐寅书《旧作三首草书横幅》之二（故宫博物院藏）

运笔飞动，笔势夸张，粗细对比强烈，牵丝多，抒情味浓，有一种刚柔相济之美。总的感觉是阳刚之外，另有一种柔美，这种柔美如同姚鼐的一段比喻："如清风、如云、如霞、如烟、如幽林曲涧，如漾，如珠玉之辉，如鸿鹄之鸣而入寥廓。"这本《落花诗册》点画坚挺劲利得之于文徵明，内沉外扬的笔势取之于米芾，圆润柔美则受之于赵孟頫，但圆中见骨的笔性，柔中带刚的潇洒，显现出的是唐寅的自家面貌。普林斯顿大学的藏本，书写时间、风格与苏州博物馆藏本相近，这里不多赘述。中国美术馆藏本则是唐寅临终前一年的作品，盛世澜在《唐寅落花诗考》中说："这样的纯熟技巧……达到了炉火纯青的地步，此卷的字迹笔画略肥，结体稍扁，与两个早年藏本的疏朗清秀相比，添了几分苍老遒劲。由于书写的快速，出现跳脱和漏字，随意补在行旁，表明书写过程中完全是情感在驱笔行走奔飞。笔势的流转因此如行云流水，连绵不绝，给人一种雄浑而舒展的气势。"这本《落花诗册》确实是唐寅书法艺术的一个高峰，他用圆硕的点画、端庄的结构，写得雄健古劲，又浑然一体，随意中益见胸臆，规整中更显变化，每个字都灵动生姿，耐人寻味，应是他书法艺术晚期中最成熟的一种风格。

纵观唐寅的书法，可看出以下主要特点。

一是典雅平淡。唐寅一生在书法上转益多师，学古不泥古，也不一味承袭前人，一直广泛学习传统书法经典，吸取精髓，熔铸风骨，积累功力，丰富内涵。他早年曾追求过险绝，但又很快复归平正，这种平正已不是一般意义上的平正，是"极平淡处，愈见深至"，如果细细品味，其用笔富有韵律，结构愈见自然，面目不拘一格，风骨奇峭秀逸，既有历代书家的影子，又不易辨出哪家哪派，往往在似与不似间，化融得"其来无端，其去无迹"，令人不可测识。然而一眼又能看出这是唐寅的个人风貌，弥散着他的那份傲骨和才气，那份文人的襟怀和典雅，给人以不尽的联想和美的感觉。

二是任性率意。明代中叶行草书作为文人墨客抒情寄兴的形式，已成为风气，唐寅表现得更突出，更具典型性。他情托于意，追求点画之外的意趣。他在《画谱序》中主张"所谓神游物外，意在笔先，笔尽意足，虽未能尽夫活泼之机，而工拙之间，殆亦可见。若有具眼者，当求诸点画之外，方为韵士"。可知唐寅追求的"神游物外"，是心性的自由，心手两忘，不为法缚，不计工拙。因此，他通过自己的率意之作，寄性情于点画形相之外，寓风韵于浪漫天真之中。尤其他通过诗书画三者融合成一个艺术整体，使书法获得了更好的写意平台，找到了最佳的托情契机，用率性抒发个人情感，任性展现非凡才情，构成了他的创作特点与时代风尚。

三是雅俗共赏。唐寅是明中叶资本主义萌芽时期知识分子的典型代表，他的书法不追求清高、隐逸的传统，而是走向世俗化，因此有明显的雅俗共赏特点。首先，他的书法既是典雅的，也是唯美的，点画劲健之中略带甜润，形态奇峭之外亦显秀美，结构平正而不失潇洒。这种刚柔相间、姿态优美、流畅活泼的行草书，博得了世俗的认可。其次，他的书法作品都采用自作诗文，语言浅显流畅，内容贴近生活，表现的是一种世俗人情，具有鲜明的世俗气氛。特别是诗书画三者的融合，成为明代中晚期最受欢迎的一种书画样式，引导时代风尚潮流。唐寅作为弄潮儿，他的才情得到最充分的发挥，尤其是他的题画书法，通过题画诗契合社会及其自身，或借题发挥，或直写胸臆，或独抒性情，在平实自然、流畅活泼的线条语言中，闪烁着他的情趣和才情，成了“有我之境”“有我之情”，天趣灿发，让人惊叹，让人佩服，他的书法的唯美和常变常新，适应了时代的审美要求，为世俗所欢迎。可以说，他的书法是那个时代雅俗共赏的典范。

对唐寅书法的上述特点，我们还可以从两个方面来加以考察。

首先，从书写面貌的变化来看，如北京故宫博物院藏《毅庵图》，题款似属赵孟頫的气息，《孟蜀宫妓图》已有颜真卿的面目；苏州博物馆藏《七律诗轴》显现李北海影子，《黄茅小景图》全似欧阳询的风格，《灌木丛篁图》上的题诗则是米芾的体态。虽然唐寅书写的面貌在不断变化，但他有一条主线没有变，那就是个人书写面目和自我性情。正如江兆申在《关于唐寅的研究》中说：“他能的体很多，每一种体都能透出自己的面目。”“他的手性很好，对于每一种字体都能得到它的精华，因此他常常轮换着写各种不同的字。”因此，当我们在感知他有某家风格时，实际上他已经变通，已有了自我的风貌。

其次，我们再从书迹的审美角度来看，上海博物馆藏《墨竹图》的方拙；台北“故宫博物院”藏《西洲话旧图》的俊逸，《溪山渔隐图》的娴静；北京故宫博物院《山水图》的恣意，《观梅图》的静穆，《枯木寒鸦图》的凝重；美国大都会美术馆《嫦娥执桂图》的婉丽；还有在唐寅书迹中唯一存世的一幅草书作品，北京故宫博物院藏《旧作三首草书横幅》

的恣意纵横,浪漫夸张,情性激越,可谓性成秀发、五彩纷呈。

在唐寅的身上正应了一句话,性格决定风格。唐寅狂放不羁、不拘一格的个性,使他“犹天马御,不可范以驱驰”(徐充《唐六如行书诗卷墨迹跋》)。因此他在书法上“泛无常态”,“不与法缚”,率性、随意、自适、痛快、浪漫地表现自我精神,形成了神游物外的艺术观与不主常故的审美追求。他博采百家,完全超越了模仿,只是将其作为载体来宣泄情感和展现个性,以不同的风貌、多样化的形式,崇尚自然本色,创新立意,以确立其“法无定法”、看似平常又极不平常、既具个性又常变常新的率意特点。从某种角度讲,唐寅又是帖学书法的集大成者。

综上所述,唐寅是明中叶吴门书法崛起的杰出代表之一,他开创了率性直抒性灵的先河,他在诗书画融为一体中树立了一个时代的高峰。他留下来的每一幅书法作品都劲健、刚柔相济,具有鲜明的个人风格,涌动着生命的活力,闪现着一个时代的人文光辉,不愧为传世经典。他那种不加雕饰、贴近现实生活、法无定法、立意创新、抒发自我精神的风格,对今天来说也值得借鉴。他率性、抒情、浪漫的书风,对突破明中叶之前馆阁体的笼罩、开启明代中晚期新的书风,起到了引领潮流的作用。因此,唐寅在明代书坛与吴门书派中占有重要的地位,历来对其书法不公允的评价,已到了扭转偏见、还其本来面目的时候了。

可喜的是,近来对唐寅书法重新评价出现了一个很好的开端,那就是启功先生的《论书绝句》,他对唐寅书法作出了卓有识见的新评价。绝句的前两句是“无今无古任天真,举重若轻笔绝尘”,启功在后面还有一段短评:“明贤书,适乎中叶,旌旗始变。祝允明、徐有贞、李应桢之绪,略轶藩篱,未成体段……惟六如居士,以不世之姿,丁弥天之厄,抑塞磊落,雄才莫骋,发之翰墨,俱见跅弛不羁之致。其于书,上于北海,下似吴兴,以运斤成风之笔,旋转于左规右距之中,力不出于鼓努,格不待于准绳,而不见于摹古线索。天赋之高,诚有诸贤所不能及者。”启功认为,唐寅天赋极高,其书法有深湛的根底,由于其身世遭受“弥天之厄”,反而使他书法上达到了“跅弛不羁之致”,展现出“不世之姿”,让书法真正达到了自然流露、不受任何拘束的“任天真”,而祝允明、徐有贞、李应桢等人只是略为超出前人藩篱,还“未成体段”。唯独唐寅开了风气之先,他任性率意,“运斤成风”的书写状态,将性情在书法中发挥到了极致,这实际上开启了晚明浪漫书风的先河。这一点是同时代其他书家所不能比拟的。

唐寅书法成就以及他在书法史上做出的贡献和所起的作用,虽然曾因王世贞的偏见而被历史尘埃掩盖,但今天我们有理由拂去这些尘埃,给唐寅以正确的评价。

漫谈书法艺术中的“虚”

过去,常听到老先生在评介书法作品时,要作者注意再写得“虚”一点。笔墨所到之处,称之为实,书法骨力须从实处得到体现,但过分的实,其实也是一种病。陈传席在《悔晚斋臆语》中指出,书画用笔不可太实,太“实”有六病:“其一内涵不足,笔下少物;其二形呆体不灵;其三意不足;其四神不清;其五气不逸;其六质不扬。”书法对于欣赏者的感官来说,既有直接可以感受的一面,即实的一面;更要重视感官不易直接感受的另一面,即虚的一面。这种“实”与“虚”,实际上构成了书法作品的直观性和想象性,又关系到书法艺术的内蕴美。就这个问题,笔者谈一点对“虚”的认识。

一、书法中“虚”的概念

“虚”与“实”属于中国书法理论的重要对偶范畴。虚实论的形成,大体分为三个阶段:第一阶段是先秦至魏晋南北朝,是虚实理论的哲学探讨时期。第二阶段是从隋唐至宋元,是中国古代艺术领域里虚实理论的形成时期。反映在书法艺术上,隋智果首先提出了在书法理论中“虚”的概念。第三阶段是明清时期,虚实理论已经形成为一个重要的美学范畴,含义涉及有形与无形、直接与间接、黑与白等辩证的艺术关系。

为有助于我们对虚实关系的认识,先从《老子》哲学中的一对“有无”范畴说起。《老子》云:“三十辐共一毂,当其无,有车之用。埏埴以为器;当其无,有器之用。凿户牖以为室;当其无,有室之用。故有之以为利,无之以为用。”意思是说,用辐条做成的车轮,辐条中间是空的，无此便不能为实用的车轮；用黏土做的陶器，中间没有虚空处，也就失去了器皿的作用；开有门窗的房屋，门窗室内是空无的，但无此也不能成为房屋。《老子》卓越地指出了车轮、陶器、房屋诸物因其空虚部分而能发挥作用。可以看出，虚与实是一体两面，虚有赖于实体而存在，实要有虚空来发挥作用。作为屋内因为有空的地方，主人可以进行各种各样的活动，形成丰富多彩的人文故事，这是作为“实”的房屋是无可比拟的。“虚”的存在和作用是绝对不能被忽视的。正是这一点，《老子》特别强调了“无”之为用。

书法的“虚”与《老子》强调的“无”是同一道理。一张没有笔墨的白纸，可称之“无”；笔墨落上了纸，就成了“有”。“有”之所以“有”，是因为有空白的“无”的衬托。笔墨因空白产生了审美作用，空白也因笔墨产生审美作用。当人们认识到笔墨与空白的这种相互关系，“知白当黑，计白守黑”的观念也就产生了。

《心经》云：“色不异空，空不异色，色即是空，空即是色。”色与空，即“有与无”，也就是“实与虚”。空白与笔墨在表现价值和审美价值上只有色相的差别，没有本质的区别。墨迹一经刻碑而成为拓片，阴阳完全倒了过来，但仍不失其质。因此，书法作品中黑白是同等重要的。笔墨形态的变化，也就是黑白形态的变化，笔墨起到了分割空白的作用，空白起到了区分点画的功能。虽然书法的空间感不同于物理学意义的空间，但基于汉字间架结构所形成的这种准空间，能唤起人们心理上的空间感。随着笔墨的变化、黑白空间的流动，人们便在视觉上产生一种流动的“力”和“势”。正是这种视觉感受，孕育了书法的生命意味以及书法的审美境界。

书法中的“虚”主要体现在两个层面，一是精神层面，二是视觉层面。生命意味和审美境界是属于精神层面，即隐藏在作品背后的书家的一种情感、观念、寄托、审美、意象以及生命意识，而技巧和笔墨、结构和章法，则属于视觉层面。

二、反映在书法精神层面的“虚”

精神层面对书法来说，应是一开始追求的目标。汉代蔡邕云“书肇于自然”，说的就是书法源于自然。自然在古人看来就是“天”,是主宰宇宙万物的“道”。中国人心目中的宇宙是一阴一阳、一虚一实,与人的生命节奏、与书法在纸面上无尽的律动几乎一致。因此,自然界的阴阳变化自然而然地构成了书法艺术的生命内涵和运动图式。书法取法自然,“近取诸身”,取的就是一种生命形象。诚如章学诚《文史通义》所说,取的是“人心营构之象”,通过动静刚柔、节律周流的点画线条,完成其“囊括万殊,裁成一相”,包括生命形象的形质意理,乃至生命形体的筋、骨、血、肉、意、味。其中,包含了民族的哲学、思想、文化背景下各个时代的文化精神,使书法的点画生情,形外有意。举例来说,河南舞阳出土的距今约八千年前的仰韶时期新石器文化的龟甲刻画符号,与它稍后的半坡、马家浜出土的仰韶文化时期彩陶的刻画文字,这些都与原始图腾有关,是属于一种图像和巫术符号。这些接近图画的刻画文字,在充满期盼与希望的祈求中,涌现的鬼神崇拜、祖先崇拜那种强烈的情感色彩与丰富而朦胧的“意象”,已具有了中华民族文化“缘情言志”为目的的本质特征,与西方再现客观自然作为终极目的的思维形式完全不同。刻画文字带有抽象性,它已具备民族传统艺术中最基本的两个层面,一个是情感表现,另一个是意象思维。在甲骨文和金文时期,以象形、指事、会意等方法造出的文字,虽在形态上与刻画文字已大有不同,但它们之间有非常明显的传承关系。譬如,其中的“指事”文字,即利用想象力来创造的文字,许慎《说文解字》对其定义是“视而可识,察而可见,上下是也”,指一横之上加一点或一短横,是指“上”的意思,一横之下加一点或一短横,是指“下”的意思,这种依附在象形字或转注字上加“点”来指示不同抽象含义的文字,是具象符号无法达到的。因此,中国文字中的意象思维,人们称之为“汉字的灵犀”,心有灵犀一点通,只要看所加点的位置,就能判别指示字所要表达的意思,如“亦”“寸”“朱”“本”“末”等字。尽管文字后来又演变为篆、隶、楷、行、草各种书体,书写形式有新的变化,内容上有很多不同,书写方式更加多样,风貌千差万别,但书法追求点画的力度、运动感、生命意味没有变,民族的思维特征没有变,反而稳定地随着历史发展而代代相传,成为生生不息的追求。

这种民族思维特征的延续,实际涵盖了整个中国的民族文化艺术。《尚书》说的“诗言志,歌永言”,《毛诗序》解释:“诗者,志之所之也,在心为志,发言为诗,情动于中而形于言。”明确点明了诗歌只是言志的手段而已。原始彩陶上的绘画,大多是几何型图案,尤其是仰韶文化,均以抽象为主,写实图形很少,即使部分有些写实,也被简化而抽象化。因此,宗白华针对方士庶“因心造境”的观点说:“整个中国绘画的精粹就在这一句话里。”古人绘画以情感为出发点,主要通过创造一个自我的情象与心象,营造中国独有的意象,这种意象是糅合内在情感精神与外在形象塑造的一种艺术思维。南朝宗炳《画山水序》说:“山水以形媚道。”王微《叙画》也说:“岂独运诸指掌,亦以神明降之,此画之情也。”这里讲的“神明”,即意象,张彦远在《历代名画记》明确要求“形似之外,以求其画”。可见中国山水画绝非仅仅是对自然美的写实与欣赏,更是对“道”的象征。自唐以后,中国画已舍弃对自然形态的模仿而关注于情趣的表现。山水画中,北宋的隐逸与禅意画以及金碧山水隐含的富贵,水墨山水隐含的雅逸,比作“四君子”的梅兰竹菊,祥瑞吉利的宫廷画,祈福祛邪的宗教画、年画等,大多与象征性有关。另外,程式化的皴法、树法、叶法、点法等抽象性和虚拟性的特征,对绘画“羚羊挂角”“水中著盐”以及对“空灵”的欣赏,对简、对空白、对“不求形似”“不似之似”的追求,对夸张、变形、简化、想象等方法的运用,都说明中国画对写意的追求远比写实来得重要,有“虚”才能有境界,化景物为情思,才能引人联想,“迁想妙得”。

同样,书法提倡的“意在笔先”,“书,心画也”,指的是书法的精神追求。“意”有意思、意理、意趣、意味、意欲、意象等含义。古人很早就认识到文字意犹难尽的局限性,难在不能恰当而全面地传达作者所有的意向和体验,正如卫恒《四体书势》所说:“睹物象以致思,非言辞之所宜。”《易》就认为,图式符号是体现文字难以表达的深义奥味和微妙“意象”的最佳手段,为此创造了八卦。而书法也是表达“字外之意”的最好载体,张怀瓘《文字论》认为:“文则数言,用成其意;书则一字,已见其心。”这是说在表现内心意向或情绪意图方面,书法超过了语言文字。这一认识,暗合现代艺术哲学的观点。伊奥乃斯柯在《现在中的过去,过去中的现在》中说:“每一件艺术品都是某种无法描述的个人经验的体现,它使语言的能力相形见绌。”而“象”的观念,发轫于占筮,所谓“龟,象也;筮,数也”,“物生而有象,象而后有滋,滋而后有数”(《春秋辑传》)。象数是通过占筮的形式,以符号、形象和数字来推测宇宙变化,推测事物的特征。这样,“象”就从实物成为象征，带有了抽象性、虚拟性、暗示性和不可言语性。在书法实践中，意象表现主要靠“悟”，靠性灵，通过悟取现实形象中的某种形质意理，传达心中的情性意兴，使文字书写成非具象的却有生命意趣的形象。这种从有形中味无形，从无形中求有形的过程，就像古人描述的“窥意象以运斤”，“探彼意象，入此规模”。可以说，意象所体现的空灵、疏淡的意境，比起富于感官刺激的满足更加绚烂浓丽，其审美境界要高级得多。

能够领悟到这一点，对书法创作的重要性是不言而喻的。书法创作要有一个好的心态。蔡邕说：“书者，散也。欲书，先散怀抱，任情恣性，然后书之。”苏轼说：“书初无意于佳乃佳尔。”米芾说：“书都无刻意做作乃佳。”这些是说，书写前最好进入自然状态，心情放松，没有功利心和心理上的挂碍，书法作为一次性挥写完成的艺术，点画线条是情绪的轨迹，需要生理的放松和精神的集中以及熟练的书写技巧，才能有最佳的发挥，情性与意象才能得到自然的宣泄。这种“由技入道”的过程，是创作状态真切地化为一种妙合无间的自由人生的体验过程。

当然，要使创作“由技入道”，首先要有扎实的基础，充实是追求虚无的前提。书家要做到心手双畅，必须要有长期的技法锻炼和良好的修养，“意象”这一虚无的境界，才能从充实中升华。如果修养不足，作品充其量仅得笔墨，何能有“气息”“风韵”“气象”乃至生命意象等境界的出现？

具备了以上条件，书法创作的立意才成为可能。说白了，书写之前总得有自己的想法，这个想法就是“意”。意出于性灵，是“常中求变”的原动力。孙过庭《书谱》说的“情动形言，取会风骚之意”；张旭的“喜怒、窘穷、忧悲、愉快、怨恨、思慕、酣醉、无聊、不平，有动于衷，必于草书焉发之”；杨凝式的“以意代书”；晚唐释亚栖说的“若执法不变，纵能入石三分，亦被号为书奴，终非自立之体”；刘熙载《书概》说的“书虽重法，然法用意之所受命也”等都表明，情感表现和意象表达是书法艺术的核心和基础，技法只能作为手段，一定要有“以法写意”的意识，表现主体的情志才是书法的主旨。古人在这方面的探索很多，如情景触动创作的“有动于心”“情动形言”；寄托心志的有“道法自然”“达其性情，形其哀乐”；以摹古作为情趣的，如追求“篆籀气象”“晋人风猷”；以修养为旨归、蕴含某种气息的，如“书卷气”“金石气”；有受命哲理观念，追求“淡”“简”“逸”风格的；有以审美作为书法取向的，或慕“韵媚婉转”，或求“雄浑刚强”，或静穆，或古拙，或浑朴，或飞动，或求墨色变化；等等。自古以来，有作为的书家都将独有的理念作为书法艺术的最高境界，为此做出了不懈的实践和毕生的追求。

当然，精神层面的“虚”，并不是没有内容的“空白”，它需要与“实”相对比，相照应，需要书法的形质来引导、传达和养成。因此，下面从视觉层面的“实”来谈“虚”。

三、反映在书法视觉层面的“虚”

美国鲁道夫在《艺术与视知觉》中说：“在视觉感受中，任何一条画在纸上的线条，抑或是用一块泥巴捏成的一种最简单的形式，都像是抛入池塘中的石头，它打乱了平静，使空间运动起来。”这种空间运动感，在西方称为知觉力，就像此书说的“视觉式样实际上是一个力场”，“每一个视觉式样都是一个力的式样”。可以说，任何墨色形态都是有力的，一种向外运动的力；而墨色周围的空白，也都有反作用力，一种向内运动的力。因此，只要是一幅艺术作品，线条、颜色、墨色以及它的空白，都是作品的一部分，也就是“实”的部分与“虚无”部分的一体两面，都是艺术内涵的重要组成部分。它如太极图中的黑白鱼形，黑逐白，白逐黑，循环运动，概括了黑白双向运动规律。如果你从黑的角度看，黑在运动，向空白扩张；如果从白的角度看，白在运动，黑在退缩。正如佛教禅悟中的争论：空中飘动的旗，是旗在动，还是风在动？六祖说，不是风在动，也不是旗在动，而是你们的心在动。空白与笔墨凝固在纸上后，形态位置已不会改变，但人的审美感受会感觉它在动，这种感受到的动觉是一种心理作用。

书法的动感，是空间通过时间由实的线条组合成富有动势的可感形体所致，也由虚的空白为它提供赖以显示其动势的空间。点画的动势是根本，结构的空间是条件，两者合在一起，才会给书法整体的灵动效果。如同园林建筑讲究合中有开，实处见虚，打破闭塞性，避免局促感，产生一种自由灵动、开阔通畅的客观效果。书法如果只求字形美观整齐，较之印刷体，书法就成为多余。书法作为一种艺术，必须化实为虚，发挥无墨处的意境和审美的作用，形成“有处恰是无，无处恰是有”，留给人们无限的遐思和不尽的联想，这才是艺术的魅力所在。

但没有实笔的引带和暗示，就没有虚处的动势，正如王羲之说的："实处就法，虚处藏神。"实笔构成直观性，虚处构成想象性。书法之"虚"，要先从笔墨处看，再从笔墨外求。因此，清蒋和《书画杂记》认为"实处之妙，皆因虚处而生"。下面就分别从结构、行间、整幅三个方面来谈"虚"的妙用。

首先谈字中之虚。书法注重间架结构中的合中有开、实中见虚，目的是要形成结体各部分气息的相互沟通，营构虚空的审美效果。如结构紧处为实，疏处为虚。王羲之《记白云先生书诀》就说"内贵盈，外贵虚"，是说字的中心要写得紧密，而四周的笔画应该舒展，那样就会显出内实外虚，以内在的充实美，衬托外部的空灵美，点画重处为实，轻处为虚。一个字中，点画全部粗重，不留虚，我们叫"黑气重"。如果轻重均匀，容易显得单调死板。如多用一点轻提，细线条在粗重线条中就显出"虚"来，字的结构也会顿觉空灵；用墨浓处为实，淡处为虚。墨法使用得当，虚实相得益彰。如有人用墨蘸水，落笔后点画由浓到淡，对比明显，墨淡处就自然显出"虚"来；用笔断处为虚，要善于化实为虚。锺繇的小楷《宣示表》，因点画相脱而显得高古空灵，如果按常规点画相连，意趣就大相径庭了。行草书的飞白，也由于线条中出现的空白，带来了虚的效果。隶书《乙瑛碑》中"置"字，短画两头与边框都脱开，使结构的密处就显出虚来了；再有化长为短，取得虚的效果，如隶书中的"季""香"，"禾"字下的撇捺改成脱开的两短画，使结构实中显虚，便觉空灵。智果《心诚颂》的"潜虚半腹"之说，如"日""月"等字，内中短画，不与右竖相黏，形成左实右虚，这种通过字内空间的重新分割，内气流动，营造出一种实中见虚、结构灵通洞达的美感，柳公权《玄秘塔》中的"百""门""月""见"等字，半腹皆虚，犹如优美的建筑一样，内外通达，生气流转。空白虚处，更富有情致。

其次谈行间之虚。一幅书法作品，由众多的字组成，分行排列，上下左右互相照应，才能有机地组合成一体，行间的虚白空间才能给人以"无中生有"的联想，给人以回味无穷的感受，给人以"此处无形胜有形"的艺术享受。褚遂良的书法被评为"字里生金，行间玉润"，字里是实，行间是虚，虚与实完美结合就能金生玉润。"行间玉润"是指行间气息的流畅优美，主要来源于字的大小、纵横、方圆的变化以及点画动势、节奏、呼应、避让与粗细的变化，使行间虚处气息流通，呈现行云流水之美。如果一行字中连续几个写得一样大小，状如算子，行与行之间的空间分割显得平直死板，就不会产生流动的行气。因此，书写既要顺其自然，又要随机应变，注意行间字的变化、呼应、避让。如果第一个字是方的，则第二个字可以拉长一点，第三个字扁一点；上面一个字大，下面一个字就小一点。目的也是营构行间的“虚”，使行间空白如流动的水波，有律动的节奏，使其“潜气内转”，达到刘熙载《书概》“乃称神境”的效果。

再次谈整幅之虚。对书法的每幅作品而言，上要留天，下要留地，四周与整幅作品“其惟虚空”，形成“天清地浊”的艺术境界。“其惟虚空”是一种很高的境界。我们不妨举例说明，一是行与行、字与字，相互间隔较大，如杨凝式的《韭花帖》，在行间字距上大胆拓宽，疏朗虚白，相映成趣，给人对比强烈的视觉效果，形成疏秀空灵的风格，这在章法处理上是独树一帜的。二是行间成组合式的结构，如王铎的《行书五言诗轴》，共三行，每行形成三到五个字一组，形成一个个的块面分割，成块面的组合是“实”，块面的周边是“虚”，这就形成了行草书空间分割的新形式。三是通过线条粗细对比，形成虚实对比，在一个字中或在一行字里，线条都要有粗细的变化，或字间的粗中有细，或行中的由粗到细，要形成粗细的强烈对比，以显出空灵的效果，尤其草书中运用最多，这种章法当今非常流行。四是通过墨色变化形成虚实效果，如林散之的草书，先蘸焦墨，后蘸水，然后落笔写到笔枯为止，如此反复用墨，形成独创的先润后燥、枯笔竭墨的特殊效果，深得“重实处，尤生虚处，重墨处，尤生白处”的奥妙。宗白华有一段话讲得非常精辟，他说：“中国字若写得好，用笔得法，就成为一个有生命力有空间立体味的艺术品。若字与字之间、行与行之间，能偃仰顾盼，阴阳起伏，如树木之枝叶扶疏，而彼此相让，如流水之沦漪杂见，而先后相承，这一幅字就是生命之流、一回舞蹈、一曲音乐。”可见整幅作品分布的重要了。

总之，书法的“虚”，犹如下围棋，做活眼，使整盘棋子全部活起来，也就是让每幅书法，随着一虚一实的用笔、一开一合的节奏、一起一伏的气势，营构成一幅完美的艺术品。书法最大的贡献就是创造了一种不描绘任何物体的纯粹运动形式，体现了中国哲学的时空一体观。它以特殊的笔墨形式，化空间为生动的生命境界，显示了特殊的艺术魅力，而特立于世界艺术之林。

论书法之“气”

苏轼曾说：“论画以形似，见于儿童邻。赋诗必此诗，定知非诗人。”所以，今天想从抽象一点的角度与大家一起探讨书法之“气”。限于水平，可能谈得比较粗浅，请大家指正。

“气”是中国古典哲学中的一个核心范畴，既指物质之气，也指精神之气，其核心内涵，包括了从自然到人类、自然现象到社会现象以及人的精神现象各个方面，并由此演绎出了一系列带有生命观的美学概念，如“气势”“气韵”“气象”“气脉”等，广泛应用于诗文、书画、音乐的理论和评论中，成为中国文艺理论中重要的审美范畴之一。

今天谈的“气”，是书法涉及“气”的一些问题，主要从三个方面论述，一是“知气”，简述有关“气”的概念和内涵；二是“辨气”，重点论述辨别书法中“气”的具体方面；三是“养气”，主要谈实现书法之“气”的修养问题。

一、知　气

我们知道，书法在中国传统艺术中，与诗一样是属于最富有民族特征的也是最基本的一种艺术形式。蒋彝认为，书法是“中国各类造型艺术和表现艺术的灵魂”；刘纲纪认为，书法是“以一种最抽象也是最纯粹的形态，体现了中国艺术和中国美学的精髓”。书法之所以被提到这样的高度，是因为书法一开始就与古代哲学观念和美学思想融合在一起，从生命意识的层面上来看待书法，追求的是人文与自然相统一的精神境界，使书法成为对“道”的一种体悟形式，成为最能代表东方艺术精神的艺术门类。那么，什么在其中起关键作用呢？就是今天谈的“气”。我们只要打开古代书论，不难看出，“气”影响并渗透到书法的方方面面。笔者做了粗略的统计，有关“气”的书法术语多达九十多个。这至少反映了两点，一是“气”在书法理论中的地位及其广泛而深刻的影响，二是“气”在应用衍变中形成了它的多义性、流变性和广泛性。因此，对于“气”的内涵，我们往往是粗迹易知而精义难明。在此，有必要做一点梳理。

对气的分类，从大类方面，可以分为物质之气和精神之气。物质之气又可分为自然之气和人生之气，精神之气可分为哲学范畴之气和审美范畴之气；也可从主客体分类。

先谈物质之气。“气”是象形字，《说文解字》：“气本云气，引申为凡气之称。”古人取云气的流动，认为天地未形之始，宇宙洪荒，万物皆无，只存在“气”，而这种“气”是无间的，冲虚无形的，“其大无外，其小无内”，弥漫天地，流动不息，自生自化。“气”具有运动性的存在，“气”是世界万物的本原，“气”是天地万物最原始的物质形态。对古人所理解的这种原始物质状态的气，我们称之为自然之气。

对自然之气，古人认为，“天地合气，万物自生”（《论衡》），万物都由“气”而生，包括人赖以生存的气。《庄子》说：“人之生，气之聚也，聚则为生，散则为死。”《管子》也说：“生者以其气。”我们称这种“气”为人生之气。古人对人生之气，不仅理解为人的元气，是赖以推动人体内脏运动的原动力，而且认为是生命的组成部分，乃人的生命象征。

东汉赵壹的《非草书》是最早引入有关“气”的书论，他说：“凡人各殊气血，异筋骨，心有疏密，手有巧拙，书之好丑，在心在手，可强为哉？”《黄帝内经》认为“血气者，人之神也”，认为气是与生俱来的，它充满于人的身体之内，是生命力量的来源，而且气血因人而异，决定了人的行为的疾徐、强弱和敏迟的不同。因此《非草书》中的血气含义，指的还是人生之气，引申为人的气质和性灵。

精神之气主要是指人及其作品中的宇宙意识和人的生命意识。王羲之《记白云先生书诀》说：“书之气，心达乎道，同混元之理。”这句话的大意是，书法的本源（即气）与宇宙万物的本源相通，与天地形成、生存、发展是同一原理。“混元”是指“气”的原始存在形态，“理”与“道”通，“混元之理”即指“自然之道”。“道”在《易传》里讲得很明白，“一阴一阳之谓道”。天地万物的生长与消亡，都是宇宙本体阴阳对立运动的结果，都受“道”的制约。王羲之把“气”提高到与“道”一样的高度，是认识到书法其用笔、结体、章法中的刚柔、虚实、动静、轻重、向背等阴阳对立统一的规律通于“道”。书法要有“气”，就必须领会并掌握宇宙本体的规律，这与蔡邕《九势》说的“夫书肇于自然，自然既立，阴阳生焉；阴阳既生，形势出矣”是一致的。“气”同于“道”，从书法理想的角度看，“气”便成了古代书法追求的终极目标。从美学角度透视，书法艺术本原上的宇宙之气，构成了书法的生命之气，成为书法作品中的生命情调和生命追求，成为人的生命在书法中的外化。因此，历代书家将“气”奉为圭臬。蔡襄说：“学书之要，惟神、气为佳。”苏轼说：“书有心、神、气、骨、血，五者阙一，不为成书也。”董其昌说：“书家以豪迈有气，能自结撰为极则。”傅山说：“凡字、画、诗、文，皆天机浩气所发。”石涛说：“作书作画，无论老手后学，先以气胜得之者，精神灿烂，出之纸上。”姚配中云：“书之大局，以气为主。”“字有骨肉筋血，以气充之，精神乃出。”由此可见，历来各家都将书法中显现出来的“气”，看作是人的生命内涵的具体化，看作是生命存在的另一种形式，看作是书法创作的冲动之源，看作是衡量书法作品好坏的标准。“气”作为生命存在的一种形式，它最基本的特征就是力量和运动。如果书法没了“气”，徒剩一堆没有生命力的文字，便没有真正意义上的书法。

二、辨　气

既然“气”在书法中这样重要，那么书法之“气”到底体现在什么地方呢？这就提出了一个“辨气”的问题。“气”无形无间，有其不可捉摸性与抽象性。但“气”既是一种存在，必然有痕迹可寻。在书法作品中，“气”实际上是墨色形态的一种外射力，也是一种客观存在的视觉力。要辨别书法之“气”，可从三个方面入手，即辨实、辨虚、辨气息。辨实是从点画来辨别气与势，辨虚是从空白处辨别气的存在和流动，辨气息是从字里行间中辨别透露出来的意味和情调。

在谈辨气之前，先看看西方美学家是如何认识这个问题的。美国鲁道夫在《艺术与视知觉》中说："在视觉感受中，任何一条画在纸上的线条，抑或是用一块泥巴捏成的一种最简单的形式，都像是抛入池塘中的石头，它打乱了平静，使空间运动起来。"这种空间运动感，在西方被称为"知觉力"。因此，可以说任何墨色形态都是有力的，一种向外运动的力；而墨色周围的空白，也都有反作用力，一种向内运动的力。这种运动的力，在书画中我们就叫作"气"。

这里所辨的实与虚，是以"气"互为表里的。"实"为表，"虚"为里。因为没有实笔的引带与暗示，就没有虚处"气"的存在；没有点画、结构的动势，也就没有空间"气"的流通。这是书法中"气"的一体两面。正如王羲之所说："实处就法，虚处藏神。"实笔构成直观性，虚处构成想象性。书法之"气"，要先从笔墨处看，再从笔墨外求。

第一，谈辨实。辨实是辨别由点画、结构中显现出的力感和动感，亦即点画和结构中的骨力、笔势与连贯所显现出的"气"。赵宧光说："有节奏，其字始有骨力。"这说明，骨力与节奏是相辅相成的。当点画运动有一定的力度与速度时，就会产生矢量。矢量有其方向性和承递性。这种方向性和承递性，使"气"的活性得到激发，使静态的"气"转化为可感受到的运动的"气"。矢量在书法中被称为势，势在视觉上是一种动态的蕴含力的点画和结构。张怀瓘说"用笔腕下起伏之法"九种：顿笔、挫笔、驭锋、蹲锋、存锋、韧锋、趯锋、按锋、揭锋，即显现点画之力的用笔方法。例如顿挫之法，下笔迅疾的顿挫处，正是点画力度的依托、点画笔势的关捩，当不断改变顿挫落笔的角度，或者变换用笔动作的幅度时，其笔势与气的运动就会随之不断变化。因此，用笔腕下起伏之法，是产生点画气势的重要技法。另外，点画之间有形无形的连贯，同样也会形成矢量，产生气的运动。王献之的一笔书是点画有形连贯的典范。沈尹默有一段非常精辟的话："不论石刻或是墨迹，表现于外的，总是静的形势，而其所以能成就这样形势，却是动作的成果，动的势。"所以辨实，重点要辨点画与结构显现出的动势。因为，动势相伴随的就是气的流动。鲁道夫在《艺术与视知觉》中也有这样的结论："任何物体的视觉形象，只要它显示出类似楔形轨迹、倾斜的方向、模糊的或明暗相间的表面等等知觉特征，就会给人造成一种正在运动的印象。"因此，尖锐形的点画，撇、捺等方向性强的笔画，墨色浓的笔画，气的感觉就比较明显，尤其是点画两侧毛糙凹凸，提按韧挫多的如枯枝老藤般拙涩的线条以及屋漏痕、如锥画沙般的线条，气感更强。因为，线条毛糙凸起部分的外射力与凹进部分的反作用力，交互作用，气感丰富而生动，耐看而有韵味。由此我们可以联想为什么古人画山水的线条追求毛糙感，皴擦等用笔特别喜欢偏锋，其目的就是要增加内蕴与气感。如果线条写得光洁，就会一览无余，缺少气感和韵味。正如蔡邕《九势》说的“惟笔软则奇怪生焉”。笔软则会有很多意想不到的笔墨变化，产生丰富、深厚、隽永的审美效果。

第二，谈辨虚。虚是指没有笔墨的空间。其含义包括点画轻处为虚，重处为实；用墨淡处为虚，浓处为实；点画相脱处为虚，点画相连处为实；点画疏处（含飞白）为虚，密处为实。虚给人以空间感，给人以想象力，而轻重、浓淡和疏密又受书写者审美观的支配，与书家创作时的意象有关。所以，陈传席《悔晚斋臆语》针对张炎的“清空则古雅峭拔，质实则凝涩晦昧”，认为与用笔的虚实有关：“以力用笔易质实，以意用笔，多清空。”实际上，“清空”和“质实”即虚与实的关系。因此，辨虚不仅要从点画的实处辨，也要与书法的空灵、清逸、气韵、气味、意象等联系起来。这些不是直观便能一下子觉察的，往往需要对一般人不注意的地方去感悟和体察。因此，辨虚对一个书家来说是非常重要的，这是提升书法内涵和审美的重要方面。一般来说，辨虚先从辨气入手，而气分为内气和外气。清代蒋和在《学书要论》中说：“一字八面流通为内气，一篇章法照应为外气。内气言笔画疏密、轻重、肥瘦，若平板散涣，何气之有？”按蒋和的说法，内气就是“八面流通”，即字内既要有气流动，又要处处与字外的“气”通畅。那么，“内气”在哪里？答案在字内点画的空白处。书法形式的构成有赖于空间的分割。书画家们看“气”，习惯将字画的空白也看作为字画的组成部分，并把它与有形的笔墨，看作具有同等重要的地位，故成公绥《隶书体》提出“分白赋黑”的观点，康有为《广艺舟双楫》有“知白守黑”之说。因为虚白空间给人以“无中生有”的联想，给人以味之无穷的感受，给人以“此处无形胜有形”的艺术享受。虚处之所以会联想，会有气的流动感，来源于点画的动势、节奏、呼应与变化等带来的蓄势待发的艺术张力。孙过庭《书谱》说：“一画之间，变起伏于锋杪；一点之内，殊衄挫于毫芒。”包世臣《艺舟双楫》说：“古帖之异于后人者，在善用曲。”于令淓《方石书话》也说：“气非可以劲直取之，须于顿挫起伏处蓄远势，方能咫尺万里。”他们都强调用笔不能平直，要有动作，包括擒纵、省笔、飞白、顿挫、提按等点画的微妙运动，即能鼓荡作气，形成点画空间分割的不平衡，产生动势和张力，使人感受到“气”的流动。如果点画平板，虽有空间，没有动势，也就不会感受到“气”的存在。所以，书法虽然强调平正，以体现其静态美，但同时也强调静中有动，即点画内部的运动。尤其是草书更明显，它以点画密切的呼应、众多的牵丝、丰富的变化以及夸张的疏密、向背、轻重、肥瘦对比，使点画间的空白变动更大，“气”的流动感更强。书法结体如人体，不仅呼吸管道有气及其运动，四肢、血管，乃至每一个子细胞都有气的成分存在与运动，这才是一个生命的肌体。字内有气，还要流通，流通中还要有节奏和变化，这样字才显示出活的生命意义。

我们学习书法，要想有字内之气，就要掌握得气的方法。隋僧智果在《心诚颂》提出“潜虚半腹”之说，就是一种追求内气充盈和流通的方法。另外，“气指一切客观的具有运动性的存在”，只有感知到力，我们才能同时感知到势和运动。气与力实是互为表里的。因此，王羲之将气与力并举，《笔势论》说：“放纵宜存气力。”沈芥舟《笔法论》也说：“昔人谓笔力扛鼎，言气之沉也，凡下笔当以气为主，气到便是力到。”刘熙载《书概》更明确指出力与势的关系：“求其骨力，形势自生。”“书要力实而气空，然求空必于其实，未有不透纸而能离纸者也。”“以实求虚，从实处入”，书法之气即由实引出虚，达到虚实相生的。假如点画全部粗重，不留虚，我们叫黑气重，或叫墨气重。这样，内气就阻滞难求了。如果点画只求虚空，没有实笔，字外就无笔、无意、无势、无力、无神，书法同样无味。因此，书法要虚中有实，实中有虚，虚实相彰，才能获得完整、和谐、多变、含蓄的意境美。

下面再谈“外气”。袁枚说：“钟厚必哑，耳塞必聋。万古不坏，其惟虚空。诗人之笔，列子之风。离之越远，即之弥工。”这里强调的是空间的传神。而外气，就是要使人想象有气流动的空间之美，这是不同于西方的中国传统审美意识。大家知道，当欣赏一幅书法作品时，都会不自觉地沿着作品从上至下、自右往左地赋予作品的空间以时间性，“气”就是在这种被赋予时间性的空间里运动。如果这空间里没有回环曲折的流动，就会让人觉得气感不足或气感杂乱，失去欣赏性。因此，古人要求“写字要有气，气须从熟得来。有气则自有势，大小、长短、高下、欹整，随意所至，自然贯注，成一片段”。书写流畅中点画的阴阳转换，所形成的回肠荡气的效果，诚如刘熙载《书概》所说：“潜气内转，乃称神境耳。”气的魅力，在曲，在敛，在蓄，在动。

蒋和说的“一篇章法照应为外气”，是指整篇的气势和气韵，字和字、行和行之间以及由此综合形成的整体之气。外气形成的关键是章法，章法重点在照应。一幅书法作品，由众多的字组成，并分行排列，只有互相间照应，才能有机地组合成一体，其内在的气才会和谐而有节奏地流通起来。孙过庭《书谱》曾说“一点成一字之规，一字乃终篇之准”，说的就是这个意思。写字要一意贯气，包括笔法、节奏、取势以及用意等，都要一气呵成，内接一字之气，外启一篇之韵，气脉才贯通，气才充盈。张怀瓘对贯气说得更明确：“如流水速，拔茅连茹，上下牵连，或借上字之下而为下字之上，奇形离合。数意并包，若悬猿饮涧之象，钩锁连环之状，神化自若，变态无穷。”这种“神化自若”靠的是连贯、呼应和变化。有些人在书写时，不大注意行间字的大小、纵横、方圆的变化，不注意行间左右的避让，一行字中连续几个写得一样大小，状如算子，你说还会有行气吗？因此，在书写中尤其要注意行间字的变化。要随机生发，适时而变，注意与左右之间的照应变化，使行间形成变动不居的行气。这种行气就是行间的空白，成一条白的“S”形。有人在作品落款时，写得满满的，不留一点空间，整幅的“气”全部被堵塞。因此，为了整幅作品的通气，落款的空间多就落长款，空间少就落穷款，保持整幅及行间气的虚实、管束、接上、递下、错综和映带，使整幅书法能透气和贯气。还有些人边创作边停下来琢磨一番，在考虑这个字要变一变，那一笔要追求某家的特色，这还能有气的变化流通吗？历来书家领悟到“作字须行气，气须自画中贯，从大处从容来，向大处从容去”(陈家祺《习字法》)，要的就是内气与外气的和谐统一。

第三，谈辨气息。气息是书者气格、气质、情性以及审美追求的表现，反映了书家已认识到书法审美的意义和价值，不再仅仅满足于技能和功力的表现，而是要流露自己的主体精神气格和审美气息。因此，古代碑帖或近人作品里，都包含了大量的信息，传递出历史的时代的不同气息，其中有高低、清浊之分，包括临过什么帖，受过什么人的影响，追求的是什么情趣。由于气息首先反映出来的是作者的气格，而气格又有清浊雅俗之分，因此我们辨气息，首先就要辨清浊。

所谓清浊，就是清气和浊气，这是与现实功利趋向相关的一种审美标准。道家认为，排除一切物欲干扰，回归大道，求得澄澈明净的境界是“清”；儒家认为，“禀得至清之气生者为圣人，禀得至浊之气生者为愚人”（《河南程氏遗书》），追求的是人格完美的“清”。受儒、道的影响，“清”往往与薄于名利、淡于荣辱的人格风范相联系，在书法中表现为清雅脱俗的情怀和清峻超迈的精神。宋代黄庭坚《题林和靖书》说：“林处士书清气照人，其端劲有骨，亦如斯人涉世也耶。”在黄庭坚眼中，清气本乎人品，成乎笔法。因此，书法中的清气，还得从点画中去辨析。一是用笔要精到，赵宧光《寒山帚谈》说：“出于笔头者清，出于笔根者浊。”瘦者易清，肥者易浊，故多用提笔，多用锋尖，骨力沉劲，精气结撰，气自然清；二是用笔要洁净，“清则点画不混杂”（项穆《书法雅言》），使转处要见点画，痛快处要见沉着，用笔点画干净，起迄分明，无涨墨，无残锋，渣滓尽去，清气自来；三是用笔要简雅，繁而不芜，杂而不乱，枯而不槁，淡而不薄，随势流转，平和简静，不袭陈腐，不落俗套，或有书卷之气，或有金石之味，合中和之美，合自然之趣者清。由此可见，“清”与庸俗相对立，与雕琢相对立，与粗俗相对立，与陈腐相对立，“清气”即高旷、闲逸、清远、超然脱俗之谓也。这是书法雅俗的分水岭，一旦书堕俗气，便成恶札。

从袁昂的《古今书评》和梁武帝萧衍的《古今书人优劣评》中可知，用气息品藻书法，六朝时已很风行。至宋代，更重视见识、学养对书法的审美作用，以及书法形质流露出来的气息。黄庭坚认为，“学问文章之气”，“行于平淡简易之中，而有深远无穷之味”。这种深厚和隽永，被称为“士气”，相当于后来说的“书卷气”。至清代，随着碑版考据学的兴起，刘熙载《游艺约言》又提出“书要有金石气，有书卷气，有天风海涛、高山深林之气”，从而进一步丰富了书法审美的内涵，更重视书家在实践中呈现不同的气质和精神风貌。周星莲《临池管见》说：“余谓笔墨之间，本足觇人气象，书法亦然。王右军、虞世南字体馨逸，举止安和，蓬蓬然得春夏之气，即所谓‘喜气’也。徐季海善用渴笔，世状其貌，如怒猊抉石、渴骥奔泉，即所谓‘怒气’也。褚登善、颜常山、柳谏议文章妙古今，忠义贯日月，其书严正之气溢于楮墨。欧阳父子险劲秀拔，鹰隼摩空，英俊之气咄咄逼人。李太白书新鲜秀活，呼吸清淑，摆脱尘凡，飘飘乎有仙气。坡老笔挟风涛，天真烂漫；米痴龙跳天门，虎卧凤阙。二公书横绝一时，是一种豪杰之气。黄山谷清癯雅脱、古澹绝伦、超卓之中，寄托深远，是名贵气象。凡此皆字如其人，自然流露者。”可以看出，对大气、清气、书卷气、金石气、逸气以及高古之气等高雅气息的追求，实质上是书家高雅的精神气格追求和高雅的审美趣味追求，而匠气、习气、俗气、市井气等，属于矫揉造作、刻画呆板、庸劣媚俗等不良气息，受到书家的排斥。事实上，每个书家都在实践中自觉不自觉地作出选择，自觉不自觉地流露出自己的书法气息。

三、养　气

《庄子》有一则寓言：“南海之帝为倏，北海之帝为忽，中央之帝为浑沌，倏与忽相遇于浑沌之地，浑沌待之甚善。倏与忽谋报浑沌之德，曰：人皆有七窍，以视听食息，此独无有，尝试凿之，日凿一窍，七日而浑沌死。”《庄子》在这里将浑沌比喻为自然，当人为的雕琢破坏了自然，便意味着生命的死亡。书法之气是同一道理，它是人格精神、气质、学养的外化。它的前提是，人必须先具备这种气，而且在外化过程中必须是自然地流出，不能做作，不可矫饰。因此，书法之气，关键在人，取决在养。要通过不断地养，直至人书俱老，才能真正达到天人合一的境界。

元代陈绎在《翰林要诀》中说：“气，清和肃壮，奇丽古澹，互有出入者。窗明几净，气自然清；笔墨不滞，气自然和；山水仙隐，气自然肃；珍怪豪杰，气自然奇；佳丽园池，气自然丽；造化上古，气自然古；幽贞闲适，气自然澹。”这里说的环境和胸次对书法“气”的影响和变化，显然将“气”作为书家精神世界的外露，使主体的情感直接作用于客体中的“气”，说明了“气”的可塑性与可变性。伊秉绶说：“变化气质，陶冶性情。”人的气质与性情，虽然带有一些遗传性，但经过后天的修炼可以改变，用气功中的话来说，叫作“后天之气，养先天之气”。因此，古人提出的养气，就是认识到人格、学识、阅历、观念、能力和气质的修炼提高，对书法之“气”的重要作用。

苏轼说："作字之法，识浅、见狭、学不足三者终不能尽妙，我则心、目、手俱得之矣。"因此，对于养气，笔者认为也必须抓"心""手""目"三个方面，具体地说，一是养心，二是养眼，三是养手。养心是指人品与气质的修养，养眼是指眼力的提高，养手是指书法功力的积累。

首先，谈养心。书法与其他艺术比较，更偏重于"养"。锺繇《笔法》说："笔迹者，界也；流美者，人也。"书法之美，由人心流出，同时流出人心之美。人心之美不是先天就有的，要靠后天的学习和培养。人的审美意识是社会生活一种特殊形式的反映。一方面，它具有现实的社会内容，它跳不出时代的制约，受到社会意识和风尚的影响；另一方面，又与个人的气质修养、思想感情、性格爱好、艺术趣味、学识阅历相关联，使每个人对客观的感受和反映，常常是同中有异，异中有同，呈现出无限丰富的个性差异。这种差异对书者来说，形成了审美的多样性、趣味的多样性、追求的多样性，最终形成不同的书写风格。例如，杨沂孙、吴昌硕、萧退庵三大书家，都是取法《石鼓文》，由于气质、观念、学养的不同，形成的风格完全不同。杨沂孙结构规整，笔线温婉，典雅淳厚；吴昌硕将结构变横为纵，体势左低右高；萧退庵则写得肥腴甜润，点画摇曳多姿。因此，刘熙载在《书概》中说："书，如也，如其学，如其才，总之如其人也。"书如其人，强调了人品与书品的关系。朱和羹《临池心解》说："学书不过一技耳，然立品是第一关头。品高者，一点一画自有清刚雅正之气；品下者，虽激昂顿挫，俨然可观，而纵横刚暴，未免流露楮外。故以道德、事功、文章、风节著者，代不乏人。"王羲之、颜真卿书艺隼立千古，也源于高尚的人品。当然，书如其人这句话的深刻意义，不仅在书品人品的字面之间，更重要的在于强调书者要有自己的独创，在书法作品中要有自己的气象、气格、气质，并得到完美生动的体现。要在书法艺术中有别人无法替代的贡献，这才是书如其人的真正意义所在。所以，养心贵在养品，品有多高，成就才有多高。品的修养，必须重视学问的积累，不仅是专业知识，也包括与书法相关的如美学、哲学、文字学、语言文学等，如果没有长期的学习和积累，很难达到较高的品位，很难真正领悟和掌握书法美的本质及其规律，也就很难有超人的胆识攀登新的高峰。同样，书法是哲理性很强的艺术，没有哲理的思考，没有相当的分析能力、悟彻能力，用简单机械的思维方式，是不能适应书法艺术创作的要求的。所以，苏轼诗云："退笔如山未足珍，读书万卷始通神。"只有当"学问文章之气，郁郁芊芊，发于笔墨之间"，方能达到他人无法企及的艺术高度。

另外，阅历与见识对书者也十分重要，如果一个人不见世面，必然气局小，眼界低，趣味俗。广泛游览社会，通过观察自然，增强阅历，实际也是积累知识、提高学问的有效途径。因为学问不只是靠读书获得的，《红楼梦》说的"世事洞明皆学问"，董其昌说的"读万卷书，行万里路"，苏辙说的"求天下奇文壮观，以知天地之广大"，目的是让人开阔眼界。看的东西多了，见识多了，胸襟就会开阔，"气"就会旺，应变的能力就会强，追求的品位就会高。历史上一些政治、学术上的领袖人物，他们用在书法上的时间相对比别人少，但由于他们的学养、气质不同，他们的起点高，取得的艺术成就往往就高。因此，"惟炼气则气充不馁"，"气"需要炼，才能充盈，这个道理是最明白不过的。

养心，还必须重视创作心态之养。道家也讲养心，它是作为体道悟真的一种手段。《庄子》说"虚而待物者也"，乃将内心之虚，看作是人在无所思虑无所欲求的情况下，直观外物的一种精神状态，与蔡邕《笔论》说的"绝虑凝神"差不多是一个意思。蔡邕说："夫书，先默坐静思，随意所适，言不出口，气不盈急，沉密神采，如对至尊，则无不善矣。"这种"绝虑凝神"直接接受了道家的影响，将视听引向内，闭塞外物，只有内气外气的沟通互动，将心之气，运化到一种审美情感活动高的层次、高的境界。这种超脱世俗人生，将自我完全融入书法的"绝虑凝神"，即所谓的"内悟"，涵养神思，身心合一，神与物游。这种排除书写前一切内外的干扰，也可说是一种放松，是弓张之前的弛，是起跃之前的屈，是酝动之前的静，是灵感迸发前的酝酿。陆机说："收视反听，耽思旁训。"项穆说："未书之前，定志以帅其气，将书之际，养气以充其志。"苏轼则在作诗中体会到"欲令诗语妙，无厌空且静"，空和静，是为了更明晰地透视现实，而不是无所挂碍的超脱，这与书法创作前的"绝虑凝神"是一致的。

其次，谈养眼。眼力，代表一个人的综合水平，包括其认识能力、分析能力及其悟性。俗语说："你几斤几两，是清是浊，是好是坏，只要一落笔，就能看出来，骗不过行家的眼睛。"如果一个人没有眼力，说明他在艺术上没有选择能力，也就没有鉴别能力，无法去粗取精，去伪存真，更谈不上慧眼识真谛，分辨气息的清浊，弄得不好，吸收的是糟粕，扬弃的是精华。因此，眼力是学习书法和实现书法之气的基础，也是一个书家艺术素养的综合反映。眼力靠养、靠积累，作为一个书法爱好者，如果对书法史不了解，对著名碑帖和书家作品知之甚少，如何能读懂书法、看懂别人的作品？如何能分辨出作品中哪些是传统，哪些是创新？作品中包含了哪些信息，传达了什么样的气息？凡此种种，说明提高眼力是书者的第一要务。眼力的提高，靠多听、多看、多临、多想。多听是平时多留心前辈和行家对书法的评论和解析；多看是对历代经典作品要多看，要熟悉各家各派的特点和风格；多临是对一些好的碑帖要反复临摹，由表入里，求得启发；多想是多思考、多比较。多听、多看、多临的关键是多想，多动脑子，多作比较，有比较才有鉴别，通过比较，你才能在各家之间找出气息的不同，是大气、清气、书卷气、金石气，还是匠气、俗气、霸气，找出各家的技法、特点来，使你的感知，由粗浅变深入，模糊变得清晰，感性变成理性，眼力得到不断提高。

再次，谈养手。林则徐说："书必托笔以显。"书法需要通过用笔来实现，用笔属于技能、功力方面的范畴，靠养手，需要在熟娴技法和熟能生巧两个方面下功夫。

熟娴技法，首先要重视骨法用笔，体现"书以骨为体"。"骨"代表点画强劲有力，其含义与"骨"的先天生理结构特点有关，人体骨骼本身具有坚硬的特点。古人将骨的这种含义首先运用在人物品藻中，刘劭《人物志》说"是故骨质气清则休名生焉，气清力劲则烈名生焉"，则已将"骨"赋予超越生理构造的意义。"骨"的范畴也趋向骨力、骨气过渡，并表征为人的精神个性。书法上最早引用"骨气"一词的可追溯到南朝，梁武帝萧衍在《古今书人优劣评》中说："蔡邕骨气洞达，爽爽如有神力。"骨气已具有劲健刚正的气势风貌和骨坚力实的审美气息，并成为书法用笔的重要审美要求。孙过庭《书谱》说："假令众妙攸归，务存骨气。"张怀瓘《书议》说："以风神骨气者居上，妍美功用者居下。"卫夫人《笔阵图》说："善笔力者多骨。"刘熙载《书概》说："书之要，统于骨气二字。""骨气""骨力"即是点画有力的标志，实现"骨气""骨力"，靠提按、节奏等用笔方面的功力积累。

提按是指运笔，笔锋着纸由多到少的过程叫"提"，由少到多的过程叫"按"。不少人将"提"理解为单纯地将笔往上提，造成点画无力、轻飘、弱软，而不知提的过程中，笔的力要继续往下按。故不管是提是按,笔的力始终是按,只是落纸的笔锋多少而已。刘熙载《书概》精辟地说:"凡书要笔笔按,笔笔提。""书家于提按两字,有相合而无相离。故用笔重处正须飞提,用笔轻处正须实按,始能免堕、飘二病。"按中有提,提中有按,不仅使点画具有骨力,而且时时都能调整好笔锋,使点画具有粗细的变化,产生具有生命力的动态感,使字鼓荡作气,虎虎而有生气。

至于节奏,王羲之《书论》说:"每书欲十迟五急。"指的就是节奏。不仅点画之间要有快慢的节奏,一画之内也要有节奏。除了起笔收笔外,运笔过程中要有驻,要有筋节。驻也叫"留",用通俗话来说,长笔画要化成短笔画写,这样运笔就有快慢的节奏。有节奏,会有速度,速则生骨,疾能生势,气势相应而生。问题在于有些人将笔画中的留,当成是停,甚者还刻意写成一点一点,造成笔势中断,没了张力和运笔的拉力,点画变得气脉不通,软弱无力。筋节是指点画中的折点,《书概》谈草书时说:"草书尤重筋节,若笔无转换,一直溜下,则筋节亡矣。虽气脉相沿绵亘,然总须前笔有结,后笔有起,明续暗断,斯非浪作。"筋节作为转折点,不仅加强了运笔的节奏,加强了点画的力度,而且也是力的支点和发力点。同时,节奏用笔历来有疾涩二法。《石室神授笔势》说:"书有二法,一曰疾,二曰涩。得疾涩二法,书妙尽矣。"疾是快,涩是慢,但又不同于一般的快和慢。姜夔《续书谱》说:"迟以取妍,速以取劲。先必能速,然后为迟。若素不能速而专事迟,则无神气。若专务速,又多失势。""疾"的用笔不是一味的快,"惟笔欲行,如有物以拒之,竭力而与之争","紧驶战行之法",运笔如遇阻力,刚要停即顶着向前推进,使运笔始终处于用力推进状态。疾与涩是一对不易处理好的矛盾,用笔快易轻滑,用笔慢易迟滞,都会影响骨力,只有疾中有涩,涩中带疾,相辅才能相成。笔者的体会,在疾涩两者之间,应以疾为主,以涩为辅,速能生骨有势,是形成充沛勃郁的精神骨气的主要因素。

养手,要由技入道,才能熟能生巧。梁同书说:"写字要有气,气从熟中来。"庖丁解牛的故事,为大家所熟悉,庖丁解牛时"以神遇而不目视,官知止,而神欲行",那就达到了"得之于手而应于心"的程度,完全消解了心与手的距离,使解牛成了无所系缚的精神游戏,进入了一种忘我忘形的自由王国。书法要达到心手相应,把握对"气"贯通的驾驭能力，亦必须“心不厌精，手不忘熟，运用尽于精熟，规矩暗于胸襟”。在娴熟技巧的基础上，使气势生乎流便，精魄出乎锋芒，做到欧阳修提出的“作字要熟，熟则神气完全”。

书法之“气”，实际上是书者之气。各人所养之气的不同，形成其风貌各异，气息万殊，书法才变得丰富多彩。“气”是伪装不了的，“气”靠养，靠水到渠成，靠自然地流露。它是书者对高雅精神气质和高雅审美追求的一种表露，也是书者自我价值的一种肯定。因此，强调以高雅的气息为美，强调书法之气的修养，只是表明书法不仅仅是一种技艺之能，而且还是一种含有精神气格的艺术产品，需要每个书法实践者做出长期的不懈地努力。

点画线条与力

书画之笔墨是个老生常谈的问题，现在认识上又有分歧，如“笔墨等于零”等，至少已有人将笔墨放到从属的地位。当然，其中原因很多，牵涉传统与现代观念、西方文化的影响，审美的变化以及社会体制和社会功性，甚至现代媒体的介入等。但不管现状如何，从中国书画的本质上来说，因其民族性、传统性和独特性，笔墨注定是书画的根本，尤其是笔力。李世民《论书》说：“今吾临古人之书……惟在求其骨力，而形势自生耳。”说明笔墨关系到书法的精、气、神。梁启超《书法指南》也说：“写字全仗笔力，笔力的有无，断定字的好坏。”说明笔力是评判书法好坏的标准。因此，郑燮有一副对联这样说：“搔痒不着赞何益；入木三分骂亦精。”他认为，有了强劲的笔力，即使有人骂也无所谓，它仍是好的；如果线条无力，再赞它好，也没有用。在郑燮眼里，骨法用笔无疑是第一位的。当然，除笔墨这一根本之外，意象是书画的灵魂。笔者曾看到一篇文章，是一位教授带研究生时的谈话，主题是讲画从哪来，他主要讲中国画的用笔与书法的关联问题，认为“用笔是学习传统诸子学说及其他姊妹艺术的最终积淀，是哲学与神龛学及画家内心营造的最终完成。尤其传统写意花鸟更是在笔歌墨舞、狂姿逸态、高格古韵中流于自然之美，以书作画，写出花卉鸟虫动人之姿，反映出画家修养和观察理解生活中的一切具象能力。中国绘画如果没有书法功力就很难有飘逸动人的魅力，写意画美的形式就是书法中美的韵律”。这段话说明书画用笔的某种关系，书法对用笔的认识，可能对画家来说，尤其值得参考。今天，笔者围绕书法笔墨这个根本，主要就笔力分三个方面来谈一点个人认识，一是如何理解抽象的点画线条，二是如何认识书法点画线条的力，三是怎样写出有笔力的书法线条。

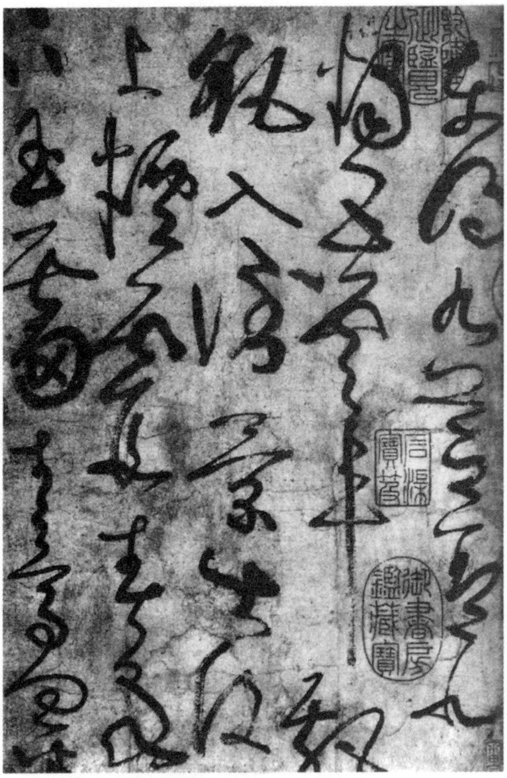

◆ 张旭《古诗四帖》局部

一、如何理解抽象的点画线条

书法是以文字的点画组合来抒情达意的，点画虽与一般的线条有所区别，但"点"是极短的线，"画"是不同形态的线。因此，书法的点画，广义上还是线条。问题在于书法的线条，为什么会使人产生美感？它的表现力有哪些呢？拟就三个方面来谈。

第一，书法线条具有表意的功能。古人认为，线条能表现自然万物的形体，《易经·系辞》就说："古者包牺氏之王天下也，仰则观象于天，俯则观法于地，观鸟兽之文与地之宜，近取诸身，远取诸物，于是始作八卦，以通神明之德，以类万物之情。"在中国人的传统思维中，这些八卦的线条都具有意义，虽没有再现的功能，但确有象征的意义。如《易经》中那些象、数意义上排列的线条聚散组合形式，直观地使人了解它通达"神明之德"的神秘功能，显示了线条可以表达思想和情感。因此，中国书画线条的表意和抒情性的哲理依据即源于此。《书谱》说："写《乐毅》则情多怫郁，书《画赞》则意涉瑰奇，《黄庭经》则怡怿虚无，《太师箴》又纵横争折。暨乎兰亭兴集，思逸神超；私门诫誓，情拘志惨；所谓涉乐方笑，言哀已叹……岂知情动形言，取会风骚之意；阳舒阴惨，本乎天地之心。"这段话表明，书法线条具有不可言状的心灵极致和生命节奏，它能在线条的挥洒中得到淋漓尽致的发挥。这也正是书法线条的暗示性因素，能引导我们去领悟书法中存在的各种运动形式。

第二，线是书法语言的最根本要素。大家知道，物的空间界线是线，面的转折是线，面的范围是线，两物相接处是线，细长的物体是线，等等。因此，从广义的角度来看，凡有一定空间结构和运动的物体，莫不有线的存在，无不以线来表现。线是平面造型的基本手段，特别是画家，物体的空间关系可表现为线，眼睛看到的运动过程也可以表现为线。如水波线、飘动的衣褶线等，都有一种节奏感、旋律感。由此可知，线将空间与时间联系了起来。书法的线条，并不描绘具体事物的形态，"马"字与马，"月"字与月，一点也不相像，只是概念的符号，是抽象的线。正是汉字点画抽象化了，才使书法点画线条书写起来，不再受束缚，获得了挥洒的自由，更能充分地发挥出线的各种性能和表现能力，更能按个人的意象或某种生活体验或观念，发挥成一种"有意味的形式"。再举一个例子，线条概括而抽象地表现事物的特质。平正的方形，安稳大方；正三角形、梯形，坚实稳定。字形方正的《泰山刻石》，给人以端正、向外辐射的线，有外射感和聚合感；《石门颂》向左右方向伸纵的撇捺，如长枪大戟，给人以开张和舒展之感；四方而边线外凸的颜书，除了粗壮有力外，传达出一种膨胀感；边线内凹的欧字，就会有收敛感；倒三角形，有颠倒感；重复的线形，会有节奏感；郑燮每个字多为右上左下对角拉长的斜四边形，显得字字动荡，生动有致；张旭《古诗四帖》那连绵回绕的"之"字形线条，造成了强烈的节奏和旋律感……这些抽象几何形体的性格，都来自实践的概括，是书法的语言，也是书法表现能力的基本要素。

第三，线条是书法表情达意的最基本手段。我们知道，笔力是书法的根本，物体运动的轨迹就是线。如流星的坠落，甲虫在泥地上爬过的痕迹，铅笔在纸上划过的线条等，这些轨迹会表现出该物体的性质，流星的抛物线，甲虫迟滞的线，沿墙渗水不规则没有冲力的线，可以看得出它时时在改变方向与停留的痕迹。物体运动的曲直、轻重、快慢、刚柔、坚定、迟疑以及质量大小、飘浮沉重等等特性，无不从轨迹中表现出来。同样，毛笔是表现能力最强的工具，"惟笔软，奇怪生焉"，书家可以在纸上留下千变万化且不同质感的轨迹。古代书论以书家轨迹联系自然物体，可以悟出更多的道理。文与可"见蛇斗而草书长"，典出苏轼《论书》，相传文与可见斗蛇而受启发，于是草书有很大长

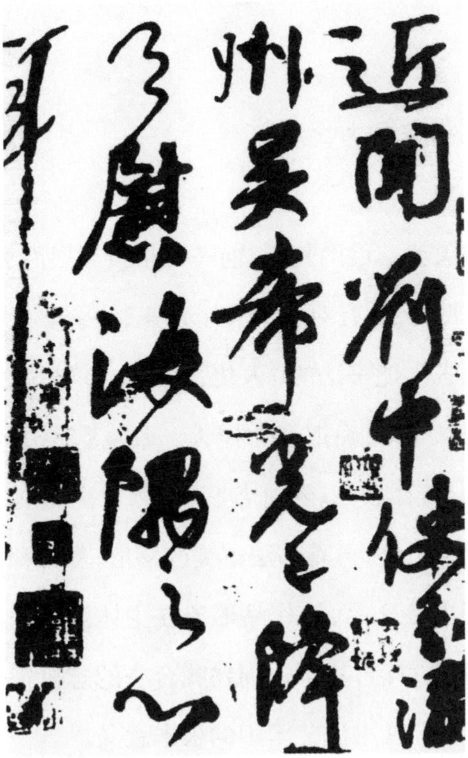

◆ 颜真卿《刘中使帖》

进。怀素的"惊蛇入草，飞鸟出林"，出陆羽《怀素与颜真卿论草书》，怀素答颜问："吾观夏云多奇峰，辄常师之，其痛快处如飞鸟出林，惊蛇入草。"后来都用这句话来形容用笔的活泼迅疾，遒劲奔放。黄庭坚自评其书说："元祐间书，笔意痴钝，用笔多不到，晚入峡见长年荡桨，乃悟笔法。"还有一个启示性的故事，那就是张旭"见公孙大娘舞剑器，自此草书长进，豪荡感激"。公孙大娘的舞蹈，来如雷霆收震怒，罢如江海凝清光，她丰富的情感，通过肢体运动表达为可视的形象，使张旭领悟到如何以运笔表达情感，也就是"情感—运动—笔迹—情感"这一妙理，今天我们看到的《古诗四帖》，正是这种充满激情的舞蹈式运动轨迹。人与人之间，在形体、外貌、性情、动作等方面，都是同中有异的。单就动作而言，有爽快、持重、懒散、急躁、轻佻等差别。克雷奇《心理学纲要》有个论断："个体之所以成为他们现在这个样子，是由于他们特殊的遗传与环境。"也就是说，不同的遗传与不同环境的交互作用，决定了人的不同个性、不同性情与不同行为。张旭"嗜酒，每天大醉，呼叫狂走乃下笔，或以头濡墨而书"，如果没有这股狂气，哪来他的狂草；一个拘谨的人，不可能写出颜真卿那种刚烈和庄严；如果没有极强的个性，不会有我行我素的郑燮、金农。当然，书写时又与心情、环境等因素有关，孙过庭《书谱》说的"五合五乖"，就是指具体环境和即时心情对书法的影响，如颜真卿，庄严、雄强是他的基本风格，但不同的心境，又让他的行笔有所不同，写《多宝塔碑》《颜氏家庙碑》时，心情是虔诚的、肃穆的，故字也安详、庄重；写《争位座帖》《祭侄稿》时，由于感情激愤，字里行间就有一种激动；写《刘中使帖》时，那种欢畅的激动，又远不同于《祭侄稿》

中悲痛的激动。

二、如何认识书法点画线条的力

前面说过，笔墨是书法的根本，意象是书法的灵魂。这两句话，前一句指技巧层面，后一句指精神层面。在技巧层面，笔力是最为重要的，只有对笔力有了认识，才会重视它，才会去努力掌握它。对笔力的认识，首先得从古人把书法的“人化”说起。苏轼说：“书必有神、气、骨、肉、血，五者阙一，不为成书也。”他明确把书比作人。蔡邕《笔论》也说：“为书之法，须入其形，若坐若行，若飞若动，若往若来，若卧若起，若愁若喜。”他是把书法比作自我，使之生命化，这是审美的人化。另外，再看书法审美的移情，每当我们面对作品凝神默赏时，会将自我的情感外射于书法作品，使作品形象在主体意念中有了动态的表情，有了生命，并与主体在意念中交流对话，甚至达到物我合一的忘机境界。正是这种移情和人化作用，使我们可以解释“力”在书法艺术中的根本意义。

在全国第三届书学讨论会上。有篇文章专门讨论了书法力的问题。这篇文章认为，力与生命不可分，柔弱的小草可破土而出，婴儿降生就哇哇而啼，吮吸母乳。只要是生命，就赋予了“力”。力的高峰，就是生命的最旺时期，在人，就是青壮年。力的衰退是生命的衰退，生命的终结也就是力的终结。没有力，就失去主动性，也就没有了自由。力与生命、自由是一体的，对于人类是根本性的。因此，人的审美包括书法审美，必然以“力”为美。一切表示力的“雄强”“刚健”等词汇都是褒词，而“肥胖臃肿”“瘦弱疲软”“枯索颓唐”等，否定了“力”，肯定成为贬词。

当然，人并非只有一个类型，拳术也有内外家之分，来势汹汹的外家功夫，常会被内家功夫制服。传统书法也重内力，尚含蓄，并不太主张“剑拔弩张”。这种主张固然与儒家的中和有关，但也有其美学依据。有人认为，审美既然都与自我相照应，书法审美当然会以自我为中心，书即我，我即书。当然，要追求完美，不可能让自己处于被动挨打的处境，不可能把久看乏味的“剑拔弩张”作为追求。因此，在书法力的体现方面，就有刚中带柔、柔中带刚的不同形式。线条的骨力，不仅要有力，还要保持韧性、弹性。

古人论笔法，将竖画比喻为“屋漏痕”，除了表示圆笔藏锋、粗细变化外，也包含直中要有曲、要有留，且断续而又自然。一般来说，曲，并非软弱，而是“曲而有直体，直而有曲致”，能使点画有弹性、有力度。包世臣《艺舟双楫》说：“大山之麓多直出，然步之，则措足皆曲，若积土为峰峦，虽略具起伏之状，而其气皆直。为川者必使之曲，而循岸终见其直。若天成之长江、大河，一望数百里，瞭之如眩，然扬帆中流，曾不见直波。”林散之《辛苦》诗也说：“笔从曲处还求直，意到圆时更觉方。”直中有曲，曲中有直，不仅用笔遒劲有力，柔中带刚，肉中有骨，而且还有更多动静变化的情趣。书法线条要求的力感，既劲健又从容，既耐人捉摸，又有品味和美感，这是人类实践的自我选择。

以力为特征的线条，在各体书中的表现是丰富多彩的。篆书呈纵势将圆转的弧笔伸得很长，使力和势得以更多的表现；隶书呈横势，其力和势主要通过横画的波势尽情地展开，如《石门颂》，纵放的横画与极度伸展的长波，如长枪大戟，突出了一种字势拔擢飞腾、字形高伟放逸的美。

要知道，“伸纵”是人生的本色、书艺的本性。有人说，伸纵未佳，学艺未精，这是非常有道理的。但是，自古以来社会要求秩序，做人要求老实，办事要求规矩，行文要求严谨，学艺也要求从基础入手，从严谨拘束中起步。因此，世俗生活严重束缚人的思想与行为，人的本性长期受到多方面的压抑，不少人为此羁窘终生。如果回顾一下中国书法史，就可以发现，严谨者多而伸纵者少。就书体而言，篆隶楷属严谨之体，篆隶中以伸纵为特色的真是凤毛麟角。行草属伸纵之体，但即便是草体真正伸纵者，能写狂草的亦属少数，此类名家亦仅有张旭、怀素、黄庭坚、祝允明等几人而已。放纵可呈豪迈之力，可现超然之概，可抒雄伟之志，但要有胆略、慧眼和毅力，要敢于从矩度的束缚中解脱才能求得。只有在势不可遏时才可伸纵，伸则强弩劲发，所当皆穿，如果意未完备，伸纵不得法，则会夺失全篇。所以古人多慎，极少伸纵。颜真卿《刘中使帖》的“耳”字，一伸便为美谈，成为千古一绝。

再说楷书，形方正，点画严明，法度精微，讲究“永字八法”，这是为了更好地表现力与势，即表现出点画的飞动之美。如点画的侧，像鸟幡然侧下般有力；横画的勒，原指有嚼口的马笼头，意思是要像控制住马的脚步一样，在书写横画时能留得住；竖画的努，比喻如用力挽弓一样，形带弧形，绷紧有力，横拉竖行；勾画的趯，如同用力踢脚，力在脚尖；提画的策，意为马鞭，写时如同鞭马，有力在策本，得力在策末；撇画的掠，势如燕翼掠水，用力送笔，一送到底；短撇的啄，如鸟啄食，最后撇出时尖削有力；捺画的磔，张也，开也，意为写捺须平铺笔毫，尽力开散而出。

总之，要通过书写技巧，使点画形成势能、张力和力感，要使线条动起来，成为一个活体，有节奏起伏，有一定质感和气势，这就是书法线条追求的根本所在。也就是说，书法的点画线条，不是可以用直尺或圆规画出来的点线，不是几何式的，它必须遵循是有生命含义的曲、圆、涩、疾等有机形成的点画，而那些没有动感的、刻板的、没有活力的、不合法度的点画用笔。古人曾归纳各种类型的病笔，如对过分光洁、草率的线条称为“二病”；不均而欹、不活而滞、狂怪与俗秘，提出了必须避免的三戒；对拘、稚、俗、野，称“四种病笔”；对于有弊端的线条形态，如牛头、鼠尾、蜂腰、鹤膝、竹节、棱角、折木、柴担等谓之“八病”。笔者认为，最应引起注意的是八个方面，那就是太黑、太实、太弱、太呆、太浮滑、太光洁、太率意、太做作。

三、怎样写出有笔力的书法线条

要写出有笔力的线条，大致要注意以下三个方面。

一是以力为根本，从刻意到无意。首先要重视骨法用笔，将此作为最重要的基本功，心摹手追。无论练字临帖，脑子里始终要有用力这根筋。至于如何显示力，古人形象性地将书法线条说成“屋漏痕”“折钗股”“锥画沙”“印印泥”等，目的是要让学书者在视觉上清楚何谓笔力，知道最佳的线条形态是什么样的，树立起一个直观的审美形象，好去领悟，好去模仿。除此之外，古人还总结了中锋、侧锋、提笔、按笔、疾笔、涩笔、露锋、藏锋等不同的运笔方法，不同的运笔方法，会有不同力的线条形态。所谓“中锋”，就是要使笔心常在画中行，副毫落在两边，线条呈立体般的圆柱形，就能达到“锥画沙”“印印泥”的效果，这种力显得圆劲而自然；侧锋和偏锋则不同，笔微偃，主毫在线条的一侧，线形两边没有锯齿形，但线条形态变化丰富，可显现锋利险峻的力。如果在行草书中主侧锋并用，还可增加线条的变化、线条的块面感和力感。当然，书画的笔力，不是蛮力，其线条一定有节奏的变化、提按的变化、刚柔的变化，必须要掌握疾笔与涩笔，提笔与按笔的用笔技巧，使运笔有快慢节奏和上下运动，笔力沉劲入骨，精气积聚，点画灵动，避免线条的呆板与偏薄。这在学书初始状态，必须严格训练，刻意模仿，去掌握这些基本功，由不自觉的状态，强制自己逐步进入入帖的状态。由生到熟，再由这种不自觉状态逐步变成自觉状态，熟练掌握用笔技巧，习惯成自然，做到心手两忘，从刻意用力变成自觉用力。

二是功力靠积累。功力指两个方面，一是指出帖这个过程，化古为我，他入我神，不断积累创新能力；二是指用笔功力的积累。功力之美，对书写者来说，具有无穷的吸引力，会带来极大的乐趣，为此而陶陶自乐。书写显功力，功力见真趣，功力得大美。书写活动使作者守其神，专其一，不滞于手，不凝于心，不知其然而然，从而得到真正的精神解放。今天主要讲第二方面用笔的功力。因为用笔有力，既不太难，也不太容易。它不仅仅涉及书写技巧，如节奏、提按、迟捷、笔法、纸墨等方面，而且需要积累，如同中国武术的积累一样，拳不离手。书法亦要经过长期磨炼，反复探索，不断悟彻，才会得到入木三分的笔力。书法这门艺术的隐微玄奥，往往只可意会不可言传，必须在长期的磨炼下慢慢领悟，所谓“观千剑而后识器，操千曲而后知音”。宋代《翰林粹言》说：“有功无性，神采不生，有性无功，神采不实。兼此二者，然后得齐古人。”元人盛熙明《法书考》说：“翰墨之道，通于神明，故必积学累功，心手相忘。”清代朱履贞《书学捷要》说：“功夫之极，方窥秘奥。”王羲之讲到宋翼，学书三年不敢见其业师锺繇，通过潜心改迹，“每作一横，如列阵之排云，每作一戈，如百钧之弩发，每作一点，如高山之坠石”，方才见师。可知古人对功力积累是何等的重视。难怪孙过庭说书法要臻于化境，往往是“人书俱老”。

三是方法要正确。学习方法很重要，不得法事倍功半，得法则事半功倍。因此古人说，善笔力者多骨，不善笔力多肉，形容点画为“高山坠石”，一横称为“勒”，要有不可遏制的“势”跃然于纸上。非凡的力，需要有正确的方法，其中必须注意的重点是临摹的方法。临摹的方法，关键要掌握用笔的技巧。现在学习书法的人真正掌握骨法用笔的不多，问题出在认真程度和学习方法。认真，就是要严格训练，一是要从一本帖入门，切忌朝三暮四，东临西临，找不到门径。二是要以孙过庭“察之者尚精，拟之者贵似”作为学书津要，只有临像了，笔法才能真正得到。三是要以碑帖作为自己最好的老师，临摹中要认真反复与帖对照，寻找不足，加以纠正。这样既能练手，又能练眼。四是要多思考，多琢磨，持之以恒。临摹的过程也是思维的过程，要边临边悟，才能通过领悟掌握用笔技巧的关捩，如中锋、疾涩、提按等。先说中锋，书写用力被形容为“书学的法”，或称之为“用笔的根本大法”，是书法的第一要素。一要线条圆融而有质感；二要墨到之处皆有笔在，运笔中力始终不松，无论细笔与牵丝笔笔有力，笔笔力送画端；三要线条始终能达到完美的点画形态。再说提按，提笔最大的功能是调节笔锋，同时它又是造成不同力的形式与力感的运笔方法，因此提按的技巧，尤其重视“笔笔提，笔笔按”。在提的过程中，笔力还在按，使按笔显得凝重沉着。其次，在“顿”“蹲”“驻”笔后，均须提，务使笔势完备，笔锋永远居中，如走路，脚才踏下，马上又提起，才抬起走，又要踏下。提与按是“有相合无相离”，沈尹默说：“每按必从提着的基础上按下去，提则要在带着按的动作下提起来，这样按在纸上的笔画，即粗些，也不会是死躺在纸上的笨重不堪的笔画，提也不会出现一味虚浮而毫无重量的笔迹。”提笔是保持完美线条形态的最关键的技巧，也是追求空灵与清气用笔的重要手段。最后说疾涩，实际这是指运笔的节奏，有节奏才会产生力。笔在纸上快速前进，称“疾”；如遇阻力挣扎向前，称“涩”。人们在书写中造成一种不规律的不同节奏感的运笔速度，目的是产生强烈的力感和动静对比，疾笔追求劲健、流畅、轻灵的样式，涩笔追求迟重、强劲、艰涩、争持的样式。疾涩，好像一个要运笔前行，一个要留住不动，一个横劲，一个竖劲，交叉在一起。有人形容这种情况如同一位带球前进的篮球运动员，一面上下拍着球，一面左右移动脚步奔跑，难度很大，却显示了力感和运动感的美。古人还有一种比疾涩法更妙的提法，即刘熙载《书概》提到的“振摄法”。振，即振动，有顿挫涩进的强劲笔力效果；摄，即收敛，有掼笔迅疾内敛的效果，处处留得住笔，不使率然滑去。有人评说，索靖笔短意长，善摄也；陆柬之节节加劲，善振也。振摄组合了提按和疾涩两种技巧，具有更深的笔法内涵。一般而言，疾涩只停留在速度快慢的层面上，而振摄除了快慢的节奏变化外，还有不规则的上下提按变化。这种用笔所产生的变速冲力和向内潜力，可以解决绝大部分前面提到的用笔之病。

总之,点画线条有力,就使书法在充满生机勃勃的时空里,展示出生命的舞蹈、生命的气息。这种气息,如董其昌所说"隔帘看月,隔水看花",在若隐若现、似有似无之中,越看越有味,这正是中国艺术的特点。一幅字看三个月,才看出门道;一幅画看三年,还没有看厌,经得起品味。这就是中国书画艺术,也是书画艺术的魅力所在。

书法艺术及其欣赏

一、书法是中华民族的国粹

书法，大家一致公认是中华民族最有特色的传统艺术，是中国文化艺术宝库的珍品，充分体现了中华民族的智慧和创造精神，是中华民族精神文明的象征。书法始终与中国文明史、中国文字史、中国文学史相伴随，无愧是中华民族文化的国粹。那么，它着重表现在哪几个方面呢？

（一）书法包含了中国哲学丰富的内涵

书法肇始，关乎阴阳。汉代蔡邕《九势》说："夫书肇于自然，自然既立，阴阳生焉，阴阳既生，形势出矣。"蔡邕凭其深邃的思辨和敏锐的洞察力，分析了书法与自然的关系，解释了书法的缘起与本质。这里有两层意思，一是书法是受自然的启发而产生的，二是书法的创造与发展又依循了自然的规律。关于文字的产生，传说是从结绳、刻契、八卦开始的，象形于自然事物而来，这里我们不去细说。关键的核心是"阴阳"两字。阴阳是中国哲学的一对著名的范畴，反映了古人对宇宙对自然本质的认识。阴阳最初的含义，是指日光的向背，后引申为自然界中一切互相对立、变化和统一的现象。《老子》称"万物负阴而抱阳"，《易经》称"一阴一阳为之道"，王充《论衡》称"天地合气，万物自生"，天地合气，即阴阳合气。道家的太极图，浑圆一体，黑白对比，阴阳对立，两个似鱼非鱼的形状中，各有一个以对方之色的眼睛，显示出你中有我，我中有你，相互追逐，

◆ 作者书《杨基天平山中诗》

互为条件，构成一种永无始终的存在运动的势。在两个鱼形中间，有一条看得到却又不可直接把握的“S”线，它不属于哪一边，又关系到它的两侧。因此，它是矛盾统一的象征，也是宇宙万物存在运动的普遍规律的抽象。同时，也表明一切事物的发展不是笔直的，包括人的思维。因而，这一“S”线，也启示人们认识事物的发展规律。如点画讲究往复垂收、起笔藏笔、收笔回锋等，使笔画基本按“S”形轨迹写成。这就包含了中国哲学思想的内涵，也与古人对宇宙万物存在运动的基本规律联系在一起。东汉时，盛行用阴阳对立统一哲学来解释天地万物的生成变化，对书法同样如此，认为象形于自然，取法于自然这种阴阳对立的统一。于是总结出平与奇、拙与巧、刚与柔、雅与俗、动与静、形与神、违与和、瘦与肥、方与圆、曲与直、藏与露、提与按、轻与重、迟与速、疾与涩、浓与淡、擒与纵、虚与实、连与断等书法中的辩证关系，运用阴阳对立统一的规律解释书法的缘起和本质，指导书法创作，生成不同的书法形势，深化书法的艺术意境。可以说，阴阳对立统一渗透到了书法的每个具体环节，形成了一个系统、精密、巨大的思维网络。因此，要认识中国书法，必须抓住这个纲。虞世南在《笔髓论》中说：“字虽有质，迹本无为，禀阴阳而动静，体万物以成形，达性通变，其常不主。故知书道玄妙，必资神遇，不可以力求也。”意思是说，字虽然有它的规律，但必须遵循大自然和人类社会阴阳

◆ 作者自作诗联

二气的运动规律，写出体察万物的那种神奇与微妙，这是“由技入道”取得的无穷神奇，只能靠人的天赋和灵性，不可能依靠外力取得。这里强调的，就是书法必须遵循阴阳之道。孙过庭《书谱》也说：“岂知情动形言，取会风骚之意；阳舒阴惨，本乎天地之心。”上半句讲书“道”，侧重书法的内容，说书法与诗一样，因情而发，要创造出诗一样的意境；下半句侧重“法”，讲书法创作中的情感抒发，要依循自然界的阴阳变化规律。当你兴奋或豪气勃发时，可以放开一点，但不能任笔为书，仍要遵循一定的法度，要符合书法阴阳对立统一的规律，才能形神兼备。这就是书法的辩证法。每个杰出的书法家，必定是书法辩证法的驾驭者；每幅卓越的法书，都是成功运用书法辩证法的结果。

（二）书法渗透了儒家的传统精髓

儒家在中国最能代表中华民族传统的思想和意识，它的核心是为维护儒家道德学识所维系的社会秩序，要求人的社会实践必须保持礼的规范和中庸的态度。这种意识，同样也渗透到书法中。赵壹《非草书》将书法的功能概括为“览天地之心，推圣人之情，析疑论之中，理

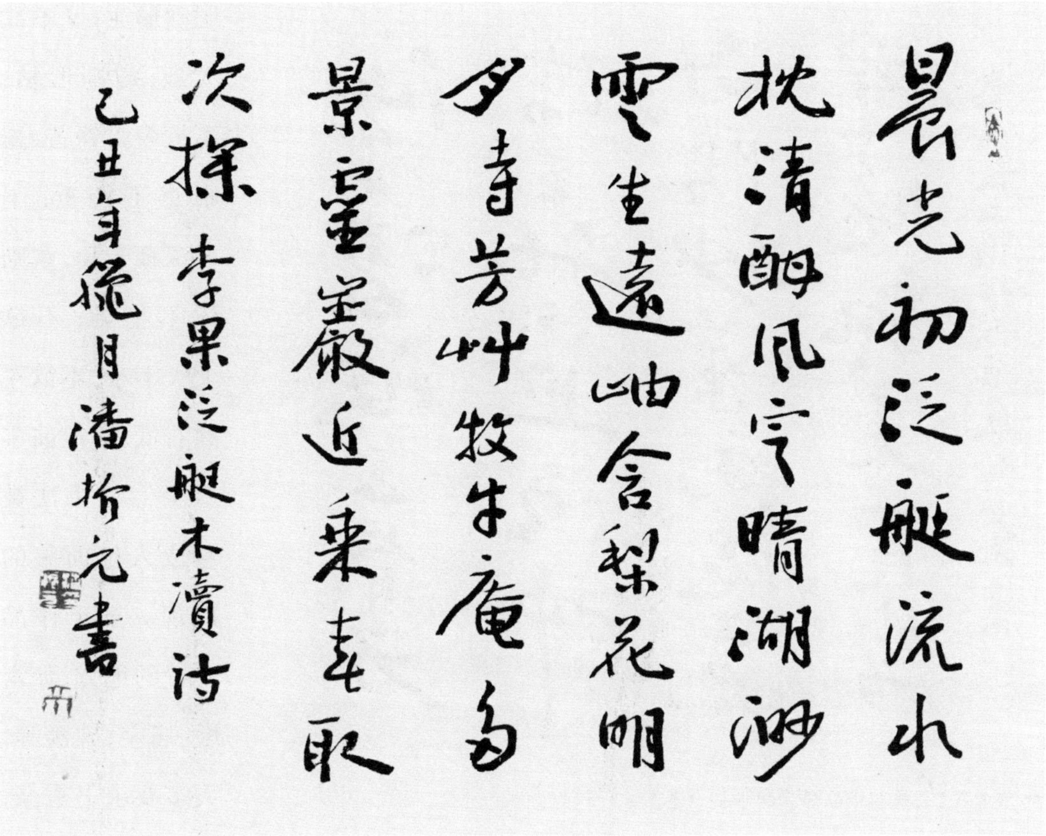

◆ 作者书《李果泛艇木渎诗》

俗儒之诤”，使书法成为“穷可以守身遗名，达可以尊主致平”的一种手段。儒家的这种观念，使古代书论反复出现了“学书先修身”“心正才能笔正”等议论。朱和羹在《临书心解》中认为：“书学不过一技耳，然立品是第一关头。品高者，一点一划，自有清刚雅正之气；品下者，虽激昂顿挫，俨然可观，而纵横刚暴，未免流露楮外。故以道德、事功、文章、风节著者，代不乏人，论世者，慕其人，益重其书，书人遂并不朽于千古。”读了这段话，我们可以理解为什么历来一直蔑视严嵩、蔡京的书法，不就是儒家重人品甚于重书品，以伦理道德作为艺术的评判标准吗？当然，现在看来是非常不客观的，但在当时书法作为人品的修炼和道德的规范，凸显了它的社会伦理教化功能。

同样，儒家的伦理道德观影响到书法的审美，姜夔《续书断》强调“用笔不欲太肥，

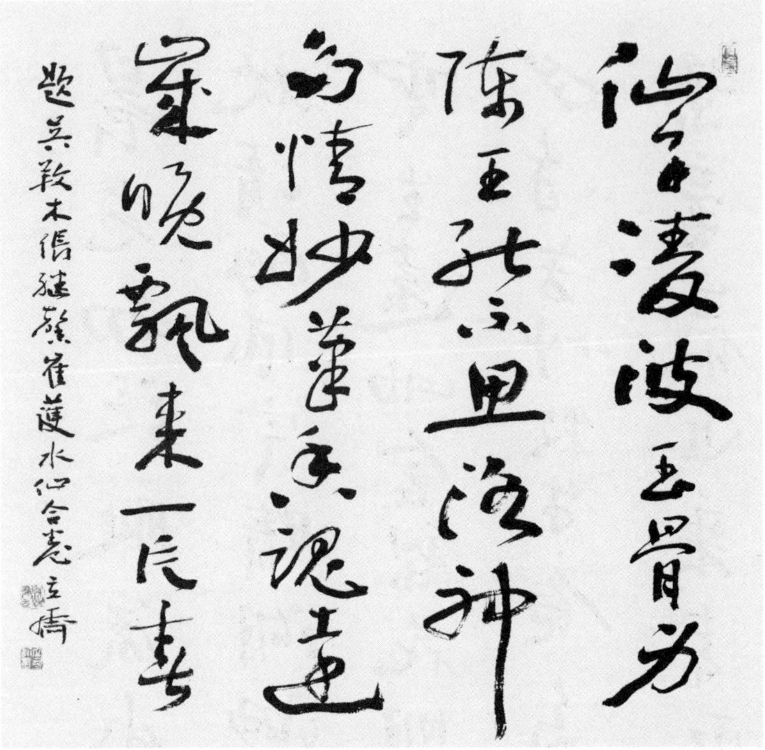

◆ 作者题《吴敦木张继馨崔护水仙合卷》

肥则形浊；又不欲太瘦，瘦则形枯；不欲多露锋芒，露则意不持重；不欲深藏圭角，藏则体不精神；不欲上大下小，不欲左高右低，不欲前多后少”等，书法被看成人伦面貌的再现。至于作品放置的地方，如宫殿、庙宇、碑额等，大多要求书写篆、隶、楷书，以体现神圣场合的庄重，体现儒学的精神。这种意识在书法艺术中表现得非常充分，至今孳蔓不绝。

（三）中国书法具有典型的民族特征

宗白华先生在《美学散步》中说：“中国人写的字，能够成为艺术品，有两个主要因素，一是由于中国字的起始是象形的，二是中国人用的笔。”中国文字是“因情生文”而形成，人们使用时就会“因文生情”，文字从一开始就孕含了“艺术细胞”，在中国文化的独特背景和历史积淀下，书法艺术走向自觉和成熟，正如宗白华所说：“使中国书法不像其他民族的文字，停留在作为符号的阶段，而成为表达民族美感的工具。”应该说，书法艺术是中华民族独有的，虽然日、韩、朝、越等国也有书法，但都是中国书法的分支和衍流。另外，中国书法艺术的构成，除了看得见的点画形态外，还有精神层面的东西，那就是书法精神，它与西方艺术重声色、重热情、重自我不一样。中国书法艺术重自然、重高雅、重意境，借象言美，立象尽意。这种受《易经》深远影响的中国书法，在特定的民族传统文化、民族哲学、美学精神这个大背景下孕育形成。有人这样说："书法的独特的形象结构、结体笔法、韵律节奏、谋篇布局，组成了一个有情有相的小宇宙。"这个严密、完美、特殊的体系，具有特有的文字和书写工具，深厚的民族文化和哲学思想意识，独特的审美标准和造型取势心理。在这个体系里，不断地承上启下，完成了书法独特而有效的传承，使中国书法一直能保持其民族性和传统性。

那么，在中国的书法精神里，最突出的是什么呢？概括地说，主要贯穿了宇宙意识、人文意识和民族意识，对诸如"意"、"象"、"气"、"韵"、"势"、"道"等民族特有的审美作不懈的追求。这里不能一一细说，仅以"意"为例。"意"通常指书法家的主观意识在书法创作中的表现，在整幅作品之间流露的一种气质、风度和精神境界，包括三个方面，即书家主观之意、作品表达之意和主客观相融之意。书法如果只是将帖临摹得像，写得逼真，只能说是低层次的学习阶段，只有在作品中显示出功力，且表现出作者的性情意趣，如有古意、笔意、率意、新意，或者以意立象，以象尽意，达到"纵横有象"、"天人合一"的境界，方可称为书法。如张旭在草书中不但抒写了自己的感情，同时"纵横可

◆ 作者书自作诗《重游寒山岭》

象”，表现了自然界各种变动不居的意象，情景相融，给人以挖掘不完的艺术内涵，进入可望而不可即的审美境界。这才是书家追求的最高目标，但这种目标一般人是不易达到的。

（四）书法是形象和抽象的结合，是“势”的艺术

书法是以文字为载体，因此它是形象性的艺术，以文字为依托，构成一种以文字为主体的形式美。另一方面，书法艺术又具有抽象的美，那就是依附在文字点画上的“势”，它是由毛笔书写赋予文字的一种生命的律动，使人们在欣赏书法时会感到一点一画在显示、在运动、在变化，同时感受到其中的情感和美感。那么，人们不禁要问，这种“势”能不能说得更具体一点呢？它的表现形态是什么样呢？笔者要说的是，“势”就是依附在文字点画上能显示一定方向的、动感的、力感的形态，即在文字点画周边形成带有张力的边线，包括点画运动的向背和趋势。这种由毛笔运行过程中产生的作用力与反作用力，在点画上所形成的张力和运动感，凝固在平面的静止的文字这个空间形式中，形成了一种能显露作者情感、节律等丰富内容的视觉式样，这就是书法的“势”。按照鲁道夫·阿恩海姆《艺术与视知觉》所说：“视觉式样实际上是一个力场……没有一个地方不受这个力场的影响。”书法的这种“势”，就是这样一个“力场”，它在书法作品中无处不在，既形象又抽象，既整体有序又含蓄开放，所具有的力量感、运动感与节奏感，体现了生命形式最基本的特征——力量和动态。因此书法的“势”，不仅完全改变了文字点画框架的原本形态，同时使生硬死板的文字生成为“内涵丰富的生命活体”，具有神、气、骨、肉、血的艺术式样，形成真正意义上的书法。因此，“势”自然成为书法艺术的本体美。文字不能替代书法，只有当毛笔的轨迹改变了点画的形态，形成了能激发美感的“视觉式样”，在文字与文字之间产生了“势”，这时的文字才成为了书法的载体，“势”与文字融为一体，这种文字就转化为书法。当文字离开了“势”，文字就枯槁而没有了艺术性，失去了生命力，也就不存在书法艺术了。从这一点来说，“势”是书法所独有的，是书法艺术美的本体，也就是说，书法是“势”的艺术。现在不少人对书法的表述不尽相同，认为是线条艺术、造型艺术、空间艺术、表现艺术、抒情艺术、再现性艺术、意象艺术等，都说对了某一部分，忽略了书法艺术的本体和本质，不是隔靴搔痒，就是失

之偏颇，未能抓到书法的根本。如果我们回过头看一下中国书法史，就可以发现早在东汉，作为书法艺术自觉标志之一的崔瑗《草书势》，就是第一个以理论形态引入“势”这一命题来论述书法的。书法已从表意层面，提升到艺术层面，“势”既在“法”中，又在法外，既有一定的法则，又因时而变。它处在活局之中，不拘定法，有所变易，有定而无定，有法而无法，时时给人“奇怪生焉”的享受，其书法之妙，可见一斑。正因为如此，在汉魏六朝相当长的一段时间里，“古人论书，以势为先”，“势”几乎就是书法艺术的代名词，其内涵囊括了书法本体的所有方面。正因为古人对书法精辟的理解与实践，才形成了集中国民族智慧的书法艺术的根本。

（五）书法对传统文学艺术做出重大贡献

在中华民族诸文艺样式中，最早能够“艺术的自觉”，如

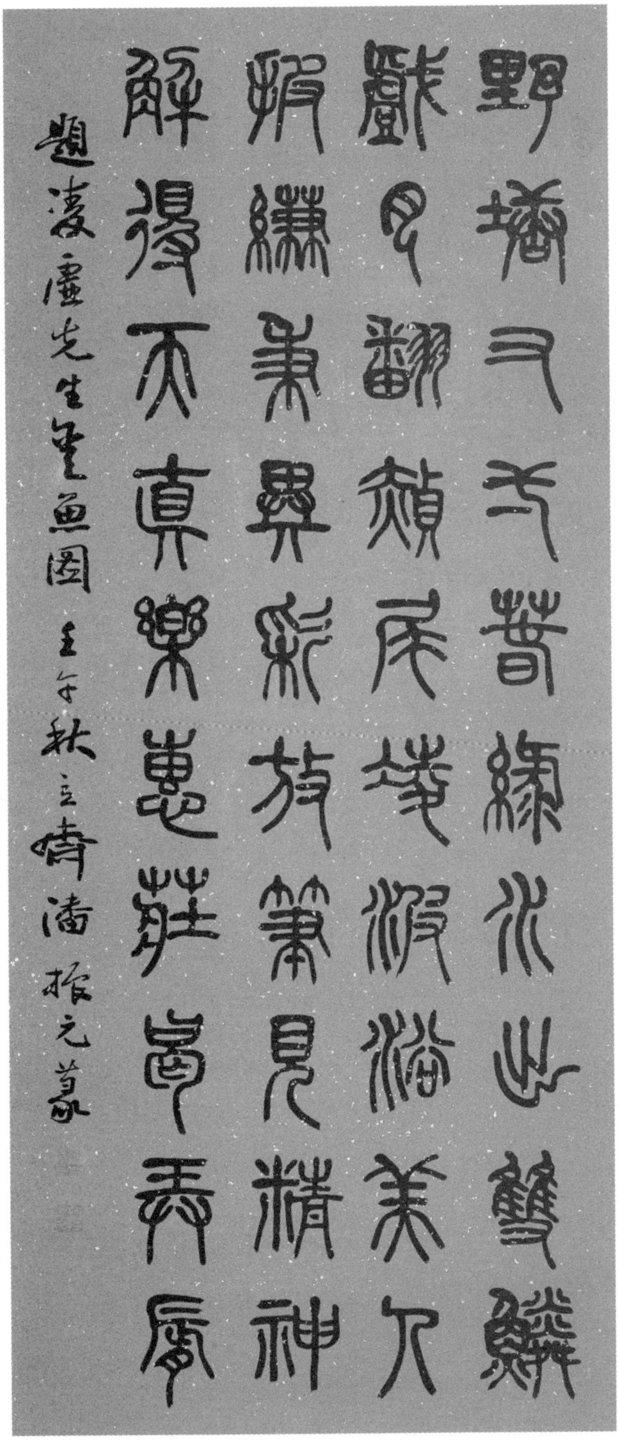

◆ 作者书自作诗《题凌虚金鱼图》

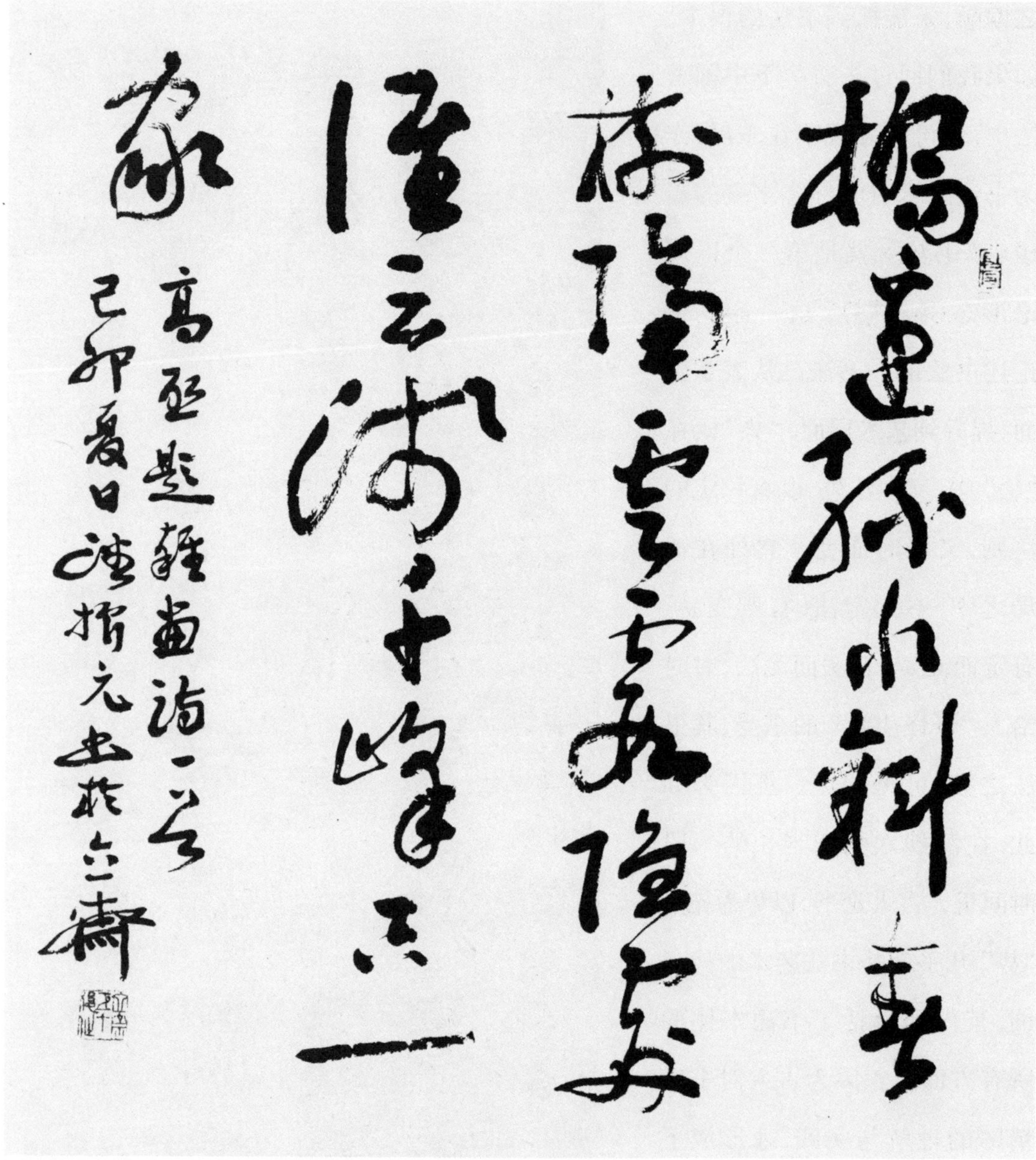

◆ 作者书《高启题杂画诗》

同鲁迅说的“为艺术而艺术”，当数书法。尽管音乐舞蹈出现得更早，但音乐舞蹈在很长一段时间内主要是为教化服务。书法至两汉开始发达、成熟，走向自觉，与其他文艺样式相比，虽然出现较晚，但它在发展过程中率先有革命性的变化，率先形成成熟的理论体系及其书法美学，对于诗歌、文学、音乐、舞蹈、绘画等走向成熟，起到了导夫先路的作用。

带来这个革命性变化的，关键性的书体是草书。在“独尊儒术”的汉代，“发乎情”必须“止乎礼”，情是被规范了的，“心”是被压抑的。在这样的背景下，文学艺术的发展受到抑制，受到控制。随着纸、笔等工具的进步，草书首先从束缚中挣脱出来，追求的是简略和便捷，由复杂向简单转移，繁多向俭省变化，努力摆脱“古法”。崔瑗在《草书势》中，从理论上率先倡导摆脱“古法”，突破前人格式，提出了“志在飞移”的主张。这里的“志”是指书写者的情感状态，“飞移”是指下笔的动势和变化。这样，文字的书写，不再是记忆性、知识性、技术性的操作，而是一种心与情的抒发和形象跨越的追求，是书法转向艺术的自觉，这在当时是一个革命性的变化。在这种情况下，出现了杜度、崔瑗、张芝等一批“超世绝俗之才”的草书名家。张芝“转精甚巧，凡家之衣帛必书而后练之，临池学书，池水尽黑”，这种类似疯狂的苦练、忘我的痴迷，表明他已自觉把草书当作了一门艺术。像他那样的，当时还有罗叔景、赵元嗣等，一起被“见称于西州”，而且还有一大批追随他们的弟子。赵壹《非草书》有这样的描写：“专用为务，钻坚仰高，忘其疲劳，夕惕不息，昃不暇食，十日一笔，月数丸墨，领袖如皂，唇齿常黑。”他们对草书的痴迷和疯狂，几乎到了“臂穿皮刮，指爪摧折，见腮出血，犹不休辍”的地步。这一群体在当时声势之浩大，震惊了整个文坛，使中国书法开始进入纯形式美的追求和情感高度自由发挥的时代。思想的解放、性灵的发挥，随之而来的是书法美学的成型和系统书法理论的大量出现。除崔瑗的《草书势》外，还有赵壹的《非草书》，蔡邕的《笔论》《九势》等理论著作，书法出其不意地走到了其他文艺样式的前面。

书法艺术的自觉，对其他文艺样式产生了积极的影响，甚至可说做出了特殊贡献，主要反映在以下两个方面。一是在书法影响下，开始了“文学的自觉时代”。在蔡邕去世四年后，文学史上著名的建安时代才开始，一百年后才有陆机的《文赋》。在美术史上，再过了一百年，才有顾恺之、宗炳等较有系统的画论问世。二是草书引发了美学观念的变革，推动了文艺理论的进步。我们从文学、绘画中涌现的新思想、新观念，可以看出，大多是从东汉的书法理论中撷取和引申出来的。如曹丕反对“贵远贱近”的观点，

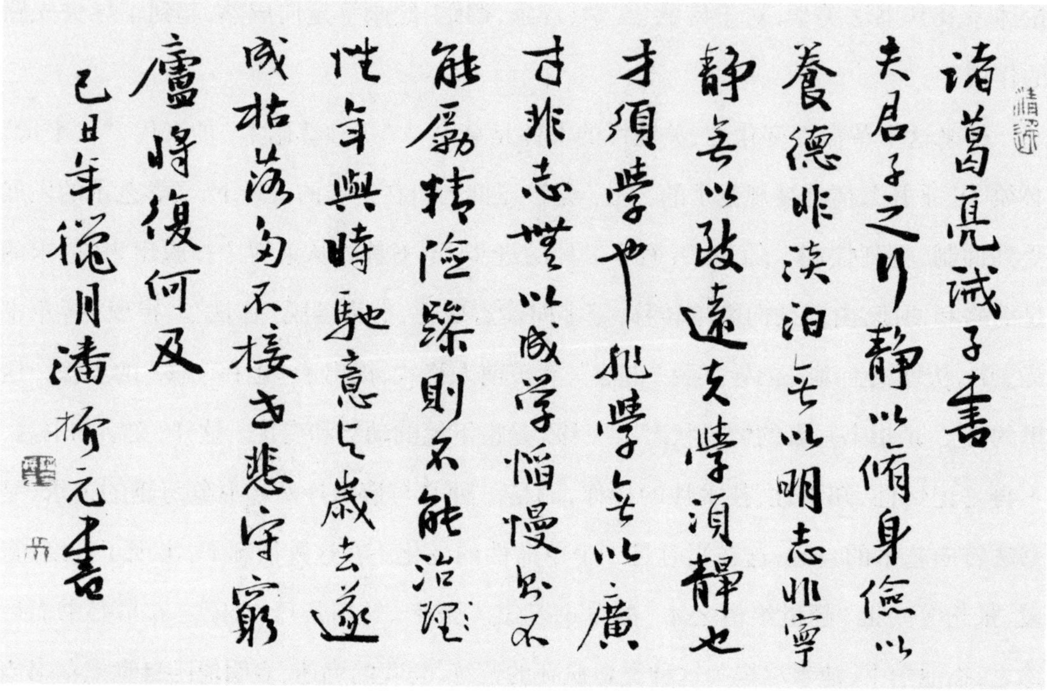

◆ 作者书《诸葛亮〈诫子书〉》

缘自崔瑗的“岂必古式”观；《文心雕龙》提倡的“变则可久，通则不乏”，应是受崔瑗《草书势》“方不中规，圆不中矩”观念的启发；陆机《文赋》提出的“缘情”说和“会意”说，与蔡邕《笔论》“先散怀抱，任意恣性”相贯通；谢赫的气韵论以及宗炳的“自然之势”，应取诸蔡邕《九势》“势来不可止，势去不可遏”，“自然既立，阴阳生焉”。略举一二，足以说明书法理论的开创性以及“引夫先导”的作用。

二、怎样欣赏书法

书法作品较早就被人们欣赏和保存，可推溯到西汉末，陈遵的尺牍已成为欣赏对象。陈遵“性善书，与人尺牍，主皆藏去以为荣”（《汉书·陈遵传》）；张芝的草书，“寸纸不遗”（《墨池编》）。同样，作为善书的曹操，曾不遗余力地收集梁鹄的书法，将其“悬著帐中，及以钉壁玩之，以为胜宜官”（卫恒《四体书势序》）。在汉魏动乱的战争年代，曹操依然在军帐中品赏书法，说明书法已由实用功能进入欣赏与寄情的阶段，士大夫们不仅“优游偃仰，可以自娱”，同时，通过对书法的观赏与联想，既可以从中得到启发，调节情绪，修身养性，又可以动中求静，静中获动，从而起到“运筹帷幄之中，决胜千里之外”的作用。这至少说明两点：一是书法的欣赏性，二是书法的功能性。古代如此，到了当代，书法艺术的实用性不断减弱，但它的欣赏价值依然。好的书法作品，可以传达思想，交流感情，培养人的情操，提高人的修养，陶冶人的性情，美化人的环境，激发人的审美情趣，成为人的一种精神寄托。同时也成为收藏的一个重要类目。

那么，如何去欣赏书法呢？大致可归纳为初看、细读、联想、感悟四个过程。

一幅书法作品对一般观赏者来说，从墨色浓淡、静动刚柔、字形组合到分行布白，会构成一个粗略的整体印象，会有自己的欣赏视角。而对懂得书法的爱好者来说，在作品乍看之间，其视觉冲击力、神采如何、用笔好坏、整体效果，瞬间就会形成一个初步的审美判断，产生初看的第一印象。这是欣赏书法的第一步。

◆ 颜真卿书《裴将军诗》局部

接下来，多数人会边看边读书写的内容，实际边读的过程中是在进一步细读并赏析每个字，会注意到字的结构变化、用笔方法、章法处理和书写特色。如果书写的内容引起了共鸣或受到启迪，就会进一步增强观赏的兴趣，加深对书法作品欣赏的层次，在欣赏书法形式美之外，同时欣赏书写的字义美，起到文与字相得益彰的审美效果。这种细读是欣赏书法的第二步。

对于一般欣赏者来说，完成这两步，欣赏就到此结束了。但对于懂得书法的人，面对一幅非常精彩的作品，那么真正的欣赏才刚开始，他会自然地进入第三步，会透过作品的结体、用笔、章法展开翩翩的联想，会联想其渊源、家数、流派，曾临习过哪些碑帖，受过哪些名家影响，反映出何种气息，作者在抒发什么样的情感，作品表达出什么样的意象，也会联想作者的人品，与以往见过他的那些作品作比较，等等。总之，作品水平和欣赏者修养越高，联想越丰富越深入，越使人反复凝视而不愿离去。此时，欣赏者所凭借的已不是“字形”而是“神采”，张怀瓘《书断》说的“深识书者，惟见神采，不见字形”，就是指这种欣赏状态。因此可以说，联想的过程是书法欣赏的主体。

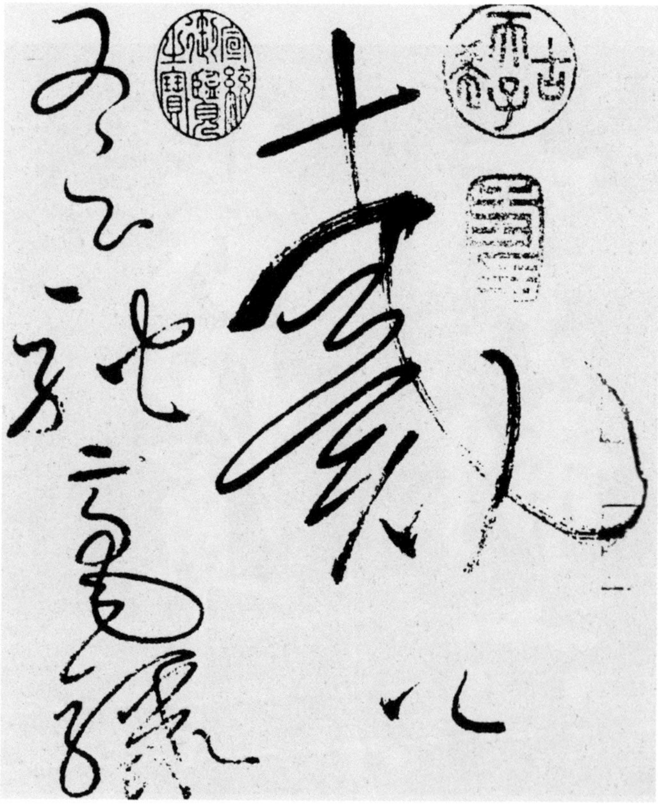

◆ 怀素书《自叙帖》局部

最后是感悟，包括两层意思，一是感受，二是领悟。应该说，欣赏书法如同欣赏诗歌一样，诗无达诂，只能仁者见仁，智者见智。欣赏者在联想中会不同程度地发掘作品“内在的显示”，从而体验到崇高、悲壮、振奋、愉悦等心绪，得到美的享受。或许，也会脱离有序的联想，瞬间出现意外的领悟，一种意想不到的境界出现在面前，突然主体的、强烈的体验刹那间占据全部身心。这种欣赏中的突然感悟，有时是“心悟非心，合于妙也”，真有点不可言传。

从上述的书法欣赏过程可以看到，欣赏书法必须要具备一定的基础。从某种角度来讲，学习书法必须先提高自己的眼力，在审美能力提高后，书写能力才会相应得到提高。书法欣赏具有同样的道理，必须锻炼自己的眼力，才能提高欣赏能力。有些人认识不到这个问题，只知练字，不知提高眼力，结果写了多年仍未能进入殿堂，其原因就是没有提高审美能力，从未重视对书法细节的琢磨和欣赏，以致粗求其形而未得其神，看似貌合，实则神离，始终在书法艺术的门外徘徊。书法作为一门艺术，不经过长期训练，就不能真正了解“个中三昧”。同样，听京戏，读唐诗，品名茶，有人为之陶醉，有人却感到味同嚼蜡。只有知其味、入其味，才能品其味。书法同其他门类的艺术欣赏一样，是人的一种高级精神活动，它需要文化积淀。没有这种修养，便没有欣赏能力。因此，书法欣赏要有一定的前提和基础。

那么，如何学会欣赏书法？

一是有条件的要亲自实践，深入了解书法的美。俗语说，要知道梨子的滋味，就要亲口尝一尝，通过书法实践，懂得书法的意味和妙处。

二是要了解一点书法史，知道书法的发生和发展，每个时代的特征及其代表书家的风格特点。这样的欣赏才不停留在表面，而能看出每幅书法作品继承了哪些传统，学过哪种体、哪本碑帖，它又有哪些创新，有哪些是作者自己的东西。如果是学习书法的人，同时也能明确自己的创新方向。

三是要多读一些各个时代书法名家的碑帖经典，了解这些书家的风格特征，这样欣赏书法，就能看出这幅作品在笔法、结构、章法等方面的艺术脉络与传承，就容易看懂这幅作品丰富的内涵，就能进入书法欣赏的状态。从某种程度上讲，你对历代碑帖看得越多，你对书法的欣赏越有深度和广度。

四是要结交书家朋友，多听行家对碑帖、书法作品的评说。可直接锻炼眼力，这是单从书本上是学不到的。

五是书法欣赏的具体步骤要从整体、局部、细节三个环节逐步展开，重点看新意、看特色、看功底。

书法欣赏的具体步骤，分别解析如下。

（一）看整体

首辨气息。当拿到一张作品，首先注意作品整体的神采、气势、韵味与风格。好的书法作品一眼看过去，往往眼睛一亮，为之震慑，这就是神采、气势起的作用。这里包括新颖的风格，或奇特的章法，或深厚的功力，而主要的是书家的精神、性情、气质和天赋，它决定了作品气息的雅俗和神采。古人说："凡论书法，首辨雅俗。"字是有雅俗之分的。

所谓"雅"，指书家高雅清逸的审美趣味和不同凡俗的审美习尚，表现为书法作品中纯正典雅、合乎规范的风格特征。因此书法作品风格以正统、高古的为雅。所谓"俗"，指书家粗鄙浅薄、庸常低级的审美趣味和矫揉造作的习气，表现为作品中平板佻浮、肥钝秽浊的风格特征。因此凡庸俗、浅俗、时俗、粗朴的为俗。这种雅与俗，无关书法的狂野与工整。张旭随心所欲不逾矩的狂草，不管如何狂放，都会是雅的，因为他的狂放，仍然符合书法艺术的规则。而一个没有任何功力与特色的，写得再工整往往仍是俗的，因为他缺少书法艺术的传承与积累。古代认为，书卷气为雅，市井气为俗。刘熙载《书概》说："凡论书气，以士气为上。若妇气、兵气、村气、市气、匠气、腐气、江湖气、俳气、门客气、酒肉气、蔬笋气，皆士之弃也。"书法以"士气"为上，求其高雅、优雅，而与之对立的十二种"书气"，皆因其庸俗，为人所弃。这种雅俗观，当然体现了封建士大夫阶层的审美要求与价值观念，但其中也确实反映出了书法艺术价值的高低与鉴赏的标准。因此书家都趋雅避俗，历来崇尚晋人书法的雅韵，那种超脱空灵的胸襟，那种风行雨散、润色花开的书艺，那种冲淡萧散的神韵，长期被奉为追求的典范。同样，凡没有特色、没有个性、没有功力的作品，就称之为俗。譬如过去一个账房先生的字，由于他缺少在书法艺术上的探索，加上他带有行业的习气，文字中往往夹杂了一些特殊的专用符号，即使他的字写得再好，也会被士大夫们视为江湖气。然而，在书法艺术发展的长河中，却是不断地发生先俗后雅，由民间流行到规范提高的情况。因此古代流传下来的民间书法，至今还值得现代人去借鉴与参考。但作为一个初学者，那必须一开始就要摆脱粗俗，追求雅洁，所谓"取法乎上，仅得乎中；取法乎中，仅得乎下；取法乎下，所得下下"。因此，对书法欣赏者来说，就必须懂得分清雅俗，才能分辨书法艺术的高低与优劣。

次辨风格。书法风格是属于审美范畴，主要是指作品中所表现出的具有独特意义的审美趣味及其艺术特色。因此对书法欣赏来说，乃是不可或缺的部分。书法风格涉及很多方面，这里重点介绍金石气和书卷气。

金石气和书卷气，实质反映了刚与柔，代表了书法艺术最基本的两大风格，显示两种不同的美、不同的审美特征。书坛上所谓的"北碑"和"南帖"，其艺术风格主要的区别也就是一刚一柔。

所谓"金石气"，"金"指金属，泛指各种铜器铭文；"石"，指石刻文字，包括各种碑、志、造像记、摩崖刻铭等。金石气总的表现为雄健、凝重、朴厚、豪放、峻拔、粗犷、阔远、瘦硬、奇崛等，显示出一种古意，包括强劲的力度、剧烈的运动，属于美学中崇高美的一路，给人以振奋和警觉。金石气作为一种风格，不管是倾向于北碑还是南帖，只要书者有所追求，都能在作品中显现出雄强的书风，如在颜真卿的《裴将军诗》，王世贞评其"书兼正行，体有若篆籀者，其笔势雄强劲逸，有一掣非同寻常千钧之力，拙古处几若不可识，然所谓'印印泥''锥画沙''折钗股''屋漏痕'，盖兼得矣"。

所谓"书卷气"，是指书法作品表现出来的优雅、流畅、秀丽、清淡、自然、遒劲、灵巧的形式美感，显示出相对的静止平稳、委婉曲折的神韵，属于美学中优美的一路，令人安适悠逸。古人强调这种"书卷气"时，往往包含了所谓的"学问气"，即具有深层的人文内涵。书卷气书风的代表，当数王羲之，以妍美、优美著称。但在历史上也受到过责难，张怀瓘《书议》说："逸少草书有女郎才，无丈夫气。"这一批评可能仅针对某一书体或某一件作品，但总体上来说，王羲之草书柔多于刚，但并不等于说，王羲之没有刚健的书法作品。梁武帝萧衍评王羲之就有"如龙跳天门，虎卧凤阙"的赞言。刘熙载《书概》也说他"力屈万夫，韵高千古"。对一个书家来说，虽然不同的阶段有不同的取舍，有时刚柔是很难分开的，刚柔兼顾，往往也是很好的选择。

生活本来就有刚有柔，人们审美也需要有刚有柔，刚与柔会带来不同的审美感觉。人们可以有偏爱，但不能厚此薄彼，毛泽东就说自己"偏爱豪放，不废婉约"。由此可见，刚柔不是对立的，它们往往是结合在一起的，即所谓"寓刚健于婀娜之中，行遒劲于婉媚之内”。所以学帖的也要学一点碑，学碑的也要参一点帖，刚中有柔，柔中有刚，刚柔相济，相得益彰。或碑突出一点，以碑融帖，外刚内柔；或帖突出一点，以帖融碑，碑帖结合，外柔内刚。这可以丰富书法艺术的表现形式，适应艺术审美的差异性，同时也为书法变革开辟了一条新路。

在这方面，清代书家做出了很大的努力。他们在金石碑刻中，发现了与帖学迥异的趣味，如金石中斑驳残缺的意味、风化苍古的意味、金文浇铸的意味、碑版刀刻的意味等。针对这种不曾有过的美感，他们竞相效摹，并将其意趣融入笔法，创造了清代碑学书风和新的审美境界。清初的金农，首先摆脱了一两千年帖学的羁绊，以碑版的风规自立门户，从汉隶中衍化为行书，表现“生”“拙”的金石神骨，古朴而生动，苍逸而厚重，这种由柔变刚的审美效果，在帖体中是从来没有出现过的。金农开创性的风格以及产生的示范效应，使其成为碑派行书的先行者。同样，何绍基的行书，由帖入碑，所形成的巧拙、朴妍、正奇等金石趣味兼具的行书，对后来也产生巨大影响。

除了气息、风格外，看整体还需要看什么呢？俗话说：“外行看热闹，内行看门道。”真正懂欣赏的，就像看戏一样，戏迷关心的不是戏的内容，而是演员怎么唱，怎么表演，即欣赏的是演员唱、做、念、打的功夫。书法欣赏者也一样，不是关心写什么内容，而是作品的神韵、新意和功力。功力的审美价值，在于它的不可伪托性，不是下苦功、有天赋、有悟性、有识见、有意志毅力者，是不能获得的。因此书法欣赏中，除了气息、风格外，功力是非常重要的一个因素。我们常说，熟能生巧，所谓“巧”，就是那支笔挥运中留下的墨迹，所产生的令人惊叹的奇妙。它可以使两度空间的点画，产生出三度空间的效果；凝固的点画，有挥写时的运动感；点画组合的文字，有“若起若卧，若飞若动”一样的立体感形象。而缺乏功力的人，虽用一样的笔，写同样的字，效果完全是另外一种样子。

欣赏者首先凭自己的感觉去捕捉整体美，张怀瓘《文字论》说：“诸子于草，各有性识，精魄超然，神采射人。”那么，神采是怎样产生的呢？来源于书写者熟练的技巧、笔下的功力和才性。写来得心应手，才能显示出技能和功力的效果以及书者才气、性情所张扬的美感。这种美感，不仅使人觉得点画有力，骨丰肉润，同时使人觉得俨然有人的精神、气象在，宛如生命，具有书家在作品中表达的主体情意和生命力，才能使作品神采射人。因此，祝允明说："有功无性，神采不生。"也就是说，书法的功力和情性，两者缺一不可。书家既要有深厚的功力，又要全身心地投入，充分施展自己的才性，要将诸多方面结合得好，如天人合一，笔力行空，精魄超人，才会神采射人。实际作者的"功"和"性"，在作品中已化为一种精神、一种气概、一种闪现生命力的风格。且以颜真卿的《祭侄稿》为例，这幅作品是颜真卿五十岁时所写，大气磅礴，笔力重实，力透纸背，从"俾尔传言"开始，伤切哀婉，笔势激越，悲愤之气溢出字面，每个字都渗透了作者的血和泪，最后到"哀哉尚飨"结束为止，行尾侧右，略带斜势，宛若惊龙入海，忽然隐没，字尽而意不穷，给人以无穷的遐想。整幅作品有一种气壮山河的博大气概，神采灿耀，被誉为"天下第二行书"。

（二）看局部

在整体欣赏后，就要看局部了，看字与字之间的虚实，行与行之间的相互排列和呼应，看行气与章法之间的气韵，看有什么特点和变化。孙过庭《书谱》说："一点成一字之规，一字乃终篇之准。"写字要一意贯气，包括笔法、节奏、取势以及用意等，都要一气呵成，内接一字之气，外启一篇之韵，气脉贯通，气势充盈，神采焕发。如果一行字中连续几个写得一样大小，状如算子，会缺少行气和动势，显得死气沉沉，无神采可言。因此，每一行字的大小长短，都要随机生发，适时而变，保持上下左右之间的照应变化。五代时，杨凝式在章法上做了大胆的革新尝试，他的《韭花帖》排列宽博，给人一种疏朗的艺术感受。气韵是历代书家追求的一种艺术境界，如怀素《自叙帖》的每一行字，不依每个字的中轴来贯气，它可以使下一个字占据上一个字的部位，也可以这一行的字，占据了左右行的一些空间，行与行之间的借让关系，在字幅的整体上，产生了饶有韵趣的奇妙效果。又如黄庭坚的草书善于制造矛盾，打破局部平衡，突破字字求平衡的束缚，将两个以上字组成一个个小节，虽然字写得很险绝，但在一组字中，由于字与字的互相搭配和衬托，显得平衡稳妥，毫无欹仄之感，却有无穷的韵味。

（三）看细节

看细节重点围绕四个方面，即笔法、形态、骨力、构成。

先说笔法。笔法是蕴藏在书法点画中带规律性的方法，甚至可以说是一个用笔的法则，表现在起笔收笔以及用笔轻重、快慢、偏正、曲直的一种方法。张旭说：“始吾见公主担夫争路，而得笔法之意。”黄庭坚说：“元祐间书，笔意痴钝，用笔多不到，晚入峡，见长年荡桨，乃悟笔法。”从上面两则故事中可知，古人对笔法的重视。我们欣赏书法，必须对作者的用笔进行观察，从字的方圆、轻重和节奏中去体察书者的用心，体察他的功力和妙处。例如，我们看王羲之的行书，一定要认识到他创立的切笔、折笔、侧锋、一波三折等用笔方法，才能知道他为什么会成为“书圣”。如他的切笔，在横画入笔时，侧锋切入，所谓“欲横先竖”，横画的入笔处露出极微小的锋颖，呈现出自然而然的“裸露”之美，同时可以看出入笔后一个非常清晰的方向转换，显现一种偃仰起倒的笔锋变化，这种新法改变了过去“直入平出”的古法，迅速在当时流行起来，成为行书的用笔原则。包括侧锋，这是一种介于中锋与偏锋之间的一种用笔方法，落笔与运笔过程中都可使用，起笔能起到方劲犀利的效果，运笔中使用可得“侧以取妍”的块面效果。侧锋用到行书后，使用笔与线形产生无穷的变化。虽然，用笔方法有很多，作者可以有所创新，但笔法总的目的是点画线条达到完美。如果作品只求气势，任笔为书，笔法不到位，点画不完美，终觉缺憾而不是上品。

次说形态。古代对点画形态有很多忌讳，如五病、八忌、牛头、鼠尾、蜂腰、鹤膝、竹节、棱角、柴担、折木等，这些是在书法中要避免出现的病笔。作为欣赏者，应该懂得辨别这些病笔。作为书写者，要避之而追求完美具有特色的点画。因此，细察点画形态是重要的一环。《书林藻鉴》说：“书以晋人最工，亦以晋人为最盛。晋之书，亦犹唐之诗、宋之词、元之曲，皆为一时之尚也。”例如王羲之的《二谢帖》，用笔轻重变化所形成的点画形态，有“或重若崩云，或轻如蝉翼”之美，尤其最后三个字在轻重变化的戏剧性对比中，达到了全篇的最高潮，给人痛快淋漓之感，一如安徒生童话中小美人舞步般的奇幻节奏，令人迷醉其间，欣然忘返。

再说骨力。书法艺术“笔墨是根本，意境为灵魂”。作为精神产品的书法艺术，骨力是用笔的根本要求，不只是技能上的审美需要，更重要的是基于人的生命形象审美意识的满足。通俗地说，如果一个书家缺乏功力，点画无力，犹如一个有气无力的人、体质虚弱的人，对此人们不会感到美。只有强壮健美的人，才会感到美。同样，富有动感、力感和势感的笔画以及具有力与势的结构，才有美感，因此，人们便以人的生命形质意识来看待书法。李世民说："惟在求其笔力，形势自生耳。"郭若虚说："神采生于用笔。"颜真卿说："力谓骨体。"他们都把力作为书法艺术的根本。因此，历来书法评论家把笔力的高下，作为书法好坏的标准。如朱熹说："笔力到，则字皆好。"梁启超《书法指导》说："写字一笔下去，好就好，糟就糟，不能填，不能改，愈填愈笨，愈改愈丑，顺势而下，一气呵成，最能表现真力。有力量的飞动、遒劲、活跃，没力量的呆板、委靡、迟钝。我们看一幅画，不易看出作者的笔力；我们看一幅字，有力无力，很容易鉴别。纵然你能模仿，亦只能模仿形式，不能模仿笔力：只能说学得像，不容易说学得一样有力。"因为笔力需要反复练习，长期积累，才能真正写出骨力来。

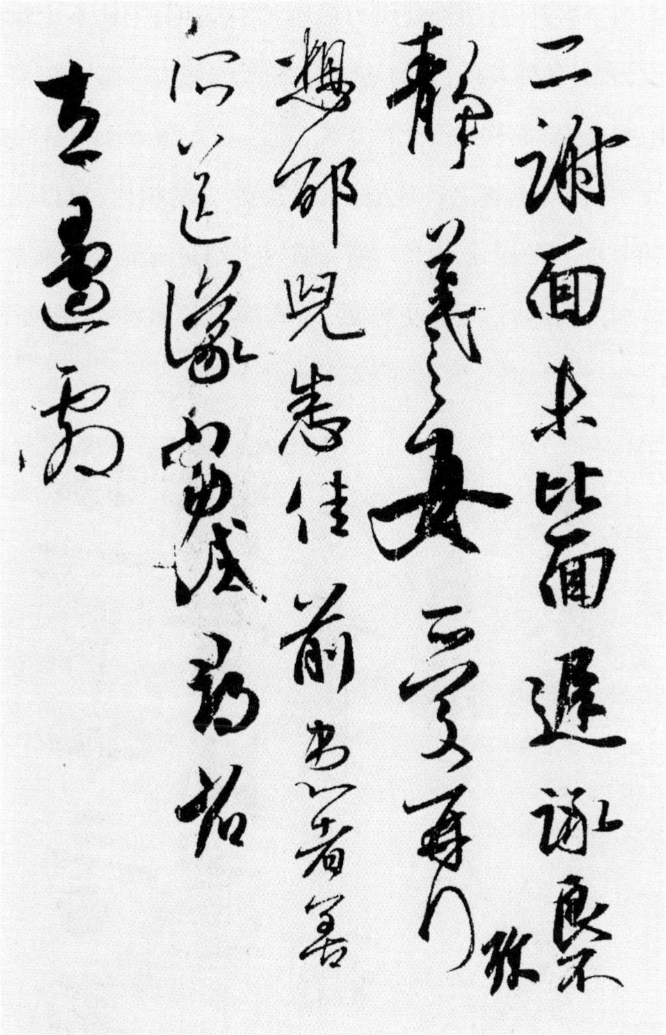

◆ 王羲之书《二谢帖》

学会对"力"的欣赏，就要练眼力，要多看，多做比较。卫夫人《笔阵图》说："下笔点、画、波、撇、屈、曲，皆须尽一身之力而送之。"朱和羹《临池心解》说："用笔到毫发处，亦必用全力赴之，然细处用力最难。”这说明，书法不论粗细刚柔，都需要用力。但总的来说，力有各种表现，力与筋结合，称为“筋力”，带有阴柔之美；与骨结合，骨力果敢，具有阳刚之美。其构成变化的丰富程度，给人微妙而丰富的体验。以王羲之早期的《姨母帖》为例，它与王羲之其他潇洒、妍美的法帖相比，显得相对质朴古拙，它的许多笔画，如“十”“一”的横画，“日”“痛”的转折，都带有简帛的隶意，而且用笔凝重，很少飘逸飞动，特别前面两行，气息更古重，所有横笔长短参差，在姿态的向背中，呈现出工稳中的起伏，古朴与风姿的统一。它还有几个重复的“羲之”“顿首”也写得各不相同，饶有情趣。它的每个字，写得自然、优雅、遒劲而有力，这些细节，可看出大师之作的平和、不凡和卓越之处。

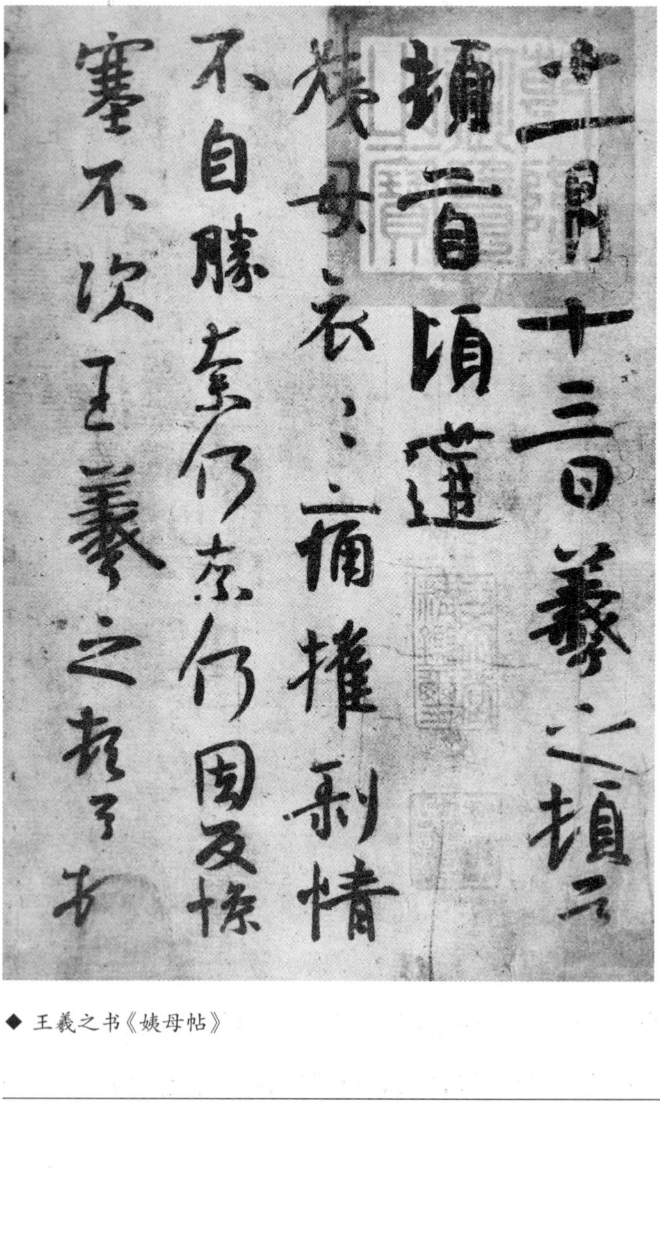

◆ 王羲之书《姨母帖》

三、如何看待现代书法

当中国的传统书法迈入现代社会后，它遇到前所未有的挑战，一个最大的阻力是书写方式的改变，其次是社会文明的进步带来生存观念的转变，这种转变推动了文化观念的转变。个性化的追求、多元化的选择、价值观的转变、审美形式的不断翻新、书写内容的超越、外来文化对书法的影响等，可以说是现代社会为现代书法营造了一个自由表达的空间环境。自由表达是传统书法走向现代的标志。

一个新视野、新观念、新的探索层出不穷的时代，极大地推动了书法艺术的繁荣和发展，但同时流行书风的“千纸一面”以及粗俗书风的急功近利和高雅书风的严重缺失。一些时代的弄潮儿，不再注重功力和法度，不再讲究骨法用笔，他们否定古典书法的精工雕琢与法度完善，承袭原始艺术的简朴率真与无法而法，只追求视觉冲击力和瞬间快感，沉溺于情感恣意的宣泄，以丑为美等，诸如此类，于是引起了一些人的忧虑。在如何对待现代书法问题上，笔者认为，应该采取积极、包容、开放的心态去对待它。事实上，书法艺术的繁荣，已涌现了大批优秀的书法家，这是不争的事实。而且，流派纷呈与多元化趋势是当代书法的一大特征，他们以现代人追求感观刺激的本能，通过独特的审美观，努力反映时代的气息，追求时代的审美形式，形成了各种不同的流派，如经典技法派、新古典派、新文人派、形式构成派、学院派等，他们在传统与现代中进行了各自的探索，对书法的繁荣和发展做出了贡献。其中，有些人意识到发展中的一些问题，在不断地自我调整，在承继与创变，在补充，在完善，在出新，形成了既有现代气息又有传统根底的书法群体。也有的将自由表达和标新立异作为走向现代书法的标志，涌现出搞现代书法的、抽象派的、行为派的、刻字的等书法群体，他们完全摆脱传统的束缚，对传统书法提出了种种挑战；有的借用了传统书法点、线及文字结构等元素，采用新的审美观念和艺术手段，构成了与传统书法不同的审美形式。总之，他们为现代书法营造了一个自由表达的空间环境，他们在点线、结构的自由组合中，进行了完全不同于传统意义上的夸张和变形，有的甚至把现代绘画创作观念引入书法中，用强烈的疏密、虚实的对比、水墨渗化的各种变化以及形式上的各种制作手段，形成别具风貌的作品，满足了现代审美人群的需要。虽然，有的带有探索性的，有的甚至是另类的，但这些作品同样遵循着优胜劣汰、适者生存的原则，最后留给人们的将是优秀的现代书法艺术作品。

行书的形成与流变刍议

行书孕育于春秋战国,形成于东汉,流行于魏晋。它点画舒放,结体多变,没有严格的规范,只是将草书的简约放纵与楷书的拘谨方正在点画和结构上进行融合,形成一种具有动态形质的介于楷书与草书之间的书体。行书又可分为两体,近于楷者,称行楷;近于草者,称行草。因此,它兼有楷书的规矩和草书的放纵,既可浪漫,又可端庄;既可动中求静,也可敛中求放。这种包容性大、可塑性强的特点,具有很高的审美价值,历来为书家所喜爱。苏轼说过,自古以来,工于书者都善于行书。

由于行书没有一套规定的写法,技法上带有不确定性,字形结构也具多样性,因此,自行书流行以来,未有专论其法的。篆、隶、楷、草都有法,唯独行书没有法。因为篆法、楷法等,都可为行书取法,都可为行书借鉴,也都可为行书所融用。对行书来说,既是无法,又处处是法,"诸法归一,随心所用,化变无穷"。由此可见,行书具有最大的自由度,是一种最实用、最简易、最便捷、最通俗也是最流行的字体。

一、行书的形成

行书的形成,大致有以下三方面的因素。

(一)书写工具的改善

在甲骨文时代,甲骨上也有墨迹遗留了下来,线条简单平直,当时的毛笔可能还比

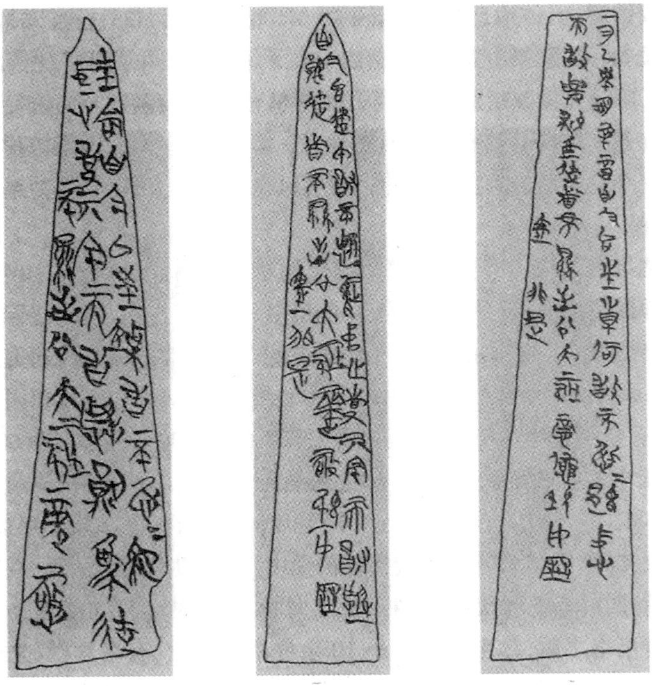

◆ 春秋末年晋国墨迹《温县盟书》

较简单。从出土的春秋末战国初《侯马盟书》和《温县盟书》来看，这种写在玉石上的朱墨书文字，用笔已非常丰富，侧锋入笔，有提按，落笔重，收笔轻，收笔尖而不偏。这批文字初具行书的笔意，说明毛笔的制作已经日趋精良。“惟笔软则奇怪生焉”，软笔的这种可提可按的特点，为行草书的形成提供了可能。到汉末，书写用纸已开始普遍使用，从目前已出土的七次古纸的情况看，除陕西外，都在偏远的新疆、甘肃一带，其中一张西汉时代的《查科尔帖》纸，仅有二十个字，写得草率而不带波挑，行书意味十足，个别字已非常行书化了。可见纸张的使用，有力地推进了行书的演进，以至东汉中期后，在敦煌汉简中，行书已是比较常见的了。

应该看到，书写工具和载体的改进，对书体演进起了重要作用，尤以毛笔的改良最为显著。我们将先秦和两汉出土的毛笔做比较，就可以看到它们在形制上有很大的不同，主要是笔锋的长度与直径的比例。包山楚笔是五比一，睡地虎秦笔约是六比一，居延汉笔是二比一，西郭宝墓汉笔约是三比一。先秦的毛笔细长尖锐，书写只能用锋尖，笔画变化不大，但容易把握。汉代的毛笔则用大料制小笔，笔头深纳笔杆内有一到二厘米，外露的笔锋不长。据考古工作者测定，“汉代毛笔的尖、齐、圆、健是无可挑剔的”。毛笔的性能已得到充分挖掘，笔锋的运动可以在书家理性控制下使转如意，点画线条可极尽变化，这对书体的演进和行书笔法的形成来说，是一个重要的因素。

（二）书写的草化、简化

过去认为行书由楷书演变而来，这个结论已被出土书迹所否定。行书是伴随着隶变与隶书、楷书、草书先后孕育而成的，并且行书的形成早于楷书。古文字学者认为："有了隶书的结构及折笔、方笔、侧锋的诞生，才孕育出后来的楷书、草书和行书。"隶变过程是书体演进的关键，这关键是字体书写中的草化和简化。

现在可以见到最早的隶变实物资料，是秦孝公十六年（前346）矛戟类兵器商鞅镦上的铭文，虽然仍保持篆体结构，但运笔潦草，字势向右下倾斜，已与早期的秦代古隶极其相似，比《青川木牍》还早三十七年。《青川木牍》一般称其为"古隶"，但篆法尚未大变，虽已减少篆引，有些字出现横势，变成横画。这些变化是由书写熟练、运笔快捷的所谓"草化"所形成的。到了长沙子弹库战国墓出土的《楚帛书》，横笔已全部微带波势，收笔下垂，用笔的流动感更强，行书线条正孕育于萌芽状态。

到《云梦睡虎地秦简》，用笔正在突破并摆脱金文的束缚，显得很有生气。点画出现了简捷、短促、潦草、随意、欹斜、牵萦和较长笔画等现象，使笔势、笔顺、连结方式产生渐变，行书线条初见端倪。

到了西汉，马王堆帛书《老子》乙本的篆意已完全消失，结体扁方，一些横画和捺脚的写法与西汉后期、东汉的分书近似。其《相马经》与居延出土的一些汉简，书写非常流畅，已出现无篆意、无隶意的行书线条，甚至偶尔已有单个的行书。

至东汉桓帝前后，已可见到由单个行书、直到成篇的行书。居延汉简中的《永元兵物簿简》、永寿二年瓶，几乎是连篇的行书。这个时期，东汉隶书已成熟，行书亦以新兴书体的形式开始形成。行书伴随着隶变，减少篆引，化圆为方，化曲为直，经历了凝重向流畅的草化和简化的演变过程。特别是到了东汉桓灵时代，因大量典籍税赋记载的需要，便捷的行书开始在下层官吏中流行，东汉末期便登堂入室，进入了中上层社会。

三国时期，走马楼出土的《吴简》，书写虽较草率，但与锺繇的字已很接近。《流沙残简》中晋武帝时的《泰始五年简》，与晋人法帖中的行书相近；楼兰文书《济逞白报残纸》，笔画劲锐，锋芒毕露，字形或方或扁或长，已脱尽隶意，《九月十一日》一纸，点画圆满，

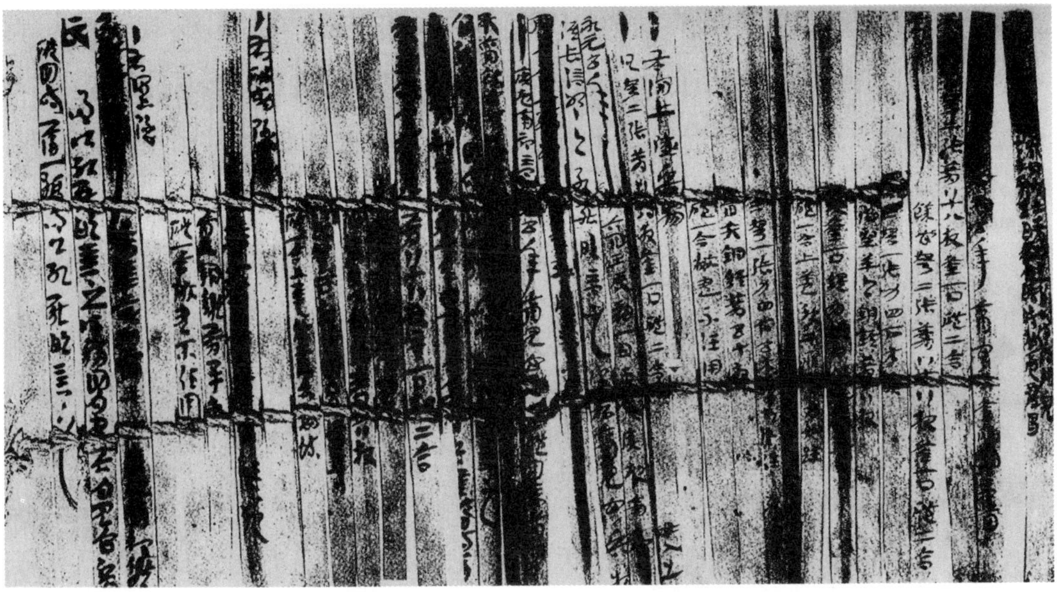

◆《居延东汉永元五年(公元93年)兵器薄简》

略显欹侧之势，与东晋王羲之《姨母帖》、王献之《十二月帖》接近；《汉晋西陲木简汇编》中的《前凉李伯文书》，也与《姨母帖》用笔相近，几可与锺、王名迹媲美(用笔尚未出现"三过折")。行书至晋代，便迎来了它的鼎盛期。

(三)审美的需要

书体的演变过程，与人们书写中追求审美的需求是逐渐结合的。春秋时期的文字，虽然主要功能是实用，但在书写中引发审美效果，促进了审美境界的升华。篆籀的朴实、自然、敦厚，在书写中慢慢露出一点随意和恣肆，逐渐添加一些装饰和美化，加上追求简捷流动之美，运笔速度加快，引发隶变。例如《老子》乙本初露苗头的波磔，笔画化长为短，化直为曲，字势欹侧，已十分明显。之后，逐渐讲究运笔的轻重节律和动势，减少篆引，改变笔顺，简省笔画，变圆为方，变纵势为横势，点画或断或连，完成隶变，则成隶书；与此同时，保留波挑，转折带圆，行笔再加简捷，使点画产生流动美，则为章草；去掉蚕头雁尾，随心信手，无拘无束，点画如行云流水，则成行书。在行书的基础上，再进行规正，则成为楷书。文献记载刘德昇造行书，锺繇制楷，在先后次序上，与实际情况还是相符的。行书的流动美，正如刘熙载说的“简而动”，犹如一泓清溪，缓缓流，徐徐淌，行于其所当行，止于其不得不止，不激不厉。一种书体的形成过程中，都会有意无意地显露其审美追求，留下实用之外的美化痕迹。可见，审美需求不仅是行书，而且是所有书体演变的一个内在动力，并渐渐发展成书法艺术的一种取向。

在行书演进过程中，基本笔法在约定俗成中慢慢形成，逐渐成为一种范式，成为学书者追慕、欣赏的对象，得以传承和发展。我们从汉代赵壹《非草书》的记载中，可以看到当时对笔法传承的热衷程度，“龀齿以上，苟任涉学，皆废仓颉、史籀，竞以杜、崔为楷”，说明汉代已非常热衷传承当时总结出来的笔法。可以说，这种审美需求极大地推动了行书的演进和发展，迎来了魏晋行书发展新的高峰。

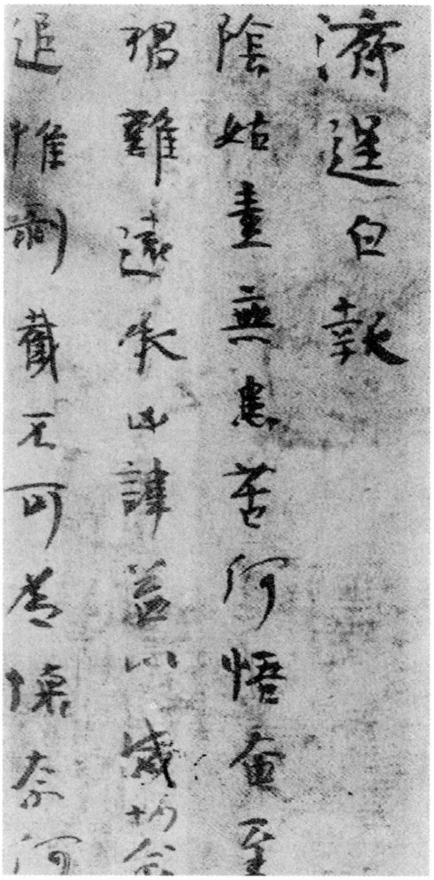

◆ 晋《济逞白报残纸》

新书体的形成，历史上往往归功于某一个人，行书也不例外。张怀瓘《六体书论》说：“行书者，刘德昇造也，不真不草，是曰‘行书’。”这段话有两层意思，一是刘德昇造行书，二是行书是介于楷书与草书之间的书体。在《书断》中，张怀瓘进一步说，刘德昇“以造行书擅名，虽以草创，亦甚妍美，风流婉约，独步当时”，说明刘德昇本人的行书在当时享有盛名。其实大家知道，行书的形成有一个孕育期，在民间要经过多少代人长时期的演化，约定俗成，从萌芽、发展到成熟，最后被庙堂显要和士大夫所接受。客观地说，它需要有一个标志性人物作为创造者，以标记行书的存在。“独步当时”的刘德昇，自然戴上创始者的桂冠，且古人著述多尊古而贱今，托名方能入说。托名仅仅是一种书体开创的标记而已，如仓颉造字、李斯制小篆等都属于这种情况。

二、行书的流变

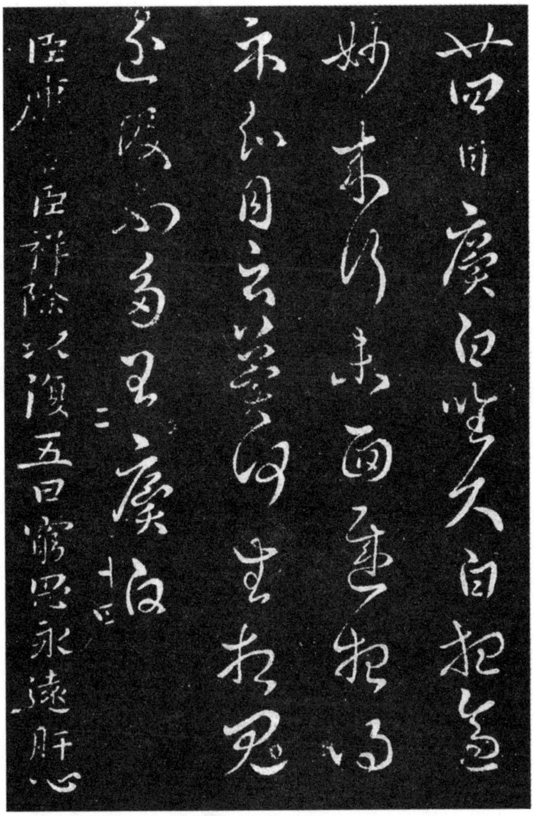

◆ 王廙书《廿四日帖》

行书至东晋时期，经过“二王”的创新，成为士大夫中最流行的一种书体，一千六百多年来，名家纷呈，风格多样。归纳起来，行书经历了三次大的转折。

第一次转折是“二王”对行书的变法和创新。

王氏家族曾被称为“中国第一豪族”，其家族书法传统源远流长，最早可追溯到西晋的王戎、王衍，这对“玄诞兄弟”都是放达的名士，也都以流便、萧散的草书见长。但王戎、王衍兄弟是王氏家族的旁支，王氏正宗的一支是王祥，这一支的书法名家辈出，见于记载的有王敦、王导、王廙、王旷、王珣、王僧虔等数十人。王廙是王羲之的伯父（一误为叔父），多才多艺，诗书画俱佳，在王羲之之前，他的书法首屈一指，工草书、隶书，尤擅飞白，当时人称“王廙飞白，右军之亚”。张彦远说：“晋室过江，王廙书画为第一。”他藏有西晋书法名家索靖的《七月二十六日帖》草书真迹，珍爱无比，后来送给侄儿王羲之。王旷是王羲之的父亲，长于隶书和行书，据说曾从卫夫人那里得到一本蔡邕专论书法技巧的著作《笔记》，藏在枕中，后也传给王羲之。王导是王氏家族中政治方面的头面人物，他师法卫瓘、锺繇，擅长行草，藏有锺繇的真迹《宣示帖》，爱不释手，渡江时携至建康，后也送给堂侄王羲之。可以看出，王羲之生活在一个书法世家，父亲王旷、伯父王廙、从伯王导，都对他作过书法指导，都将家藏的珍本传给了他。另外，身边又有堂兄王劭、王洽等人相砥砺。张怀瓘《书断》说，王洽与王羲之“变章草为今草，韵媚婉转，

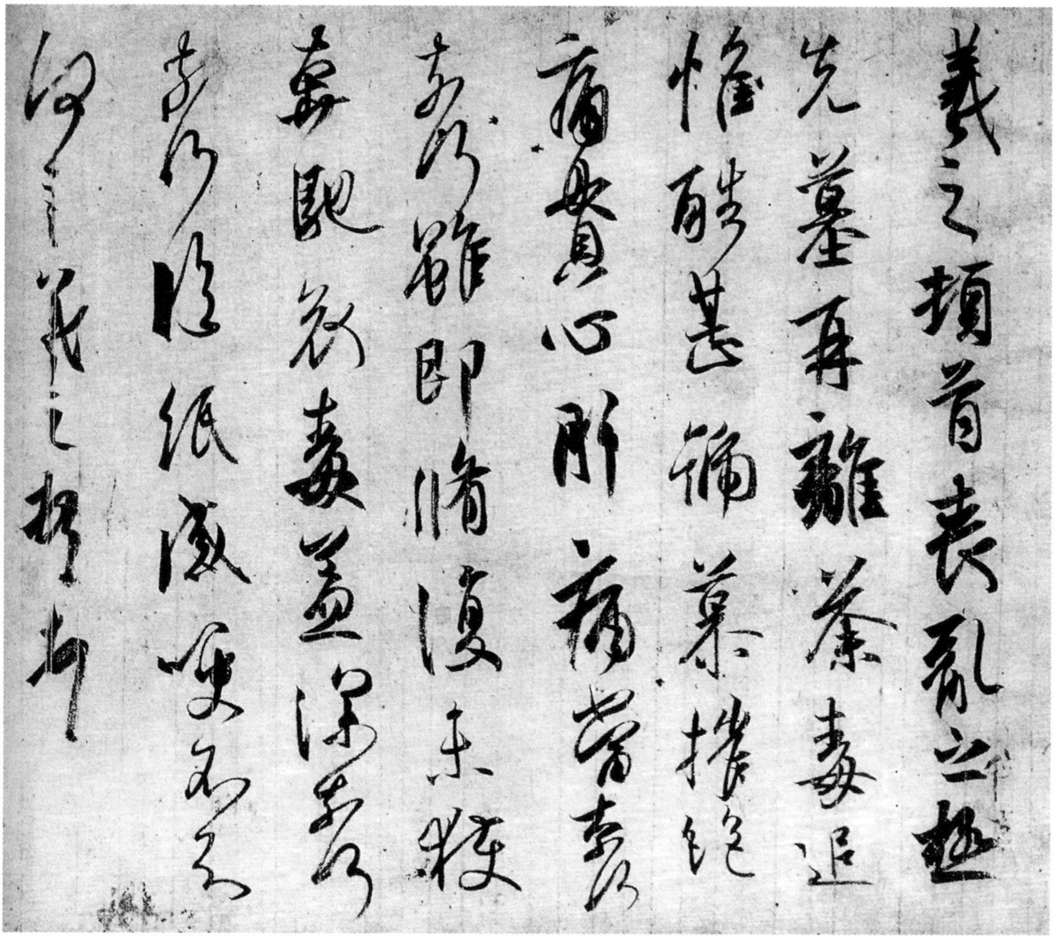

◆ 王羲之书《丧乱帖》

大行于世”。王羲之还经常与出身书法世家的庾亮、庾翼、谢尚、谢安、谢万等交往切磋。同时,王羲之还有一位女书法家卫夫人做其老师。卫夫人是王羲之的表姑,出身自三国至西晋时期最昌盛的书法世家河东卫氏,曾师事钟繇,擅长隶书和楷书。王羲之后来才改师王廙。如果说,王羲之“少学卫夫人”,影响是在楷书及基础训练方面,那么改师王廙后,王羲之的书法造诣得到很大提高,我们从王廙的《廿四日帖》可以看出对王羲之行书的深刻影响。从上述可知,王羲之书法的传承关系有其得天独厚的条件,使他可以博采众长,出奇入胜,变革创新,在书法史上做出重大突破,成为“超锺迈张”的书圣,将行书推向鼎盛时代。

前人对王羲之书法的描述和评价，不外乎两种情况。一是用譬喻的方法进行评价，如《唐人书评》说："羲之书如壮士拔剑，壅水绝流。头上安点，如高峰坠石；作一横画，如千里阵云；捺一偃波，若风雷震骇；作一竖画，如万岁枯藤；立一倚竿，若虎卧凤阁；自上揭竿，如龙跃天门。"李世民称赞他"点曳之工，裁成之妙，烟霏露结，状若断而还连，凤翥龙蟠，势如斜而反直，玩之不倦，览之莫识其端"。李嗣真说他"如清风入袖，明月入怀"。米芾则认为他"浓淡如云烟"。二是各说一端，如萧衍说"雄逸"，陶景宏说"妍媚"，张怀瓘说"遒润"，这些形容是完全从不同角度或针对不同作品作出的评价，仁者见仁，智者见智。由于王羲之书法本身博大精深，涵盖包容极其丰富，故黄庭坚说："右军笔法，如孟子言性，庄周谈自然，纵说枘说，无不如意，非复可以常理待之。"但评价王羲之，关键是他对行书的创新，如张怀瓘《书断》说："右军开凿通津，神模天巧，故能增损古法，裁成今体。"开凿通津，即指开创行书新的笔法和结构形态，形成行书新体，并达到"冠绝古今"的高度，这在中国书法史上具有里程碑的重大意义。

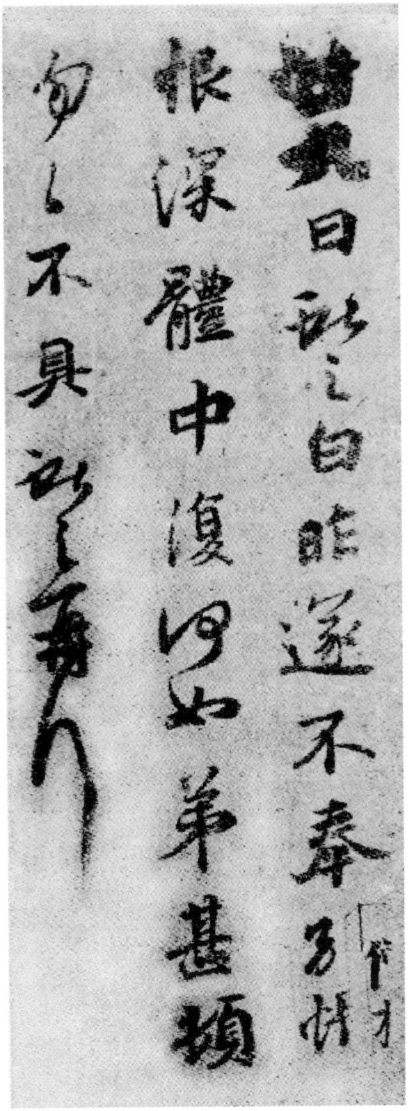

◆ 王献之书《廿九日帖》

王羲之对行书的变法，主要去掉当时行书中遗存的隶书体貌和笔法，"不尔，至今犹效法锺、张"（王僧虔语）。那么，创新具体表现在哪里呢？下面从笔法和体势两个方面作一些分析。

（一）王羲之笔法上的创新，以"侧锋""三过折""内擫""绞转"为代表

"侧锋"是介于中锋与偏锋之间的一种用笔方法。这种笔法始于隶书，王羲之引入行书后，

“侧以取势”,“侧以取妍”,大大拓展了用笔的变化,并将其用至极致,使行书的点画形态为之一变,变得方劲犀利,妍美流便。侧锋在隶书中只是平铺行笔,而王羲之用侧笔,不仅加快了用笔速度与节奏,同时与提按、韧挫并用,节节调整笔锋,侧锋与中锋相互变换。如姜夔《续书谱》说:“笔正则锋藏,笔偃则锋出,一起一倒,一晦一明,而神奇出也。”他采用的侧锋,使点画变化无穷,形态铦锐方硬,又媚美无比,迎合了东晋士人的审美需求,为之竞相赞赏和仿效。

“三过折”又称“三折笔”。王羲之的“三过折”,起笔逆入一折,收笔回锋一折,点画中间一折是施以提按、顿挫、转折等调锋之法,不使笔锋直来直去(包括波画的磔法)。虞世南《笔髓论》说的“覆腕抢毫”,就是指起笔一折的用笔方法。“覆腕”是指落笔时带逆势,“抢毫”即下笔迅疾而毫不迟疑,以斩钉截铁之势直落纸上,并趁势打开笔毫行笔。古人对“三”字,皆作为“多”的约数,意思是点画之间要多用“折”笔。元人《书法三昧》讲得很透彻:“夫作字之要,下笔须沉着,虽一点一画之间,皆须三过其笔,方为法书。盖一点微如粟米,亦分三过向背俯仰之势。”可见“三过折”的目的,在于加强点画的取势和节奏,而不限于“一波三折”的理解。“三过折”加快了用笔的节奏,加强了用笔的顿挫,变换了点画的笔势,完全改变了隶书的笔法和节奏。这是王羲之在笔法上一个非常重要的创造性变革,并十分典型地反映了东晋书法家对节奏的自觉追求。

“内擫”,虞世南《笔髓论·释行》解释说:“其腕则内旋而外拓。”内旋是指落笔紧敛,笔意内收,如同“环转纾结”。“内旋而外拓”是指在内旋的同时,点画又要向外展开,使笔势有力,骨气十足,同时可使体势和点画间转折的棱角加大变化幅度。

“绞转”是笔毫如绞,裹中带转。绞转的运笔与隶书转笔,有很大不同,运笔向内打圈,且多用侧锋,结合提按和转笔,点画形成有棱角变化的块面。这种作弧形打圈的用笔,为王羲之首创,其曲线的遒劲之美,大大增加了点画“妍美”的审美特征。在王羲之晚年作品中,这些笔法最明显,可作为鉴别王羲之早晚期作品的一把尺子。凡是没有“三过折”和“绞转”用笔的,当是王羲之壮年之作,如《姨母帖》等,这些作品在用笔上,一般保留不少古法,转多而折少,还残存隶书的一些遗意。

(二)体势上的创新

"意",除有"意象"之义外,笔者认为主要是指点画用笔上的"意",即对每个字的阴阳向背,极尽其变化,即所谓"阴阳既生,形势出矣",使每个字在体势、用笔和姿态上都各臻神妙。王羲之在体势上最大的创新特征,首先就是有一种生动的欹侧之势,笔画左低右高,欹正相生;其次是错落有致,顾盼有情;再次是结体擒纵开阖,字字不同,并且这种变化是那么浑然天成。赵孟頫说:"大王字势,古法一变,其雄秀之气出于天然,故古今以为师法。"雄为壮美,秀为柔美,兼有两者是极其难的。雄要具备胆量骨气,秀要有很高的修养和灵气,力与美才能在书法作品中同时显现。然而,真如欧阳询所谓"尽妙穷神,作范垂代,腾芳飞誉,冠绝古今,惟右军王逸少一人而已"。现存王羲之摹本中最精彩的《丧乱帖》,就是一件体现他风骨的作品,代表着他晚年的书法风格,堪称神品,任何人任何作品都无法可以取代,其结构的变化、毛笔性能的发挥、用笔的细腻、变化的丰富,都出乎人们的想象。

另外,将今草的草法、草势引入行书,也是王羲之行书的新特点,而且还将今草体中的连体字(有人称为"字群结构"),直接嫁接、移植、运用到行书中,如"奈何""顿首"等带有简省笔画的连体字,都是王羲之的创制。

王羲之的行书,以《兰亭序》最为有名,争议也最多。它没有真迹传下,如今看到的都是临摹本,其中最有名的是冯承素的神龙本,勾摹细腻,最能体现王羲之原字的用笔和结构。尽管对神龙本的真假还有争议,但其笔姿变化多端,内涵蕴笔力之劲健,外不耀争折之险绝,正以取劲,侧以呈妍,正侧相发,转换灵动,流畅匀和,自然含蓄。这样的作品,智永是肯定写不出来的。但由于是唐代临摹本,难免留下唐人的气息和用笔习性。因此在气息上不像晋人,在笔法上与王羲之的其他作品有些不同,用笔的小动作较多,与唐人的行书相近,以致引出后人的猜测和争议,正如张宗祥说,《兰亭序》"似乎是可以看成是唐代人的,骨架是王羲之的"。

下面再谈一谈王献之。王献之是王羲之第七个儿子,也是行书大家,与王羲之并称"二王"。他是一个创新意识非常强的人,传说在他十五六岁时,就对父亲说:"古之章草未能宏逸,今穷伪略之理,极草纵之致,不若稿行之间,于往法固殊,大人宜改体。"可谓是胆识过人。因此他能在行书方面有新的发展,确立了"非真非草,离方遁圆"的行草样式，书论中称作“破体”，即介于楷书与行书之间的行楷体和介于行书与草书之间的行草体。这种新书体又被称作“大令体”。

他的行楷作品以《廿九日帖》最有名，楷书略带行书意味，用笔收放自如，灵秀洒脱。行草作品以《鸭头丸帖》最有名，行笔时疾时徐，笔断意连，使转自如，一气贯之，痛快淋漓，其使转与游丝之妙，张怀瓘评为“子敬才高识远，行草之外，别开一门”。

王献之与王羲之行书的区别，大王是内擫，大令是外拓。外拓，简单地说，笔势向外开拓，线条放纵开张。沈尹默认为，“内擫是骨胜之书，外拓是筋胜之书。”王献之采用了大量外拓笔法，任情恣性，行笔险峻奇崛，且刚用柔，妍腴润圆，流便简易，洒脱趋时，很有时代气息，他并不以王羲之的灵活为满足，而是以情感宣泄为行书发挥的着力点，“情驰神纵，超逸优游”，“行草之间逸气逼人”，被张怀瓘认为是“在笔法体势中，最风流者也”（《书议》）。“二王”对行书的贡献，最突出的是确立了行书的范式和以侧取妍的审美趋向，由此形成的创新笔法和行书形态，成为帖学的经典。

行书到“二王”时代，形成了一种崇尚精神独立且风骨独存的风气，朱熹在《晦庵题跋》中评王羲之：“玩其笔意，从容衍裕，而气象超然，不与法缚，不求法脱，真所谓一一从自己胸襟流出者。”这就是后来所谓的“韵”。

第二次转折是“颜体”，开创了新一代书风。

唐代行书有两种趋向，一种是沿袭“大王”的轨迹，结合唐人楷法，创作较规范的行书，如欧阳修、虞世南、褚遂良、陆柬之等的作品；另一种是以颜真卿的作品为代表，将籀篆正锋的用笔引入行书，对笔法作了“由侧而正”的通变和创新，改变了魏晋以来“二王”流美超逸的书风，创立了“元气浑然，不复以姿美为念”（阮元语），“雄秀独出，一变古法”（苏轼语）的“颜体”行书。这种“如荆卿按剑，樊哙拥盾，金刚瞋目，力士挥拳”（唐人语）的书风，与“二王”以及欧、褚诸体字形欹侧、灵动潇洒、优美柔媚的结构形态迥异，体现了壮丽雄奇的盛唐气象，显示了全新的审美观念和审美取向，开创了行书的新一代书风，以划时代的杰作《祭侄稿》为代表。

颜真卿四十九岁写的《祭侄稿》，标志了晋之后行书的一次突变。他以改革家的胆识，突破了大王行书的体貌气格，用笔顿挫雄放，点画韧健，恣情随意，不拘绳墨，给人以气骨开张、雄壮敦厚、凛然朴拙的艺术感受。《祭侄稿》以雄强取代秀美，遒劲取代纤巧，以激扬高歌取代浅唱低吟，以全新的标格和气息以及字形和用笔的突变，“打破右军铁围”（王澍《论书剩语·论古》），为行书的发展开拓了新的通途，鲜于枢便称《祭侄稿》为“天下第二行书”。

颜真卿出身山左名族、书法世家，从西晋至唐，以儒雅传家，五世祖颜之推是著名学者，也是书法家；其曾祖颜师古是文字训诂学家，也擅长书法；父亲颜惟贞，叶昌炽说他“尝从舅父殷仲容授笔法，楷法草隶擅名……此颜公学书之由来”。颜真卿从小受家庭熏陶，酷爱书法，除了家学渊源外，他师承“二王”，得其“筋骨心肺”；学汉隶，领其厚重；学魏晋，取其雄健；学褚遂良，效其疏朗；学欧阳询，用其遒劲。他博采众长，广纳深收，特别是他二次辞官，拜张旭为师后，参透了用笔之理。从他写的《述张长史笔法十二意》中可以看出，张旭对他书法艺术的影响。在审美上，变俗为雅，以拙为力；在字形上，改变“二王”书风，将飘逸、潇洒、俊美转变为开阔、博大、雄伟，朴质；在笔法上，舍弃了“二王”的“三过折”和点画的跌宕跳跃，变婉美为粗重，绞转为提按，使点画浑劲、厚重、顿挫、灵动，刚柔相济，转折处多以顿挫出之，加强了提按的变化和幅度，再加上结体宽博，就势变异，使颜体行书以全新的面貌出现在当时，正如汪珂玉所说：“集古今笔法而尽发之，极书之变。”

颜体行书除了《祭侄稿》之外，以《争座位稿》《告伯父稿》以及《裴将军诗》最为

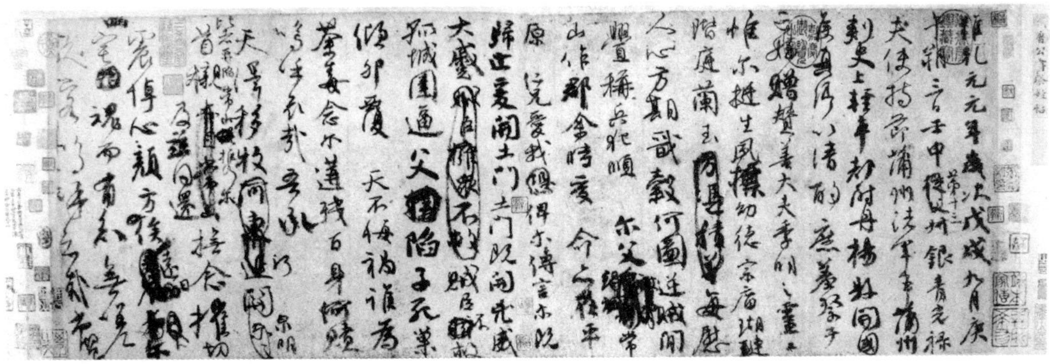

◆ 颜真卿书《祭侄稿》

著名。《裴将军诗》是颜体中不可多得的杰作，它将大草、小草、行书和楷书合为一体，以行书参与楷书，楷书以行草笔法出之，时而端壮沉重，时而轻盈飞动，时而柔转，时而刚折，时而数字贯穿一气，时而字字独立，堪称天才的发挥。有人说，这是一件最富有艺术匠心的作品，其激动人心的韵律节奏和雄浑磅礴的气势，足以震撼书史。

颜真卿以后虽然出了很多大家，五代杨凝式，宋代的苏、黄、米、蔡，元代的赵孟頫，明代的徐渭、文徵明、董其昌、王铎、傅山等，无论是尚意，还是重态，他们都没有跳出“二王”帖学的樊篱，仅是风格不同而已。

第三次转折是以碑入行，使行书用笔、形体发生质的转变。

碑学的兴起，使行书开辟出了又一个崭新面目。

清统一中国后，遵循的依然是中原文化，初期的几位皇帝都喜欢书法，上行下效，渐成风气。康熙帝喜欢董（董其昌）字，一时便流行董派风格。乾隆帝提倡学赵（赵孟頫），一时又赵字横行。在皇帝的影响下，清代前期依然帖学一统天下。另外，由于康熙、雍正、乾隆三朝加强思想文化的控制，大兴文字狱，文人学者为了自保，都转向考据学、文字学和金石学，由此推动了碑学的兴起。至乾嘉时期，面对帖学取径狭窄所造成的衰颓之势，阮元奋起疾呼：“望颖敏之士，振拔流俗，究心北派。”大胆地向传统帖学体系提出了挑战，并从理论上提出了“北碑南帖论”和“南北书派论”。阮元的主张得到了广泛的响应和赞同，书法家取法金石碑版很快成为潮流，并形成了碑学书法，“以俗代雅、与古为新的审美追求以及崇尚古厚朴拙的创作原则”，标志着碑学得到正式确立和碑学理论的成熟。正如康有为所说：“碑学之兴，乘帖学之坏，亦因金石之大盛也。”之后，包世臣结合自己的考察和实践，在《艺舟双楫》中对碑学又做了进一步的鼓吹和宣传，完整总结了北碑的技法规律和风格特点。可以说，《艺舟双楫》在理论上突破了帖学的创作技法和审美标准，形成了碑学的理论体系，为碑学取代帖学，成为主导潮流奠定了基础，同时使碑学得到了更迅猛的发展。如果说，碑学初期，书家的注意力还只是集中在篆隶这个领域，那么，通过阮元和包世臣的极力鼓吹，碑学的实践延伸到了楷书、行书领域，碑派行书得到了快速发展，其用笔和形体结构与帖学书风大相径庭，使碑学展现出一个全新的面貌，形成了清代书法“尚朴”“壮美”的时代艺术特征，造就了一大批卓绝的碑派书家，使书法呈现出空前的繁荣。在清代书家中，行书取得卓越成就的有金农、郑燮、赵之谦、邓石如、伊秉绶、包世臣、何绍基、张裕钊、俞樾、康有为、杨守敬、吴昌硕、沈曾植等人，在这批书家中，值得一提是金农和何绍基。

金农（1687—1763），浙江仁和人，他所处的康、乾时期，碑派行书还处于滥觞期。金农从小与丁敬是好友，后来又师从何焯，深受其影响而走上学碑之路。据记载，在金农二十岁时，十二岁的丁敬就经常到金农画馆"相与考证金石之事，竟日不倦"。金农二十一岁到吴门，拜何焯为师，在何焯家的两年中，看到了大量的金石碑版，这为他今后的书法和金石考据、鉴赏奠定了坚实的基础。他在《鲁中杂诗》中咏道："会稽内史负俗姿，字学荒疏笑骋驰。耻向书家作奴婢，华山片石是吾师。"寥寥数言，反映了金农在书法上的审美取向，完全鄙视帖学，痴心于金石。因此他能取众碑之长，最终化为自己成功的实践，成为碑派书法的先声。现在我们看到他最早的行书作品是他三十七八岁时写的《行书诗册》，已经不是当时流行的赵、董书风，而是脱胎于隶书的"逸脱古法"之作，"如老树看花，溢其姿娟"，是一种古朴清新的行书。可以看出，他在变革行书方面是开风气之先的。至晚年，他的行书作品《书艺论评》，更是由逸变拙，朴实苍厚，欹正错落，疏野不群，具有"力求跌宕，茂密雄厚"的碑派书法之妙，技法更成熟，金石味更明显，风格更突出，成就也更大。可惜的是，过去只看重他在隶书、真书方面的成就，而忽略了他在行书领域的划时代作用。金农能在碑学尚未确立之前，摆脱帖学羁绊，以碑版的风规自立门户，于汉隶碑版衍化其行书，表现出"拙"的金石神骨，古朴而生动，苍逸而厚重，这种由柔变刚的审美效果，在帖体中是从来没有出现过的。以他在行书所确立的风格与所产生的示范效应，金农堪称是碑派行书的先行者，这一点是毫无疑问的。

何绍基（1799—1873），字子贞，号东洲、蝯叟，湖南道州人。他处在道光时期，碑派行书已进入充分发展的繁荣期。这一时期，经过大量碑学理论方面的探索和碑学书法的实践积累，碑派行书在取法上已有突破，出现了众美纷呈、书风多样的局面，有以碑为主的，也有以碑入帖的，还有以帖入碑的。碑帖兼学和碑帖交融，成为一种趋向，何绍基是这一趋向中成就最高的书家代表。他学书最早从颜字入手，对《争座位帖》用功尤深，得益最多。二十四岁后，结识了包世臣，这是他研究金石碑刻的开始；三十八岁又

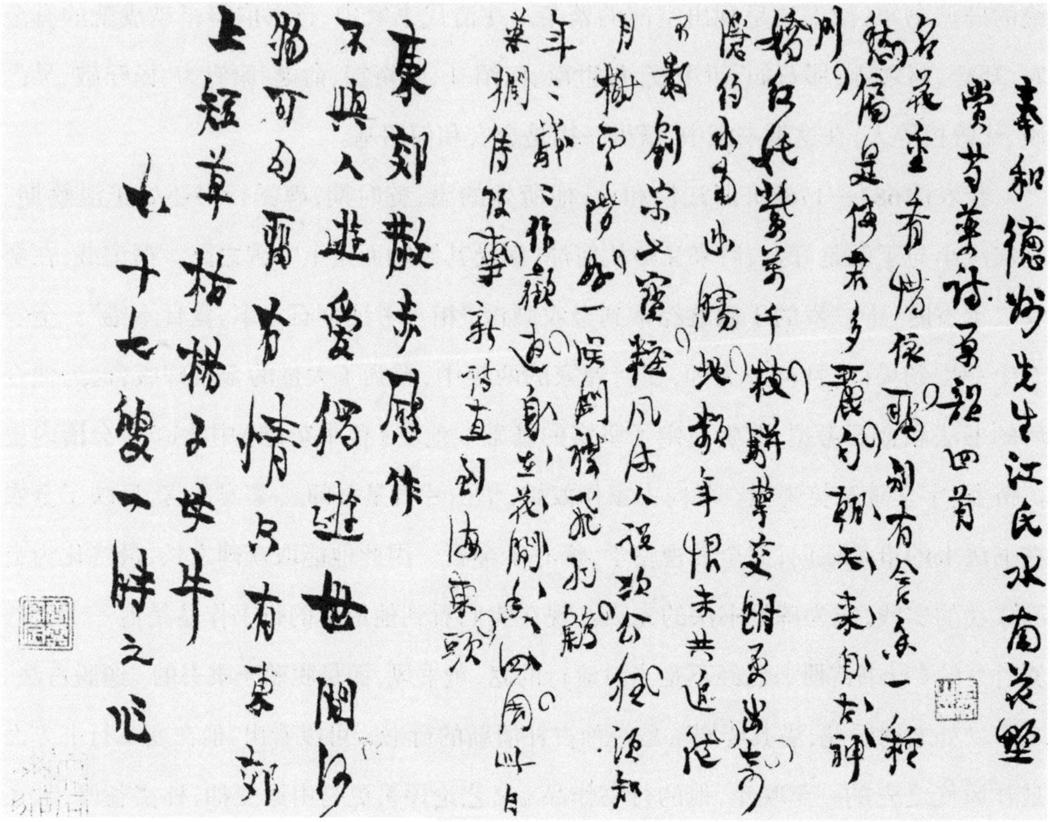

◆ 金农书《行书诗册》

从其师阮元那里受到崇碑的影响，他说："南北书派各流，闻自先师阮元，后余虽细研而悟其大体。"缘于这种认识，他对金石碑版以及小学方面进行了深入的研究，同时也使他的书法出现了一个新的飞跃。他曾说："余学书四十余年，溯源篆隶，楷法则由北碑求篆隶入真楷之绪。最终始悟唐人笔法出自篆隶者为正统。"于是，他把临习篆隶作为磨炼书法的根本，"晨起必课隶书数纸"。道光五年（1825）他得到《张黑女碑》，视为枕中之秘，潜心研习，终生不辍，最终集各体之长，形成其独特的行书。何绍基的行书以颜真卿《争座位帖》为根基，引入篆隶和北碑的用笔，即所谓以篆意强其骨，以隶意开其势，融合北朝碑志，加上他独特的执笔方法，独创自家面目。在融合过程中，他将颜体行书的点画圆浑，气韵内敛，变得笔势开张，筋骨纵肆，并能在颤动的运笔中，力重势沉、随势屈曲而不堕于孱弱，浓墨涩行、枯笔连绵而交织生趣，点画正欹、开合自然而富有生气，重心下坠、撇捺舒展而多隶意。他处处透露出来的是“生拙迟涩”的金石意味，表现出一种奇拙雄浑、苍古质朴的美，展现了超时代卓越的笔力和独特的结字形态，如屈铁枯藤、惊雷坠石，矫若游龙，翻腾跳跃，多变又和谐，凝重而空灵，筋骨凸现，意态超然，开创了一代行书新风，堪称清代碑派书法的一个高峰。何绍基由帖入碑所形成的巧拙、朴妍、正奇兼具的金石趣味浓厚的行书，完全打破帖派的规章，对后来产生了巨大影响。在清末行书各家中，无不碑帖兼修，追求古厚拙朴书风的。

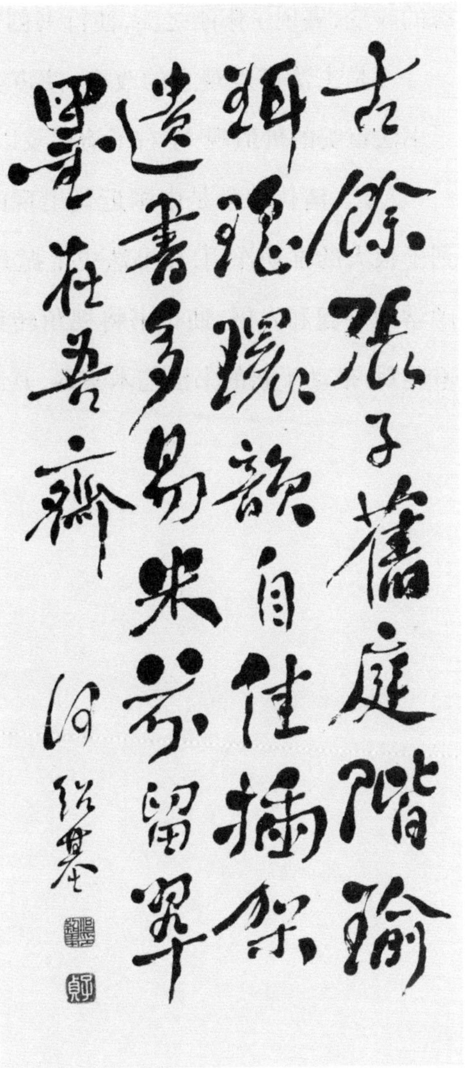

◆ 何绍基书《行书立轴》

碑派行书经清末到民国是其鼎盛期，如俞樾、张裕钊、赵之谦、杨守敬、康有为、吴昌硕、曾熙、李瑞清、沈曾植、李叔同、于右任、谢无量、徐生翁、齐白石、黄宾虹、张大千、潘天寿等书家，均能兼南收北，碑帖互用，创出自己的面目，碑派书法也形成一统天下之势。

碑学兴起对行书的影响，主要反映在以下三个方面。

一是为行书的变革求新开辟了一条新路。当帖学凋敝之时，碑学的兴起给行书带来新的生命，为行书艺术崛起新的高峰创造了条件。

二是改变了行书技法原则，形成了行书新的笔法，拓展和丰富了汲取营养的范围，改变了书家的取法对象和主攻方向，使行书在用笔和结构上另得蹊径。技法和结字形态的改变,展现了阳刚之美,使行书创立了新的范型。

三是书法审美观念的改变,使审美视野变得更为开阔,重质轻文,取拙去巧,影响了书法审美的价值观,左右了清代及以后的书法发展。

总之,清代碑学是中国近代出现的一股变革的文化思潮,它对书法艺术的发展起到了很大的推动作用,在书法史上掀开了灿烂的一页,尤其给行书带来了崭新的生命。碑学的兴起和发展,使行书将视角转移到了新的形式美及其技法表现上,形成了新的审美观,推动了新的书法艺术实践,其影响是长远的。

石鼓与籀文

初唐，石鼓发现于天兴县（今陕西凤翔）三畤原的荒野中。《古文苑·石鼓文》王厚之跋记道："其初散在陈仓野中，韩吏部为博士时，请于祭酒，欲以数骆驼舆致太学，不从。郑馀庆始迁之凤翔夫子庙。经五代之乱，又复散失。本朝司马池知凤翔，复辇至于府学之门庑下，而亡其一。皇祐四年向传师搜访而足之，大观中归于京师，诏以金填其文，以示贵重，且绝摹拓之患。初致辟雍，后移入于保和殿。靖康之末，保和珍异北去。"南宋以前石鼓的流传大致如此。宋司马池当时移石鼓时，其中一鼓已流失，何时流失尚待进一步考证。据记载这一鼓流落民间，刳去上端当作米臼使用。梅尧臣有《雷逸老以仿石鼓文见遗，因呈祭酒吴公》记其事，诗云："传至我朝一鼓亡，九鼓缺剥文失行。近人偶见安碓床，亡鼓作臼刳中央。心喜遗篆犹在傍，以臼易臼庸何伤？以石补空恐春梁，神物会合居一方。"当向传师访得此鼓时，剥蚀损坏严重，仅剩每行下面的四个字。现在我们见到的宋拓本，"作原篇"上半亦已残缺无文。由于石鼓字阴内涂了金，金人知其贵重，曾劫掠到燕京，剔掉涂金后存放在宣抚王檝家中，后来曾移至大兴学府。到元大德十一年（1307），经大都教授虞集的建议，遗弃在泥草中的石鼓，又移置到国子监中，排列在大成门两壁内，砌以砖坛，竖以栏杆，加以保护。以后，到抗日战争爆发，石鼓又曾南迁"避难"，至日本投降后运回北京。这十个屡经迁徙而有着两千七百多年历史的石鼓，终于在 1958 年被陈列到故宫博物院的旧箭亭内，得到妥善的保管，而今则陈列于故宫博物院的铭刻馆。

石鼓在初唐被发现，在当时并没有受到人们的重视，任其日晒雨淋，几乎无人问津，虽然唐代杜甫、韦应物、韩愈等都作《石鼓歌》，但仍未被当时重视。后来，苏勖在《石鼓文》叙记的卷首惊叹道："世咸称笔迹存者，李斯最古。不知古籀之迹，近在关中。"这才引起各方面的关注和研究，自唐迄今研究《石鼓文》的论著浩繁，不下数百十种，成了历史上最为显赫的刻石。

如此显赫的石鼓，被人们称引的只是它的俗称。因为当时发现它时，无以名之，因其与鼓形稍似，就称它为"石鼓"。其实它的形状并不真像个鼓，其四围圆而见方，中间微侈，圆顶平底，上狭下大，直径一尺多，高三尺左右，毫无华饰，仅在四周各刻颂辞一章，约六七十字，记述选车徒、备器械、会诸侯、狩渔猎的情景。因此，从它的形制来看，在金石学上，应称之为"秦碣"，所谓"方者谓之碑，圆者谓之碣"。如汉"裴岑纪功碣"，其制也是上锐下大，犹如孤笋挺立，俗呼为"石人子"。再如"天玺纪功刻石"，以三石相累而成，顶端如钟形而截去上角，与石鼓相仿。因《石鼓》内容大多是狩猎，故称其为"猎碣"。如果我们按照金石学的具体分类，石鼓应是我国现存最早的碣石，是"碑碣之祖"。

有人估计，十个石鼓原约有六百多字，由于年久剥漫，现存世最早的宋拓本已不满五百字。据记载，在宋治平年间，存字只有四百六十五个。到元至元时，存字只有三百八十六个，至潘迪作音训本时，仅有三百九十七个。清乾隆后遂不满三百，而且其中一鼓已全无文字，其他几鼓也因缺字太多，很难通读了。

《石鼓》传世的拓本很多，但真赝间杂，翻刻本不少，存世的宋拓本已经寥寥。郭沫若在《石鼓文研究》中说："传世石鼓因经历年久，文多磨灭，不可复辨。其北宋拓如四明范氏所藏天一阁本，亦久成为希世之珍矣。"因此，我们现在能看到的北宋拓本，只有明代安桂坡十鼓斋所藏三种。一是先锋本，存字四百八十个；二是中权本，存字四百六十五个；三是后劲本，存字最多，为四百九十一个，是传世中最好的拓本。

经过大量考证，学者对石鼓是周鼓还是秦刻石的认识已趋统一，但具体年代还有分歧。最早认为石鼓是周宣王时之物的韩愈、韦应物、张怀瓘等人，仅因为《石鼓》"辞醇字古"而已。因此，欧阳修因不见前世传记所载，韩、韦之说又没有任何考证，他在《集古录》中提出了三点疑问，存而疑之。嗣后，南宋郑樵作《音释》时，发现《石鼓》的字形多与秦器相合,列举“殹”等字屡见秦斤、秦权为由,开始认定为秦鼓。虽然他指为秦鼓的根据还不充分,但他是第一个尝试从文字学的角度考证《石鼓文》的,为后来的《石鼓文》研究开了端绪。接着杨慎在《丹铅录》中考定“岐本周地,平王东徙以赐秦襄公。自此岐地属秦。秦人好田狩,是诗乃作。其字类小篆,地秦地、声秦声、字秦字,其为秦鼓何疑”。此后,马定国认为是宇文周时鼓,称同其说的颇有其人,如温彦威、刘仁本、焦竑、顾炎武、万斯同等。直到近代古文字学迅速发展后,才一致肯定为秦刻石。但具体时代仍众说纷纭,震钧、罗振玉、马叙伦等认为是文公东猎时所作;马衡认为是穆公始霸西戎,天子致贺时所作;郭沫若认为是襄公八年(前770)立西畤时所作;唐兰认为是灵公三年(前422)作上下畤时所作,后又改为献公十一年(前374)时所作。由于《石鼓》的颂辞中,既没有署名,又无官职、纪年可考,且存世相同的实物仅此而已,又无旁证,所以对考定《石鼓文》的制作年代带来很大的困难。

《石鼓文》虽然很早有人认为是周宣王太史籀书,但确指为籀文始在清代,依据主要有两点:其一,以《石鼓》的文义与《诗经》的车攻诗相类,起首两句“吾车既攻,吾马既同”完全相同,句法与大雅、小雅相似,由此认定《石鼓》与《诗经》同一时代,是孔子未收录的《诗经》。其二,以《石鼓文》中的一些字形比较复杂,与籀文相近,由此推断,“字古而有法,非史籀不能书”,认为《石鼓文》即籀文。现在看来,这些依据显然不能令人信服。

据近代学者考证,《石鼓》不出于周宣王时是毫无问题的。这里不妨摘录唐兰《石鼓年代考》中的一些结论,可见一斑:“一、从铭刻的发展说,它应该在战国中叶,和《诅楚文》《秦始皇刻石》相近。二、从文学史的发展说,它跟‘三百篇’,尤其是《秦风》不是同时作品。它的新创风格应在战国时期,善于模仿,和《诅楚文》接近。三、从新语汇的应用来说,‘吾’字的出现,‘朕’字的消失,晚于《秦公簋》。‘吾’字作‘避’,略早于《诅楚文》。‘避’字的使用,应该在战国。‘殹’字的使用和《诅楚文》接近。四、从字形的发展说,尤其可以证明它属于战国时期,‘四’字已经不作‘亖’,在《秦公簋》和《史籀篇》之后,属于籀文到小篆的过渡时期。五、从书法的发展说,《石鼓》的写法晚于《秦公簋》而早于《始皇刻石》,也只能是战国时代……”从这些考证来看,《石鼓》产生在春秋战国之交，而不在周宣王时，这是可以肯定的。所以，仅指以《石鼓文》与《诗经》相类，定为宣王鼓是不能成立的，至多只能表明刻石的颂辞承袭了《诗经》的余风，或受其直接影响，或在形式上还处在模仿阶段而已。

至于第二点，也有值得商榷的地方。特别在现在的一些文章中，还有不少人继续认为“《石鼓文》是籀文的典型”，“石鼓上的籀文，通常称为《石鼓文》”等，这些观点只是从狭义的而且尚有争议的所谓“籀文”来解释《石鼓文》书体，以致在一定程度上，对《石鼓文》书体性质造成了认识上、概念上的混乱。

籀文这一名称最早出现于汉代。《汉书·艺文志》在“史籀十五篇下”注云：“周宣王太史作大篆十五篇，建武时亡六篇矣。”这是首次在史籍中将史籀指为周宣王的太史，但在《汉书》的古今人名表中，并无史籀其人，在相关的周代史料中亦未见著录。因此，王国维在《史籀篇疏证序》中大胆提出过两点质疑：一是史籀不是人名而是篇名，二是《史籀篇》的时代应在春秋战国之间。这两点看法是很有价值的。然而，在汉代包括许慎都已认为《史籀篇》为周宣王太史籀所书，并在《说文解字》中另立《史籀篇》中的文字为籀文，以与古文对称。籀文的来由就是这样“因名称书”，使其成为书体的一种。

王国维认为，史籀不是人名而是篇名，其主要理由是，“籀”在说文中训为“读”，“籀”与“读”古时同声同义，互相通用，而且古时读书的内容都是史事。因此，太史籀书即太史读书。由此认为，“史籀”是汉人不慎误作为人名的。因此，《史籀篇》实际上应是以史事编纂的章句，以供诵习之用的书篇名称。过去一直把“史籀”两字误为姓史名籀，或为史官名籀，或作史留其人，这些都纯属猜测，毫无根据。《史籀篇》在当时与秦始皇时的《仓颉篇》《爰历篇》《博学篇》等都是同一性质，即用来厘定字体以教学童的字书。所不同的是，后者是秦始皇“书同文”运动中，为统一文字而改革编写的标准字书，故而削繁就简，颇多减省，而前者仅在通行文字基础上，规范整饰，作为学童传诵之书，故而保留了当时习用的繁体，并不是另创一种新体。王国维对籀文做了这样的分析：“大抵左右均一，稍涉繁复，象形象事之意少，而规旋矩折之意多。”（《史籀篇疑证序》）可见籀文主要是在书写上做了“规旋矩折”的一些变化，还没有脱离当时的文字体系。作为以教学童的字书，在书写中做一定的规范化，这是完全可以理解的。它反映了文字在书写中逐渐演化的这一过程，说明“籀文”作为书体之名，完全是历史的误会。所谓“秦书八体”中，只列大篆而没有籀文，就是一个很好的确证。实际上“籀文”就是当时的大篆，《汉书·艺文志》“周宣王太史作大篆十五篇”，许慎在《说文》中和而从之，说：“及宣王太史籀著大篆十五篇。”两文同是将《史籀篇》指为大篆。在汉代由于墨拓还未发明，铜器铭刻尚未重视，他们所见的古代文字仅是新莽六书中的所谓“古文”和《史籀篇》而已。如果我们将《史籀篇》称作“籀文”，那么，当时的大篆是指什么呢？在古文字大量被发现的今天，独不见籀文书体的其他实物。这绝不是偶然的现象。在目前对书体分类渐趋科学的情况下，大篆与籀文在概念上已有所区别。大篆已从广义上包括了小篆以前至甲骨文期间的书体名称，显然已不能与籀文画上等号了。总之，籀文作为一种书体名称已成为过去，现在继续用它来论说《石鼓文》的书体是不太妥切的，反不如《石鼓文》本身的名称，给人的概念来得明确了。

那么，《石鼓文》到底是哪一种性质的书体呢？从《石鼓文》的字形结构来看，它应与殷周文字同一体系，是铜器铭刻文字的延续和发展，在《石鼓文》中，有很多字形与铜器铭文是完全相同的，如“而”“丞”“乍”“奔”“好”“执”“受”“其”“各”“徒”“中”“同”“吴”“敌”“用”“角”“帅”“帛”“既”“即”“柳”“花”“则”“我”“平”“安”“康”“亦”“申”“夕”等，这些都能清楚地看出《石鼓文》从金文中嬗变演化而来的渊源关系。但从整个《石鼓文》来看，它更多的是与小篆相近，其中相同的有“洎”“多”“永”“简”“君”“舟”“舫”“车”“以”“銮”“工”“禽”“北”“允”“众”“如”“氏”“宫”“涤”“左”“右”“吏”“只”“寺”“殴”“殹”“出”“走”“趚”“寓”“四”“迄”“逢”“速”“古”“汧”“自”“谓”“祝”“宁”“马”“贤”“佳”“鋻”“秀”“柞”“棫”“县”“时”等字。至于与小篆结构相同，仅笔画长短、曲直、位置稍异的便不胜枚举了。而历来被指为籀文的“囿”等字，为数不满十个。因此，与其说《石鼓文》与籀文相近，毋宁说它更接近于小篆。这同《说文》重文中的两百二十五个籀文一样，这些个别繁复的字体，仅是不同于小篆的异体字、繁体字而已。因此，张怀瓘《书断》称《石鼓文》为“小篆之祖”，不是没有道理的。

从书法的角度来看，《石鼓文》十分接近《秦公簋》。它在结体上更趋方整茂密，严谨中有擒纵，在疏密中有大处疏而小处密的特点。促长伸短，务求取称，虽不能与错落变化、饶多自然趣味的金文相比，但它无疑是篆书中的正体，而把篆书的艺术化推进了一步。在用笔上，凝重浑劲，讲求粗细一致，匀圆对称，这种书写风格实开后世所谓的“玉筯篆”体，形成了小篆笔法。在章法上排列齐整，端庄雅重，既有直行又有横列，这可以说是《始皇刻石》的先声。因此《书断》论说《石鼓文》“乃开阖古文，畅其戚锐，但折直劲迅，有如镂铁。而端姿旁逸，又婉润焉。若取于诗人，则雅颂之作也”。这些评价是恰如其分的。总之，《石鼓文》的字形结构、书写风格乃至用笔，都已初备了小篆的基本特征。因此，《石鼓文》不可能出于西周，而是春秋战国之交甚至还要稍晚一点的刻石文字，是金文向小篆过渡后期的书体。它的出现，标志了青铜器时代的终结和刻石时代的开始。在书法上，它接近小篆的范畴，带有很大的装饰性和图案性，但也保存了金文中繁复的痕迹。正因为这一点，尽管《石鼓》名气如此显赫，评价这样高，但历代书家中以《石鼓》而成名的，仅吴昌硕等少数人而已。这与《石鼓》中繁复的文字有关，它给人们读释带来很大困难，使人望而生畏。但它的书写风格以及它的结构、用笔、章法诸方面为历代书家所取法、借鉴，产生了巨大的影响，显示了强盛的艺术生命。

《史晨碑》初探

《史晨碑》在汉碑中属于工整精细的一路隶书，以风神逸宕、恣意虚和著称于世，为汉代名碑之一。此碑分前碑和后碑，故又称作《史晨前后碑》，约八九百字，字大一寸，今存于山东曲阜孔庙内。此碑立于东汉灵帝刘宏建宁二年（169），距今已有一千八百多年的历史。前碑刻《鲁相史晨祀孔子奏铭》，记载祀祭孔子的奏请之章；后碑刻《史晨飨孔庙碑》，记述飨礼的盛况。故《史晨碑》有称《史晨奏铭》者。碑文记述了史晨于建宁元年（168）四月从越骑校尉升任鲁相以后，修孔庙、礼孔宅以及纠集他的属员与文人、弟子共九百零七人举行祭孔仪式的盛况，目的是借以夸耀他的“政绩”。在2世纪中叶，祭孔竟结集了这么多人，规模之大是可想而知的。当时距东汉献帝刘协建安二十五年（220）汉王朝的灭亡仅五十一年，正处在宦官专权、农民暴动蜂起、汉王朝日趋崩溃的时期，史晨在这个时候搞如此声势浩大的祭孔活动，粉饰太平，是有明显的政治目的，是想缓和激化的阶级矛盾，巩固封建统治。碑文杂用了大量骗人的“谶纬”之学，如“伏念孔子，乾坤所挺，西狩获麟，为汉制作”，“昔在孔尼，汁光之精，大帝所挺，颜母毓灵”等，这些糟粕不仅内容荒诞，而且文字晦涩，一般人很难读懂。

但从书法角度来看，由于此碑是当时的“庙堂巨制”，书刻年代又在东汉末年汉隶完美之期，大约后于《礼器碑》十三年，早于《西狭颂》两年，早于《曹全碑》十四年，早于《张迁碑》十七年，正是处于汉碑绮丽纷华时期，隶书典型俱在。因此，如果把史晨碑绮丽精工的风格形式与唐代诗歌作个比较，那么，与杜牧、李商隐那种倾向华丽秀艳的形式十分相似，都是到了一代艺术的高峰。

一

汉隶的发展与统治阶级的推崇以及刻石纪功的风行有很大的关系。《书断》说：“灵帝好书，征天下工书者于鸿都门，至数百人。”既然灵帝刘宏对书法这样的提倡，书法艺术在社会上就受到了极大重视，再加上又广泛应用于碑碣、宫殿匾额等十分庄重的场合，大大促进了汉隶的发展。在书法形式上，日趋讲求平衡对称和整齐一致，形成了“修短相副，异体同势，奋笔轻举，离而不绝，纤波浓点，错落其间，若钟簴设张，庭燎飞烟，崭岩崔嵯，高下属连，似崇台重宇，层云冠山”（蔡邕《隶势》）的一代书势。在字形结构上很有特色，可谓“体法百变，穷灵尽妙”。现举其要如下。

其一，具有飞动之美，“若飞龙在天”（《隶势》）。如“史”“乃”“奎”等字，斜向的撇捺，弧度大，笔画极意伸展，有“鱼翼鸟翅翩翩自得之状”，这种带装饰性的夸张美，不仅构成了“如翚斯飞”的形象意态，而且弧曲撇捺间的大块空白显得十分空灵，突出了《史晨碑》风神逸宕的风格。这种大弧曲撇捺的用笔，对后来《曹全碑》等艺术风格的形成，无疑产生了直接的影响。

其二,隶法严密,四满方正,有端庄谨严的特点,结构上已达到十分精密的程度,“增一分太长,亏一分太短”,有严格的结构规则。如“三”“坐”“品”等字的结构安排四方饱满,下部又略宽于上,使字形稳如磐石,体现了隶贵平正的典型。又如“罪”“日”“国”“尚”“与”等方形字,用对称结构将左右笔画互相朝揖,弧背向外成内抱之势,使字形显得饱满。再如“月”“门”“自”等带长方形的字以及“顿”“首”的“页”“目”等带长方形的结构,两边竖画都改成弧背向内,如同束腰成外抱之势,字形显得非常严密。《史晨碑》在字形结构上的这些规律,与东汉早期的《褒斜道刻石》《裴岑纪功碣》《石门颂》等碑相比,可以看出已作明显的规范,一变为错落有致、疏密自然、隶法谨严的官方书体。

其三,以“左敛右舒”结字取势。如“见”“先”“元”“克”等字,收缩左撇,舒展右捺来表现笔画的差异性,一张一弛,一擒一纵,以强烈的对比突出右捺的舒放与飞动,使个性十分明显。再如“书”“肃”“寿”等字,都以雉尾横画为主笔,其左端收缩几与其他横画相平齐,而右端却极意延伸成左敛右舒之势,不但不落旧套,别具新意,而且在整个字形结构中起到了疏密的调节和坚实的杠杆作用,把众多的笔画承担起来,既无负担过重之状,又无轻重不稳之感,谨严而不拘束,堪有“峨冠博带,雍容肃穆”之风。当然,在整个《史晨碑》中也有少数变例,如“手”“力”“乃”等字,因字导势,变撇为主笔,右敛左舒,以欹为正。但总的说来,都是体现了该碑以“一舒一敛”取势的规律,偏重姿致,以突出独特的形态美。

二

《史晨碑》是汉代锲刻较为精工的碑版之一,从现存的拓本中,依然可以领略到较多的书写笔意，用笔的轻重顿挫和曲直使转的变化非常清晰可辨。如果说，近代发现的竹简为我们提供了汉代文牍书法的真迹，那么锲刻精工的《史晨碑》为我们保留了规范汉隶书法的面貌，其用笔之精，让人叹为观止。

《史晨碑》在用笔上方圆并重，方笔峻削，切锋重入后衄锋而行，故有外方内圆之趣；圆笔蕴藉，笔锋轻逆后浑圆即运，因得圆中有方之韵，加上雉尾开拓，波磔柔和，笔势飞动，使人有“婉婉缓缓，视之不足，棱棱凛凛，常有生气”之感。这种感受，后碑比前碑更甚，原因是后碑捶拓较少，字口清晰，而且运笔稍放，轻重疾徐，抑扬顿挫，笔迹宛然，诸如横画，采用了方圆结合，藏露随宜，以笔势平稳，端正平和为主导风格，同时又十分讲求轻重向背的变化。如“祀”“县”作重起轻收，“兴”“依”作轻起重收，“经”“援”轻重起收兼而有之；“执”作粗细强烈对比，“垣”“通”以斜取势，“死”“不”作弧背向上，“年”“行”“麟”作弧背向下，“臣”“曰”成相背之势……这许多丰富的横画用笔，体现了《史晨碑》平正多变的用笔特点，使端正的结体与多变的用笔，形成静动的对立统一。又如竖画，一般都用圆笔，退笔回锋以呈垂露之状，但间亦有用悬针，如“南”字中间的一竖。这是偶尔的变例。不管何种线条形态，《史晨碑》的竖笔都善用曲笔，使肉中有骨，柔中带刚。如作侧头状的“利”“居”“光”“制”“神”等字，似古藤虬松，劲节纠结，直中有曲，柔中有刚，线条既有弹性又有力感。又如弧背向右的“物”“即”“除”等字，弧背向左的“来”“臣”“精”“作”等字，对称竖笔作相反相成之势的“敝”“删”等字，都以不同的曲线形态，给人以一种动感，使凝练的运笔不致板滞，同时又与结构上如翚斯飞的飞动之美互相映照。

古人讲究用笔，不遗巨细。《史晨碑》中用点的字，其“点”的布势亦有种种变化，如“年”字作方笔直点，也有作圆笔曲点，“胙”作方笔斜点，“玄”字作方笔斜折点等，皆随势布点，姿态迥别，不尚雷同，变化十分丰富。又如“畔”“益”的点作相背取势，“首”“精”的点作相向取势，“正”“莛”的点作欹正取势，“爵”“之”的点一顺右向取势。这些点画用方笔者，气势凌厉；用圆笔者，厚重坚实，在用笔上显示出十分娴熟的技巧，值得我们学习和借鉴。

三

由于历史的原因,《史晨碑》碑文中运用了大量的古体字、别体字和当时通行的习惯字,现略加归纳,分述如下:

(一)从篆书进化的字

《石鼓文》的“亚”,古玺文作“师”,“寝”、“望”,皆从篆省略,“畅”、“愿”、“期”、“醊”左旁从篆,演化省略而成隶书。

(二)不合篆书的错误书

“稷”,职韵,为五谷之长。“稯”,东韵,禾聚束也。又六百四十斛曰稯,布八十缕曰稯,皆量名。“擿”(“摘”,亦作“擿”)摘从“啻”,此从“商”误。这几个字,当是演化过程中未统一的痕迹,后来统一了,这些字就被淘汰了。

(三)与章草相互演化的字

如“朔”、“害”、“端”、“执”、“蒙”、“墙”、“麦”等。这些字形的演变与章草有密切的相互关联,章草在西汉简牍中已使用,故章草与隶书相互沿袭,相互演进。相传汉元帝时,黄门令史游解散隶体作草书《急就篇》,章帝喜之,诏令表奏亦用草书。查《居延汉简甲编》所载,1995A、1995B 元光简、始元简,1336 本始简,1526A 阳朔简,均为章草结体,可说是章草的鼻祖。从客观现实来衡量,当是史游用当时新兴的草书作《急就篇》。至汉元帝,更以诏令加以推行。从这里我们认识到,汉隶与章草很像一对孪生姊妹,她们是“共树分条”。

(四)古文通用假借字

如“窂”,《集韵》中“窂”与“牢”通。“汁”,叶韵,通“叶”“协”。《方言》:“关而东曰协,关而西曰汁。”又,“协光纪、为黑帝之神”(见《史记》)。古“響”(“响”)字。古文“饬”字,亦作“饰”。《诗经·小雅》:“载车既饬。”“辟”,辟雍,学宫名,周代五学之一。还有通“濡”等字。

(五)加减笔画与变形字

“气”、“克”、“材”,属于增加笔画的习惯字。“虔”、“彪”,属于省

略笔画的别体字，而“虍”头与“雨”头，在《史晨碑》中没有区别。“壹”、“复”、“辽”、“耶”、“雅”、“祇”等字，皆用结构演化以变形。“敛”字的“欠”旁作“殳”，汉碑中“攴”“殳”等偏旁常混淆不分。“坏”由“瑰”演化糅合而来。“香酒美肉”之“肉”，作，从字形来认识，为“宊”字，疑此字原作“”，因年久剥蚀，为庸手剔碑所误而成，也很有可能的。

从以上这些加减笔画的变形别体字可以看出篆隶进化过程的演变迹象。它们是隶书从草创时的分歧到成熟统一这一过程中的痕迹，可使我们认识到，隶书从大篆演化进至成熟三百多年间的巨大进化，凝聚着书法艺术这一伟大成果。这份宝贵的文化艺术遗产，吸引着人们孜孜不倦地去继承和发扬。

王宠的生平与书法艺术

一

明代中叶苏州出现了以祝允明、文徵明、王宠为代表的吴门书派，人称“吴门三家”或“吴中三才子”，同时形成了以沈周、文徵明、唐寅、仇英为代表的吴门画派。这个云集在苏州的书画家群体及其代表人物，为苏州赢得了“天下法书归吾吴”的美誉。苏州书画家群体的出现，并不是孤立现象，而是当时经济发展和人文环境的必然产物，有着明代特有的时代背景。

从经济方面看，在太宗到宣宗七十年间，通过实施农民归耕政策，促进了农业生产力的提高和手工业、工商业的发展，苏州在明初因籍没豪民田产和强迁富户入京所受到的打击，也开始得到恢复；弘治十年（1497）设太仓州，建立沿海港口，使海外贸易中心从扬州下移到太仓、松江一带，又为苏州对外贸易和经济发展创造了条件。到明中叶，随着农业、手工业水平的进一步提高，土地兼并使社会两极分化，商贾与富豪大量出现，苏州织造业所出现的“机户出资，机工出力”的资本主义雇佣关系，加快了苏州从农业城市向工商城市转化。唐寅描绘当时阊门的情景：“翠袖三千楼上下，黄金百万水西东。五更市买何曾绝，四远方言总不同。”该诗被袁宏道认为是客观的“实录”。王鏊编修《姑苏志》，也对苏州的经济地位做了如下概括：“今天下财赋多仰于东南，而苏为甲。”苏州所缴税粮占了全国的十分之一，超过浙江一省税粮的总量。经济的繁荣，使苏州成为“各省商贾云集之地”,顾炎武在《天下郡国利病书》中说,苏州“货物店肆,流溢金阊”,“盖吴民不置田亩,而居货招商,阊阛之间,望如绣锦,丰筵华服,竞侈相高,而角利锱铢”,当时的苏州被称为“奢靡为天下最”。社会繁华富丽刺激了对书画的需求。据记载,求沈周画者“屦满户外”。王鏊在《石田墓志铭》中说:“近自京师,远至闽楚川广,无不购求其迹,以为珍玩,风流文翰,照映一时,其亦盛矣。”而求文徵明书画的人更多,“接踵于道,户履常满”,“缣素山积,喧溢里门”。这种求字索画的盛况,不仅造就了一批书画家,同时,也吸引并聚集了周边的书画家,见于著录的文氏家属和学生就有三十多人。据徐沁《明画录》记载,明代八百个画家中,苏州一地就有一百五十多人,约占全国的五分之一。文人和书画家的高度集中,促进了相互间的探讨和交流,从而使书画家的代表人物孕育而生。

从人文环境方面看,由于苏州明中叶商品经济的发展,促进了社会生活的丰富和文化的发展,人文蔚起,科名相继,文风炽盛,苏州由此而名闻天下。王锜在《寓圃杂记》中说:“吾苏学宫制度宏壮,为天下第一。人才辈出,岁夺魁首,近来尤尚古文,非他郡所及。”据石守谦统计,公元1448至1505年间,苏州共出两百七十二名进士,如此密集的人才在一地出现,在中国历史上是绝无仅有的。同样,明代苏州一共出了十三名状元和会元,其中八人集中在公元1464至1505年的四十年间。这样的人文环境,带动了苏州当时的刻书业、古玩业、戏曲业和装裱业等文化行业的发展,艺术氛围浓厚,私人收藏成风,文人交往频繁,书画创作活跃,各种艺术门类都呈现出一派繁盛景象。总之,经济发展使新的文化风气开始萌动,涌现出异彩纷呈的社会新风尚。

明代中叶的社会风尚和文人的普遍心态转向个性解放,追求人格自由,重建人生态度和理想价值。顾炎武《日知录》对当时士人心态曾作如下描述:“盖自弘治、正德之际,天下之士,厌常喜新,风会之变,已有其从来。”这一思潮反映在艺术上便是求新通变,重在表现自我,注重抒发性灵,体现本真个性。《明史》说:“吴中自枝山辈以放诞不羁,为世所指目。”一批吴门文人摆脱了台阁体的束缚,又不受复古派的影响,卓然不群,自由不羁,独树一帜,并对模拟书风持批判态度。文徵明在《甫田集跋李少卿帖》中,谈到他的书法老师李应桢看见他模仿苏轼的笔意,吃惊地说:“破却工夫,何至随人脚踵，就令学成王羲之，只是他人书耳。”李应桢这种求变的意识是明正德时期思想解放大潮的产物，是推动艺术繁荣和促使代表人物出现的关键因素。王宠正是在吴门书家学古而不泥古、创立自我风格的人文环境中，在历史的积淀和求变的新潮中崛起的。

二

王宠，字履仁，一字履吉，号雅宜山人，生于明弘治七年（1494）十一月初八，卒于嘉靖十二年（1533）四月晦日，享年四十。王宠通常被认为是江苏长洲人，另据《吴县志》记载：“其先吴江人，本章姓，父为后于王，遂为吴县人。”

王宠出身低微。父王贞，字清夫，业商，在苏州阊门外南浩街开一爿酒店。（父王贞后因王宠兄王守贵，封中宪大夫、太常寺少卿，母朱氏、继母顾氏皆赠恭人。）王宠从小生活在贫穷喧嚣的酒肆之中，他在给好友汤珍的信中谈起自己的身世：“但家本酤徒，生长廛市，入则梱枯塞目，出则蹄足摄履，呼筹握算之声彻昼夜，每一焦烦，心肠沸热。”他厌恶城市生活，向往“永怀丽泽兑，时歌角弓篇”（《会文与汤珍子重郭邵汉才》）的人生境界，他在《赠别家兄履约会试七首》中也咏道：“吾宗素贫贱，被褐垂百年。”王宠自幼丧母，他在《从母朱硕人墓志铭》中说：“吾母年三十七而亡，吾时童髫，未甚哀也。稍长，始知悲慕，每自痛生平不知有母子之乐，见人母子慈恋，妪煦相保持，未尝不怆然心摧也。”王宠的身世遭遇特别是自小失去母爱，对他形成旷达淡泊的性格有很大影响。

王宠父王贞虽然是个商人，但喜欢结交文人贤士，性情恬淡文雅，也爱收集文物书画，并有意识地培养自己的两个儿子。

王宠的启蒙老师是沈明之。沈明之是文徵明的好友，王贞通过他的关系，请文徵明为王氏兄弟命字。文徵明有《王氏二子字辞》一文，介绍了“请字”的全过程。当初次看到王氏兄弟时，文徵明觉得他们秀颖好修，器业可观，但担心其父所操职业，会“沾溉其子”，故而没有答应为他们命字。后来王宠补校官弟子员后，又遵父命到文徵明家里请字，文徵明认为还是以“乡长者与冠者之执友为宜”，自己并不是最适宜的人，又推辞了。隔了一年，沈明之再次请求，文徵明才答应了。他这样说：“宠之义，为尊为居，为爱为恩，其训则荣也。”“所谓不假宠以为荣者，则人所自贵也。”“而人所自贵者，孰愈于仁？”故给王宠命字履仁，其兄王守则字履约。

王宠的启蒙老师虽是沈明之，但一般说到王宠的老师都只提蔡羽，因为蔡的名望远高于沈。蔡羽字九逵，居吴县西山，号林屋山人，性高亢，以文章诗歌著名，曾由国子监授南京翰林院孔目。蔡羽对王宠的文章和书法影响很大。正德六年（1511），王宠十八岁，与兄王守在蔡羽门下学习经、史、诗、赋，在蔡家住了三年。文徵明在王宠师从蔡羽时，作画题诗送行，有《题画送王宠从蔡羽读书洞庭》。诗云：“春风初泛洞庭舟，鼓箧囊琴是壮游。明日烟波情满目，思君独上夕阳楼。”之后，王宠又读书石湖之畔二十年。文震孟在《姑苏名贤小记》中对王宠在石湖草堂的读书生活有详细的描述：“已筑草堂石湖之阴，冈回径转，藤竹交阴，每入其室，笔砚静好，酒美茶香。主人出而揖客，则长身玉立，姿态秀朗，又能为雅言，竟日挥麈，都无猥俗，恍如阆风玄圃间也。时或偃息于岩石之下，含醺赋诗，倚树而歌，邈然有千载之思……”

王宠二十七岁那一年，在石湖一起就读的，还有文徵明的长子文彭及汤珍等，他们都受业于蔡羽。同沈明之一样，蔡羽也是文徵明的好友。这些关系，不仅使王宠得到良好的熏陶和教育，同时也为王宠与书画家广泛交往提供了条件。

倪涛《古今书论》说：“宠资雅训，不以诵多自矜，游于蔡羽后，而一时名士皆归之。胡守缵宗尤相爱重，尚书顾璘极推服。而宠悒悒不得进用。”王宠自正德五年（1510）迄嘉靖十年（1531）间，凡八就乡试，每试皆不利。据记载，王宠从弱冠起，就补上苏州府学生员，每次督学来举行岁考和科考，他都名列前茅，加上他诗文、书法的成就，名声很大，不少学者追随请益，曾受过他指点的人纷纷中高科、登显宦，而他自己却困顿依旧。封建时代的文人很难摆脱进取功名的吸引，他在诗中不止一次地流露对功名的向往：“岂无遐举心，鞲鹰不充腹”，“努力休明时，望子光五族”（《乙酉送家兄履约会试》），寄希望于兄长王守光宗耀祖，自己因不得志则绝望了对仕途的追求，浪迹山林，以诗酒自适，“人生有身贵自适，枉向侯门蹑珠履”，“且须痛饮尽七碗，钟鼎山林安足论？”（《七言古诗》）后来同学汤珍也推荐他出山，王宠在《山中答汤子重书》中则表示：“山林之好，倍于侪辈，徜徉湖上，乐而忘返。”且“颇耽文辞，登临稍倦，则左图右史，与古人晤语，纵不能尽解，片言会心，莞然独笑，饥而食，饱而嬉，人生适意耳。须富贵何时，诚日夕私贺，恐后之不如今也，尚安望哉”。他已非常悲观，认为“虽欲衣冠揖让，更从诸君之列，恐踉踌粗率，重为执礼者讥笑矣”。王宠在内心矛盾中透露出的出世思想以及他那种淡泊自甘、乐在丘壑的表白，是冷漠现实与幻想破灭后的必然结果。

除老师蔡羽外，王宠与仇英、唐寅、文徵明以及祝允明都有极其密切的交往。

王宠与仇英同龄（一说仇英比王宠小九岁）。仇英出身低微，为拜谒名师，通过项元汴的介绍才认识文徵明，并被见赏，视为“异才”。王宠即通过文徵明的关系而与之结交。据记载，正德十二年（1517），文徵明作《湘君湘夫人图》以赠王宠，他的另一个学生王穉登在题跋中记述了这件事：“少尝侍文太史，谈及此图云，使仇实父设色，两易纸，皆不满意，乃自设之以赠王履吉先生。”此跋是目前已知仇英与文徵明关系的最早记录，也是王宠与仇英之间关系最早的记录。以后，王宠与仇英之间的合作比较频繁，如仇英的《西湘图》《听林高士图》，都是两人的书画合璧。仇英的《碧梧翠竹图》《梧竹书堂图》《衣锦还乡图卷》以及为王献臣所作的《园居图》，都有王宠的题跋。嘉靖六年（1527），王宠在仇英《瑶台清舞图》上书张衡《舞赋》一篇。嘉靖十一年（1532），王宠为王献臣作《园居》诗，仇英为之补图。此外，在日本内府收藏的仇英《苏若兰回文图》上也见有王宠的长跋：“仇实父工于绘事，笔不妄下。树石师刘松年，人物师吴道子，宫室师郭忠恕，山水师李思训。其于唐宋名家无不模仿。其妙以一人而兼众长。故寸幅半缣，人皆视为拱璧。况此图为管夫人补遗，其经营苦心，更倍于他作。至于境界寥廓，铺张壮丽，人物纤妍，种种具备。岂非宇宙间希觏哉？幸得展视，因识于左。雅宜山人王宠。”当时不少人对仇英的画尚有偏见，王宠不仅与他合作，还在他的画上作了这么多题跋，并给予很高的评价，可见两人相知之深。

王宠与唐寅的关系，先是至交，后又成了亲家，唐寅的女儿嫁给王宠的儿子龙岗（子阳）。王宠二十岁时，唐寅即作《山居图册》相赠。唐寅的《桐山图卷》后有王宠的诗题。唐寅因牵涉科场舞弊案而被革黜后，当时万分沮丧，用诗向王宠倾诉了自己的悲愤之情，对昔日一些朋友因嫉妒而出卖自己，表示了满腔愤懑。《席上答王履吉》诗云：“我今日之才彦，交不以心惟以面。面前斟酒酒未寒，面未变时心已变。区区已作老村庄，英雄才彦不敢当。但恨今人不如古，高歌伐木矢沧浪。感君称我为奇士，又言天下无相似。庸庸碌碌我何奇，有酒与君斟酌之。”经过这次打击，唐寅对仕途已趋绝望，他在给王宠的另一首诗里透露了这种想法：“仲尼悲执鞭，高贵不可求。杨朱泣路歧，彷徨何所投”，“岁月信言迈，吾生已焉休”。这种出自肺腑的吟唱，也只有对知己才会坦露。在唐寅去世的那一年，即嘉靖元年（1522），王宠在唐寅桃花庵中赵孟頫所作的陶潜像上，书写了《五柳先生传》，借此表达了对唐寅不慕荣利、安贫乐道、忘怀得失品格的赞赏。唐寅去世后，先葬于桃花坞，后由王宠、祝允明、文徵明等集资移葬横塘王家村王氏祖坟，王宠还亲笔书写了祝允明撰写的《唐伯虎墓志铭》。

祝允明比王宠大三十四岁，在当时享有很高的声誉，王宠与陈淳、文彭和文嘉兄弟，经常到怀星堂去请教，并将其作品作为范本临摹。在明人信札中，有一通文嘉致浮玉的信，其中谈及摹拟祝书的情形：“枝山文乃区区求送西室（王榖祥之号）者，真迹写得极精，至今为西室所藏，此纸乃雅宜所摹。”另外，在文伯仁为王宠的学生金用作《石湖草堂图》的题字中，也谈及王宠临祝书的一情形：“雅宜先生书法特妙，尝临祝枝山所书《送杨侯入觐叙》，以俾元宾，元宾入京携以自随，闲嘱余补写小图，盖当时石湖草堂故事也。”王宠酷爱祝书，他自己也不讳言。嘉靖四年（1525），祝允明走访文嘉，见书案上放了笔墨和极品茧丝高丽纸，引起豪兴，挥写了《古诗十九首》。王宠看到这幅作品后，爱不释手，借去临摹，几乎舍不得归还。他在此卷的跋中说：“祝京兆书落笔辄好，此卷尤为精绝，翩翩然与大令抗衡矣。宠从休承处持归，临摹数过，留案上三阅月，几欲夺之，以义自止，休承其再勿假人哉！”可见王宠对祝书崇拜的程度。王宠后来行草书的变法，在很大程度上也是受了祝允明的影响。志同道合，使祝允明与王宠结成忘年交。祝允明在《赠王文学履吉》一诗中对王宠做了高人雅士般的描述：“七十看花岁已残，始怜梅蕊照衰颜。河清可道遭逢易，驾俗深渐会合难。锦绣段间藏黼黻，骊龙珠抱媚江山。欲留光彩无穷事，心事悠悠竹素间。”祝允明卒于嘉靖五年（1526），享年六十七岁，王宠还为他写了行状。

三

在王宠一生中，除老师蔡羽外，关系最密切的当是文徵明，可谓亦师亦友。王宠与文徵明年龄相差二十四岁，王宠拜蔡羽为师前两年，即已登文家，因其聪慧过人，“意度坦迤和天倪，祥麟一角世所稀”，文徵明折辈行与之交。文嘉在《先君行略》中说：“时雅宜王君宠，异才也，少公二十四岁，公雅相推重，引以游处，王竟以德学名。”他们交往频繁，酬赠亦多，据现有著录可查的，文徵明赠王宠的画就达十四幅，《文徵明集》中写明给王宠的赠答唱和诗就有五十二首之多。两人情谊之密，由此可见一斑。

王宠自十八岁开始与文徵明结交后，基本上生活在文氏师友这个圈子里，交往甚密。其中，与袁氏交往也值得一提。袁氏是吴中世家，有“袁氏六俊”之称，兄弟六人（表、褧、衮、褒、袠、裘）均以文行显，清康熙时江苏巡抚汤斌曾建六俊祠。王宠的父亲王贞与他们的父亲袁鼒是同学，袁鼒的长子袁衮与王宠是同窗契友，由于两代世谊，所以王宠与袁氏关系非同一般。翁方纲在王宠借银券后题诗曰：“平生心契文与袁，三桥卧雪好弟昆。”此诗点明王宠除与文徵明关系最密切外，下来就是袁氏兄弟了。当袁袠领应天乡荐第一，偕计北上时，王宠作《五扣》赠别；袁裘登进士，王宠又作楷书《诗帖卷》《袁方斋六十寿》相赠。王宠与袁衮更是情好相契，袁衮为其父筹备六十寿庆，委托王宠出面征求书画，王宠也出于这层关系，才乐于聚集吴中名家，策划《吴中胜迹图册》，由文嘉、文伯仁、陆治、陈淳等画望湖亭、行春桥、林屋洞等二十景，人各五幅，并极其妙。文徵明等二十人就图题诗为对册，其中史经、金用、沈荆石等工诗而不善书，王宠即代为书之。在二十幅画与题诗的后面，王宠还撰写了一篇《寿方斋袁君六十颂并序》。嘉靖九年（1530），袁鼒与妻俱亡，王宠为撰行状。

袁氏也接济过王宠。嘉靖七年（1528），王宠三十五岁，第七次赴试，迫于家境困顿，为筹措旅费，请文彭作中，向袁褒借贷白银五十两，并按规矩立下借据。借据的内容如下：“立票人王履吉央文寿承作中，借到袁与之白银五十两，按月起利二分，期至十二月一并纳还，不致有负，恐后无凭，书此为证。嘉靖七年四月日，立票人王履吉押，偕中人文寿承押。”事实上，据袁、王两氏的交情，袁并不求偿还。此券后经装裱成册，流传于苏州世家大族间，历经名家题咏。归世昌题："余每憩石湖草堂，辄想履吉韵致，至披其翰墨，风流蕴藉，如对其人。"赵宧光题："履吉字法，直入永兴之室，晋唐韵华，非斯人其谁与归？数十年来，真迹绝少，此与之一券，至今尚存，元方装池成册，可谓奇兴。"题跋的还有文枘、翁方纲等。

与王宠交游的除了同德斋友外，尚有"东庄十友"。东庄为吴宽父侄的林园，吴爟、文徵明、吴奕、蔡羽、钱同爱、陈淳、汤珍、张灵和王宠兄弟，大多是文氏的朋友与学生。

王宠唯一的远游是在嘉靖九年(1530)，他三十七岁，春天晋京，四月赴台试，六月离京。《王雅宜集》中有《计偕别友生作》《登焦山作》《寓兴隆精舍作》《秘省召试作》《郊游与诸公作》《海印寺阁眺》诸作。此次北上幽燕，可说是他的一次壮游，趁赴试的机会，了解朝廷制度，饱游西苑，赠诗纪胜，与四方荐绅、著名人士交游、议论，让他大开眼界，同时也使他的诗文愈发奇肆深邃。应该说，这次京国之游，使王宠的思想起了很大变化，他的唱酬中更多地显露出返归江湖、临流垂钓的林泉之思。

嘉靖十年(1531)，王宠游南雍得疾，东归养病常熟虞山白雀寺。他回忆往昔，不胜感慨。《病起对镜作》诗云："闭户十日病骨僵，手龟发惨面色苍。朱颜绿鬓不相待，俯仰天地为凄凉。男儿勋业竟何在？镜中摸索求亡羊。古来相马失之瘦，龙文虎脊空腾骧。忆昨结客少年场，呼鹰走狗势陆梁。金盘赌酒争五白，银烛娇歌弹陌桑。谓言富贵唾手取，吹毛插翼森开张。十年献赋不得意，貂裘宝玦无晶光。平生酒徒渐零落，羞涩阴符垂虎囊。学书无成学剑晚，歧路侧邑心周章。百年冰炭满怀抱，万里鸿鹄方翱翔。明朝散发武陵去，夹岸桃花烟水长。"抒发了郁积在内心的惆怅和悲凉，终如倪涛在《古今诗论》中所说："宠竟悒悒不得进用，恣于酒以卒。"当年秋起病，卧疴山房时，书《诗帖卷》署"越溪病子"。秋末，在虞山白雀寺养病。次年三月晦日，再往白雀寺，王宠有《癸巳三月晦日，将往白雀寺，与碧峰禅师虞山泛舟》绝句两首和四月朔日《宿白雀寺作》两首，诗中有"子夜焚香礼道场，病客斋心浑不寐"，说明王宠此时已病笃难寐。此诗真迹现藏苏州博物馆。在写了此诗后，王宠曾写信给虞山的王元肃，适值不在，癸巳四月廿日在返还吴门前作《访王元肃虞山不值诗卷》于白雀行窝。王世贞《弇州山人稿》记道："王履吉白雀帖，王履吉养疴白雀寺，访故人王元肃虞山不值，作此歌。元肃拿舟追及之，因以二丈许桑皮纵笔满卷为赠。虽结法小疏，而天骨烂然，姿态横出，有威凤千仞之势……当是绝笔。”据倪涛记载，王宠“作此时，病已甚，然时时偃卧，以指画腹，曰祝京兆许我书狎，主齐盟，即死何以见此老地下！”可见王宠酷意于书如此。归苏州后，于四月三十日卒，年四十。兰摧玉折，可痛可惜！顾璘在为王宠文集写的序中悲叹：“呜呼！恸乎人，皆曰履吉之才，不可再得也。余独曰履吉之德，不可再得也。”纵观王宠一生，确是“滃然云兴，灿然星耀”。他身后留有一子，名龙岗；据说另有一女，名埰。

这一年，文徵明年六十四，而祝允明已殁七载。

四

王宠一生极其短暂，也极有成就。王宠的书法与祝允明、文徵明齐名，有“吴中三家”之称；篆刻与文彭齐名；画则随笔点染，深得倪瓒、黄公望神趣。李日华《竹嬾续画剩》认为，“王履吉在陈白阳、文五峰上”。由于他的篆刻和画流传太少，对后世影响不大，但他的人品，历来得到很高评价。《吴县志》记道：“宠资性颖异，于书无所不窥，而尤详于经，手写经书皆一再过，文学迁、固，诗好建安、三谢，行书疏秀得晋法。风仪玉立，举止轩揭，猥俗之言未尝出口，蕴藉自将，对人未始言学，温醇恬旷，与物无竞，人拟之黄叔度。”

实际上，明清以来，对王宠的书法，评价一直很高。徐渭《跋停云馆帖》认为：“祝京兆书今时第一，王雅宜次之。”何良俊《四友斋丛说》认为：“衡山之后，书法当以王雅宜为第一。”王世贞《艺苑卮言》认为：“天下法书归吾吴矣，而祝京兆为最，文待诏徵明、王贡士宠次之。”三个明代著名评论家都肯定了他们三人是明代最杰出的书家代表，排名也基本一致。这种评价代表了当时书法品评的主流倾向，而且一直到现在还基本维持或肯定这种评价。

那么，是什么原因使王宠获得如此之高的评价？尤其作为一介书生，在没有政治背景和显赫社会地位的情况下，怎么会脱颖而出，成为明中叶“吴中三才子”之一？

我们知道，明初沿袭的是拟古书风，其代表书家是“三宋二沈”，即宋克、宋广、宋璲、沈度、沈粲。“三宋”中以宋克首称，虽有创新，但有“巧病”；“二沈”则被后人称为“台阁体”。他们共同的特点是崇尚清丽婉媚，深受赵书的影响，而且“递相模仿，习气亦最甚，靡靡之格，遂成馆阁专门”（吴宽语），书格不高，书路愈走愈窄，书风走向衰颓。王宠等吴门书家在这种情况下，打破宋元以来的媚俗和明初台阁体的柔靡，以新的书风，开拓新的境界，开创了新的局面，犹如异军突起，产生了很大的震撼力，“号为明书之中兴”（王世贞语）。这是王宠能很早成名并确立书坛地位的一个主要原因。

在明中叶形成的反思大潮中，书坛上也对传统帖学产生了一种逆反的心理，矛头主要针对赵书，特别是祝允明岳父李应桢抨击赵书为“奴书”，由于李应桢官至中书舍人，又主要生活在苏州，对苏州书法群体的影响很大，也使吴门书家的审美趋向发生变化。但明代毕竟是一个帖学的时代，思想解放的局限性，使人们仍然囿于帖学范围内进行反思，包括后来的丰坊、项穆等书评家，只是重新提出孙过庭的“中和”理论。项穆认为“中和”才是书法的正宗(《书法约言》)，或者说是正统的理论。这种观点也反映了明代中叶总的审美取向。尽管“中和”理论主要想维护帖学的正统地位，但客观上对摆脱台阁体，倡导书法探索与创新，起到了启发和推动作用。同时，当时书评家普遍主张书法复兴，倡导要直接接续晋人正脉。何良俊认为：“宋时惟蔡中惠、米南宫用晋法，只是具体而微。至元时有赵集贤出，始尽右军之妙，而得晋人之正脉。”（《四友斋丛说》）王宠和祝允明实际上是在这股反思潮流和理论氛围下，以开风气之先的气魄，跨越僵化，直取晋唐风韵，谢肇淛谓“自祝希哲、王履吉二君出，始存晋唐法度”（《五杂俎》）。尤其是王宠，在深入晋唐的基础上，在书风上完全拉开与时人的距离，适应了当时书法审美既要传统又要出新的要求，受到书坛的普遍重视和好评。王宠的个性化书风，实是开创了明代书法风格的先河。

尽管王宠天不假年，但由于在书法上显露的卓越才能及其创新书风，使他在众多书法家中脱颖而出，为明代书法的出新做出了贡献。

与祝允明相比，在冲破僵化的台阁体束缚，跨越宋元，直入晋唐方面，王宠取得的成就更加明显，在楷书和行草书上都创立了自己鲜明的风格，成为明中期最有才气的革新派书家，发挥了旗手的作用。其次，王宠书法雅中寓拙，拙中见雅，秀润而不妍美巧媚，为改变媚俗书风树立了榜样，对明代中期书法审美趋向风雅典丽发挥了作用。而王宠最为重要的贡献，则是晚年的行草书变法，作为明代书法领域中第一个反传统理法的典范，其跌宕不羁的书风，与祝允明的浪漫书风异曲同工，对晚明书风的转变开启了新的法门。

当然，总的来说，王宠还是属于传统帖学的革新派书家，他和明代所有的书家一样，都没有跳出帖学的圈子，他只是在继承传统的基础上，靠自身的才情和灵气创出了自己的风格。历代书评家都指出他主要取法王献之和虞世南。如王世贞《艺苑卮言》说："王正书初法虞永兴、智永，行书法大令。"莫云卿《评书》说："王贡士盘旋虞监。"赵宧光《寒山帚谈》也说："履吉字法，直入永兴之室。"文震孟《姑苏名贤小记》更指出：王宠"书法在永兴、大令间"。王宠书法从总体上说，取法王献之主要指行书，取法虞世南主要指楷书。实际上，明代中期在思想解放大潮影响下，书家的取法途径也大为开放，王宠也转益多师。张廷济在题跋中说："锺太傅《荐直季表》至元始显，至明中叶始烜赫，雅宜山人作字纯从此出。"王宠楷书的疏宕空灵，主要得益于锺繇。傅申在《海外书迹研究》中也说："王宠风格渊源于王羲之和虞世南，但他受同时代祝允明和蔡羽的影响。"祝允明是王宠最景仰的前辈，王宠临摹了他很多作品，而且在题中流露出对他的膺服和钦佩，如"翩翩然与大令抗衡矣"（《跋祝允明章草书古诗十九首》）及"浸浸与锺、索抗衡"（《跋祝允明章

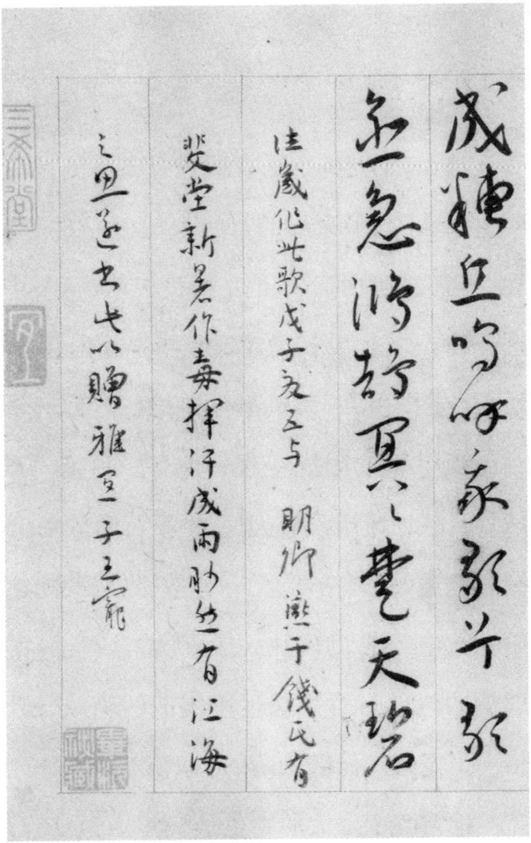

◆ 王宠书《自书五忆歌》

草书述》)。蔡羽是王宠的老师,王宠住在西山林屋三年,早期作品中明显有老师的影响,可见其根底是扎在蔡羽书法格局中。特别是蔡羽的书法见解和审美取向,对王宠有极深的影响。现藏于南京博物院的蔡羽手迹《书说》,其中对书势做了非常精彩的论述:"浑厚而英发,清新而淆括,散散漫漫而刚介劲拔,趋趋跄跄而优闲裕斡,疾者如脱,徐者如待,奇正不同。""疏不容加,密不容遣,华不可凋,秃不可少,笔行而志自从,趣动而机不已。"这简直就是对王宠书势的生动描述。王宠是按照老师的教诲在书法上进行探索和实践的,在作品中明显体现了蔡羽的审美取向。潘伯鹰在《中国书法简论》中,还认为他在草书结构方面采用了欧阳询的《残本千字文》。可见,王宠在学王、虞,专精晋唐的同时,不断向传统和时彦学习,是一位广采博取、善于学习的杰出书家。

五

那么,王宠的书法有哪些主要特色呢?

我认为,最突出的有两大特色。第一个特色是书法中显示出的"逸气",这一点祝允明与文徵明都不及他。何良俊认为:"盖其书本于大令,兼之人品高旷,故神韵超逸,迥在诸人之上。"神韵超逸是指书家内在的禀性、才情和气质,是与生俱来的超然洒脱,所谓"笔墨可知,天机不可知;规律可知,气质不可知"。就其外在形态来说,往往表现为潇洒而不拘成法,呈现一种"率真"和"天趣",使人感到他的书法是在闲适的心态下,从容自然地流出没有火气,字里行间散发出逸气,翩翩自得,舒展自如。特别在用笔上,圆劲遒逸,点画精切,无一笔散锋,有散朗超逸、光泽圆润的视觉效果。犹如庄子《逍遥游》中对"逸"的向往一般,优游自在,徜徉自得而超然物外,使其书法作品不同流俗。熊炳明说他有意识地运用闲散的笔致、疏空的结构和大量的空白来表现道家放逸风格。王宠这种潇散洒落的"逸气"所达到的境界,在明代是无人能比的。

他第二个最大的特色是"拙"。这一点王世贞最早有评论,他在《三吴楷法十册跋》中认为王宠所书的《琴操》,"兼正行体,意态古雅,风韵遒逸,所谓'大巧若拙',书家之上乘也"。《琴操》是楷书带有行书笔意,结构一反紧密严整的常规,略似松散,实际上

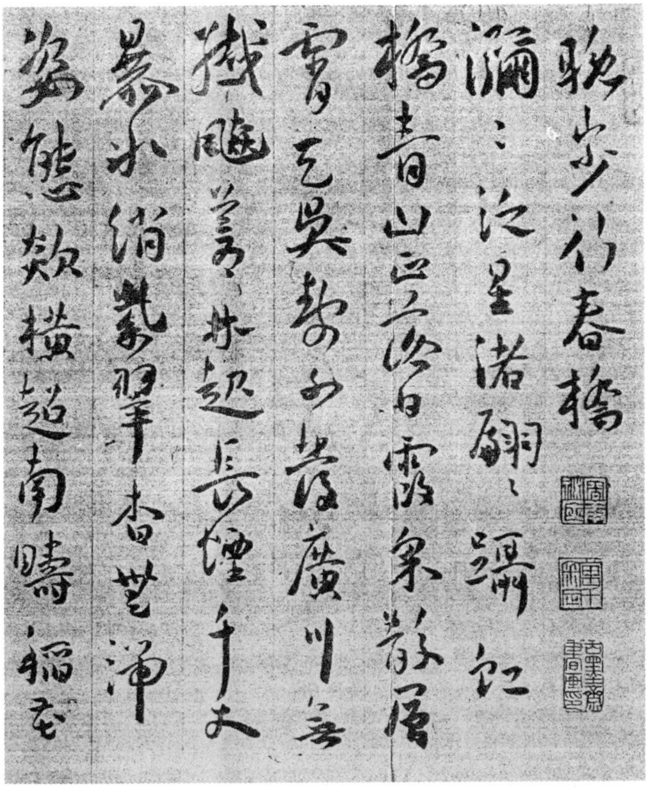

◆ 王宠书《晚步行春桥诗》

追求的是一种疏宕雅拙的韵味。王宠以散写拙，以涩写拙，以韵写拙，且又“拙中见秀”“拙中见雅”。“拙”的概念，最早见于《老子》四十五章：“大巧若拙，大辩若讷。”“大巧若拙”是说真正“巧”的东西往往看上去并不巧，反显拙朴，完美的东西不一定都显露在外表，而在于含藏在内的生命力。因此“拙”对“巧”而言是一次质的飞跃，是更高层次的“巧”。宋曹《书法约言》说：“熟则巧生，又须拙多于巧，而后真巧生焉。”当你摆脱圆熟，减少人为的因素，达到真巧的时候，返璞归真，处于主体与自然的完全融合，进入真正自由创作状态，毫无人工雕琢的痕迹，这种自然天成的真巧、大巧，就是所谓的“拙”。因此，王宠书法所体现的“拙”，实际上是人格和精神修养的折射，是他识见与学养孕化的审美意识在艺术创作中的结果。

王宠书法“逸”和“拙”的追求，与当时士人追求的思想境界有直接的关联。在明代，“学而优则仕”是士人们的主要目标。王宠八次会试都名落孙山，“悒悒不得进用”，仕途失意对他的打击很大，不能仕则退隐山林，自称雅宜山人，这种慕雅、趋雅的风气在明代中晚期十分流行，王宠亦不例外，“不数入城府，先生栖林屋者十年”（文震孟《姑苏名贤小记》），后来一直住在石湖草堂。这种士人失意趋于清高的风气，反映在情趣上就会追求静、雅、逸。为了追求静，字要写得没有火气；为了雅，防止俗气和作气，就会追求“拙”；为了逸，就会追求高古和空灵。“艺术来源于人生的苦闷”。王宠失意一生带来内心彷徨与痛苦的矛盾，对形成他的书法风格是一个重要因素。王歌之先生非常欣赏王宠的书风，曾形象地比喻为“白云明月，松实灵芝”，“闲来开卷一读，犹如聆听萧邦钢琴曲也”。这种萧散、清空和旷适的感受，这种超迈的神韵，明显有别于祝允明和文徵明。单就这一点而言，他在明代众多的书家中已是翘然独立的。

王宠不同时期的作品，有不同的特点。先从小楷看，现存王宠的小楷作品尚多，但比较可靠的代表作有《尚书·尧典》《辛巳书事七首》《半岩潘君七序并序》《自书诗》《林翁蔡尊师衡山文丈诗》《临东方朔像赞册》《刺客列传》《诗文稿》《送陈子龄会试二首》等。刘九庵先生在《王宠书法作品的辨伪》一文中，认为录古诗文大多为伪作，其根据是“过于整齐划一，习气较重，缺乏书法艺术的蕴藉”。显然只是从审美角度来判断真伪。刘先生对定为伪作的作品并没有提供确切的依据，而将王宠几乎所有抄录古诗文的作品都判为伪作，这一点似乎值得商榷。每一位书家一生中都在不断地临摹、借鉴和学习前人的书法，不同时期的书风会随着探索和取法的不同而有所变化，会显露一些不同的书法特征和审美取向，这是一个动态的过程。王宠三十四岁时曾临摹过《东方朔像赞》，这一时期小楷结体略带颜体的宽博，结构整齐一点，这很正

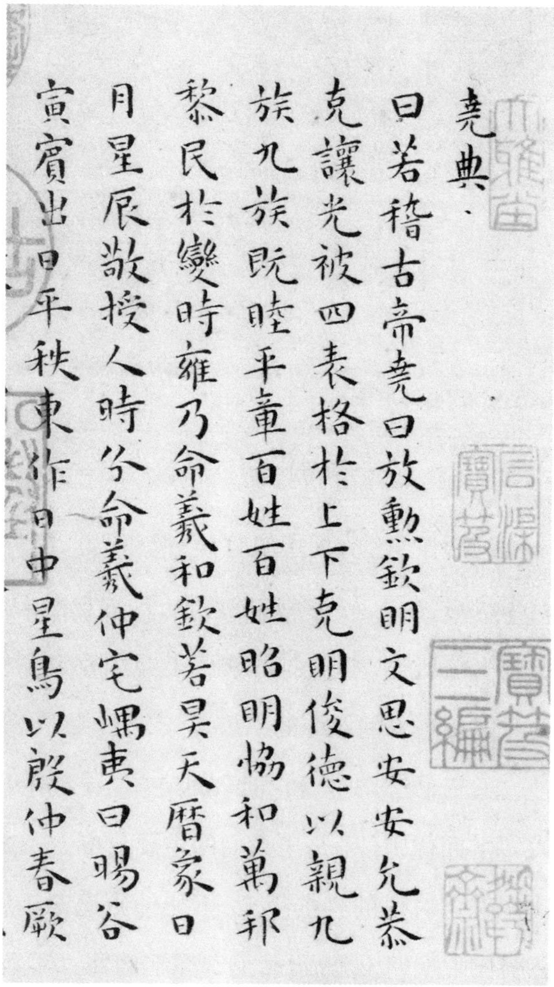

◆ 王宠书《尚书·尧典》

常。我们不能用一把固定的审美尺子来衡量一个书家不同时期的作品，对王宠更不能以“整齐划一，习气较重”来否定他中年那一个时期的小楷。其实，旧时书家录古诗文，是非常普遍的，不能因主观上觉得奇怪而作为伪作的判断依据。目前，在判为真迹的王宠行草中，就有他抄写的《古诗十九首》和《韩愈送李愿归盘谷序》《刺客列传》等古诗文。文徵明也抄了不少古诗文，如《前后赤壁赋》《古诗十九首》《醉白堂记》等。在书法真伪鉴别上，以录古诗文作为理由来类推，似乎没有说服力。此外，刘先生开列的十八件伪作中，一些作品从艺术上讲，已达到书法大家的水平，如被判为“伪作”的《刺客列传》，我认为，从作品的整体性和艺术性上来看，与其判为“伪作”，不如看作是王宠书法的精品。

王宠现存作品署款都在二十六岁至三十九岁之间。署单款“王宠”的，大多在二十六岁至二十九岁间；三十一岁署“王宠履吉”“王宠履吉甫”；署“雅宜子”“雅宜山人”“山中人”款的，都是三十一岁以后的作品。王宠二十一岁时写的《听松赋》，张丑认为“书法尚未成就”。王宠二十三岁时，路过无锡华云剑光阁时，看到虞世南手书的《庄子·内篇》，披次心赏，留舟中数日，爱不释手。当年再次到无锡，王宠将虞世南书《庄子·内篇》七篇，足足摹写了三个月，下了很大的功夫。可以看出，这一时期王宠还处在师古阶段。现在有一些对王宠学书过程不甚了解的人，认为王宠主要“依样模拟刻帖现象，无意间反获得一种不同平常的趣味”，以至于他的“卓越之处在于从旧版拓秃了的刻帖拓本中发现了新的书美”，这恐怕只是臆想。至于有人认为王宠的字写出了“枣木气”等，也仅是其个人的审美感受，并不反映客观真实。事实上，王宠生活在文氏师友的圈子里，其中不乏富有收藏的名家。明人盛行雅集、茶会和对书画进行鉴赏题跋，王宠有很多机会接触古人书画真迹。因此，不能武断地认为王宠书法仅“以刻帖为主要取法途径”。从现存王宠的小楷作品看，二十八岁所书《辛巳书事诗七首》，其典型风格尚未完备。到二十九岁书写的《尚书·尧典》，小楷风格才开始显现，除虞书的特点外，又有锺繇的影响，全用中锋，使转圆润，筋力内含，结体疏朗，而且点画已出现不相搭接的趋向，体态雍容空灵，方中带长，以巧参拙，笔下一无纤尘，用笔干净利落，意韵温润超逸，格调高古空灵。三十岁写的《林翁蔡尊师衡文丈诗》，基本上仍属于这一类

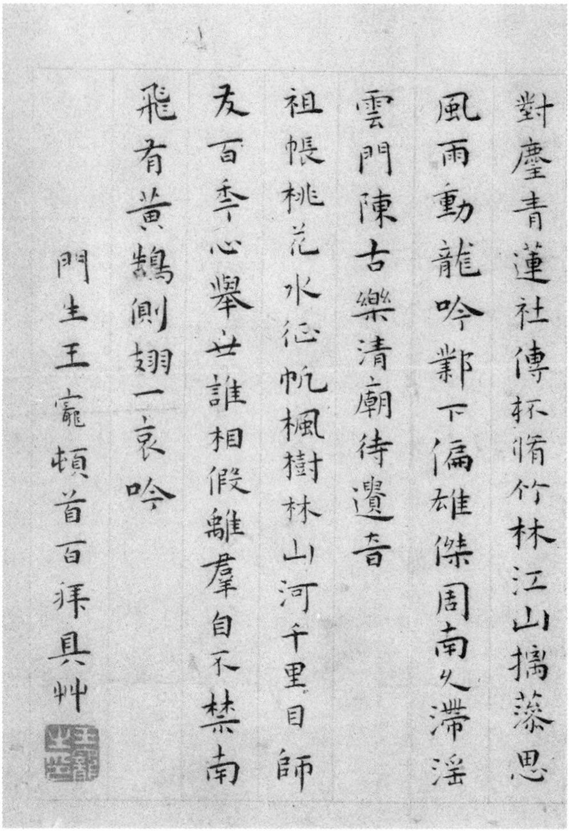

◆ 王宠书《呈林翁蔡尊师衡山诗》

型，笔法内敛，精神外露，给人以洁净超逸的美感。三十三四岁时的小楷结体略带宽博。对王宠小楷，王穉登在《半岩潘君七秩序》中说："王履吉先生，如春云出岫，夭矫变化，视为世间肥笔涸墨，真牧猪奴杖捶画沙耳！此篇尤逸雅秀润，与寻常率略之作相去什九。"清代殷树柏在《临王大令洛神赋跋》中说："山人得晋唐真骨髓，书时又不欲复古人一笔，故能脱尽习气，自见清净洁身。"高士奇看到这作品后，在《江村消夏录》中惊叹道："笔法遒逸，为生平所见第一。"高士奇是清初著名书画家，所见极广，信非虚言。王宠在吸收虞世南、锺繇的萧散、超逸的同时，突破小楷结构缜密的常态，留出许多巧妙的空白，加上顿挫涩进的运笔，发天趣于毫端，使其小楷有着许多耐人寻味的笔外之意。这在王宠三十三岁书写的《刺客列传》和四十岁时写的《送陈子龄会试诗卷》中体现得十分明显。

《送陈子龄会试诗卷》现藏故宫博物院，作品落款没有署明年月，但从"雅宜山人王宠书"的落款习惯看，应是中晚期的作品。再从作品标题送陈子龄会试来推断，当是王宠四十岁时所书。因为在这幅作品中有"昔为辅与车，今成沉与浮"句，意思是说，以往与陈子龄一起赴考，而这次不能同往，一个是"弹剑作征声"，充满了希望，另一个是"飒飒寒风乃"，病体在身，即诗中所讲的"沉与浮"。我们根据这两句诗句，可以推算出这一年正好是王宠去世那一年。王宠一生共参加八次会试，从十七岁开始至三十八岁

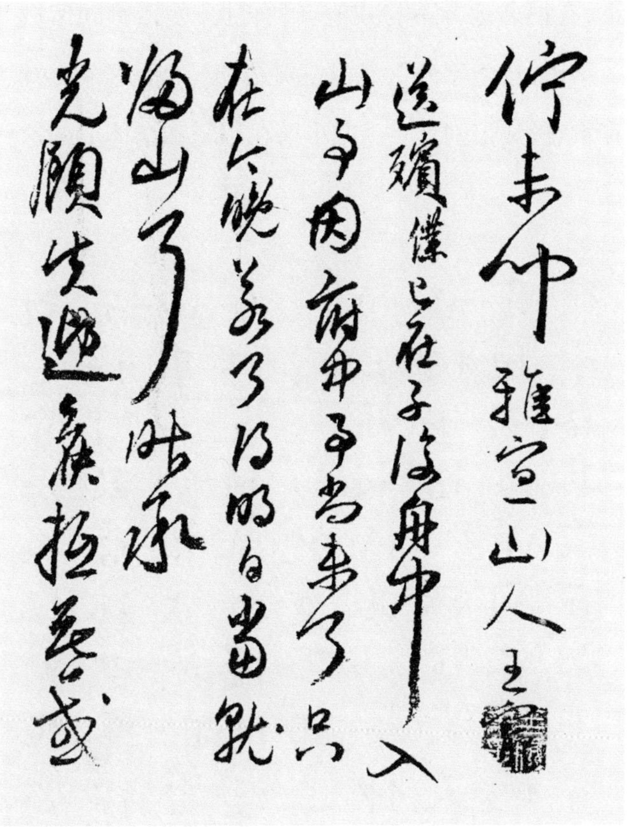

◆ 王宠信札

中间没有间断过，唯一没能参加会试的那一年，正好是王宠四十岁。这一点，过去大家都没有注意到，包括刘九庵先生《王宠书法作品的辨伪》中也未能指明其书写年月，只是从其风格判定为晚年所书。刘先生对《送陈子龄会试诗卷》评价极高："其书极尽涩拙之态，每一笔画均似在牵掣中行进，绝无流动率意之痕。且结构无复平整之观，多似散漫不经，实寓险绝之势，而略带行书法。"应当说，刘先生的这个评价是极有见地的，其分析可以说基本勾画出了这幅作品的特点。"涩拙"主要指用笔钝圆，简约内敛，结构不求齐整，这是王宠晚年书法的总体特征，不求工整，在漫不经意中流露出自然率直的风神雅趣。

我们回过头来再看《刺客列传》。《刺客列传》嘉靖五年（1526）写于石湖草堂，是年王宠三十三岁。此作是现存中年小楷中的精品，表现了他安详洒脱的个性和隽迈超人的才华。凝重拙朴的笔致是那么的平淡自然，圆润的转折，结体是那么的高古，不露锋颖的点画，展示作者书写时的心态是那么的虚静平和。这些小楷面目，给人以静、逸、雅的感受。从中我们可以看出，这时作品中的撇笔与三十岁前写的已有区别，写得极短，有些似乎点到即止，有欲纵故擒、含而不发的态势，结体也变得宽博，趯画的勾，写得欲出即收，意到笔止，似勾非勾，似有非有，像春天的萌芽，充满了潜势；横画写得极细，有很多地方不与其他点画相接，使点画间留白与行列的空间一起，“氤氲迷离地游入字内，泛出字外”，显得空灵疏朗。他的捺画也非常有特色，倔强肥重而微带弧曲，既存隶意，又很别致。王宠小楷在用笔和结体上的这些变化，使他的个性凸显，风格独特。

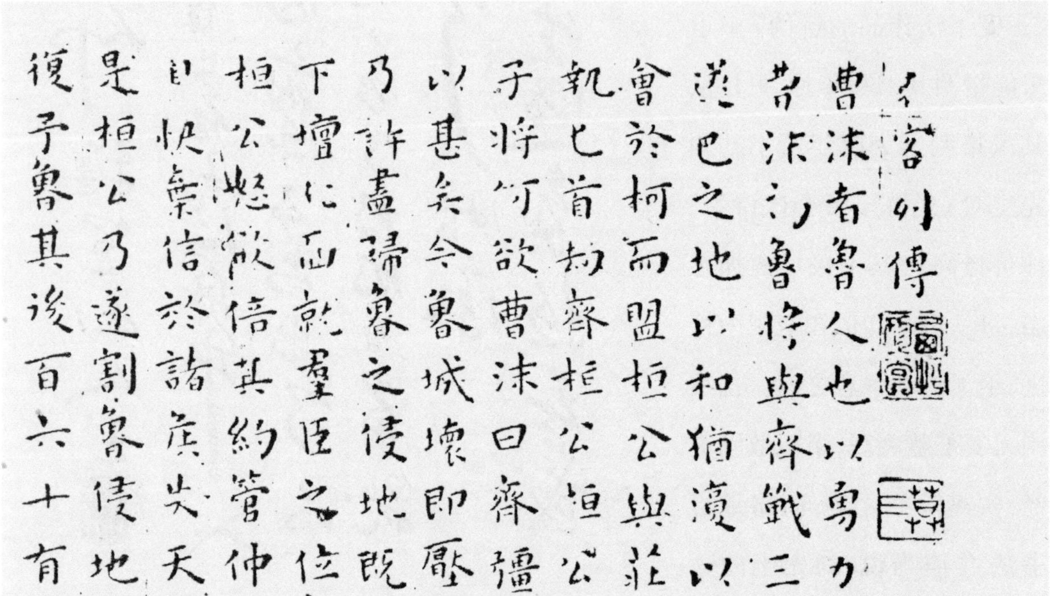

◆ 王宠书《刺客列传》

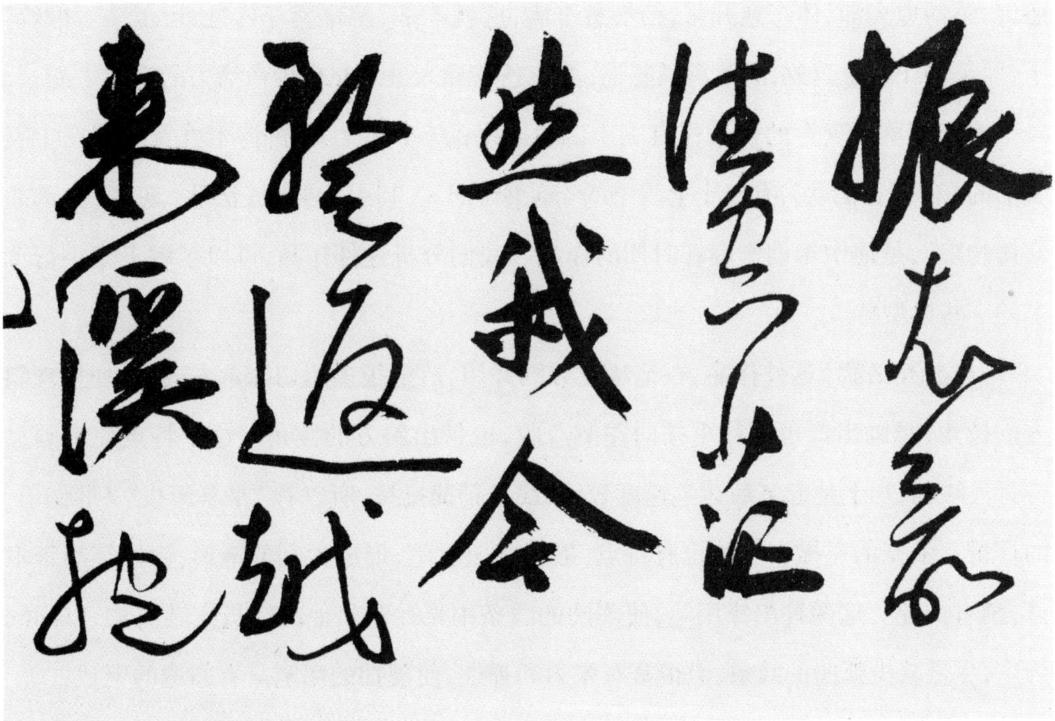

◆ 王宠书《访王元肃虞山不值诗卷》

如果与祝允明和文徵明的小楷相比，王宠小楷的风格更明显，成就更大。因为祝允明小楷虽兼有锺繇的古朴和“二王”的秀妍，但个人风格不突出；文徵明的小楷虽然圆劲古淡，有个人风格，但因起笔太细，缺乏蕴藉和变化，远不如王宠小楷有内涵而耐人品味。

当然，最能体现王宠书法特色的是他的行草书。同时代的祝允明、文徵明、唐寅都还没有完全摆脱赵字的影响，而王宠摆脱得最彻底，风格最鲜明。他小行草的代表作大多是早年和中年的作品，主要以晋人格调为主，受王献之的影响明显，但也能看出受蔡羽、祝允明和文徵明熏陶的痕迹。这些作品运笔遒美，点画精熟，结构端丽，略带章草笔意，字与字之间较少连绵之势，给人潇洒超逸、巧中寓拙的感受。而大字草书则大多是中年和晚年所出，流传的作品不多，有立轴、册页和手卷等形式。运笔变得雄健老辣，恣肆奔放，结构欹斜多变，并多了草意的连绵。徐文彬在评王宠《访王元肃虞山不值诗卷》中这样来形容他晚年的变法：“出乎理法，入乎纯真，既知妍美，复归真朴，则笔道愈恣肆，感情愈充沛，体态愈开张，精气愈丰满，这就不是‘易雕宫于穴处，反玉辂于椎轮’了，而是端庄蕴于奔放，洒落寓其感情，莽莽苍苍导入进入充满生命活力的浩瀚之海。”

王宠小草书现存的代表作有三十四岁时书的《千字文》《古诗十九首》，有三十五岁书的《自书五忆歌》，有三十七岁书的《草书诗册》。其中《自书五忆歌》现藏“台湾故宫博物院”，是他中年创作巅峰时期的作品。我们分析这件作品，可以了解王宠小行草书的一些典型特点。

《自书五忆歌》这件作品，在笔法上方圆并用，落笔很多用切锋重入，起笔处呈现斜方的棱角，竖画出锋也往往重按向左侧急收，也带出斜方的棱角。这个特点使笔画显得骨气峻峭，加上他起笔后运笔速度较快，线条劲捷挺拔，所以有“亭亭天拔”（邢侗语）的评价。王宠的左撇和右捺也有特点，撇画急速收笔，形成尖利的笔形，而捺笔间带隶意，稍有拙趣。这两种出锋用笔，使浑圆的线条中见劲利。他的转折宛转流美，以圆润为主，尽量减少弧曲的线条，但很富有张力和弹性，使硬拙的用笔又有遒逸的笔致。

在结构上，王宠采用了盛行于晋唐以前的独体草书，而“非斤斤规矩‘二王’”，故多变化。特别在处理字间点画时，通过不相搭接，使点画的虚白与运笔的顿挫相呼应，增加点画的节奏变化，给人以灵动的视觉效果。而且笔势取纵拉长，加以开合正斜的变化，完全拉开了与同时代人字形结构上的距离，古雅疏宕而独具面目。

在贯气上，主要采用无形的连贯，点画看似不相连接，通过虚白透出的空灵和飞动达到贯气。这种最高级的贯气状态，给人以“清池惠风”般的感受。虽然王宠的小草书没有祝允明那么恣肆流畅，但王宠体势中的疏宕和空灵，有较强的个性风格，比之祝允明要略胜一筹。

王宠的大字草书流传下来不多，尤其是属于晚年变法的只有几件作品，如《荷花荡六绝句卷》（美国佛利尔博物馆藏）、《五言律诗轴》和三十九岁时书的《行草书七绝二首册页》《晓起饮蕉露》诸诗卷，又如四十岁时书的《自书诗册》《自书诗》《访王元肃虞山不值诗卷》等。这些是他晚年变法的代表作，变法主要反映在用笔由沉稳变为恣肆，转折由圆润变成方折，点画相脱变成连绵，结体平正变成险绝，笔势取纵变为纵横开阖，巧中寓拙变成拙中藏巧，遒劲婉丽变成潇洒旷达。这许多变化使王宠又摆脱了老

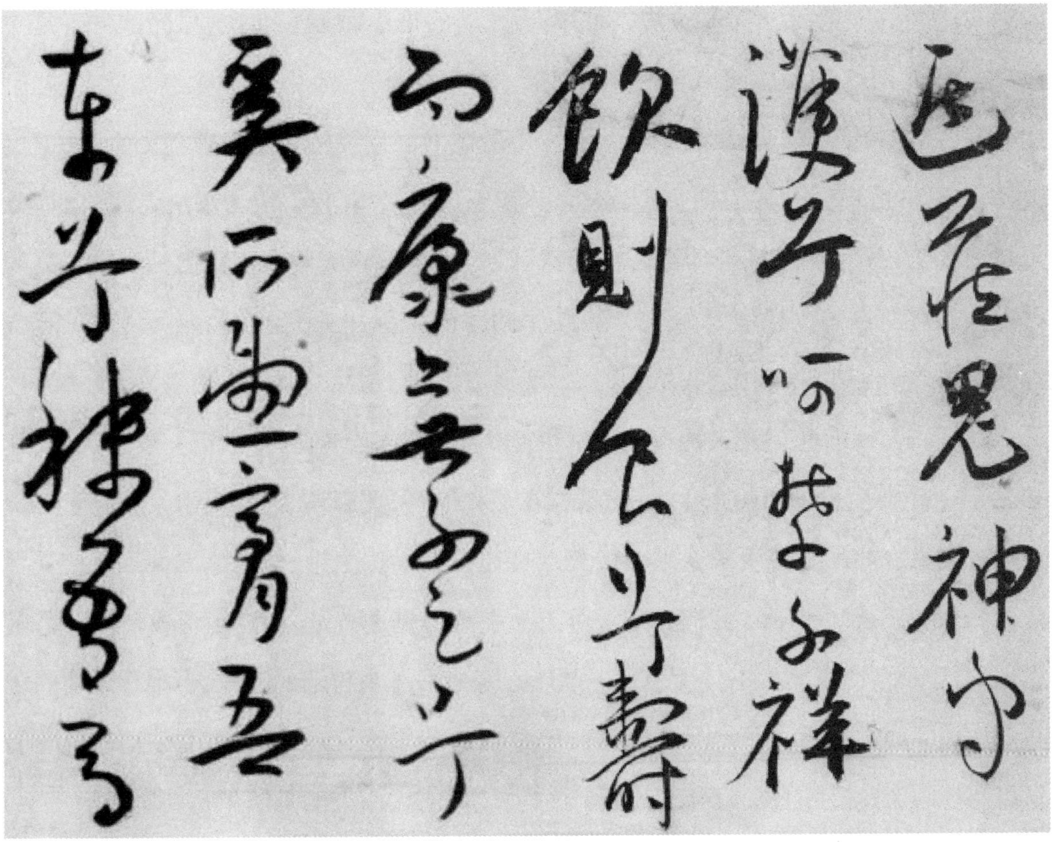

◆ 王宠书《韩愈送李愿归盘谷叙》

师蔡羽的格局和王、虞的影响，参以颜法，形成拙巧相兼、开合多变而又沉稳老辣的新书风。变法作品中，《访王元肃虞山不值诗卷》最有典型性和代表性。

《访王元肃虞山不值诗卷》（重庆博物馆藏）是王宠的绝笔，在点画遒逸的笔致中又多了一种阳刚之美，沙孟海称是“山人标高揭已、锐思变体之成果”。这幅作品的运笔更坚实，在粗细、长短、徐疾、顿挫的变化中，更有一种莫测的节奏感，既放宕恣肆而又不失法度，结体奇而不怪，秀中见野，如“美女舞竿，良骥走坂”。王世贞在跋中形容为“天骨烂然，恣态横出，有威凤千仞之势”，这一评价非常贴切。我们在点画流溢的意境中，如感坦荡清风迎面而来，何其的旷适。

王宠的书法，在明代中期已享盛名，“弱岁多文，金声玉色，四国流闻”。他年轻时就得文徵明的推重，受到郡守胡缵宗与尚书顾璘的推崇，"遹发乡国，早闻四方"，是一位在书法和道德、学养方面出名很早的书家。丰坊在《书诀》中说："永宣之后，人趋时尚，于是效……王履吉者靡然成风。"丰坊是站在书法复古的角度批评他的变法，但也透露了这样的信息：明代前期，书家众多，当王宠出现以后，很快成为书法界的"时尚"，于是"靡然成风"，可见对当时的影响有多大。这种情况在大收藏家华云对王宠作品的喜欢上也有所反映。据华云在王宠《游包山集》跋中称："余忆春时，在吴门曾见履吉为友人书《包山集》一卷，笔法精妙绝伦，屡欲夺之而不能，因请履吉更书之，及拂缣挥毫，咄嗟而就，视前卷更觉入神。余何幸得此拱璧，谨付装池，为吾家第一珍秘，后人其守之。"王宠对后世的影响也很大，谢稚柳在《朱耷》一文中认为，八大山人从五十七岁至六十五岁之间的书法受王宠影响极大，"在传统的书法之中，他也毫无例外地接受了晋唐以来如王羲之、王献之、颜真卿等等无从细数的先进典范，而真正形成他这种艺术风貌的，还是从明王宠的书势所引发。试以王宠的书体来与他的比较，不难看出他们之间的密切关系。自然，这一形体的发展，虽是从这个基础而来，但更多的还是他自己的思想感情的表达"。谢说的"引发"两字极为精当，八大山人的书法正是在这种引发下，从王宠的书势、用笔、结构中求变化，从而形成自己独特的书法风格。

总之，王宠在书法上所表现出来的才气，应在祝允明和文徵明之上，他既入王、虞，复出晋、唐，特别在晚年，突破传统理法，独有建树，自创风格，是在书法理念和实践上的一大突破。王宠在书法上达到的高度以及对明代书法的贡献，由于存世作品不多，影响面不广，在书法史上一直未引起足够重视，实为憾事。笔者深信，随着对王宠书法艺术认识的深入，这种状况必然会改变。

《石门颂》读析

一、由 来

《石门颂》全称《故司隶校尉楗为杨君颂》,又称《杨孟文颂》,是在陕西汉中褒斜谷石门西壁处的一块著名摩崖石刻。石门,是东汉永平时在汉中褒谷山体上开凿的一段隧道,南北走向,长十五六米左右,宽四点二米,高三点七五米,距今一千九百多年,是我国最早开凿的隧道,位置处在褒斜道中。褒斜,是陕西终南山褒谷、斜谷的简称,南曰“褒谷”,北曰“斜谷”。褒斜道是由关中穿越秦岭到汉中入蜀的一条交通要道,是开凿时间最早、规模最大、持续时间最长的一条道路。汉中在秦岭和巴山之间,两座大山阻梗南北,极难开辟道路。而秦岭以北是关中,巴山以南是四川平原,是中西部两大经济重心,汉中是中央政权与四川联结的必经之路,也是历史上改朝换代的必争之地。因此,为了政治与经济目的,历代重视秦岭与巴山的通道,先后开凿了褒斜、故道、连云、傥骆、子午、荔枝、文早、石牛、米仓以及汉中到安康往东延伸到荆襄等地的道路。栈道工程艰险壮观,大多在陡壁与河底岩石上凿洞,立木为柱,横木为梁,再铺上木板,以成栈道,有些陡险岩壁不能立柱,仅安置横梁,其险无比,且易倾圮,不能持久。栈道的结构形式,也只能随其地形,因地而异,因而也充满了创意与高超的技艺,为后人景仰与惊叹。其中,石门道最为有名,北魏郦道元《水经注》中曾记载,“褒水又东南历小石门,门穿山通道六丈有余,刻石言汉明帝永平中司隶校尉杨厥之所开”(司隶校尉是汉武帝

◆《石门颂》拓片

征和四年初置的武官，领兵千余人，捕巫蛊，督察大奸猾）。《石门颂》原址在古褒斜道南端的石门隧道内，即陕西汉中褒河境内的褒谷之中。1967 年因国家在石门所在地修建大型水库，将此崖从壁中凿出，迁入汉中市博物馆。

《石门颂》被称为摩崖刻石，即“就其山而凿之”（《金石索》）。在古代，当摩崖周边发生重大事件时，往往就地镌石记之，纪事颂德，或镂于金，或刻于石，以求久远。因而，褒谷中的古代摩崖刻石单石门隧道内壁就有三十余种，加上南北峭壁多达百种以上。其中，以汉魏为主体的摩崖石刻十三种最为著名，称之为《石门十三品》。在“十三品”中，《鄐君开通褒斜道摩崖》、《故司隶校尉楗为杨君颂》（简称《石门颂》）、《杨淮、杨弼表记摩崖》（简称《杨淮表记》）三块刻石风格相近，对研究我国文字的演变与书法的发展，特别是汉隶的形成有十分重要的作用。另外，“十三品”中北魏的《石门铭》，被康有为推为“神品”，也是研究书法的珍贵资料。从北魏的郦元道到宋代欧阳修、赵明诚、洪适，再到清代王昶、冯云鹏等，都对此摩崖做过考释。

《石门颂》刻于桓帝建和二年（148），汉中太守王升为顺帝初年的司隶校尉杨孟文所撰写的颂词。王升和杨孟文同是犍为武阳人（今四川成都以南），汉武帝置犍为郡，西汉建元六年(前 135)置,治所在僰道(今四川宜宾),属益州。"犍",汉碑皆作"楗"。当时,杨孟文出仕要比王升早,当王升出任汉中太守时,杨孟文已经去世。王升于建和二年仲冬上旬"涉历山道,推序本原,嘉君明知,美其仁贤,勒石颂德,以明其勋"。所以"用故司隶校尉杨君颂"作题额,其中"故"字,表示人已去世。过去不少人都把碑中语助词"厥"误作为杨孟文的名字,将《石门颂》误称为《杨厥碑》。

《石门颂》中有"中遭元二,西夷虐残,桥梁断绝,子午复循"这段话,是指安帝永初元年至二年(107—108),西方少数民族先零羌叛,断陇道,寇三辅,入益州,杀死汉中太守董炳这段史事。在这次战争中,褒斜道遭到破坏,南北往来只好复循于子午道。子午道是汉平帝元始五年(公元 5 年)开辟的关中至汉中的通道,自陕西长安穿过秦岭(南山)径至汉中。而子午道非常艰险,"空舆轻骑,碍滞不前",给往来行人商旅带来极大

◆ 新修的石门栈道

不便。正是在这种特定的情况下,杨孟文才多次上疏,奏请修复褒斜道。在《石门颂》的文字中有“数上奏请,有司议驳,君遂执争,百僚咸从,帝用是听,废子由斯”的记载。此碑正是王升赞扬杨孟文数上奏请,朝廷从其所请,才得以承修褒斜道的功绩。

二、碑刻释文

【原文】

故司隶校尉楗为杨君颂[1]

惟巛霊定位[2],川泽股躬[3]。泽有所注,川有所通[4]。余谷之川,其泽南隆[5]。八方所达,益域为充[6]。

高祖受命,兴于汉中[7]。道由子午,出散入秦[8]。建定帝位,以汉诋焉[9]。後以子午,蓁路歭难[10]。更随围谷,復通堂光[11]。凡此四道,垓鬲尤艰[12]。至于永平,其有四年,詔书开余,凿通石门[13]。中遭元二,西夷虐残。桥梁断绝,子午復循[14]。上则县峻,屈曲流颠[15]。下则入冥,庼写输渊[16]。平阿湶泥,常荫鲜晏[17]。木石相距,利磨确磐[18]。临危枪砀,履尾心寒[19]。空舆轻骑,遰导弗前[20]。恶虫蔽狩,虵蛭毒蟳[21]。未秋截霜[22],稼苗夭残。终年不登,匮馁之患[23]。卑者楚恶,尊者弗安[24]。愁苦之难,焉可具言?于是明知故司隶校尉楗为武阳杨君,厥字孟文[25],深执忠伉,数上奏请。有司议駮[26],君遂执争。百遼咸从,帝用是听[27]。废子由斯,得其度经。功饬尔要,敞而晏平[28]。清凉调和,蒸蒸艾宁[29]。至建和二年仲冬上旬,汉中太守楗为武阳王升,字稚纪,涉历山道,推序本原[30]。嘉君明知,美其仁贤。勒石颂德,以明厥勋。其辞曰:

君德明明,炳焕弥光[31]。刺过拾遗[32],厉清八荒[33]。奉魁承杓[34],绥亿衙彊[35]。春宣圣恩[36],秋贬若霜。无偏荡荡,贞雅以方[37]。宁静烝庶,政与乾通[38]。辅主匡君,循礼有常[39]。咸晓地理,知世纪纲。言必忠义[40],匪石厥章[41]。㢋弘大节[42],谠而益明。揆往卓今,谋合朝情。醳艰即安[43],有勋有荣。禹凿龙门,君其继纵[44]。上顺斗极,下荅巛皇[45]。自南自北,四海攸通。君子安乐,庶士悦雝[46]。商人咸憘,農夫永同[47]。《春秋》记异,今而记功。垂流亿载,世世叹诵[48]。

序曰：明哉仁知，豫识难易[49]。原度天道，安危所归[50]。勤勤竭诚，荣名休丽。

五官掾南郑赵邵，字季南；属褒中鼂汉彊[51]，字产伯；书佐西成王戒[52]，字文宝，主[53]。王府君闵谷道危难[54]，分置六部道桥。特遣行丞事西成韩朖，字显公；都督掾南郑巍整[55]，字伯王；後遣赵诵，字公梁；案察中曹卓行，造作石積，万世之基[56]。或解高格[57]，下就平易，行者欣然焉！伯王即日徙署行丞事守安阳长。

【注释】

（1）司隶校尉，汉官名，汉武帝（刘彻）征和四年（公元前89年）初置，原为纠察缉捕大案件而设，后督察各郡一切犯法者，其职权范围很大。楗为，郡名，因境内犍山而得名。楗即“犍”字。不只是《石门颂》这样写，汉代石刻皆作“楗”。杨君，即杨涣，字孟文。君是古代对人的尊称。《华阳国志》“孟文翘翘，丕显有成。杨涣，字孟文，武阳人也。以清秀博雅，历台郎相，稍迁尚书、中郎、司隶校尉。”其人甚有嘉声美称。

（2）惟，发语词，常用于句首，无意义。巛，即“坤”。是《易经》坤卦的竖写，原碑写的是篆书古体。巛霊，即“坤灵”，古代对于山岳河渎之神的总称。《宋史 · 乐志七》“地载万物，阴翕而成；山岳河渎，皆坤之灵。”《易经 · 说卦》传曰：“天地定位，天在上，地在下。”灵（靈），中间应三个“口”，简省为两个“口”。下部的“巫”在汉碑中作“王”“工”或“土”，与此字从“土”写法的还有西安碑林的《仙人唐公房碑》。定位，确定地位。

（3）股，通“肱”，股躬，即股肱。股者，肢也；肱者，体也。原指大腿与胳膊。川泽股躬，此将股比之为川，肱比之为泽。比喻河道主干与支流，都是坤灵对自然界的安排。

（4）泽有所注，川有所通，谓山川河流应畅通无阻。

（5）余字借用为“斜”。《隶辨》：“碑，以斜谷为余谷。”娄氏《字源》：“斜，汉隶皆作余。”余谷之川，指褒斜道。隆，丰、大之意。其泽南隆，指褒水南部流量大而急。一说隆，通“降”。

（6）益，益州。充，借为“衝（冲）”。

（7）高祖受命，兴于汉中：高祖，即刘邦，西汉王朝创建者，庙号高祖。受命，谓受天之命，接受上帝抚有四方之命。汉中，郡府名，旧中国时为楚国地，因汉水得名，治所在南郑(今陕西汉中东)。

(8)道由子午,出散入秦:子午,北方为子,南方为午,故将秦岭南北走向的一段山谷名为子午谷。子午谷上的栈道,名为子午道。据说汉高祖由汉中挥师北出散关,进入关中地区,以定三秦,当时走的就是子午道。散,为大散关,在陕西宝鸡市西南大散岭上。为秦岭咽喉,扼川陕间交通孔道。一说散为"斜"之误。秦,指关中。

(9)以汉诋焉:诋应释作"氏",氏作为指示代词,颜师古注:"氏与'是'通,古通用字。"言汉王定天下,仍以汉为国号。也有认为借作"祀"。

(10)蓬路歭难:蓬与"途"同。歭与"涩"同。

(11)更随围谷,復通堂光:围谷、堂光是子午道之外的另外两条道路。意思是因子午道涩难不好走,只能改走围谷道,随着围谷道的走向,也接通了堂光道。

(12)凡此四道,垓鬲尤艰:四道,指褒斜、子午、围谷、堂光四道。垓鬲即"阂隔"。垓借作"阂"。鬲通"隔"。

(13)至于永平,其有四年,詔书开余,凿通石门:永平,汉明帝年号。四年,指永平四年。詔字实为"诏"字,刻工误刻所致。余通"斜"。开斜,即开凿褒斜道北口。褒斜道秦时所开,从汉中褒谷溯源而上,经留坝转向东北,越衙岭山入斜谷,再顺斜谷而下,出斜谷口,抵达眉县。全长两百四十八公里,是连接关中、汉中、巴蜀的捷径,也是我国历史上开凿最早、规模最大的一条栈道。

(14)中遭元二,西夷虐残,桥梁断绝,子午復循:元二,是谓即位元年、二年的省文。西夷虐残,指元二之灾,因羌叛,战火蔓延,褒斜道遭到破坏,只得重新走子午道。循一作"修",非。

(15)上则县峻,屈曲流颠:县即"悬"。流,此处写成三点水右边加"不"字。颠通"巅"。

(16)下则入窴,庼写输渊:窴通"冥""溟",意思是幽深如海。庼,王念孙《汉隶拾遗》:"庼与'倾'同。"写,俗作"泻"(见段玉裁《说文解字注》)。输,《玉篇》:"输,泻也。"也是倾泻义。

(17)阿,大的丘陵。《毛传》:"大陵曰丘。"平阿,指平坦的大丘陵。淥释"淖",一作"泉"。湶泥，指烂泥地。荫借作"阴"，常阴，表示天气经常阴暗。鲜，少也。晏，《说文》："晏，天清也。"常荫鲜晏，意思是很少有晴天。

（18）利磨，锐利。确磐，指坚实大石。

（19）枪，即矛。枪砀，即枪唐，利器也。此指木石碰击之声。履尾，王弼注："履虎尾者，言其危也。"临危枪砀，履尾心寒，这两句意思是，栈道木石相互的碰撞声，像踏在老虎尾巴上一样，令人胆战心寒。

（20）遰与"滞"通。导与"碍"通。遰碍：车辆阻塞。

（21）蘥，《隶释》云通"虎"。狩借作"兽"。《华阳国志校补图注》释作"蔽兽"，凶猛的野兽。虵，《玉篇》："虵，正作蛇。"蛭，《说文》："蛭，虮也。"俗名蚂蟥。螭，同"蝘"。毒螭，巨兽。恶虫蘥狩，虵蛭毒螭，两句的意思是沿途都是恶虫与野兽。

（22）郑玄笺："截，整齐也。"未秋截霜，这句意思是未到秋天，霜一齐下来了。

（23）匮，空乏。馁同"馁"，饥饿。匮馁，贫困饥饿。

（24）卑，庶士。楚恶，痛苦。尊，地位高者。

（25）明知，即明智。厥，其。

（26）駮，即"驳"。

（27）遼，洪适注："碑以遼为'僚'。"帝，指汉顺帝刘保。

（28）饬，整治。晏，安。斯指褒斜，道路高敞平稳。复通石门在安帝延光四年，离永初二年桥梁断绝凡十五年。

（29）清凉调和，指整修后的褒斜道气温山色宜人。烝烝，指百姓众多之意。艾通"乂"，治理。艾宁，安宁。

（30）推序，追溯。原与"源"通。

（31）蒳即"炳"，草字头是汉隶的增益部分。炳焕，明亮照耀。《吴都赋》："焕炳万里。"

（32）刾，本作"刺"，指责讽刺之意。拾遗，补正别人的过失。

（33）八荒，八方荒远之地。

（34）魁，八斗之一。杓，八斗七星柄部三颗，又名斗柄、杓星。

（35）绥，安抚之意。绥亿衙彊，安抚管辖范围内的百姓。

（36）圣，下部的“土”，石工省刻中竖。圣恩，皇帝对臣民的恩泽。

（37）贞，坚持操守之意。

（38）乾，《易经·说卦》：“乾，天也。”

（39）循，乃古写。礼，下部的“豆”，省刻一横。

（40）义，上部省刻一竖。

（41）匪石，《诗经》：“我心匪石，不可转也。”喻志坚定。

（42）㢱，即“恢”。恢弘，发扬。

（43）醳，通“释”。

（44）纵，借作“踪”。

（45）荅，同“答”，酬答。

（46）憘同“喜”。䢉，同“农”。

（47）廱，通“雍”，和悦貌。

（48）叹，左口有缺笔，省刻。

（49）豫识，预见。难，左下有省笔。昜，有错笔，中间多一横画，应是“易”字。豫识难昜，指预知工程的难度。

（50）安危所归，即安危所系。

（51）鼌，音潮。

（52）成，借作“城”。

（53）主，主管，主持其事。

（54）闵，借作“悯”。掾，通“篆”。

（55）巍，借作“魏”。

（56）𥢷，通“积”，一说与“藉”通，谓砌石垫平。造作石𥢷，百世之基，用石头铺设栈道，乃百世之基。

（57）格，即栈道之阁。解高格，指拆除高的栈道庋格。

从上述释文可以看出，《石门颂》汉隶中的许多字，现今已不用，《说文》中也无记载。

如楗为“犍”、醳作“释”、余作“斜”、诋作“氐”、掾通“篆”等，或取音之相近，或取体之相似，或从俗之形体，或见诸于志乘，从中可见文字演化之一斑。

三、艺术特点

隶书在汉代达到了历史的高峰，就其风格而言，可分成两大类，一是端庄整饰类；一是跌宕放逸类。《石门颂》属于第二种类型，代表汉隶高逸的境界。

（一）总体特点

《石门颂》是东汉刻石中的一枝奇葩，它既有成熟隶书的一切形式特点，又具有难得的纵放、拙劲、率意风貌的汉隶。它以篆书的笔法、隶书的结体、行书的意态，被称为汉人杰作、隶中之草，开创了隶书中“草”情、“草”韵，自清乾嘉以来为金石书法家所喜爱和推崇。下面我们从情趣、结字、用笔三个方面来看这些艺术特点。

从情趣角度看，质朴天真，用笔不事雕琢，字随石势，参差错落，潇洒自如，情趣外露。这种天真烂漫、飘逸自然、古茂可爱，往往有非同一般的天趣。

从结字角度看，开张恣逸，放纵舒展，显得特别奔放。如“命”“升”“诵”字，垂笔特长，在汉隶刻石中极其罕见。它以性情胜，既突破规矩，又合乎规范，通过长短方圆的变化，显得超脱新奇；其化短为长的笔画，具有简帛的情态；化方折为圆转，具有章草的意味；化圆转为折的用笔，多有奇趣妙意。这些放浪形骸、野鹤闲鸥般的跌宕变化，在其他汉碑中极少见到。因此，有人形容《石门颂》“以铁笔勾勒式的一分书写来，在审美感受上就造成一种开阔纵放、飘逸新奇、健劲恣肆的效果。试想如全用三分书写去，笔画间隙甚少，哪还能有飘逸的余地？弄不好只能有充溢甚至壅塞之感了”。

从用笔角度看，其瘦劲浑拙的用笔，应该与悬崖的刻凿密切相关，由于悬崖上的石质经风化纹理粗糙，面壁而书，再由工匠直接用锥子刻凿，随着每一锥受到不同阻力而形成的冲击力，线形会随石质纹理出现变形，形成一些自然的折曲，一方面呈现铁笔勾勒般中锋的瘦硬线条，另一方面笔势又往往意外地出现折曲、延伸、外展、放纵，线形变化异于常态，给人一种气势饱满、神韵流畅、浑拙自然、疏放逸宕的感觉。这种以锥子凿出来的刻石文字与用复刀精雕细刻的庙堂刻石文字，形成了两种截然不同的审美效果。

（二）用笔特点

《石门颂》用笔的最大特点是继承了篆书用笔，以圆笔为主，总体上粗细相仿，但点画的细节与曲直之间的变化又非常丰富。它不完全遵循所谓的“蚕头燕尾”，起笔回锋圆中带尖，波磔顿挫折中带圆。也就是以笔尖逆锋落纸后，揿笔运行，画中多起伏，收笔也以笔尖回锋，而且往往顺势延扬。这种两端呈轻细圆形状的线条形态很有特点，圆浑崛曲，放中有收，直中隐曲，曲中呈折，自然放纵，情趣外露，得天真烂漫、纵横潇洒之妙，给人以轻松悠闲、飞扬流动的美感。

从整个隶书的发展来看，隶书点画的用笔在《石门颂》中已经成熟，点的使用已很普遍，点画形态多样，偏平而略带勾；横画主笔，平而带拱，舒展而长；竖画，直中有曲，收放多姿；撇画，取曲势而上挑；捺画，用纵笔而偏直；折笔短促，折法有度，波磔分明，态势夸张。

如果我们再从审美角度看，其用笔的特点可细分为以下几类。

圆浑：因《石门颂》用的是以篆入隶的中锋用笔，既圆劲流畅，粗细相仿，如同钢筋一般劲挺，又含蓄蕴藉，带有秦篆和秦隶的遗意，有一种深稳涵浑中的飞动。故祝嘉老评《石门颂》“巧多于拙”。

劲折：点画运笔中多采用折法，看似不墨守成规，实质使点画变化、活泼与劲健。如“王升”的“升”字，其横画一波三折，尽情舒毫，竖笔由内向外，垂笔特长，上下贯通，整个字若强弓怒发，劲健而富有弹性。

拙秀：由于用笔逆锋，行笔遒缓多折，因此，笔中有拙味。祝嘉老先生称《石门颂》：“秀极又老极。”《石门颂》因瘦多肥少而显其秀，但这种秀用笔多逆、多涩、多折而显其拙。祝老称《石门颂》“若春松之秀”，然又极其老辣而朴厚，是“拙中之秀”。此言确实点出了《石门颂》用笔的特点：线条细瘦、质感强烈，金石味浓的独特风格。

夸张：摩崖刻石一般来说都气势宏阔，但能极尽奇纵舒展之态的却并不多，但《石门颂》突出的是其纵逸。如“其有四年”的“有”字，横画特长，逸气横生，活脱飞动，且稳健有力，有壮士挑担之势。再如题额上的“故”字，一捺有飘泻千里之势，气势宏大，极其夸张。

飘逸：用笔的洒脱率真，是形成自然、天真、飘逸和奇趣的重要因素。《石门颂》字随石势，参差错落，横线都呈向上微拱的弧曲，刚中见柔。一般来讲，平齐之直力弱，而微曲之直力强。因这种微曲之直，带有弹性，富有生气，蕴含张力，柳宗元《八法颂》认为：“努过直而力败。”唐太宗《笔法诀》也讲：“努不宜直，直则失力。”所以撇捺略带弯度，既婉委生动，又劲健有力，飘扬得势。如“楗”字左边的一撇，右边一捺，犹如凤凰的双翼，飘飘欲举，笔意恣肆，奔放不羁，于粗犷雄奇中，显得潇洒自如，一种飘宕之气，流美于眼前。

疏宕：《石门颂》的崖壁书法是一种独特的一分书，纵横开阖，蜿蜒遒古，完全没有森严肃穆的庙堂气象，只有跌宕野逸的山林之趣。如“通”“达”“遭”等字的走之，极其势而出之，疏宕之感毕现，可谓一派草意。

（三）结体特点

取势开张，是此碑突出的亮点，《石门颂》多取横势，呈宽扁结构，点画之间相脱较多，主笔舒展恣肆，字形大小参差，错落变化，结构斜中取平，形成了结字的开张变化之势。尤其是波磔，都尽其势以宕出姿态，使字势疏旷，具有强烈的空间感。如“为”字的左撇，恣意长扬，末了突然又向上一折，犹如“交戟横戈”，给人一种戈戟般意象，正如张怀瓘在《文字论》中所言，“挥彼意象，入此规模”，展现了一种雄逸的气概。因此，《石门颂》还带有一点侠气。

除了笔势开张外，在结构方面还有一个特点是巧多于拙。祝嘉老先生讲《石门颂》的“巧”是“拙中之巧”。这种“巧”的结构安排，看似有意，有若无意，好像很拙，细看巧极；粗看有点生硬，再看巧在天人合一，有自然天真之趣。这已不是一般的巧，而是跳出了常规的巧，所谓“大巧”。如“路”字、“中遭”的“中”字、“晏平”的“晏”字、“厉清”的“清”字、“有勋”的“有”字、“原度”的“原”字、“休丽”的“丽”字，都属此类之巧。而以拙的面目出现的有“汉中”的“中”字、“相距”的“相”字、“宁静”的“静”字、“自北”的“自”字、“中曹”的“中”字等。

拙，最早见于庄子“大巧若拙”，本指哲学意义上的回归自然，得其天真，也就是法天归真的意思。但不少人忘了“拙”之美，本质上也是巧，所谓“大巧若拙”，是说比一般之巧更巧的一种审美意象。如果简单地以拙为本、为拙而拙的话，就会画虎不成反类犬。苏东坡讲：“付物自然，虽拙而巧。”就是讲巧中要藏拙，显出自然本色，拙即巧，巧在拙朴中，这是一种取本色、含气度、厚根底、有依托的大美。

四、点画分析

笔法基于点画，毛笔写一定形状的点画可用很多方法，但其方法必须准确，以最合理简便的执笔运笔方法，使点画形态达到心性的完美。因此，以笔力为基础，笔法为要枢，努力掌握好笔法的三要素：准确、简便、完美。要达到这三个要素，就得把握好起笔、收笔与行笔三个运笔的主要环节。起笔为一切用笔之领军，所谓“一点成一字之规”。起笔既要大胆果断，又要准确精致，在充分蓄势后，于极简与无形中完成三过折，使下笔貌似平常，却达到力重、形完、气厚。同样，收笔须慎重饱满又整体自然，既完善本笔，又引领下笔；既承持力度的丰厚含蓄，又将雄力送至笔端。大多数人关注起笔与收笔，因为起笔与收笔在笔法中最关键，但忽略了行笔，同样会影响到笔画的内质。包世臣云：“古人雄厚恣肆令人断不可企及者则在画之中截。”因为功力不足者，用笔草率者、笔法未精者、气格低下者，在运笔过程中往往会笔力潜失。蔡邕《九势》中说：“力在字中，下笔有力，肌肤之丽。”只有当“力在字中”，也就是笔力与笔法相合，才会产生“肌肤之丽”。达到点画的完美与笔形的无失，即不显臃肿，不呈空怯，不堕靡曲，不露呆直，点画的中截才会有强劲笔力及无限笔形，含诸万端，通摄古今。可以说，《石门颂》具有了“锥画沙、印印泥、屋漏痕”等以筋骨为主的点画完美的高等形态，这种建立在传统骨力基础上趋于内凝、紧敛、细瘦、精悍的用笔，是书法艺术家所追求的用笔精要，临摹者应认真琢磨，反复练习，严格训练。下面按基本的笔画，分别分解其用笔的过程。

（一）横画

在永字八法中，横称作“勒”。

1. 横画的形态：有长横、短横、横波、横挑，包括带斜势的提笔作横画写。

2. 以“位”字的横波为例，其运笔过程是：

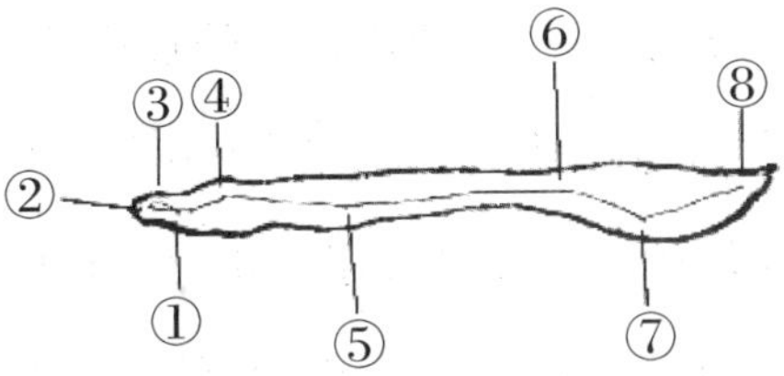

①确定切入点，逆锋轻入。

②自下而上回锋至切入点，即圆笔回锋。

③按笔然后顺势向右运笔。要注意两点：一是锋颖达到中锋要求，二是按至横画所需的粗细程度，才能开始向右运行。

④略偏上带弧向右运笔，到笔画稍细处驻笔略提。也就是运笔在保持基本形态的过程中有上下的起伏与提按的变化，使线形有起伏与粗细的多种形态。整个横画看似粗细相仿，线形完美，但细看线条无处不变，无处不在上下左右运动，有骨有力，充满了生命力。

⑤提笔运行，然后渐行渐按。

⑥波画开始，向下渐行渐按。

⑦至顿足之处，再渐行渐提。

⑧至出锋处回锋收笔。此处回锋收笔是凌空虚回，要求力送画端。

横画的运笔切忌均速，一定要有快慢的节奏感。因此，一般写一笔要当两至三个短画来写。意思是一画中要用一至两个以上的驻笔，使一画中有两至三个发力点。这个“驻”是一个连续不断的过程，驻笔如运笔中的留，而不是停，犹如遇到阻力，而加力强行推进，这种欲停而不停的瞬间被称为“驻”。驻笔不仅是节奏变化的节点，也是韧挫与发力的节点，同时又是提按变化、调节运笔粗细的节点以及改变笔势（运笔方向）或直中带折时的一个节点。因此，掌握驻笔技巧非常重要。《石门颂》用笔最大的特点就是运用驻笔使点画波磔起伏，于凝重迟滞中彰显动中有力的节律感。

横画在运行中，既要保持平铺运笔，又要有微妙的提按变化，提的目的是将铺开的笔锋重又收拢，以保持完美的笔画形态，同时，也使线条产生动感。因此，一画中根据运笔的需要不断调节提按。

横画中的波挑，是一个渐按渐提的过程，要加强节律，到要离开纸面时奋笔出锋，力送笔端，这种奋笔出锋一定要锋颖最后离开纸面，要有爆发力，离纸后要逆势回锋。

有波挑的横画，总体虽然要求平正，然而更要注意其弧度与斜势。波挑是一个力量的蓄积、表现乃至送发的过程，同时表现出速度与取势的变化，展示出内在的力度与外焕的飞举。

《石门颂》以瘦硬见称，运笔总体上应多用提笔，写出特点，但更要注意其中粗细的微妙变化，切忌写得一样粗细，也切忌提笔无力，啃不住纸。古人讲，提按要笔笔提，笔笔按。笔笔提，意在不断将铺开的锋颖收拢，保持中锋运笔与线形的完美；笔笔按，意在无论是提与按，实质中都要按，提笔看似笔往上提，实仍也要按，力要向下，使笔在提按过程中始终按住纸。在临摹过程中，一定要加强提按用笔的训练，做到提笔力沉，牵丝与细线条不薄不飘。

（二）竖画

在永字八法中，竖称作努，不得板直。

1. 竖画的形态：有长竖、短竖。

2. 以“书”字的中间竖画为例，运笔过程是：

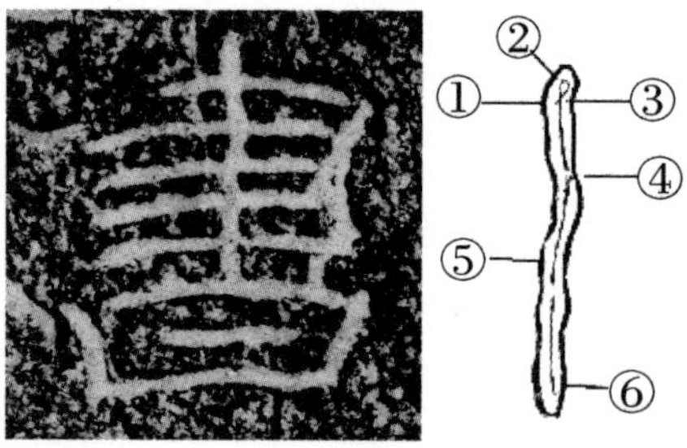

①确定切入点，逆锋轻入。

②由左而右回锋至切入点，圆笔回锋，犹如逆锋轻入后，绕个圈还到原点，目的是调整好笔锋，然后才能正式开始运笔。

③按笔至竖画所要求的粗细时，顺势向下运笔，略右还左，在直下过程中作细微的左右摇曳，使直中有曲。

④到笔画稍细处略提，然后驻笔略按，再折右返左带曲运行。

⑤再提笔运行，然后渐行渐按。

⑥至收笔处杀锋上提。所谓“杀锋”，即运笔到收处戛然而止，突然上提虚回，竖画收处如刀切一般，达到力至笔端而不松的效果。

此“书”字，左右相对并列的短竖，大多用背势、合势、斜势、曲势，以取姿态。直画之直，乃是含曲之直，妙在看似平直的用笔，蕴含曲势、曲意。如果没有用“曲”的书写功力，任笔直行，一溜直下，必定平板流滑。所以，临摹《石门颂》要多观察直笔中的曲势。

直画，要采取化长为短来书写，既要有运笔速度节奏的变化，又要有提按的多次变化，写出节奏感、力感与动感。

（三）撇画

在永字八法中，撇称作“掠”（长撇）与“啄”（短撇）。

1. 撇画的形态：有弧形撇、平撇、长撇、短撇。

2. 以“所”字为例，运笔过程是：

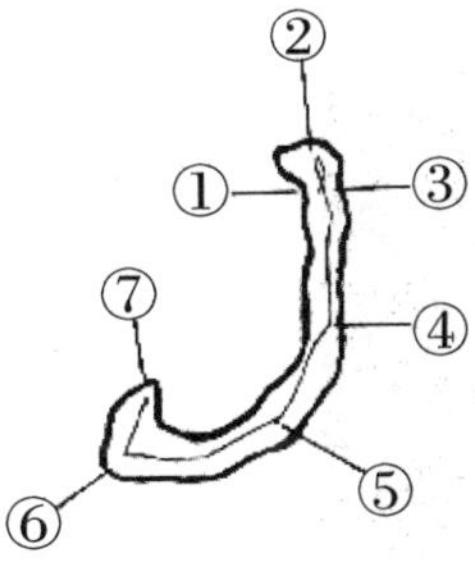

①确定切入点，逆锋轻入。

②由左而右回锋至切入点，调整好笔锋（圆笔回锋）。

③按笔顺势略向右中锋运笔，直下微提。

④驻笔，稍按向左弯曲运行。

⑤驻笔，顺弯势渐行渐提。

⑥折向上回锋内收。

弧形撇与长撇，是字的主笔画之一。其特征明显，要注意其形态，注意与其他波画、捺画的平衡与呼应。

弧形撇的弧曲线，不能匀速来写，要有明显的快慢节奏感。另外，曲画中要用折。纯用曲，不易发力，曲多则飘。如果不知曲中有直，其必乏力，即所谓“均衡之曲力弱，而微曲之直力强”。包世臣讲：“每作一波，常三过折。”曲与直是互相映衬、互相依存，直没有曲意或与曲笔的结合，便会僵硬呆板，曲不含直势或直笔的辅托，便会流媚而没有力度，所以，隶书往往妙在曲中有直。

《石门颂》的曲，相对来讲舒展而胆大，尤其恣肆的用笔，主要靠撇画、捺画、横画、竖画的夸张与奔放。其中，撇画中的折，很值得琢磨，在恣意的运笔过程中，如果没有顿挫、转折与脱卸，一溜滑下，就会失去内在的筋骨关节，就会失去点画的生命活力。因此，在纵放大胆之中，既要有谨严庄重之意，又要有顿挫转折之笔。

（四）捺画

在永字八法中，捺称“磔”，战行右出。

1. 捺画的形态：有长捺、短捺、斜平捺。

2. 以“或”字的捺为例，运笔过程是：

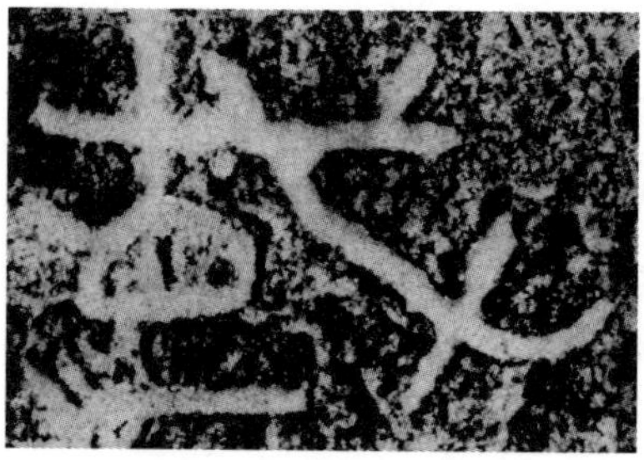

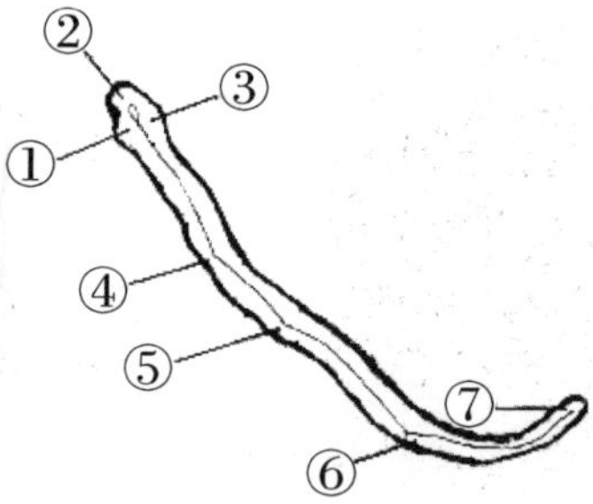

①确定切入点，逆锋轻入。

②由上而下回锋至切入点，调整好笔锋，按笔至笔画需要的粗细程度，可开始向右下方运行。

③中锋顺势向下运笔，向下时要有提按变化，长画化为短画写。

④—⑤至弯处，略带波状起伏带弯运笔。

⑥—⑦至收笔处，渐提渐行，波磔呈圆弧，出锋虚提。

带波磔的捺，是隶书区别于其他书体的典型特征之一，具有明显的一波三折，与撇画起到平衡字势的作用。

《石门颂》的捺画大多是圆捺出锋，在进入捺处渐行渐收，战笔运行，线条形态也由细到粗，再由粗逐渐变细，直至出锋，力送笔端，然后凌空回锋。所谓“战笔”，指行笔带有抖颤运笔走势。在颤动中如遇阻力，有迎难而进的节奏变化，同时有较强的上下提按运动，使行笔有一种自然的涩势，以取得线条遒劲刚峻的效果。

《石门颂》的捺画形态很多，要注意区别斜势与长短，体味其中的变化与情趣。可以说，无一笔是循规蹈矩的，在随心所欲中千变万化又不离规矩，或铁划银钩，内力强盛；或似提似按，涩笔推进；或收缩提按，平中寓奇；或粗头乱服，忘形达意。总的来讲，捺画要变化多，意味长。

（五）点画

1. 画的形态：有竖点、平点，斜点、垂点、捺点、折点。

2. 以“定”字的点为例，过程是：

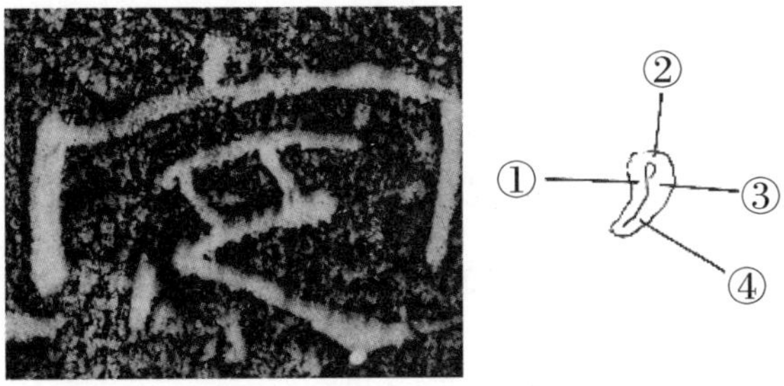

①确定切入点，逆锋轻入。

②由上而下回锋至切入点，调整好笔锋（方笔回锋用翻笔）。

③顺势向下中锋运笔，略向左渐行渐收，略带弧势。

④至收笔，出锋虚提。

“点”在永字八法中称为“侧”，也就是讲不能平其笔，要随字赋形，点可使平直的结构生动活泼。如这个“定”字的一点，带有向左的斜势，与下一笔有明显的呼应，也增加了动态。再如“平”字，化点为画；“之”字，化点为竖；“下”字，化点为捺；“其”“光”字，化点为撇；“本”“字”字，化点为折……其用笔多法，取势多样，形态多变，要多加体察。

（六）折画

1. 折画的形态：有横折、圆折、断折。

2. 以“霊”字的折画为例，运笔过程是：

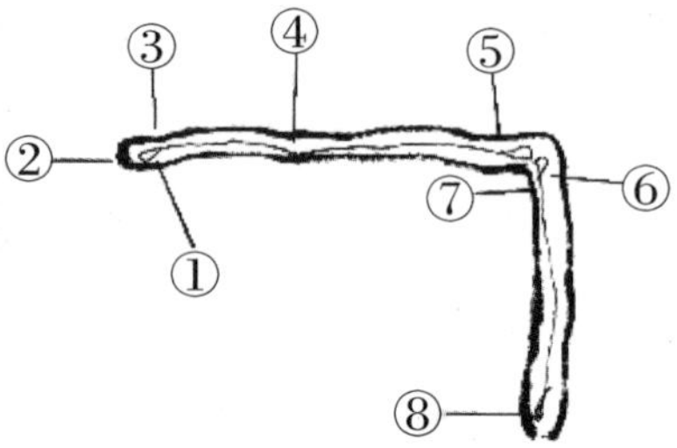

①确定切入点，逆锋轻入。

②由左而右回锋至切入点，调整好笔锋（方笔回锋用翻笔）。

③按笔，至笔画粗细达到要求即向右运笔，中间要有多次提按变化。

④—⑤至转折处，要用驻笔，变换行笔方向。至折角处，回锋收笔。

⑥—⑦另行起笔，在折处逆笔轻入，自上而下调整笔锋；按笔下行，中间要有提按，线条要有粗细左右变化，并略带弧度。

⑧至收笔处，杀锋收笔。

《石门颂》的折笔，在横竖交接处，虽然写法一般都要求分成两笔写，但转折用笔要干净，交接处有连与断之分，且断多连少，姿态各异。如“四”字全连；“由”字右下角连之外，其他三个角都断；“西”字上面两边断，下面两边连；“自”字唯右上角连，其他三个角断；“君”字的折角全断；等等。另外，折笔的竖画变化很多，如“言”“君”“谷”“四”“西”更等字的左右向背、欹正之妙，值得推敲领会。这种断与连，除了体现书法气脉贯通外，强调了虚实、笔意、节奏以及笔画、结构姿态的变化。

形断者要求“意连”，而形连者恰恰要求“意断”。所以，形断的转折，写时要注意呼应与意连；形连者，搭接要交代清楚，防止露锋。姚孟起在《字学忆参》中讲：“圣于楷者形断意连，神于草者形连意断。”他虽是在讲楷书与行草书，行草书在环转连绵中，要有起伏（筋节）顿折（转换）有断意，使笔画分明，避免点线混沌不清。这个断意对隶书来说，就是重新起笔的转换。

（七）钩画

1. 钩画的形态：有竖钩、斜钩、弯钩。

2. 以“则”字的钩为例，运笔过程是：

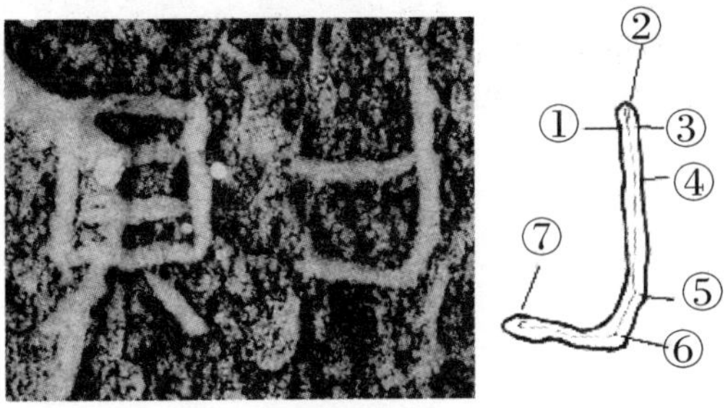

①确定切入点，逆锋轻入。

②由左而右回锋至切入点，调整好笔锋（方笔回锋用翻笔）。

③—⑤按笔，至笔画粗细达到要求即向下运笔，中间要有多次提按变化。

⑥至转折处，转锋向左，用笔由重到轻。

⑦至收笔处，回锋收笔。

《石门颂》的钩，都是圆笔的弧曲形的圆钩，有的近乎捺，有的近乎撇或钩，与《张迁碑》方折的钩有明显区别，笔法近乎篆，运笔中亦须曲中带折，要写出雄奇飞动之壮美。

五、偏旁析读

（下面标注的页码，以上海书画出版社出版的《石门颂》为准）

1. 单人旁

“仁”（60 页，以下“页”字皆省略）、“佐”（65）、“位”（1）、“伉”（29）、“休”（63）、“亿”（43、59）、“作”（71）、“仲”（35）、“伯”（69、74）、“偏”（45）

“仁”字偏旁的竖画起笔在撇尾，成内抱险势，用笔粗重，有拙味。姜夔《续书谱》：“假如立人、挑土、田、王、衣、示，一切偏旁皆须令狭长，则右有余地矣。”从《石门颂》所

有的人字旁看，不仅所占部位少，而且尽量将竖画靠左，让出空间以利整个结构的布局。

“佐”字的偏旁竖画拉长，且与上面一撇相脱，显得纵逸洒脱。加上右侧“工”字中间的一竖改成点，并与上下横画相脱，凸显疏放恣肆。

“位”字的偏旁与右侧拉开一定距离，宽博而疏朗。右侧的“立”两点化为竖，略带斜势，字形点画既有有变化，又不呆板。

“伉”字偏旁竖画向左斜，右侧的“亢”字下面多一横，属隶书中的增笔。

“休”字偏旁的撇竖相脱，撇长竖短，与右侧的“木”的中竖取斜，使两撇两竖取势相对，字形总体以欹为正，于斜中取得平衡。

“亿”字偏旁，撇中微拱，竖画中间韧挫略显折意，构成灵动的笔势。右边下部的捺画，于收笔处向外舒展且向上飞举，其张扬而飞动的形态与外拓的笔势，值得品味。另一个“亿”字，其偏旁的撇画自中部开始向平弯，竖画向左外取斜势，与左侧“意”的竖画，在总体上形成一种向左下方的斜势，这种斜势又与向右伸展的心部相呼应、平衡。

“作”字偏旁的一撇，线条趋直，但前后带曲，竖画也直中带曲。与右侧“乍”的笔画形成呼应与变化。从这个字可以看出《石门颂》用笔率真的一面。

“仲”字偏旁收缩，结构取扁，线条直中略带曲意，给人以严谨而挺拔的感觉。

“伯”字偏旁笔势开张，撇画带折，竖画取斜，笔力劲拙，在结构上与右侧的“白”两竖的内束相协调。

“偏”字的偏旁有残裂，但从较清晰的竖画看，向下恣肆，直中带曲，起到全字稳定的作用，也为右边的“扁”字向下开张创造了条件。这个“扁”字值得注意的是：上部一点改写成一横，下面的“冊”借用“户”字的一撇，而省了一竖。整个字，平中见奇，仄中取姿。

上述十二个单人旁基本上没有一个完全相同，长短、正斜、曲直尽其变化。“仁”竖之短，“佐”竖之长，“位”字之疏，“伉”字之密，“休”撇之长，“亿”撇之曲，“仲”撇之平，“作”撇之直，以及“亿”竖之左斜，“伯”竖之右斜，“佐”“休”“忆”撇竖之脱，“仁”“位”“伯”等字撇竖交接部位的不同，可见《石门颂》部首写法的各种变化。看似有心，也若无意，妙若天工，又极自然。学《石门颂》，即要学这种随意中的变化，避免脸谱式的僵化与刻板。

另外，偏旁处理如此无拘无束，任意破体，显露了《石门颂》书法的草意。它的字体总的没有大变，但每个局部都在变，使仪态万方，一派飞扬之势，其笔致与字势，“有鹤栖古松之宁静，翱翔云天之狂豪，嬉戏水面之洒脱；有鸥聚沙之顾盼，颠扑风浪之险疾，吟掠平湖之清盈”，整体给人的感受是：苍茫浑穆，千姿百态，动感强烈，洒脱自然。因此，这种草意是一种韵味，是一种神态。我们在学习《石门颂》的这种草意时，既要把握汉隶的成法，又要敢于破体，破除呆板的汉隶规范，写出一点无所拘束的闲情野趣。

2. 双人旁

“行”（75、68、73）、“往”（51）、“德”（41）、“後”（8、70）、“从”（31）、“徙（75）、“得”（32）、“复”（9、15）、“循”（15、47）

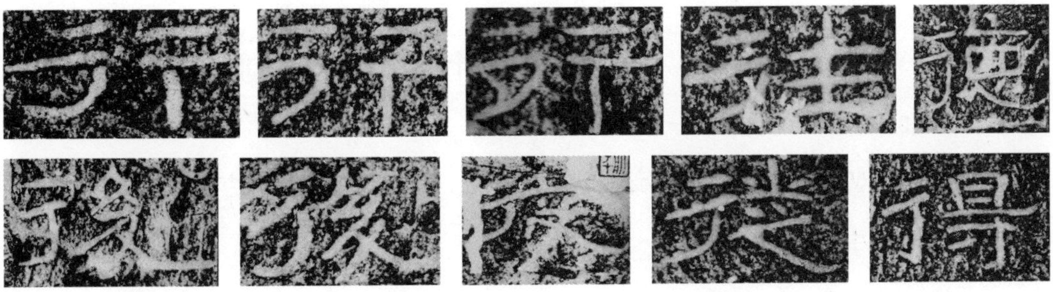

第一个“行”字的笔画全脱，恣意横向取势，纵横排挞，其开张的气格，有强烈的视觉效果，高标的笔意，展现了奇肆野逸的风韵。第二个“行”字左上横画带曲，下横与竖画连成一笔，取篆法写成一弯，富有弹性，如折钗股。第三个“行”字，则左右的第二横带斜势，左右竖呈左收右放之势，左按篆法，右伸带曲，结字稳定，点画多姿，字形宽博，气势开张。

“往”字偏旁虽取篆法，但第二三笔，断而不接，脱而意连，且运笔韧挫多拙，结构虽以横为主，但略带斜势，开张多变。

“德”字以笔画瘦劲为特点，笔势开张，雍容宽博，偏旁的竖画底部成九十度的弧弯，与右边“心”字的弧曲成对比，字形平整，重“心”稳定。

“後”字双人旁的竖画下部弯曲改用方折，右边的一捺，也极尽纵放向右伸展，这是《石门颂》劲折夸张的典型之一。另一个“後”字就显得拙厚得多了，除点画粗重之外，左竖底部成圆弧，形成点画之间直与曲、圆与折、质与华鲜明的对比。

“从”字双人旁的两撇带斜势，竖画转折后取上二笔相同的斜势，与右半边的斜捺构成八分之势，形态优美。

“徙”字与“从”字的区别，即在右上部左右两点中加一竖。这个字左右开张，夭矫雄宛，意态悠然。可谓空灵、雄健、茂密兼而有之。

“得”这个双人旁的竖画，用折以左上钩收笔，在《石门颂》中是孤例，既协调，又有特色。

这两个“復”字，同中有异，从总体而言，一个折多于曲，一个曲多于折；一个简而紧，一个疏而放；一个平而紧，一个疏而放。

“循”字的双人旁皆取用篆书结构，上紧下松，下部收笔向左下方伸展，使整个字平正中见斜势，静中有动。

双人旁的变化主要在三个方面：一是偏旁形态的平、曲、折与粗细的变化；二是双人旁笔画的取势，即笔画所取方向斜、纵、平的不同；三是偏旁笔画的伸缩长短的取舍。从上述双人旁来看，形态与取势基本上都不尽相同，其变化之巧，足见《石门颂》之奇。临摹《石门颂》尤其要注意这些“巧”所显现的自然率真。这种以拙厚浑圆线条的形态与运笔中拙涩折曲的变化，其实反映出的是点画线条的质与华，它是书法艺术的一体两面。所谓的“质”，是线条内在的形质方面追求的一种体现，包括风骨、厚薄、韵味、情趣等，以书写者的笔法、笔力、墨法为基本；所谓的“华”，是指点画线条的外在形态给人的审美感受，即丑与美、精致与粗放、灵动与呆板等，以线条外观形态的优美为特征。这两者，一方面体现了书写者的技巧与功力，一方面也反映了书写者对书法艺术的一种追求。是以质显华、以质寓华，还是以华寓质，以华成质，或者是两者互用互补，这要看书写者的审美需求而定。而《石门颂》点画线条的特点，明显是取向于以质显华、以质寓华的。

3. 木字旁

“桥”（14、67）、“相”（18）、“枪”（19）、“校”（27）“楗”（27、36）、“杓”（43）、“极”（54）、“梁”（14、70）、“杨”（28）

“桥”字的偏旁，横画向上斜，使整个偏旁带斜势。前边的“桥”字右边的“门”向外斜，

保持了变化中的平衡。后边的“桥”字偏旁的横画斜势更大，下面的左撇与右点既向上靠紧，又不相搭接，密中见疏。同时，用笔的提按与曲直变化大，显得灵动随意。右边部分点画错落有致，与左边的斜势相协调，在潇洒之中露出一份闲雅的意态。

“相”字偏旁的撇，接搭已看不清，但感觉其笔势向左下伸展应较长，且接近尾部时有一折，右点与中竖相脱。边上的“目”字写得宽博，尤其中间两横欲连似断，更觉巧妙。整个字有一种浑拙之感。

“枪”这个字给人以拙中求奇的感觉，其偏旁上的一横呈拱形，中竖粗重，左撇与右点都与中竖相脱。“仓”字的下面一撇，转了一个很大的弯，避免了与上面一撇雷同，这就是所谓的“拙中之巧”。

“校”字的偏旁趋于平直，其横画微向上取势：中竖在横画偏右处穿过，微曲，左撇与竖似断，而右点与竖实连，可见变化在细节。

“楗”字一共有三字，本帖未印碑额，所以只看到两字。前面一个“楗”，横画上斜，竖直，撇断，点连；而后一个“楗”则横弧曲，竖扭曲，撇连，捺断，其变化十分明显。

“杓”这个偏旁写得很正，横平竖直，撇捺都有折意。用笔质直中有柔韧之骨，左撇右点都与竖相接，示人以稳固的感觉。加上右“勺”转用方折，显得骀荡不羁，质野外拓，而又不落一点生犷。“勺”中的一“点”改成左撇，蕴藉圆润，使整个结构稳中有变，文质共兼。

“极”字偏旁的线形全部带有弧度，刚中带柔，横画的劲挺与竖画微微的弧曲，撇捺动感的线形与右侧部分十分协调，使整个字平正、遒劲而又典雅。

“梁”字是上下结构，其结字采用了以攲取正的手法，上部向左下倾仄，下部的“木”字，向右倾仄，结构达到平正的效果。特别是第二个“梁”字，其“木”字的一横，鼓宕作气，矫纵奔轶，在运笔中既放又收，既纵又敛，笔力凝深，笔致笃实，并极尽在两端斜势向外拓展，既越常态，又合理法，其险绝张扬之势，令人惊绝。

“杨”字的偏旁向右下方向倾斜，其横画上斜，撇画曲中带折。右边的“昜”字，其笔势主要顺了“木”字，除局部的“日”字两横以示变化外，其余长撇都向左斜，形成一个协调统一的斜势。这个字取势的变化，可贵在以不平求平，从中让人感受到一种斜势，一种动感，各种点画不同的倾仄变化，从总体看又是平正的。

木字旁很大的特点，一是横不平，竖不直，微妙的姿态，耐人品味；二是大多写得粗重有拙味。木字旁的左撇右捺，在接与脱、上与下方面变化很多，细节的细微变化是《石门颂》的妙处所在。

4. 禾木旁

“秋”（22、44）、“稼”（22）、“稚”（37）、“季”（64）、“穑”（72）

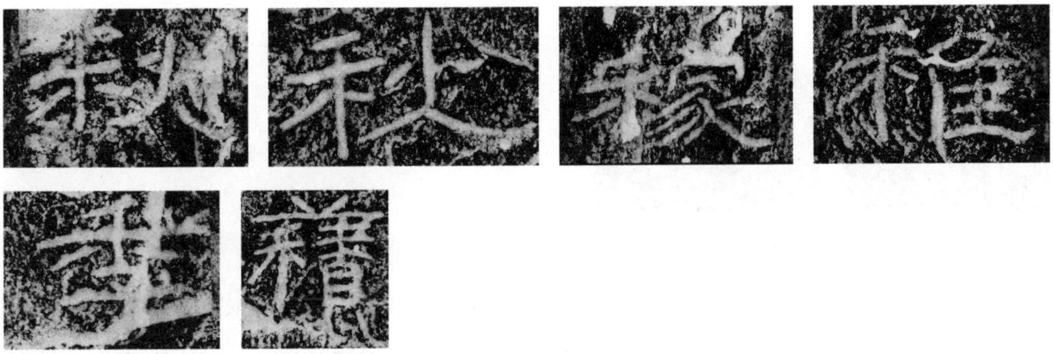

“秋”字偏旁的横画，起伏上斜，“火”字中竖上部右倾，下部的捺向右延伸，以此保持结构的平衡。这个“秋”字，除交叉的笔画之外，笔画之间全部相脱，字间灵动透气。另一个“秋”字，整体左倾，劲直宽博，以右捺来取平衡。

“稼”字偏旁的撇与横，向上的斜势幅度较大，并带有一些弧度，与右边的“家”字的笔画的斜画相呼应，字构以斜得势。另外，左右结构参差相依，紧而不连，加上禾字旁的撇与“家”的捺向外伸展，总体上结构紧凑而疏宕。

“稚”偏旁的竖画向左拱，横画向上拱，“隹”字的竖向右拱，弧曲度适中，于劲挺中显出几分活泼。

“季”此字是上下结构，禾木旁的横画伸展较宽，而将撇捺画收缩，向中间紧靠，稍留空间，结构紧而实疏。可谓实中有虚，擒纵有度。

“穑”字上面多出的草字头，在汉隶中作为增饰，只存古意，没有其他的意思。其线条多带弧曲，其结构上部紧密，草字头与“积”字结合紧密，禾木旁的撇捺又皆上靠，笔画相接，禾木旁与“责”又空出一路，在结构上给人的感觉是紧中有松，松而不散，透出一股宽博之气，别具一格。

这里列举的六个禾木旁，看似相仿，实质都有变化。撇的取势，横的长短，撇、捺的平直、弧曲、长短、接脱皆不尽相同。应势成字，随机应变，是书法结构中的一大活法。

5. 示字旁

“祖”（5）、“礼”（47）

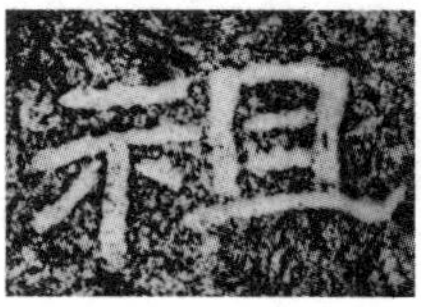

“祖”字的示字旁两平画略向上斜，且弧度呈相背之势，以示变化。同时，这两画又写得很夸张，占据整个字的一半位置。其笔画也写得紧密粗重而有拙意，使严谨中显得灵动，这与用笔的细微变化有关。

“礼”字的左右结构，以上平作为平衡手段。其示字旁斜势明显，左低右高。同时，整个偏旁往上紧缩，使平正中有参差的变化。这个字右部有省笔，“曲”字下横与“豆”字上横，共借用一横，又称借笔。同是左右结构的两个字，一是左上靠，一是右上靠。这种结构避免了平正中的呆板，在实中留虚，增加了字形的美感。另外，再看这两个左右组合结构的字，一个字成扁形，一个成方形，它根据字的笔画多少，因字成形，达到了匀称的效果。说明点画之间的间隔空间，掌握了一个度，笔画少的就要写得扁一点或小一点，这样不仅与整体协调，同时也显得更匀称。可以看出欹与正、上与下的变化，使结构成为了一个有意味的形式，呈现出丰富的审美性。

6. 三点水

“泽”（1、2）、“汉”（6、8）、“流”（16）、“渊”（17）、“淖”（17）、“深”（28）、“涉”（37）、“清”（42）

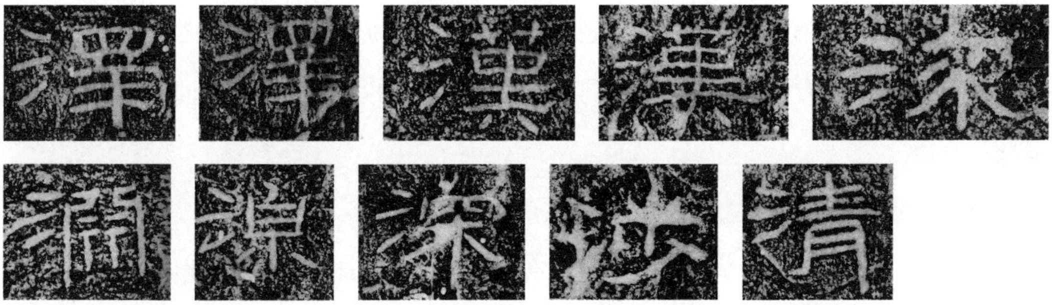

“泽”字的三点水皆取上平的结构，这是隶书求其平正的主要手段《石门颂》的三点水，基本上都化点为画，其写法将点画写成短画，略带弧曲，呈聚焦状，从而形成一股势。

“汉”字有两个，一个将左右结构写得很松，结构开阔，用笔取收势。另一个将局部结构写得很紧，线条伸展，用笔流畅，呈一静一动，一收一放，一松一紧。

“流”字写法属古文写法。这个字的三点水，相对写得宽，“不”字中间两点带斜势，使整个字的势很统一。

“渊”三点水也是向上靠，字的上部平，下面参差，结构上紧下松。右边的四竖长短错落，在匀称中见微妙变化。如果将这个“渊”字，与《郭有道碑》《袁博碑》相比，这就会发现那两个字就太过平正了。

“淖”即“淖”，泥泞貌。这个字不是太规范，在创作中要慎用，但从书法艺术的角度看，这个字却达到了“中藏含蓄，力在字中”的效果，中锋用笔所产生的线条形态两边匀称，干净利落，有骨力感。所以，古人对写中锋要求力避臃肿模糊，没有生气。董其昌讲：“书法虽贵藏锋，然亦不得以模糊为藏锋，用笔须如太阿刳截之意，盖以劲取势，以虚和取韵。”意思是书写要干脆利落。

“深”字这个三点水，写得很爽利、露锋。露锋与藏锋相比，就是精神外露、爽利、鲜明、痛快。隶书的中锋内含较多，但点与波磔等笔画写露锋时，要写出犀利、英锐之气，要有森森然有武库剑戟之势，方为妙笔。

“涉”这个字写得相对粗重，残裂痕明显，很有拙味，右边上部的“止”写成三点一横，是隶书的一种写法。

“清”三点水的第三笔，在中间明显有一折笔，右边的“青”，呈欹侧之势。“青”的月部，写得较宽，左短右长，横画又呈上斜之势。整个结构紧密而不拘紧，成险绝之势，有变化。

总的来说，隶书成熟之前的三点水，法度上还不够完备，而《石门颂》的三点水在大小、方向、轻重各个方面能同中有异，异中有同，随意变化，说明法度已相当完备。其总的特点：三点写成短画，成准三角形向一个方向聚焦，位置上靠与右边齐平，起笔藏头，收笔出锋，精神外耀。

7. 提手旁

“推“(38)、“拾“(42)、“揆“(51)、“掾”(63、69)

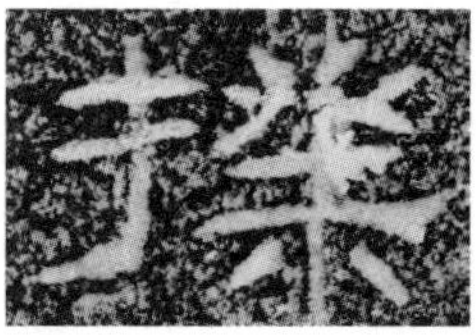
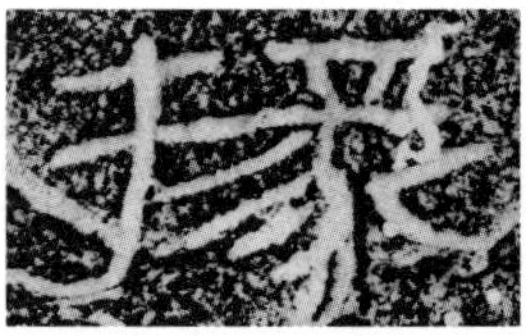
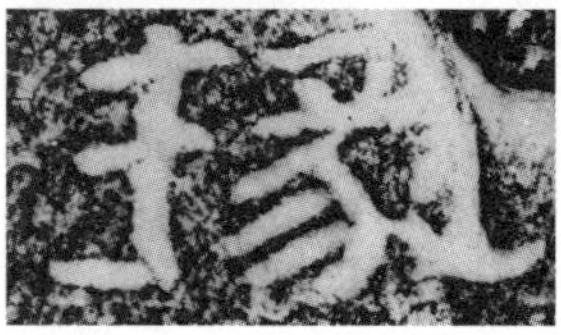

“推”字这个提手旁的竖钩，写成一折，呈倾侧之势，又靠右边的“隹”字保持平正稳定。挑画写成横画，是《石门颂》多数竖构的写法。

“拾”字这个提手旁的竖钩，下面部分偏向右下一折，成倾仄之势，靠右边“合”部的平正保持稳定。

“揆”字这个提手旁的竖钩带弧度，至钩处向左横撇出锋，很有力度。

“掾”字的第一个提手旁的竖钩，向下竖画有多次波动，钩画成圆弧，用笔瘦劲；第二个“掾”的提手旁，竖画向左弯曲，钩成方折，用笔浑厚拙朴。

从以上五个提手旁作比较，可以看出这个偏旁是整个字形结构进行变化的主要部分。作为组合结构，主要部分保持平正，整体一般就会稳定。因此，当提手旁用笔变化即使幅度大一点，对结构的重心影响也相对不大。

8. 言字旁

“诋”（8）、“諮”（12）、“请”（29）、“议”（30）、“说”（50）、“谋”（51）、“诵”（59、70）、“记”（58）、“识”（60）、“诚”（63）

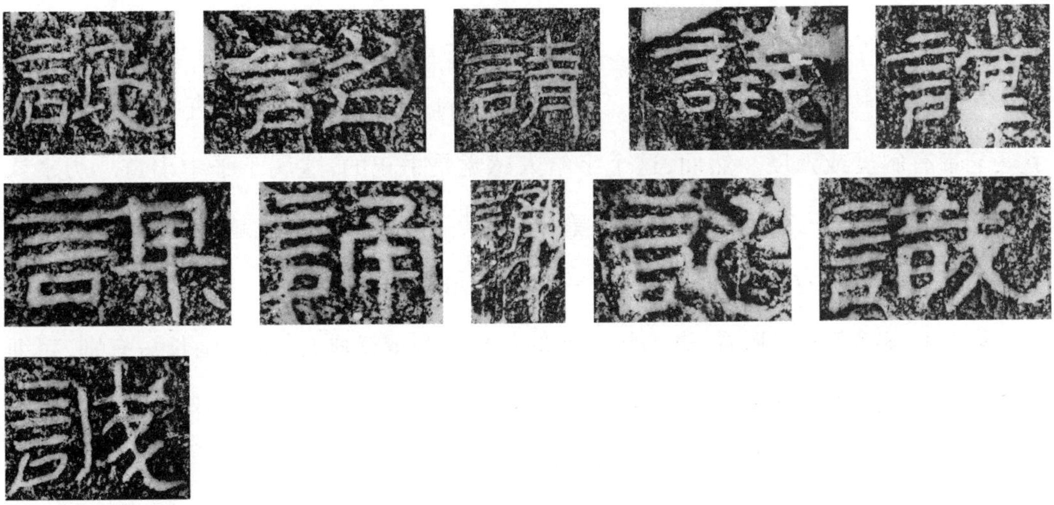

“诋”字的言旁基本呈长方形，横画全带弧曲，第二横画比其他横画稍长，口上部两边开口，间隔宽松。

“諮”为“诏”误。其结构取斜势明显，言字旁的横画相对平直，四笔横画都比通常的拉长，而其两边竖画向左下取势，与右边的斜势协调。

“请”字的言字旁，横画稍向上拱曲，整个字向右上取势。

“议”字的言字旁，呈上下小、中间大，横画统一向右上拱，呈弧斜形，第二笔两头延伸明显，“口”略为缩小，偏旁的姿态遒秀。

“说”字言字旁的四横向背有度，第二画向左伸得稍长，很舒展，“口”的左右两竖分别一上一下的延伸，形态特别。

“谋”字的言字旁写得特别宽，几与右边相等，用笔挺拔拙直，形态方正，略作参差。整个字以线条劲挺，横势取胜，呈现出一股横向的肆意之势。

前一个“诵”字粗重，言字旁的“口”带明显的斜势。“甬”字的中竖向下伸展了一个字的位置，点画弧曲有流动感，即“奔放不羁”之谓。而后一个“诵”字，总体相对平直拙厚，特别是“甬”字，更带拙意。此两字一放一收，变化明显。

“记”字的言字旁形态呈斜势的梯形，其左右结构的中线也带斜势，使左边的偏旁上大下小，右边的“己”上小下大，有一种跌宕变化之势，形密气畅，结构奇而完美。

“识”字的言字旁，四横平直，向右上取斜势，“口”字带斜势，非常协调；最后的“戈”字加强右下部的延伸，使字势平衡。

“诚”字结构方正，但其言字旁，无一横是平的，竖画也无一笔是直的。整个“诚”字笔笔带有斜度或弧度。然而，这个字给人感觉是平正的，这属于平中出奇。历来认为，结字要取平正一路，但必须要在用笔、结构某一方面有突出优越之处，就不会沦为平庸。而《石门颂》这个字在斜势中出平正，是其奇特处、可贵处。

从以上言字旁的字形看，隶书将上面的一点都写成横画，其他三画长短有别，粗细相对一致。《石门颂》这些言字旁粗看相似，细看变化很多，无一雷同，且都有出其不意之处。这是《石门颂》“有姿”与“深趣”的地方。

9. 竖心旁

“惟“(1)、“情“(51)、“悦“(56)、“憓”(57)

“惟”这个竖心旁间隔较宽，靠左的一竖中间向内微弯，笔势外拓，与整个字态的宽博相适应。

“情”字竖心旁的三竖都是直笔，而且左右两笔长短一样，呈对称状，显得稳定。因为左边比较平直，右边就需要变化。因此，在“青”字的处理上：一是上松下紧；二是“月”字重心左移，左撇方折，右竖下垂。显得灵动多变，姿态别具。

“悦”字竖心旁的三竖，与前两字相比，就婀娜多姿了，不仅有疏密的变化，同时每笔都有不同程度的弯曲，灵动协调成了整个字的基调。

“懤”字的竖心旁，左撇带弯势，外拓开张，右边两竖较平直、劲挺。右边的“焘”字，横画取右上斜势，平中有不平，灵动中多变化。整个字左松右紧。

总的看《石门颂》竖心旁，都写成三竖，中间长两边短，省却常规的一短竖，其中的“惟”字竖心旁的右竖下端有圆弯，加了竖钩，这是保留了篆书的遗意。这四个字的竖心旁，在取势上都略有变化，各具姿态。

10. 土字旁

“域”（4）、“垓”（10）、“地”（48）、“蓥”（8）、“基”（72）、“圣”（44）

“域”字这个土字旁写法，上平下齐，上下撑足，在土字旁的中间靠右增益了一个折笔的点，在《石门颂》中是特例。土字旁的两横带弧并呈上扬之势，略具开张之势，并与整个字带弧的横画相协调。

“垓”这个土字旁偏左上角，与右边“亥”字保持上平，其两横成背弧状，下部留下很大空间。因此，右旁的“亥”撇捺可以左右伸展，字势开阔，结构保持上紧下松。

“地”字土字旁平直，有明显向上的斜势，且上下两横左右错开，劲挺遒美，很有特色。右边的“也”字，写法从简帛书中演化而来，造型独特，结构紧凑而舒展。

“蓥”字有汉隶的增损，增加了草字头与“土”右上部的点，减省了“余”旁下面的两点。这个“蓥”字属上下结构，方正而平整。

“基”字的土字旁，下画不伸展，是防止出现两笔相同的波画，这个字的平衡由八字形的撇捺担当主笔。其结构特点是，将“其”这部分写得特别大密大疏，外密内疏。“其”中的二画一竖四周脱空，留出了很多空间，下面的撇捺也脱空，不与上下相接，使整个字显得宽博空灵。实处外密是成形，空白内疏是破形。通过用笔与结构之间的成形与破形，相映与相应，使“其”的中间形成园林般的花窗，给人一种特别的敞朗廓大的审美感受。

“圣”左右结构的土字旁，刻工省刻了竖画。这个偏旁的上横画，也向两边扩展，与上面平齐，使字形见方，饱满而平稳。

11. 左耳刀

“隆”（4）、“随”（9）、“阿”（17）、“荫”（18）、“阳”（27、36）

这六个左耳旁，“隆”字圆通，“随”字峻峭，“阿”字疏拙，“阴”字瘦挺，“阳”字畅达，

另一个“阳”字劲拙，各呈其态。即使其竖画，也各取异势。“随”的耳旁上部的锐角，看似线的结构表现受到一定的局限，但从中可以感受到它的张力与变化。

12. 虫字旁

“虵”（21）、“蛏”（22）、“蟳”（22）

“虵”通“蛇”，其偏旁的上部笔画全部带曲，“蛏”字上横平直，“蟳”字上竖左右都出角，形成不同的形态。“虫”字下面的三角，“虵”字撇直，横笔带曲，右捺相脱；“蛏”字左撇与下横似连若断，转角带圆，右捺相脱，结构呈三角形有欹侧之意；“蟳”字撇画带折，横画带弧，捺画如点，组合得空灵有致。这三个偏旁下部的结构，示人以稳定中的变化。

13. 绞丝旁

“绝”（14）、“终”（23）、“纪”（37、48）、“经”（32）、“绥”（43）、“纲”（48）、“继”（53）、“纵”（53）

“绝”字旁的下部的三点，中间长，两面短，且竖画极其纵放，直中带斜曲，左右撇捺采用靠上、相脱、分势，使结构上收下纵，显得开张恣纵。

“终”字的绞丝旁肥重，三点的形态成垂直的倒三角形，别具一格。

“纪”偏旁上部的“幺”，明显向左下方取斜势，下面三撇分别向三个方面展开，紧密中见开张之势。另一个“纪”字的绞丝旁，呈上小下大的三角形，字形稳定，严谨而不拘谨，其右边的“己”，上半部与左边很协调外，下半部的钩捺，改为弧形向右下方取势，字势宽博，构形独特，很有古意。

“经”字向左下方取势，尤其是上部的长撇，唤起舒展而又开张的感觉。

“绥”字偏旁有折笔有曲笔也有棱角，显得拙厚峻峭。可以说，笔画的根本是线形的精整，所谓“精”，指点画中笔墨、笔法、笔力、笔形的精致，而“整”是形成一个整体，一字一宇宙，一切变化与法都完美整体地体现在线条里。“绥”字在《石门颂》浑圆劲健的基础上，基本体现出了笔法、笔形的多样性和精整性。

“纲”字的绞丝旁向上平结构上靠，写得相对平正，让出下面一部分空间，使右面“冈”的左竖可向左面伸展，这种方法在结构上称之为“相生相让”，即指左右上下结构相退让或相生，使气势、结构紧凑不涣散。相生之法，离者合之，断者续之，短者引之，缩者舒之，钝者锐之，平者侧之。如“继”“垓”“峻”等字，就是“相让”的典型。这个“纲”的特色在其右边的“冈”，其中的“山”延伸到底部，突破了原先缩上的写法，拙中含巧，活力雄强。

“继”字的写法，属异体字。这个字是右边让左边，绞丝旁下面的三笔分别取斜势，并向下伸展，呈奇险开张之势。而右边部分向上缩紧，下面留出一点空间，不仅使横势更明显，结构参差有变化，而且朴拙之气，扑面而来，饶有特色，独标异境。

“纵”字属“三匀”的左中右三部分横列结构，石工刻时，将中间的双人旁一撇与右侧的横画连成了一笔，书写时应注意笔画分开。这个字的特点在取势，其绞丝旁原来弧曲的笔画，全部改成斜的直画，成为向左下方取势为主；加上右部的捺的延伸，给人强烈的感觉是烈气于形，直贯而显，线条雄肆，横势迸发，所向无敌，大有动天地、泣鬼神之势。真可谓隶中之奇构也！

14. 车字旁

“输”（17）、“轻”（20）、“辅”（47）

“输”字旁点画衡匀，横画都向上微带弧度，且向右上取明显的斜势。线条内含刚性的骨子，外露带弧度的线形，表现出柔中有刚的特征。唐张怀瓘《六体书论》云：“夫物负阴而抱阳，书亦外柔而内刚。”《石门颂》的线条绝大多数带有弧曲，显现刚柔相济，表现出一种丰富的弹力。前人讲，刚而非石，柔而非泥，要如钟表中有丰富弹力的发条。所以，书法真正的阳刚，不是霸悍暴戾，蛮力横行，而是洋溢美感的阳刚。

“轻”字的横画弧度稍减，趋于平直，仍取右上斜势，以瘦劲取胜。

“辅”字最上的一横已完全平直，其他横画仍带弧度，但这个偏旁较前面两个字，写得很宽博，以朴厚取胜。

15. 弓字旁

“弘”（50）、“弥”（41）、“彊”（43、65）

“弘”字的弓字旁，全用直笔与折笔，刚劲有力，斜势明显，其上下部分交接处留空，行笔犹如大刀阔斧，增加了点画之间的节奏与韵味。书法结体往往越简越大气，“大笔画立其大形，定其大势”。“弘”字只有纵横雄肆的几笔，显示出隶书中少有的奇纵英迈的气概。

“弥”字为偏旁让右，压缩得较窄，取明显向左下的斜势。

“彊”字有增省，在右上部增了草字头，又省了草字头的一横与两田之间的一横。第一个“彊”字，偏旁用方折，笔势外拓，而右面两个“田”的右折改用使转，达到方圆交相为用；而第二个“彊”字，偏旁用转笔，笔势中含，对右面两个“田”的右折，改用使转，达到方圆并用。这种方圆并用，我们可以在一些书论中找出古人在用笔与结体中的深层思维模式，如明代项穆《书法雅言》云：“圆为规以象天，方为矩以象地。方圆互用，犹阴阳互藏。所以用笔贵圆，字形贵方。”现代胡小石《书艺略论》中讲：“凡言用笔，首辨方圆。方圆之分，形貌外须注意其使转之迹。方者多折，断而后起；圆者多转，换而不断……又昔贤遗迹中，往往有方笔圆用或方圆互用者。”我们从这两个“彊”字的方圆相交为用，可看出这种用笔与结构的神明变化，不是率意而为，而是一种观念、一种审美在书法中的反映。

我们再综观这三个字，平正中都取一定的斜势。势对书法而言，是指各种点画线条的姿态与运笔的趋向，其中融合了书家的性情、趣味，也包括时代的风尚。因此，唐代张怀瓘《玉堂禁经》云：“夫人工书，须从师授，必先识势，乃可加功。”识势，就是懂得作书的笔画、姿势的趋向，使之奇致多变，又融合通透，有可观之处。因此，可理解弓字旁的斜势，也就是为整个字在平正中有变化，有动感，有姿态。

16. 戈字旁

“成(65、68)、“截”(22)、“载”(59)、戒(65)、“或”(72)

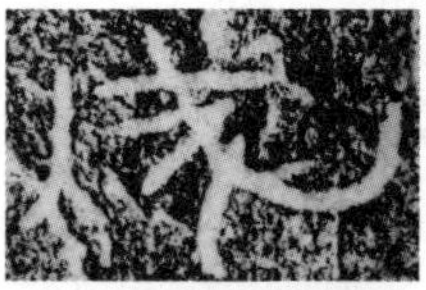
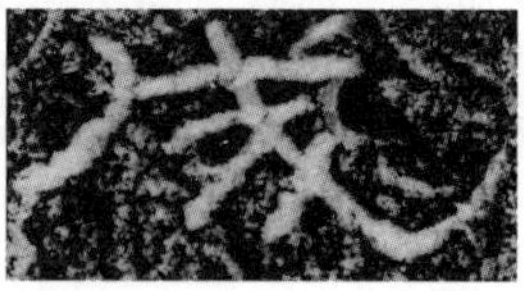

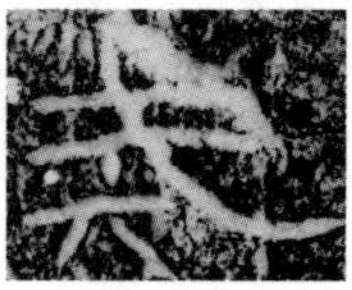
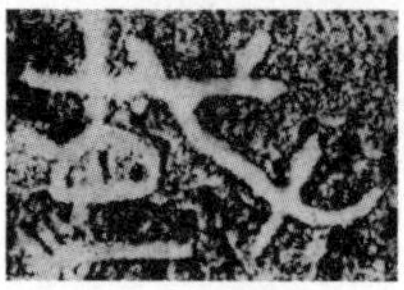

前五个戈字旁，都极尽向右边舒放，呈不同的开张勃发之势。而且，线形多曲，姿态多变，如翚斯飞，非常优美。“截”字虽略有收缩，但与“载”字一样，“戈”画的捺不出头，别具一格。书者，抒也。大多认为书法以勃发为上，勃发才能纵其情性，破其常规，得其异构，扬其神采。

另外，上面诸戈字旁的撇画，各具粗、细、横、斜、曲、直之变，“成”字斜中取直与斜中带曲，“载”字的撇画取竖，“戒”字的撇画取横，这些变化都在其他汉隶中不多见，说明字形欲佳，必须超俗，以反常为变，才能形成个性。

17. 立刀旁

“则”（15、16）、“利”（18）、“前”（21）、“剌”（42）

这几个立刀旁，有短、长、圆、方、曲、直的不同，第一个“则”字与“前”字之短，“利”字之圆，“剌”字之方，后一个“则”字之曲，各具形态，变化莫测。另外，在与组合部分亦有疏、密之分。“则”“利”与“剌”之宽疏，“前”之紧密。

“剌”即“刺”字，是从甲骨文、金文“刺”字俗写演化而来。“剌”字在结构处理上很有特点，左侧的“夹”倾仄向左下取势，极尽欹侧，但右边的立刀，写得横平竖直，使这个字从险绝中复归平衡，平正中斜势凌厉，姿态不凡。这种书法的势能，不仅暗示了用笔与结构的流动、变化与张力；同时显示了该字生气盎然的字形、蕴蓄不尽的内涵和强劲的生命内力。

18. 右耳刀

“邵”（64）、“部”（67）、“都”（69）、“郑”（69）

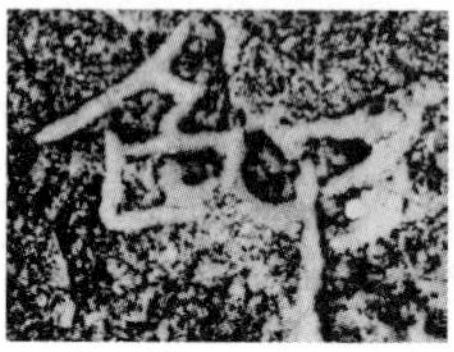

右耳刀一般占三分之一的部位。“部”与“都”取上平的左右结构，“邵”与“郑”取上下错落的变化。这四个字示人以粗细、秀拙、欹仄的不同，但又各具特点。如“部”与“都”两字的右耳刀，其点画都相脱，线形粗拙，均向左下方取斜势。而“邵”与“郑”则相对平正瘦劲，以拙取巧。其中的“邵”字左昂而右低，右边似有谦逊之象，书法术语名为“让左”，而右耳刀的一竖，极意向下展伸，打破了严谨拘板的那种结构。再看“郑”字，左侧的线条在粗细起伏变化中不失拙厚与空灵，且能品味到金石般的刀味，给人一种古厚脱俗、气格奇奥的境界。

《石门颂》的结构处理很多使用了“脱”，即点画不相搭接。如“部”字上面的“立”，隶书一般将中间两点写成两竖，此处依然两点，与上下左右完全脱开，使结构密处见疏松，这是虚实处理中的神来之笔。但《石门颂》也有点画的黏结处理，如前面提到的“纲”字，山字底部与“门”的右竖相连。再如“成”字中间的钩与戈字旁黏结一起，“攸”字反文偏旁的一横与左竖相连等。这些黏结处理使结构形成新意。前辈沙曼翁先生的小篆，就经常采用黏结法，打破篆书必须匀称的禁忌，使结构带来意想不到的新意。所以，“相脱”与“黏结”亦是书法艺术中的一大技巧，它可打破结构均布，打破字眼呆露，打破字形凡庸，打破线形单调，通过黏与脱形成黑白疏密的幻变、形构的出奇和境界的出新。但脱与黏都有一个度，过脱结构就会松散，过黏结字会板结拘谨。因此《石门颂》的脱与黏，值得我们琢磨，借以悟其奥妙。

19. 反文旁

“散”（7）、“故”（26）、“敞”（33）、“政”（46）、“攸”（55）

“散”字与“故”字采用的“让左”结构，反文旁都没取上平，而是稍许落下。“散”的起首的一撇，稍竖紧靠左，横画带曲，向右下取斜势，撇画收笔前带折，以倔强挺拔取胜，这也是《石门颂》线条细劲圆浑中或带曲、或带折的用笔特点。

“故”字也是险绝中求平正，左侧的“古”与右面的两撇以及下面一短横，都向左下方取斜势，右面的上面一短横与捺画向上右伸展，使整个字在相反相成的欹仄中得到平衡，且突破扁方的局限，通过曲中求变，静中显动，使姿态更觉优美。

“敞”字以斜取势，线条都带斜度，其左边点画欹仄而拙，右边的反文旁也带斜势，上面短画相脱而向右上高扬，整个字险中求平。

“政”字的特点是疏朗，偏旁的撇写成侧点画，左侧的“正”的写法甚有新意，将左边短竖写成斜撇，置于底部横画的左侧下方，且短上挑，底部横画增加波磔上扬，使平正中的结构中形成斜向的笔势变化，达到平中出奇。

“攸”字偏旁的一横，写成大弧度，并与左边的一竖相粘连，结构宽博中紧结，形态流畅中舒放，形态新而字形奇。

以上五个反文旁，总体开张，且多微妙变化。尤其起笔的点，大多写成撇画，落笔位置或左或右或中，横画或平正、或左倾、或右倾、或短或长、或折或曲，其丰富的变化，都耐人寻味。

20. 隹字旁

“难”（61）、“雅”（45）

“难”字的左边缺一横，由于口字两竖上下的交叉，避免了空疏。右旁疏密作大胆的改变，也有可能是刻工的无意所为，但疏—密—疏—密有节奏的变化，加上最后一横的伸展，也显出一种抑左扬右的疏野之意。

“雅”字左侧的“牙”多一横，是源于篆书的写法，也可作为隶书的增益。其上横质直平正，粗重延展，略取向右上之势，有出人意料之趣；下部质直挺拔而略带斜势。这个字的最大特色是简练。简练，对每个书家来说，是对点画追求的一种境界。一切艺术的技法与心性，抒发到高级阶段时都归于简练。书法在一下笔时，便包含了用笔的全部要素，凝含了整个字的精神气格与雄强蕴力，要求笔形达到完美的形态，没有一点瑕疵与弊端，没有病笔，这是形式美的最完美状态。我们平时讲用笔要干净，实质上也隐含了简练的意思。

21. 斤字旁

“斯”（32）、“断”（14）

这两个字的斤字旁都呈开张之势，但“斯”字较为平正，“断”字则将偏旁的横画落下，呈现了疏放出奇之态。“斯”与“断”，一显粗重拙厚之态，一呈秀劲圆朗之姿。

22. 页字旁

“顺”（54）、“颂”（39）、“显”（68）

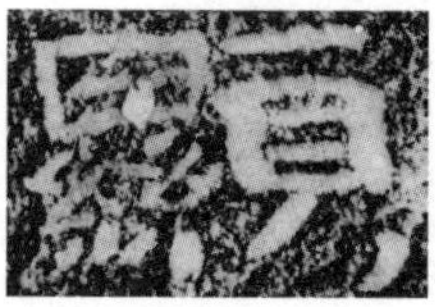

这三个页字旁，“顺”字平正，结构紧密，“颂”与“显”都带明显的倾仄之势。然“颂”字宽劲，“显”字浑拙，风格迥异，韵味无穷。

23. 山字旁

“峻”（15）、“巅”（16）

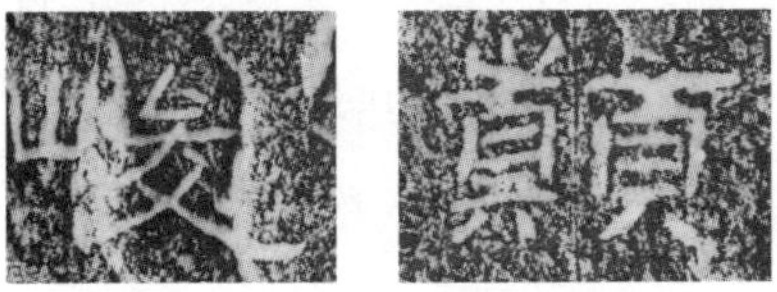

“峻”字的山字旁，峻直而上抬，右部的撇捺极尽伸展，“山”下部全空，使右旁有伸展的空间，左撇右捺得以舒张飘扬。

“巅”字的山字旁，相对来说大大收缩，在严谨的字势中，增加了一点欹仄的变化。

24. 日字旁

“晏“（18、33）、“明”（26、38、40、41）、“春”（44、58）、“晓”（48）、“是”（31）、“旬”（35）、“黾”（64）、“书”（12、65）、“督”（69）、“曹”（71）

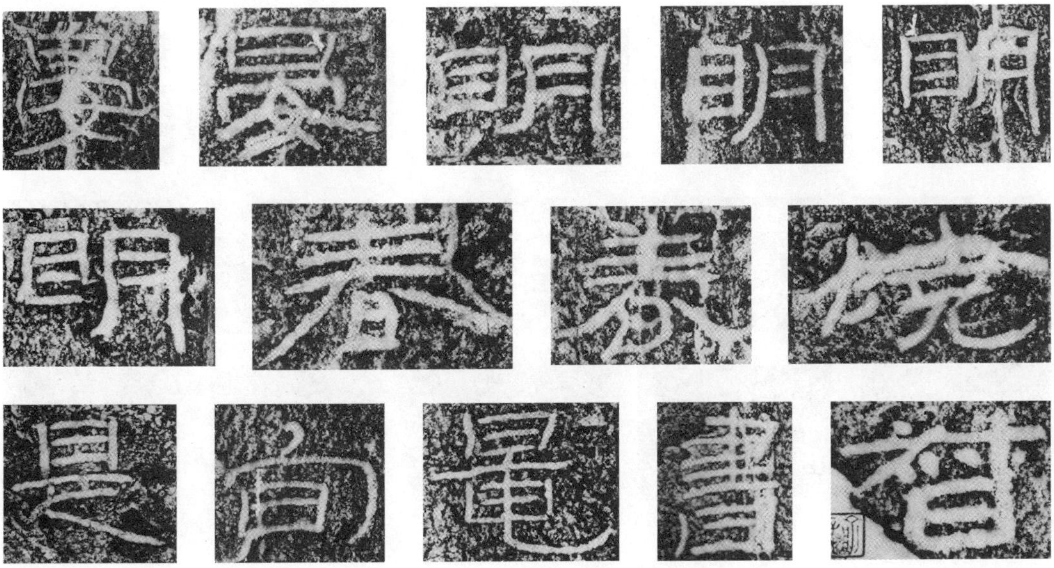

在《石门颂》里，日字旁在所有的偏旁中要算是多的了，共出现十个字，其中“晏”“明”等还有重复字，从中可体察结构的细微变化。在这些字中，以上下结构为多，左右结构为少。在上下结构中，日字旁中间的横画，至少有一头不与两边的竖画相接，这就是留空，或称之为“出虚”，以求通透、洞达，留出一点空灵之气。刘熙载《书概》中说：“书之要，统于‘骨气’二字，骨气而曰洞达者，中透为洞，边透为达。洞达则字之疏密肥瘦皆善，否则皆病。”日字旁的横画不与两边竖画连接，就是这里所指的“达”。密中有疏、有透，四面就会呼吸通畅，生气充溢。这种留空在包围结构的偏旁中有很多变化，应多加观察，兹不赘述。此外，“明”字中间多一画，从“目”，这是古代常有的写法。

25. 走之

“通”（3、10、13、46、55）、“达”（4）、“道”（6、10、38、61、64、67）、“遭”（13）、“遭”（20）、“遂”（30）、“遼”（30）、“遗”（42）、“遣”（68）、“达”（4）、“造”（71）、“过”（42）

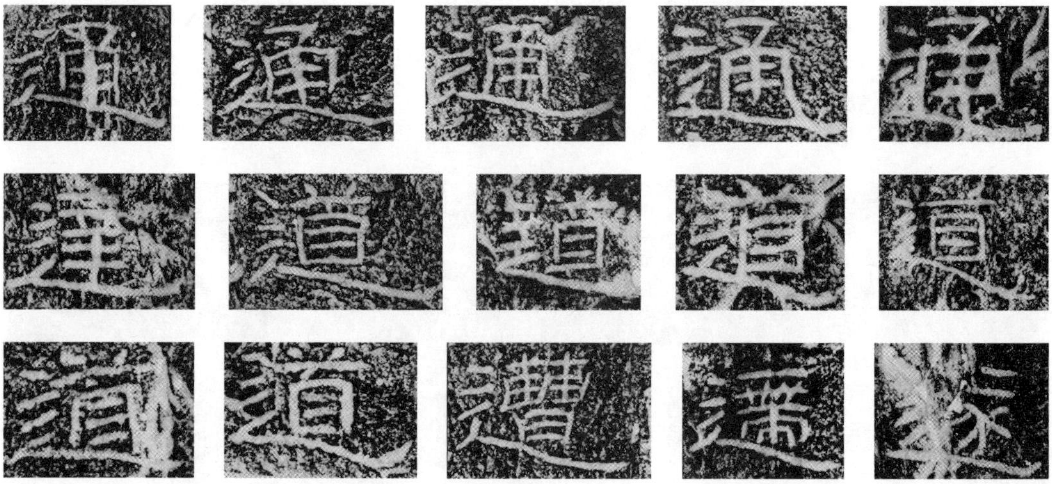

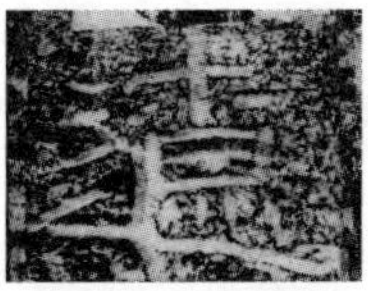
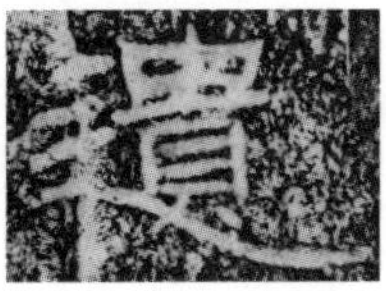

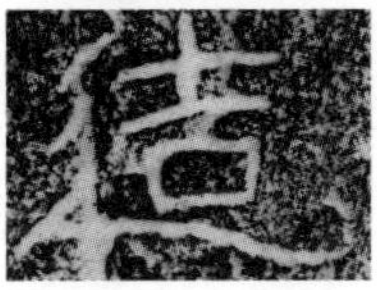

走之在《石门颂》中出现较多，变化也很大，其中不少写法很有个性，特别是捺画的舒展，呈纵放不羁、浪漫旷达的色彩，显露一种豪迈的气质。舒展在书法术语中，称之为“纵”，收束称之为“擒”。但擒纵在书法艺术中不单纯指收与放，还包括用笔的提按、点画组合的松紧、疏密与离合诸多方面。如黄山谷的字，主体风格体现为紧结，而其点画又极其舒放，如辐之辏，如光之射，既力量凝蓄，又风神洒荡。《石门颂》亦然，结构内紧外疏，显示一种自在大度，感受一种自适自信。它在主体结构紧密的情况下，放开波磔的走势，不断调整取势方向与结构关系，一字一形，一笔一意，其丰富的变化都有出奇之处。但要知道，笔画伸展必先字形团固，笔势纵放尤须用笔凝重。

《石门颂》的走之，上部大多写成斜撇，有三撇、四撇不等，成聚焦，或平行，撇与波画有连有断，呈不同姿态，颇多新意。如“通”字的偏旁，其角度有平有斜，线条有曲有直，用笔有拙有畅，波势有刚有柔，笔画有连有断。走之的四撇，也极尽变化，其中第一个“通”字上面的三撇左右取势，第一撇的笔顺向右，其余向左，并加长了中间的一撇；第二个“通”字三撇都向右上取势，笔顺向右，加长了上下二撇；第三个“通”字三撇全部取左势，笔顺反过来向左；第四个“通”字的四撇，写得粗重拙厚，取势亦因第二撇而略带平势；第五个“通”字走之的上面撇画写得相对平直，提按变化不大，但第四撇与波画相接，与其他几个“通”字拉开了距离。另外值得关注的是，这五个“通”的波画，各有特色，它与上一笔的位置变化，波势的不同，都是回味不尽的。从上述变化中，也可体察到书法的个性化与变化创新，不全在大起大落中去寻找，而往往就在细节之中，美在细节，风格亦在细节。

另外，其他几个字的走之写法，“造”之斜，“道”之平，“过”之长，“滞”之短，“辽”之瘦，“遣”之圆浑，“通”之参差，都值得注意吸收。

26. 草字头

“荫”（18）、“蔽”（21）、“苗”（23）、“荒”（42）、“苦”（25）、“若”（44）、“荡”（45）、“节”（50）、“荅”（54）、“万”（72）、“積”（72）

隶书的草字头有两种写法，一种是上面两点，下面一横，一种是两个并列的“十”字，这两种写法都可与竹字头相通用。第一种草字头写法，横画不带波挑，上面的两点与横画或连或断。第二种写成并列十字的草字头，以长短、直曲、粗细求变化。从草字头横画的情况来看，“荫”字横画圆浑厚重，“荡”字横画较平直，“节”字的横画中间取拱势，“積”字平中带波，都显出同中有异、妙在细节的变化。

27. 人字旁

“命”（5）、“余”（3、12）、“今”（51）、“合”（51）、“人”（57）

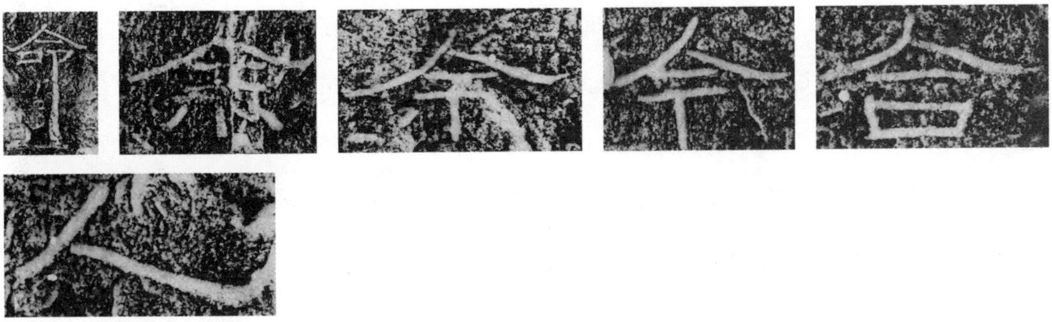

人字旁的两笔，大致撇画偏弧曲，捺画趋平直，结构扁势明显，左右舒展。这组人字旁笔画都很少，笔画越少，结构越难处理得好。这里的一个“命”字，垂笔之长在汉碑中是极其罕见的，所谓“野逸之气”，跃然纸上。同时，也由于其垂笔，下面留下大块空间，使字的上部显得更加紧密。而两个“余”字，下面的撇捺不与其他笔画相接，而且脱得较开，笔势外拓，结构显得宽博。

字形结构的严密与宽博，是字形变化立格的要枢。应该说，求严密易变得局促拘谨，求宽博易出现结构松懈。要严而不拘，宽而不散，必须敢于打破呆板与程式，于严密中出姿纵逸，于宽博中密逼气紧，这个过程贯穿了书写者的悟性与反复实践，使原本作为文字结构基本要求的严密与作为人文品格追求的宽博，融为“天人合一”，只有不断变化出新，不断有新理异态，书法才能成为一种“有意味的形式”。这就是书法艺术追求的最高境界。

28. 雨字头

“霊”（1）、“虐”（14）、“霜”（22、44）

雨字头与虎字头，在隶书中部分通用。《石门颂》的雨字头中间只写成一横，两侧

边线延长，使一个雨字头占了字的三面。它的好处是字形方正，外围紧凑，使结构形成特色。《石门颂》对这些雨字头的外框，逐个作了很有特色的变化处理。如“灵”字两边偏直，折角方而相连，显得严谨而方正；“虐”字两旁弧度较大，成合抱之势，显得圆浑而宽博；“霜”字两边折角相脱，两旁的直线外撇，有向外扩展之势；另一个“霜”字，斜势明显，雨字头两边竖画短而外撇，用笔拙涩，有苍劲感。

29. 穴字头

“寘”（16）、“空”（20）、“宁”（34、46）

穴字头的转角以方折为主。另外，穴字头下面的左右两笔，是其变化的用心之处。

“寘”字瘦劲挺秀，穴字头下部方折规整。

“空”字峻峭拙爽，穴字头下部开张斜动。

前一个“宁”字拙直劲逸，穴字头下部笔断意连，灵动活泼。而后一个“宁”字，右角带转，凝重沉厚，劲拙活泼，有金石之气。“穴”字头下部左圆右折、方圆结合的变势，显得情趣盎然。

30. 宝盖

“定”（1、7）、“写”（17）、“寒”（20）、“安”（25、52、56）、“察”（71）、“字”（28、37、64、65、66、68）、“守”（36）、“宝”（66）、“宣”（44）

《石门颂》的宝盖，就其形态可分成三种类型：一是转折起角，如“宣”“安”“字”等；二是转折呈圆，如“寒”“字”“守”；三是转折取斜势，如“定”“察”“安”“宣”等，皆呈“穹窿恢廓”（《隶势》）之势，且两侧的线条“随事从宜，靡有常制”，有长短、曲直、粗细、连断等各种变化，包括宝盖上面的点，虽以扁平为特色，但有直点、斜点、弯点、折点、粗点、细点，连体之点、脱开之点等，变化极其丰富。此碑点画总体上以曲为多，直中带曲，曲中见直；线条既有骨力，又有韧性、弹性；行笔除了圆笔藏锋外，更有提按顿挫节奏上或缓或急的微妙变化。其行笔的“轻拂徐振，缓按急挑”（《隶势》），反映了隶书灵动的用笔。尤其是《石门颂》的用笔，可谓每根线条节节变，节节活，动态充盈，生气勃勃，随处可见节奏与笔形的细微变化。一般讲，曲能使笔留，直能使笔劲，收敛的笔画不用曲，则易板滞、矜敛、拘束；放纵的笔画不用曲，则僵直轻薄，缺少变化。因此，直中有曲，曲中有直，不仅用笔遒劲有力，柔中带刚，肉中见骨，而且有更多的笔墨情趣。如“守”之因曲见动，“字”之因直而静。又如第 25 页的“安”字右折因“奋笔轻举，离而不绝”，有笔断意连之妙。《石门颂》多曲线、多波磔的笔画，是其活脱飞动风格的主要原因。

31. 广字旁

“廎”（16）、“磨”（19）、“厥”（28、40）、“废”（31）、“度”（32）、“庶”（56）、“瘀”（50）、

“序”（38）、“原”（38）、“厉”（42）

广字旁的点画都带折曲，横画向上微弧曲，其变化最多的是其撇画。

“庼”字起笔一折，随折而顺势外撇。这个字，除撇画折后取曲势外，其他笔画取势平直，示人以平正中的变化，刚劲中的柔曲，典雅遒美。

“磨”字撇画与上横断且带弧势，向右下方撇出，其曲而短。

“厥”字之撇与上横连且长撇中带折，劲健平稳。另一个“厥”的撇画，斜势横撇而出，外拓而峻厉，开阔而拙重。

“废”字直撇与横画相连，笔势开张外拓，笔形向外侧微拱，有膨胀感，具宽博美。

“度”字撇画起笔与横画断且缩进，其撇画取势是直中带曲，避免与右下边一撇雷同，势同形异，变化有致。

“㾞”字，起笔点画与折笔，字取横势，撇与捺成八分之势，向左开张且借势触底，一显稳健，一示婀娜，一扬大气，且与其他笔画取势相协调。

“序”这个字，无画不曲，也无画不劲。

“原”字与“厉”字的撇画与横画断且挺拔，点画少的用笔粗，点画多的用笔细，殊途同归，同样写得匀称。一字平正，一字险绝。

32. 八字底

“其”（3、11、40）、“具”（26）、“异”（58）、“兴”（5）、“舆”（20）、“与”（36）

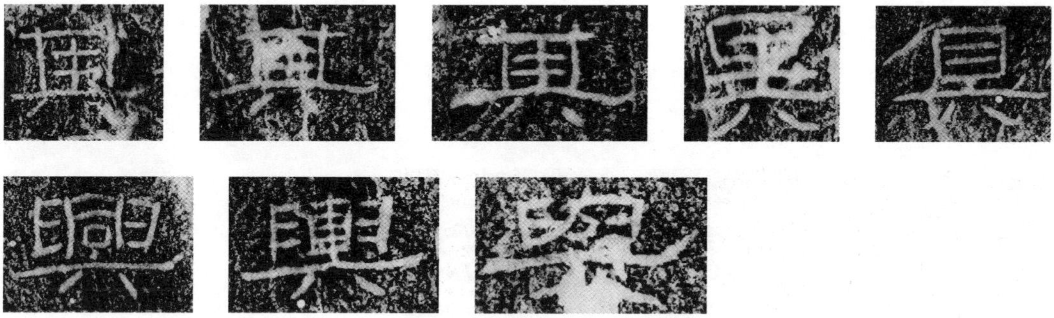

八字底大致是左右“八”字呈分势，以不与横画相连为主，凡左笔与横画相连的，都呈左高右低的态势。

“其”有三个相同的字，这个字与其他汉碑相比，其特点是上部开宽，因此中间的两短画都与两边的竖画不粘连，留有一定的空间。中间的短竖也或连或上断或下断，开合有度。这种内框中的空间，称之为内眼。内眼愈明朗，变化愈丰富，则外围愈见其密。所以外围密封的，内眼宜透，白眼宜净，黑眼宜灵。这样，空间与实体同境，内笔与外形共势，意蕴愈显充溢。我们再看这二个“其”字的八字底：第一个“其”下面两点，最为开张，瘦劲有力；第二个“其”由于横画运笔多波，线形奔放，八字底也相对肥厚；第三个“其”的横画的波法明显，中间向上微拱，八字底则左瘦右肥、左长右短、左上右下、左密右疏，随之应变，真是变化于无意之中，意蕴于形构之内。

“具”字的线形最能代表《石门颂》的用笔特点。笔画瘦劲有篆意，横势拉长；起笔不同于圆笔，以笔尖回锋起笔，后按笔运行，起笔端呈尖圆形；收笔也以笔尖出锋虚回，呈笔尖般的圆形状。

“异”字的八字底，明显带弧度，右捺还带折，左长右短，分势明显。

“兴”字的八字底，横画上加点，横画挺拔，波磔折起，很显雄力。

“舆”字的一横带折，稍取斜势，欹仄有姿。

“与”字横画波势高挑，力劲势足，其行笔疾涩与“舆”字的横画一样，大起伏中现小“毛糙”，这与故作颤抖之糙有明显区别。观此笔，我们就可以更好体会到所谓的“天边阵云，万岁枯藤”了。

33. 皿字底

“盂”（28）、“益”（4、50）

皿字底的短竖，大多带弧度。只有第 4 页的“益”字底画平直向右上呈斜势，形如利剑，甚有气势，而且一个是两小竖上下相脱，一个是两小竖破体，突破了“皿”字的外框，给空间感带来了明显的变化。另外，两个“益”字的上部写法也很有特点，一个雄浑开张取横势，一个正中取斜求变化，姿态奇轶，甚可品味。

34. 火字旁

“无”（45）、“然”（74）、“勋”（40、52）

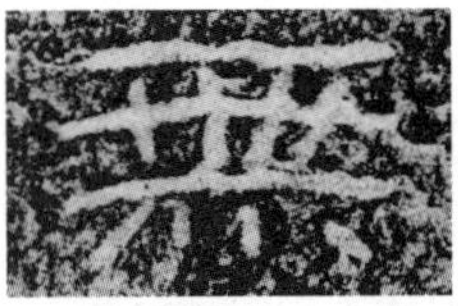

“无”字点画波势明显，给人以强烈的动态感，横画取平势，整个字平正协调。中间四竖，一疏三密，长短参差，与下面四点的开合变化，疏中有密，形成斜角对比，从中可以体会疏密变化的趣味。

“然”与“勋”字的下面四点，与“无”字的四点有明显区别，一顺向右下不带分势，这在其他汉碑亦属少见，是一种有特色的写法。

35. 尸字头

“屈”（15）、“尾”（20）、“属”（64）、“履”（19）

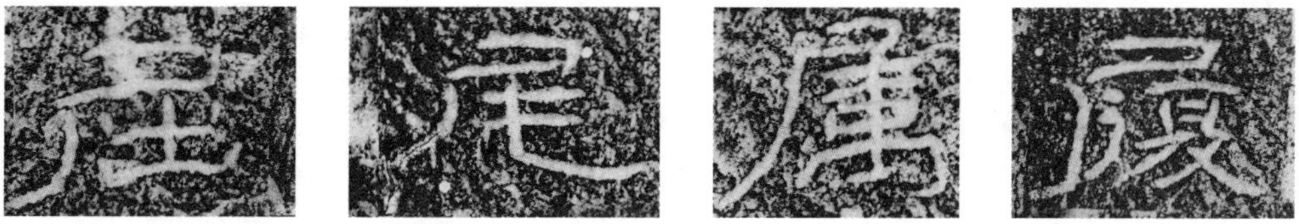

四个尸字头看似很简单，却写成四种形态。

“屈”字开阔，上一横不与右短竖相接，下一撇不与上横相连，且起笔缩进，使开阔的取势不松散。

“尾”字写得相对紧密，但尾字有几笔都不相连接，密中见疏。

“属”字的尸字头写得特别小，笔笔相连，撇画又向右下方极尽伸展，字形成长方，撇画与其他笔画留下足够空间，密中见舒，形成潇洒而中密周疏的结构形态。

“履”字的字头，上部写得很紧密，然而其一撇不仅与上部相脱，而且形成明显的三折，规整中显倔强。这种不经意中的经意，凸显结构变化之妙。

36. 门字框

“开”（12）、“门”（13、53）、“闵”（66）

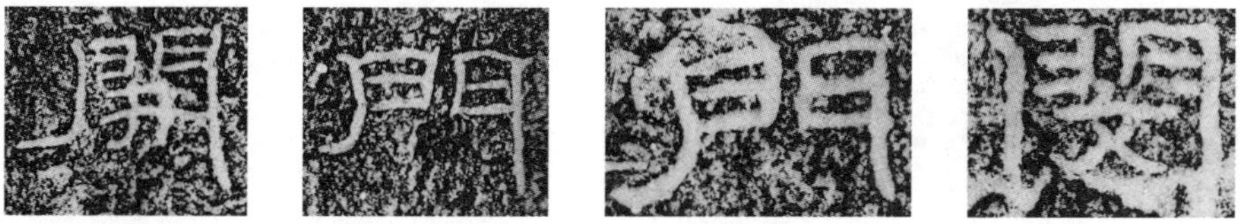

“开”字在此碑门字框中最具特色，左竖至下端向左带折撇出，右竖又向右下带弧形，恣肆伸展，极尽外拓之势，结构又非常紧凑。

两个“门”字，前一个写法基本与“开”字写法相同，不同点在于一撇，“门”字的一撇改用圆中带折，瘦劲舒展中多了一份倔强；而后一个“门”字相对显得浑拙，有浓重疏宕之致。

“闵”字方正平稳，点画灵动粗重，“门”上部短画的脱接变化有致，左竖写得折头翘尾，虽有点奇态异致，然亦无造作之气。

37. 马字旁

“骑”（20）、“駮”（30）、“焉”（8、25、74）

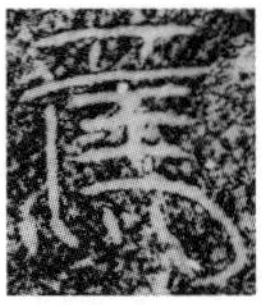

“骑”与“駮”相比较，“骑”字欹侧、奇拙、严密，“駮”字平正、秀劲、疏朗。相对来说，“焉”字就要显得开张，三个“焉”字，马字旁右折皆呈不规则的弯勾向下伸展，其形变极其夸张，以奇、险、拙各呈其态，极有意味。

38. 贝字旁

“贞”（45）、“贬”（44）

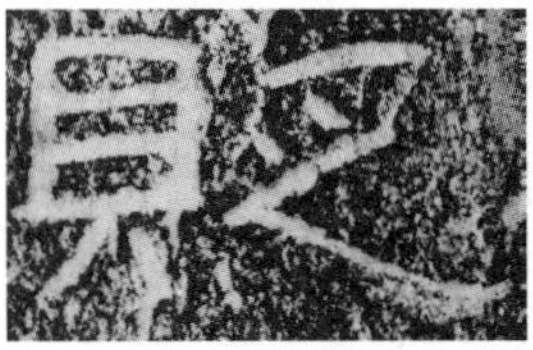

两个贝字旁，一个是左右结构，一个是上下结构；一个平中取斜，一个密中取疏，结构上各具特色。

附：框字形

“司”（27、29）、“匡”（47）、“匪”（49）、“匮”（23）、“围”（9）“四”（10、12、55）、“同”（57）

框字形的折角处不少断而不连。

“司”字的右上折角皆笔断意连，外框的竖画取斜势，自上向下延伸并逐渐左斜，至竖勾处劲折向左下取势，显得开张有力。另一个“司”字由于竖画略收，以取匀称。“匡”字左竖的下端有带折的外撇，以显倔强。

“匪”字下面的横波呈大弧度上拱，在整体是劲直线条中出以柔波，一刚一柔，一正一奇，如运太极，别具风神。

“匮”字竖画除上端外倾外，整个线形略有波曲，在点画间蕴涵着凝重、迟涩、雄力与流畅，体现出书法的生命活力。

“围”字四框上端不封闭，而另一字方中带扁，外框中横带弧上拱，右撇左扬，中间两横与两边相脱，字势稳定，严整而灵动。

“四”字看似相同，细看之，一个宽扁，一个较之见方；一个线条多弧曲，一个线条较质直；一个左角不接，一个四角相连。这些宽扁、曲直的变化，都达到了“恰好”的境地，即自然而无做作的痕迹。

“同”字的笔画全不相接，点画倾仄，横画带弧，直画取斜，笔笔又有起伏之象，不仅点画生动，而且气象宏阔。

六、结　构

结构，又称结字、结体，要求对点画进行有规则有美感的排列组合，使之成为一个和谐的有机整体，达到规范、整齐、美观的形态。它原是建筑用语，因与建筑的布局结构有共通之处,被借用到书法术语中来。其外形的曲折、开合、擒纵、大小与造型以及字形内部空间的疏密、连断、粗细、虚实处理,都与用笔切切相关。因此,用笔与结构在书法中具有同等重要的位置,在实际书写中往往浑然一体,相互制约,相互影响。孙过庭讲:“一点成一字之规。”不同的点画形态与写法,直接影响到字的形体与结构。如果一画稍有变化,其余的笔画就要随其变化而变化,在向背、开合、斜正、舒敛等方面做出相应的调整,否则就不成为一个统一的整体,就会变成一堆乱七八糟的相互毫无关系的线条。因此,书法的结构有其规律性,它的基本规律是:平正、匀称、连贯、变化。平正,是要求结构能保持一个基本稳定的状态,点画妥帖,横直相安,合乎法度与规律。匀称,又称匀画。要求点画间黑白均匀,能达到四面停匀,八面俱备,短长合度。连贯,是指点画结构间要互相呼应,使结构成为一个有机的整体。变化,是书法的灵魂,只有通过“知而能变,入而能化”,把书家的情性与意趣融入点画之中与结构之内,通过险绝(即结字奇变,结体奇险),达到妙合自然,变化莫测,平中寓险,最后又能“复归平正”。因此,变化是书法达到至高境界的最重要手段,只有“因时而变”,书法才会带来各种新的趣味与美感,结构才会按时代的风尚不断出新,才会反映出时代的精神与审美趋向。我们回过头来再看《石门颂》的结构,其基本特征表现为横向的舒展和纵向的收敛。特别是通过浑圆的点画、左右纵放的笔势与扁平的字形互为因果,相辅相成,构成了东汉早期隶书结构的基本面目。它既没有沿袭篆书原有的结构模式,也没有按照简帛书狭长的形式发展,而是本着波磔的横向取势,最后成为其时代审美的选择。因此,它具有明显的突破性和鲜明的个性,折射出强烈的时代精神。

《石门颂》处在东汉早期篆隶交替时期,又是摩崖石刻,由于它有篆向隶过渡的痕迹,也有受简帛书的影响,所以其结构在方正严谨中充分显露出开撒自如、浪漫无羁的特点。如“定”,与马王堆帛书中“长安”的“安”字的宝盖头基本相似。还有单人旁与三点水,都能看出其中的联系。另外,竖心旁与结构中保持的方正及其用笔,也都留有篆书的影子。因此,《石门颂》的结构在汉隶中乃是最高古、最活泼、最有活力、变化最多,也最具奇趣、最有创造性的。归纳起来,其结构有诸多特点:因字立形,偏旁错落,向背分明,形断意连,点画拱揖,形态自然等。这里重点谈其特征中最为鲜明的四点。

（一）宽扁方正

《石门颂》的结构字形，以取宽扁形为主，字形结构总体上仍属平正范畴。如“石门”两字。以“门”字为例，一般门呈方形，而《石门颂》的左竖向外伸展，短而弯，右竖向右外延伸，长而带弧，形态变方为扁长，字形就变宽了。类似这种又扁又长的字，如“石”字，相当于黄金分割比大约呈 1∶0.618，这个比例给人以端庄稳定的感觉。

（二）伸纵舒张

《石门颂》在结构上因字立形，能突破通常规律，随字的位置以及笔画的多少、疏密、位置的变化，写得或大或小，或长或短。如“八方所达，益域为充”等字，字形大小悬殊；“为”“焉”等字，上窄下宽，或上小下大，结构非常伸展。我们从这些纵放的横画与极度伸展的长波来看，如长枪大戟，突出了字势的拔擢飞腾，字形就有了高伟放逸的美，而且没有造成不协调的感觉。因此，在结构稳定的基础上，伸纵得宜是《石门颂》结构的一个显著特点。

我们知道，伸纵是人生的本色，也是书艺的本性。有人说：“伸纵未佳，学艺未精。”这是非常有道理的。由于，社会要求秩序，做人要求老实，办事要求规矩，行文要求严谨，学艺也要求从基础入手，人生都是从严谨拘束中起步。因此，世俗生活就严重束缚着人们的思想，人的本性受到多方面长期的压抑，不少人为此羁窘终生。回顾中国的书法史可以发现，严谨者多而伸纵者少。就书体而言，篆隶楷属严谨之体，行草属伸纵之形。即便草体真正能伸纵者，也属少数，仅有张旭、怀素、黄山谷、祝允明几人而已。放纵可显豪迈之概，可现超然之格，可抒雄伟之志，但要书者有慧眼与毅力，勇于从矩度的束缚中解脱出来，充分发挥本性的潜能，张扬自己的个性。这并非易事。要有胆气、有胆识，做到这一点首先要防止与邻字相冲，要防行气旁引，要熟练掌握擒纵的技法与规律，才能开始学步伸纵。其次，要有不可遏止的浪漫态势，方可伸纵，伸则强弩劲发，所当皆穿。如果意未完备，强欲伸纵，反会夺失全篇。再次，要“从心所欲不逾矩”，达到天人合一的境界，进入自由王国，才能真正伸纵合度。

（三）疏朗野逸

《石门颂》刻于宝鸡边的凤翔，远离整肃森严的庙堂，较少中原地区正统制约及定式影响。因此,与众多的东汉名碑相比,则伸纵得多,恣肆得多,率意得多,遒逸得多。既粗头乱服,又天真烂漫、自由奔放,洋溢出一种疏朗野逸的气息。杨守敬《平碑记》云:"其行笔如野鹤闲鸥,飘飘欲仙。"疏朗野逸是一种高古的书风,正如康有为赞其"皆具深趋"。因此,以《石门颂》为范,便可得高古之态、劲辣之神、儒雅之风,不像《史晨》《曹全》等易流媚俗。疏朗野逸虽与用笔有关,实质决定于书写者的胸襟情怀。姚淦铭先生在他的《趣谈中国摩崖石刻》中是这样述说"野鹤闲鸥"的:"试想天地间一沙鸥的回翔停集,尤其是野鹤的飞唳振翅,在青翠的山屏间,在渌水的湍流上,在峰巅的白云里,自由地逍遥,这便是自由之美,美之自由。而且,鹤在中国文化中是典雅的乃至与仙道相关的意象,《石门颂》摩崖书艺就具有这样的深趣。它的用笔遒劲灵动,其横向的、左右向的波挑都是既舒展又挺拔,就像野鹤展开长长的翅膀。字的结构与排列,是疏而秀,疏宕而灵秀,字或大或小,或长或短,一任自然,但每一个字是灵动的、俊秀的,就像一野鹤的自由的生命,就像它俊秀的颈、洁白的双羽、修长的鹤胫。"读一下姚淦铭这样的描述,我们确实可非常形象地领会到野鹤闲鸥那种野逸自在、精雄广大的感觉了。

(四)巧拙互用

《石门颂》字形巧拙互用,笔笔有意味,字字有姿态,这些我们在讲偏旁时已经讲得很多了。但可以得出一个结论,在所有相同部首的字中,没有出现过一个重复的写法,即使是相同的字,在结构上、意态上、笔势上都极尽其变化,都做了不同的处理。也就是说,在《石门颂》这块碑上,没有一个相同的字,结构没有雷同,形态不显单调。这种善于变化,显现了气象万千、不可端倪的笔情墨趣,这在汉碑中是绝无仅有的。当然,这种结构之巧,说其不经意,简直是不可思议;说是经意吧,又是那么的自然,毫无造作的痕迹。它完全在有意与无意之中形成,这就是巧,且是大巧。真可谓"书诣高处,亦极尽一切人工,达于自然。常规下完美的书作形构,天然一半,人工一半"。(朱贵全《临池摭录》)《石门颂》除了通篇结构之巧外,其拙意也十分明显,自"颂辞"之后最为精彩,以斜为正,大小参差,点画凝重又恣纵任意,形构磅礴又意态古朴,正如祝嘉老先生所讲:"石门秀极,但又老极。"

七、章 法

书法以积点成字，积字成行，积行成篇。精熟的用笔、合理的结字、相宜的章法，构成有机的幅式，才能成为一件完美的书法作品。清蒋骥《续书法论》云："篇幅以章法为先。"没有章法或章法欠佳，用笔、结字再好，也难成为佳作。因此，作品的总体布局与排列，要求字与字之间前后呼应，大小适宜，疏密得当；行与行之间虚实相安，顾盼映带，气息贯通。天头地脚、左右两边的间隙适当，落款、署名、钤印安排妥帖，使整幅作品脉络清晰，气韵生动，形成一个完美和谐的整体。章法显示了书法的全局变化协调的整体之美。

但由于隶书在体势上与其他书体不同，表现在横向的舒展与纵向的紧凑，这样，左右开张的笔势与扁平的字形，构成了隶书章法特有的面目。因此，隶书章法在字与字之间的距离比行间的距离大，这是隶书的独特风格。

从《石门颂》章法来看，它不同于一般隶书的那种章法结构，每个单字的大小和相互之间的间距基本一致。但由于是摩崖刻石，随着粗糙的质地与高下位置的不同以及笔画的多少、石壁的裂隙和上下左右的照应，客观上也不太允许章法上的严整划一。因此，从原刻石的拓片来看，章法局部稍为规整，但整体上还是有大小、疏密和位置的变化，不受纵横排列格式的限制，行间字数不等，个别字甚至占了两个字的位置，在章法上展现了一种放逸浪漫的风格。

一般来说，章法应随着作品的不同形式和不同风格作出相应的变化和调整。因此，章法的排列形式就分成整齐式与参差式两种，如果从幅式来分，又可分成直式、横式、斗方、条幅、中堂、手卷、扇式、联式等形式。当前，随着创作的不断出新，章法的形式也变化万千，有的在作品中加贴色纸的，或分割成几个块面的，或穿插不同字体的，也有以画作陪衬的，字里行间加盖印章的等，可以说是繁花似锦，应有尽有。但基本的章法还是整齐式与参差式。而《石门颂》的章法应是介于整齐式与参差式两者之间。

《石门颂》的章法的最大特点是不落窠穴。全石二十二行，纵行首尾相应，行气十分流畅，上下天地头基本做到平齐，横列粗看也接近齐整。因此，从整体看《石门颂》的章法，还是符合齐整要求的。但细看之，在章法上还是参差富有变化的。首先，前十行相对来说有行有列，字形大小变化不大，以显示写碑所尚的庄重，严整厚重，以示歌功颂德。但从第十八行开始，横列现象完全消失，字形大小长短变化很大，这时情聚毫端，信手成章，无拘无束，大小错落，奇纵恣肆，趣味横生，回归到野鹤闲鸥般无拘无束般的状态，形成一种写意效果。其次，总共二十二行中，每行字数不完全相等，有的一行多达三十多字，有的只有二十多字，最少的第二行只有三个字。这种有行无列的章法，在汉隶中是不多见的，有的说是"汉隶章法经营布置的一种反叛"。这种章法，艺怯者不敢为，艺弱者不能为，必须是艺高胆大者为之。因此，《石门颂》恣肆纵放对章法的影响，字与章法之间的关系以及行与列变化的效果，尤其是章法中"草"的韵味，值得我们经常去品味、琢磨和推敲。

后 记

对我来说,原先没有计划要出版个人文集,因我的兴趣主要在书法方面。后来,不经意中积累了一两百篇小文,在好事者的怂恿下,才萌生了进入稀龄出纪念性文集的念头。

我踏上社会比较早,1960年时我才十七岁,技校毕业后就进入邮电部门工作。当时接触到的老职工绝大多数是旧社会的留用人员,人人写一手好字。在歆慕之余,一颗兴趣的种子便埋入了心田。从此,下班后就沉溺于练字和学画。热心的同事见我有如此的兴趣,于1962年介绍我正式拜崔护先生为师,从此开始了游其墙藩、挹其芳润的人生历程。

崔老师是一个典型的传统型书画家,他的一生放情志以书画,游神畅乎雅道,饱学书史,博学多才。擅书画篆刻,善诗词散文,对于文史、金石、工艺、古董、园冶、昆曲诸方面都十分精通。因此,当初拜师时,他不仅要我从基础性训练开始,绘画先学工笔花鸟,书法从最规整的玉筯篆入手,而且还要我自学诗文,说"读书绘画,可砻磨气质",对今后会有非常之用,并每每勉励:"人生如能留下一点文字,这是最大的福分。"这些教诲犹如晨钟暮鼓萦绕在脑际,使我在初学起步时,便尝试着接触古典诗文。可惜当时正好是"斗私批修""灵魂深处闹革命"的时代,新华书店除了一两种法家著作外,再也找不到一本古典文学的书了。好在市图书馆还可借阅到古典诗词格律知识方面的书,家里还有我大哥在民国读初中时留下的四册语文课本——《古文观止》,这成为我当时能读到的全部古典文学了。应该说,这四本带有注释的《古文观止》,是我在老师熏陶下自学古文的启蒙书。

可能也是机缘,我得以拜崔护为师的介绍人是当时一位才气横溢的业余作家,她叫吴凤珍,与陆文夫、陈树鸣等交游甚密,一直在《萌芽》杂志上发表文章,也在《人民文学》上发表短篇小说。我们同在一个班组,经常有机会闲聊文学方面的话题,包括当时非常流行的"红学"。说来惭愧,我有一段时间也曾跟着对"红学"的个案研究发生兴趣,虽没有什么收获,却开始学会了如何读书与深层分析的一些方法,这对我学习书法要"好学深思,深知其意"有很大启发。记得1963年左右,我给蒋吟秋老先生写了一封信,附了一幅非常稚嫩的篆书请他指点,想不到这件作品意外地出现在苏州书法印章研究会举办的书法展览"青年作品"专栏中。蒋老这种对后学的提掖,犹如投入我心中一块巨大的磁石,把我与书法更紧密地吸附在一起。蒋老对我的激励,成为我年轻时最深最美的回忆。在以后的人生中,因工作压力太重无法继续顾及书画时,我宁可不得已放弃绘画,也要保住书法。

当然,年轻时这段时间并不长,随即而来的"文化大革命",使传统文化在狂风暴雨中整整休克了十年。值得庆幸的是,1975年苏州率先恢复了书法展览,最早成立了市一级的书法组织,使书友们得以重聚在一起,相互切磋书艺,重续吴门书道的传承。特别是众多的书坛耆宿还健在,可谓高手载道,名家如林,流风余韵,沾溉后人,使苏州比其他城市具有得天独厚的优势,吴门书道由此得以避免人才的断层,有了一个很好的新老交替过程。

在这过程中,让我最难忘的是20世纪80年代初在职工书法篆刻研究会与这些老先生共同切磋书艺的十年。其时我们一辈如王健生、杭青石、华人德、王伟林、葛鸿桢、周玛和、张士东、朱大霖、卫知立、王大夷、王歌之、王国安、李叔安、汪鸣峰等近五十人与瓦翁、沙曼翁、宋季丁、崔护、程质清、矫毅、邬西濠等老先生时相优游于沧浪亭南,正如程老形容的那样:"月凡二集,风雨无间,论艺诤诤,每析疑难,忽得妙悟,咸欣共证希夷。"这种同倡书道、共图嘉猷的情景至今难以忘怀。我们这一代人在这种不带功利、不计得失、共同切磋、相与品评中接受艺术的洗礼,在超世脱俗的传承中得到锤炼,在观念碰撞与审美交流中得到升华，在深度展开的书法批评与学术探讨中获得提高。大家在“学古而不泥古，从今而不盲从于今”的理念下，各敞其心，各抒其志，互相切磋，同翔其游。我的古文写作与书学方面的探讨也是在这一阶段起步的，如《瓦翁先生八秩寿序》和两篇游记，以及对《石鼓文》《史晨碑》《琅琊台刻石》、王宠年谱、王宠书法的研讨等文章都是当时学书论艺时的副产品。

说实在话，我没有进过高等学府，自知这方面的基础比较薄弱，自学又不够系统。因此，我对落笔成文比较“认真”，每写好一篇文章都要坚持多读几遍，多改几次，只要有机会就要向朋友请益，哪怕能指正一字，便是我最大的收获。因为，我会以敬畏之心“视小如大，见微若著”，认真推敲，斟酌其理，藉以提高自己的识见与文字表达能力。正因为此，在我的文集中无不留下老师指点与朋友相助的印迹。

这本文集一共选辑了我一百五十八篇文章，绝大多数是我退休以后所写，其中不少序跋是受诸朋友之托。这些文章在商品时代的书画家中已很少有人肯花时间去写，我之所以愿意接受下来，一是我很看重朋友之间的情谊，二是也可留下今日文艺繁荣的一些痕迹。然而，我们所处文艺繁荣的当下，亦是文艺批评最为缺失的时期，社会分工的高度细化与人际关系的错综复杂，使文艺评论出现了种种乱象。不少评论变得不再是推动文艺创作的动力，蜕变为谋取功利的手段。“捧杀”般的评论已成为潮流，真实的批评却被视为对人身的攻击。面对这种无奈，我在自己的文章中，只能以“真”自守，坚持言之有物，不虚美，但也不免有“褒其长而避其短”，或“王顾左右而言他”的遗憾。

值得庆幸的是，这本文集的编印得到了朋友们的鼎力相助。特别要感谢王稼句先生倾其心力，耗费大量时间通读全文，核对引文，并对编辑体例、篇目增删、书籍装帧等方面提出了宝贵的建议，确保了文集的质量。同时也要感谢柯继承先生为我写序，并在他以前对我文章所作评语的基础上，又为《文心篇》《题跋篇》内的篇目增补了评论，正像袁枚所言：“夕阳芳草寻常物，解用都成绝妙辞。”他那新颖的视角、独特的识见、犀利的文锋以及蕴含情感的笔墨，堪谓格高调雅，玉振金声，使我的文章为之增色。为此，我把这些评语附在相关文章的后面，虽有“王老二卖瓜，自卖自夸”之嫌，但也别开新面，为读者增添了不同的语境与情趣。另外，令我感动的是周晨先生，他在十分繁忙的工作之余，抽空为我的文集装帧作了新颖而又精美的设计，以独特的文化理念与设计语言，给人以不同寻常的美感享受，使我深铭感激。还有冯瑞渡、王金根、诸家瑜、俞涌诸位先生以及薛野女士为我的文集也出了不少力，在此一并志以谢忱！

2013 年 2 月 10 日潘振元于立斋